股票作手回忆录

顶级交易员深入解读

Jesse Livermore/口述
Edwin Lefevre/原著
魏强斌/译注

图书在版编目（CIP）数据

股票作手回忆录：顶级交易员深入解读/魏强斌译注. —北京：经济管理出版社，2016.11
ISBN 978-7-5096-4537-6

Ⅰ.①股… Ⅱ.①魏… Ⅲ.①股票交易—通俗读物 Ⅳ.①F830.91-49

中国版本图书馆 CIP 数据核字（2016）第 188966 号

策划编辑：勇　生
责任编辑：勇　生　王　聪
责任印制：黄章平
责任校对：王　淼

出版发行：经济管理出版社
（北京市海淀区北蜂窝 8 号中雅大厦 A 座 11 层　100038）
网　　址：www. E-mp. com. cn
电　　话：（010）51915602
印　　刷：三河市延风印装有限公司
经　　销：新华书店
开　　本：787mm×1092mm/16
印　　张：24.25
字　　数：470 千字
版　　次：2016 年 12 月第 1 版　2016 年 12 月第 1 次印刷
书　　号：ISBN 978-7-5096-4537-6
定　　价：88.00 元

虽有智慧，不如乘势；虽有镃基，不如待时。

——孟子

愚人说他们从经验中学习，我却宁愿利用别人的经验。

——俾斯麦

如果一个人寄希望于通过向外寻找某个弥赛亚或者某个神奇的方子来使自己达到完整，那么他们的追寻是徒劳无功的，他们不可能达成目标。只有通过向内追寻，一个人才能够在此解放所有被囚禁在内的自然能量和力量。

——凯斯·雪伍

我们生命中所经历的每一件事都是自己的行为所导致的结果。因此，只要我们能够主宰自己的行为，就可以主宰自己的命运。

——葛印卡

造就你是谁的，不是你的过去，而是你对过去的应对。

——理查德·班德勒

序言　J.L.与巴菲特的求同存异之处：滚雪球，不同的坡，同样的长

从 2014 年初到 2015 年末，我个人在股指期货上的收益超过了 300%，此前的交易主要集中在外汇和股票，以及商品期货上面，股指期货接触的时间并不长。参与股指期货是从 2012 年末开始的，一下子就赚到了年末的行情，能够这么顺利接入一个新的品种，与自己多年努力的学习和总结分不开，也是教学相长实践的受益人。很多东西自己形成文字之后，与在脑袋里面简单过一遍是完全不同的，形成文字的过程就是强迫自己深入全面思考的过程，而且这个思考的成果被永久地记录下来，这样就防止了原地踏步。那么，这些与 J.L.的书有什么关系呢？与巴菲特又有什么关系呢？

我是在 1999 年左右接触到巴菲特的，接触索罗斯也是在那个时候，当时国内的人对这两个人并不熟悉，对索罗斯也知之甚少。J.L.则是到了 2003 年之后才接触的，首先看的就是他的“How to Trade in Stocks”，从那以后这本书断断续续看了好多遍，做的笔记也布满了所有空白处，另外还看了很多遍他的回忆录。2015 年的股灾中，同行刘强刚出了书，就以 J.L.的方式结束了自己的一生，这让我很震撼。于是，我决定重新审视 J.L.的人生和交易，在几个月的回顾之中，重新看了几遍 J.L.的原著和回忆录，也重新审视了此前的所有批注，同时也增加了很多新的批注，但是书上实在写不下了，于是我专门附了很多白纸在书上，将新的感悟写在这些白纸上。我发现了一些内在的大逻辑和交易哲学，这些东西是我此前遗漏的部分，J.L.的自杀其实是因为固有的矛盾，那就是 J.L.一方面想要限制风险，另一方面也想要提高资金的收益率，这就是一大矛盾，让他在两者之间摇摆，最终中了西西弗斯魔咒。什么是西西弗斯魔咒呢？我直接查百度百科的解释：“在希腊神话中，有一个神话人物叫西西弗斯。西西弗斯因犯了错误而受到天帝宙斯的惩罚，让他把一块石头推到山顶，石头到山顶后又滚回山脚，西西弗斯再到山脚把石头推到山顶，就这样日复一日，年复一年，西西弗斯推着石头，痛苦不堪。但是有一天，西西弗斯突然变得特别快乐，他发现在他推石头的过程中，

他推过了世间最美丽的风景。他推过了春夏秋冬，推过了风花雪月，推过了蓝天白云，推过了电闪雷鸣。天上的飞鸟为他唱歌，地上的走兽为他舞蹈，微风为他送来花草的芳香，雨水给他带来土地的清香。西西弗斯推出了勇气和耐力，推出了胸怀和智慧，更重要的是，西西弗斯推出了生命过程的真谛！”J.L.就是现实中的西西弗斯，不过最终因为疲倦而选择了自杀。

复盘J.L.的人生和交易，其实也是在复盘自己的人生和交易，最大的一点收获就是J.L.其实也与巴菲特一样在努力地寻找最长的坡，但却是不同的坡。J.L.通过寻找最大的趋势运动来投机，巴菲特通过寻找最强劲的竞争盈利优势来投资。**坡是不同的，但是却要求同样长。**J.L.通过找到大趋势，然后基于金字塔顺势加仓来利用复利原理，巴菲特通过找到好公司，然后基于长期持有来利用复利原理，两者殊途同归。为什么巴菲特稳步增长，成为了真正的大寿星，而J.L.却大起大落，最终郁郁而终？虽然J.L.去世的时候仍旧留下了数额不小的遗产，但是却带走了一颗郁郁而终的心。我想根源在于本杰明·格雷厄姆。怎么又跟他扯上关系了？格雷厄姆经历过大崩盘，知道风险的厉害，虽然他没有躲过，但是却将风险意识传给了巴菲特，同时格雷厄姆是保险公司的高管，对于风险计量和管理有专业而全面的认识，他深受保险精算思想的影响，因此，巴菲特在仓位管理上和风险控制上也受到了他的熏陶。J.L.是天才，巴菲特也是天才，不过巴菲特更是站在了格雷厄姆这个巨人肩膀上的天才。

孤注一掷的后果J.L.并不能承担，但是他却屡屡这样去做，只要失败一次，就会满盘皆输。巴菲特推崇集中投资，但是他却从来没有真正将所有鸡蛋放到一个篮子里面。J.L.一人大权独揽，没有独立的风控，巴菲特招揽天下英才，与查理·芒格同舟共济。J.L.的一生非常孤独，虽然阅尽世间的繁华，但却找不到交心的朋友，自然很难跳出循环的怪圈。巴菲特也是在与芒格坦诚交流之后才跳出了格雷厄姆的藩篱。

要与比自己更强的人交朋友，宁为牛尾不为鸡首，长远看来才是进步的；通过恰当地分散头寸可以在限制风险的前提下保持较好的收益率；如何找到更长的坡是分析环节最关键的问题；打破死循环和轮回的关键在于觉察，而有见识的朋友可能是帮助你觉察的正能量之一。

当我完成这次回顾之旅之后，有很多圈内的朋友建议我把这两本十几年来积累的读书笔记出版了。有本事的人不怕别人学到自己的本事，因为还有更大的本事等着他，我始终奉行这样的原则。读者当中水平更高的人肯定不少，所以我也可以借此机会对自己的观点和看法进行觉察与改变，进而打破自己的轮回。

本书部分内容来自于原著的阅读笔记，回忆录的原版没有章节标题，为了让读者

能够更好地掌握其主旨，所以我自拟了每章标题，以便起到抛砖引玉的作用，不妥之处，烦请赐教。本书还有部分内容来自于内部授课的讲义，在成书的时候做了必要的修改，所有观点仅是个人的心得，大言不惭之处也是率性而为，顺意而发，如果你能有所收获，也希望能够来信反馈。再好的军校也无法将大多数人培养成将帅之才，再好的交易理论和哲学也无法将大多数人培养成真正的盈利者，为什么呢？市场的本质使然，人的天性使然。这个行当绝不适合带着“寻宝”思维来的人，靠的是自己努力去总结和思考，而不是复制一个成功的案例，**靠复制别人就能持续打胜仗的将军**从古到今都没有。交易要成功，就跟要成为百战百胜的将军一样，你能指望别人替你成长和成功吗？绝不可能！放弃幻想，直面交易，靠的只能是你自己，我能做到的仅仅是给你一点点启发，仅此而已，永远不能替代你的经验和总结！而进步只能来自于你的经验和总结！

希望大家在交易之路上奋勇前行，越走越远！

魏强斌

2016 年 6 月 8 日

导言　成为伟大交易者的秘密

◇ 伟大并非偶然！

◇ 常人的失败在于期望用同样的方法达到不一样的效果！

金融交易是全世界最自由的职业，每个交易者都可以为自己量身定做一套盈利模式。从市场中“提取”金钱的具体方式各异，而这却是金融市场最令人神往之处。但是，正如大千世界的诡异多变由少数几条定律支配一样，仅有的“圣杯”也为众多伟大的交易圣者所朝拜。我们就来一一细数其中的最伟大代表吧。

作为技术交易（Technical trading）的代表性人物，理查德·丹尼斯（Richard Dannis）闻名于世，他以区区2000美元的资本累计赚取了高达10亿美元的利润，而且持续了数十年的交易时间。更令人惊奇的是他以技术分析方法进行商品期货买卖，也就是以价格作为分析的核心。但是，理查德·丹尼斯的伟大远不止于此，这就好比亚历山大的伟大远不止于他建立了地跨欧亚非的大帝国一样，丹尼斯的“海龟计划”使得目前世界排名前十的CTA基金经理有六位是其门徒。“海龟交易法”从此名扬天下，纵横寰球数十载，今天中国内地也刮起了一股“海龟交易法”的超级风暴。其实，海龟交易法的核心在于两点：一是“周规则”蕴含的趋势交易思想；二是资金管理和风险控制中蕴含的机械和系统交易思想。所谓“周规则”（Weeks' Rules），简单而言就是价格突破N周内高点做多（低点做空）的简单规则，“突破而作”（Trading as Breaking）彰显的就是趋势跟踪交易（Trend Following Trading）。深入下去，“周规则”其实是一个交易系统，其中首先体现了“系统交易”（Systematic Trading）的原则，其次是体现了“机械交易”（Mechanical Trading）的原则。对于这两个原则，我们暂不深入，让我们看看更令人惊奇的事实。

巴菲特（Warren Buffett）和索罗斯（Georgy Soros）是基本面交易（Fundamental investment & Speculation）的最伟大代表，前者2007年再次登上首富的宝座，能够时隔多年后二次登榜，实力自不待言，后者则被誉为“全世界唯一拥有独立外交政策的平

民”，两位大师能够“登榜首”和“上尊号”基本上都源于他们的巨额财富。从根本上讲，是卓越的金融投资才能使得他们能够“坐拥天下”。巴菲特刚踏入投资大门就被信息论巨擘认定是未来的世界首富，因为这位学界巨擘认为巴菲特对概率论的实践实在是无人能出其右，巴菲特的妻子更是将巴菲特的投资秘诀和盘托出，其中不难看出巴菲特系统交易思维的“强悍”程度，套用一句时下流行的口头禅“很好很强大”，恐怕连那些以定量著称的技术投机客都要俯首称臣。巴菲特自称85%的思想受传于本杰明·格雷厄姆的教诲，而此君则是一个以会计精算式思维进行投资的代表，其中需要的概率性思维和系统性思维不需多言便可以看出“九分”！巴菲特精于桥牌，比尔·盖茨是其搭档，桥牌运动需要的是严密的概率思维，也就是系统思维，怪不得巴菲特首先在牌桌上征服了信息论巨擘，然后又征服了整个金融世界。由此看来，巴菲特在金融王国的“加冕”早在桥牌游戏中就已经显出端倪！

索罗斯的著作一大箩筐，以《金融炼金术》最为出名，其中他尝试构建一个投机的系统。他师承卡尔·波普和哈耶克，两者都认为人的认知天生存在缺陷，所以索罗斯认为情绪和有限理性导致了市场的“盛衰周期”(Boom and Burst Cycles)，而要成为一个伟大的交易者则需要避免受到此种缺陷的影响，并且进而利用这些波动。索罗斯力图构建一个系统的交易框架，其中以卡尔·波普的哲学和哈耶克的经济学思想为基础，“反身性”是这个系统的核心所在。

还可以举出太多以系统交易和机械交易为原则的金融大师们，比如伯恩斯坦（短线交易大师）、比尔·威廉姆（混沌交易大师）等，太多了，实在无法一一述及。

那么，从抽象的角度来讲，我们为什么要迈向系统交易和机械交易的道路呢？请让我们给你几条显而易见的理由吧。

第一，人的认知和行为极其容易受到市场和参与群体的影响，当你处于其中超过5分钟时，你将受到环境的催眠，此后你的决策将受到非理性因素的影响，你的行为将被外界接管。而机械交易和系统交易可以极大地避免这种情况的发生。

第二，任何交易都是由行情分析和仓位管理构成的，其中涉及的不仅仅是进场，还涉及出场，而出场则涉及盈利状态下的出场和亏损下的出场，进场和出场之间还涉及加仓和减仓等问题，这些涉及多次决策，在短线交易中更是如此。复杂和高频率的决策任务使得带有情绪且精力有限的人脑无法胜任。疲劳和焦虑下的决策会导致失误，对此想必是每个外汇和黄金短线客都深有体会的。系统交易和机械交易可以流程化地反复管理这些过程，省去了不少心力成本。

第三，人的决策行为随意性较强，更为重要的是每次交易中使用的策略都有某种

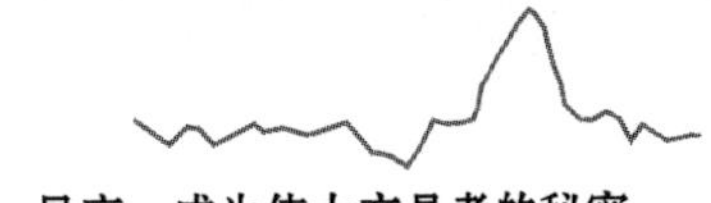

程度上的不一致，这使得绩效很难评价，因为不清楚 N 次交易中特定因素的作用到底如何。由于交易绩效很难评价，所以也就谈不上提高。这也是国内很多炒股者十年无长进的根本原因。任何交易技术和策略的评价都要基于足够多的交易样本，而随意决策下的交易则无法做到这点，因为每次交易其实都运用了存在某些差异的策略，样本实际上来自不同的总体，无法用于统计分析。而机械交易和系统交易由于每次使用的策略一致，这样得到的样本也能用于绩效统计，所以很快就能发现问题。比如，一个交易者很可能在 1，2，3，…，21 次交易中，混杂使用了 A、B、C、D 四种策略，21 次交易下来，他无法对四种策略的效率做出有效评价，因为这 21 次交易中四种策略的使用程度并不一致。而机械和系统交易则完全可以解决这一问题。所以，要想客观评价交易策略的绩效，更快提高交易水平，应该以系统交易和机械交易为原则。

第四，目前金融市场飞速发展，股票、外汇、黄金、商品期货、股指期货、利率期货，还有期权等品种不断翻新花样，这使得交易机会大量涌现，如果仅仅依靠人的随机决策能力来把握市场机会无疑于杯水车薪。而且大型基金的不断涌现，使得仅靠基金经理临场判断的压力和风险大大提高。机械交易和系统交易借助编程技术“上位”已成为了这个时代的既定趋势。况且，期权类衍生品根本离不开系统交易和机械交易，因为其中牵涉大量的数理模型运用，靠人工是应付不了的。

中国人相信人脑胜过电脑，这绝对没有错，但未必完全对。毕竟人脑的功能在于创造性解决新问题，而且人脑容易受到情绪和经验的影响。在现代的金融交易中，交易者的主要作用不是盯盘和执行交易，这些都是交易系统的责任，交易者的主要作用是设计交易系统，定期统计交易系统的绩效，并做出改进。这一流程利用了人的创造性和机器的一致性。交易者的成功，离不开灵机一动，也离不开严守纪律。当交易者参与交易执行时，纪律成了最大问题；当既有交易系统让后来者放弃思考时，创新成了最大问题。但是，如果让交易者和交易系统各司其职，则需要的仅仅是从市场中提取利润！

作为内地最早倡导机械交易和系统交易的理念提供商（Trading Ideas Provider），希望我们策划出版的书籍能够为你带来最快的进步，当然，金融市场没有白拿的利润，长期的生存不可能夹杂任何的侥幸，请一定努力！高超的技能、完善的心智、卓越的眼光、坚韧的意志、广博的知识，这些都是一个至高无上交易者应该具备的素质。请允许我们助你跻身于这个世纪最伟大的交易者行列！

Introduction Secret to Become a Great Trader!

◇ Greatness does not derive from mere luck!

◇ The reason that an ordinary man fails is that he hopes to achieve different outcome using the same old way!

Financial trading is the freest occupation in the world, for every trader can develop a set of profit -making methods tailored exclusively for himself. There are various specific methods of soliciting money from market; while this is the very reason that why financial market is so fascinating. However, just like the ever-changing world is indeed dictated by a few rules, the only "Holy Grail" is worshipped by numerous great traders as well. In the following, we will examine the greatest representatives among them one by one.

As a representative of Techincal Trading, Richard Dannis is known worldwide. He has accumulated a profit as staggering as 1 billion dollar while the cost was merely 2000 bucks! He has been a trader for more than a decade. The inspiring thing about him is that he conducted commodity futures trading with a technical analysis method which in essence is price acting as the core of such analysis. Nevertheless, the greatness of Richard Dannis is far beyond this which is like the greatness of Alexander was more than the great empire across both Europe and Asia built by him. Thanks to his "Turtle Plan", 6 out of the world top 10 CTA fund managers are his adherents. And the Turtle Trading Method is frantically well-known ever since for a couple of decades. Today in mainland China, a storm of "Turtle Trading Method" is sweeping across the entire country. The core of Turtle Trading Method lies in two factors: first, the philosophy of trendy trading implied in "Weeks' Rules"; second, the philosophy of mechanical trading and systematic trading implied in fund management and risk control. The so-called "Weeks' Rules" can be simplified as simples rules that going long at high and short at low within N weeks since price breakthrough. While

Trading as breaking illustrates trend following trading. If we go deeper, we will find that "Weeks' Rules" is a trading system in nature. It tells us the principle of systematic trading and the principle of mechanical trading. Well, let's just put these two principles aside and look at some amazing facts in the first place.

The greatest representatives of fundamental investment and speculation are undoubtedly Warren Buffett and George Soros. The former claimed the title of richest man in the world in 2007 again. You can imagine how powerful he is; the latter is accredited as "the only civilian who has independent diplomatic policies in the world". The two masters win these glamorous titles because of their possession of enormous wealth. In essence, it is due to unparalleled financial trading that makes them admired by the whole world. fresh with his feet in the field of investment, Buffett was regarded by the guru of Information Theory as the richest man in the future world for this guru considered that the practice by Buffett of Probability Theory is unparallel by anyone; Buffett' wife even made his investment secrets public. It is not hard to see that the trading system of Buffett is really powerful that even those technical speculators famous for quantity theory have to bow before him. Buffet said himself that 85% of his ideas are inherited from Benjamin Graham who is a representative of investing in a accountant's actuarial method which requires probability and systematic thinking. The interesting thing is that Buffett is a good player of bridge and his partner is Bill Gates! Playing bridge requires mentality of strict probability which is systematic thinking, no wonder that Buffett conquered the guru of Information Theory on bridge table and then conquered the whole financial world. From these facts we can see that even in his early plays of bridge, Buffett had shown his ambition to become king of the financial world.

Soros has written a large bucket of books among which the most famous is *The Alchemy of Finance*. In this book he tried to build a system of speculation. His teachers are Karl Popper and Hayek. The two thought that human perception has some inherent flaws, so their students Soros consequently deems that emotion and limited rationality lead to "Boom and Burst Cycles" of market; while if a man wants to become a great trader, he must overcome influences of such flaws and furthermore take advantage of them. Soros tried to build a systematic framework for trading based on economic ideas of Hayek and philosophic thoughts of Karl Popper. Reflexivity is the very core of this system.

I may still tell you so many financial gurus taking systematic trading and mechanical

trading as their principles, for instance, Bernstein (master of short line trading), Bill Williams (master of Chaos Trading), etc. Too many. Let's just forget about them.

Well, from the abstract perspective, why shall we take the road to systematic trading and mechanical trading? Please let me show you some very obvious reasons.

First. A man's perception and action are easily affected by market and participating groups. When you are staying in market or a group for more than 5 minutes, you will be hypnotized by ambient setting and ever since that your decisions will be affected by irrational elements.

Second. Any trading is composed of situation analysis and account management. It involves not only entrance but exit which may be either exit at profit or exit at a loss, and there are problems such as selling out and buying in. all these require multiple decision-makings, particularly in short line trading. Complicated and frequent decision-making is beyond the average brain of emotional and busy people. I bet every short line player of forex or gold knows it well that decision-making in fatigue and anxiety usually leads to failure. Well, systematic trading and machanical trading are able to manage these procedures repeatedly in a process and thus can save lots of time and energy.

Third. People make decisions in a quite casual manner. A more important factor is that people use different strategies in varying degrees in trading. This makes it difficult to evaluate the performance of such trading because in that way you will not know how much a specific factor plays in the N tradings. And the player can not improve his skills consequently. This is the very reason that many domestic retail investors make no progress at all for many years. Evaluation of trading techniques and strategies shall be based on plenty enough trading samples while it's simply impossible for tradings casually made for every trading adopts a variant strategy and samples accordingly derive from a different totality which can not be used for calculating and analysis. On the contrary, systematic trading and mechanical trading adopt the same strategy every time so they have applicable samples for performance evaluation and it's easier to pinpoint problems, for instance, a player may in first, second ... twenty-first tradings used strategies A, B, C, D. He himself could not make effective evaluation of each strategy for he used them in varying degrees in these tradings, but systematic trading and mechanical trading can shoot this trouble completely. Therefore, if you want to evaluate your trading strategies rationally and make quicker progress, you have to take systematic trading and mechanical trading as principles.

Fourth. Currently the financial market is developing at a staggering speed. Stock, forex, gold, commodity, index futures, interest rate futures, options, etc, everything new is coming out. So many opportunities! Well, if we just rely on human mind in grasping these opportunities, it is absolutely not enough. The emergence of large-scale funds makes the risk of personal judgment of fund managers pretty high. Take it easy, anyway, because we now have mechanical trading and systematic trading which has become an irrevocable trend of this age. Furthermore, derivatives such as options can not live without systematic trading and mechanical trading for it involves usage of large amount of mathematic and physical models which are simply beyond the reach of human strength.

Chinese people believe that human mind is superior to computer. Well, this is not wrong, but it is not completely right either. The greatness of human mind is its creativity; while its weakness is that it's vulnerable to emotion and past experiences. In modern financial trading, the main function of a trader is not looking at the board and executing deals-these are the responsibilities of the trading system—instead, his main function is to design the trading system and examine the performance of it and make according improvements. This process unifies human creativity and mechanical uniformity. The success of a trader is derived from tow factors: smart idea and discipline. When the trader is executing deals, discipline becomes a problem; when existing trading system makes newcomers give up thinking, creativity becomes dead. If, we let the trader and the trading system do their respective jobs well, what we need to do is soliciting profit from market only!

As the earliest Trading Ideas Provider who advocates mechanical trading and systematic trading in the mainland, we hope that our books will bring real progress to you. Of course, there is no free lunch. Long-term existence does not merely rely on luck. Please make some efforts! Superb skill, perfect mind, excellent eyesight, strong will, rich knowledge—all these are merits that a great trader shall have to command. Finally, please allow us to help you squeeze into the queue of the greatest traders of this century!

目　录

认识你自己！J.L 哲学境界也很高，这是一代大师的必备要素。凡事从内去找的过程，必然是一个为道日损的过程，做的是减法，J.L 就是在做减法，“损之又损，至于无为，无为而无不为”！减去的是妨碍我们顺应规律和趋势的行为，最后就是顺势这一个行为，然后利润自己能够照顾自己，让利润奔跑，就是无不为。

这个市场当中，每个与你交流的人都有他自己的目的，或者是为了炫耀，或者是为了讨好，或者是为了欺骗，当他们带着各种目的来和你交流的时候，你难免会受到他们的影响。容易影响我们的交流往往是那些有结论而没有推理的信息。

J.L 早期操作的时候是动量交易，对于大盘并不在乎。转型之后他以做趋势交易为主，而个股的趋势整体上受到大盘趋势的影响，因此他买卖个股的一个重要前提是大盘趋势是否与个股一致。在 J.L 晚年写作的股票操作小册子当中，他强调了大盘和个股之外的第三个维度，这就是板块。

大盘和大势，J.L 强调了，个股的盘口解读和时机把握，J.L 也明确提到了。还有一个隐晦的点，J.L 提到了，但是在这里没有明确，那就是板块。J.L 看空经济和整个股市，选择了个股进行做空，不过他紧紧围绕铁路板块展开，这一点大家要注意。

Morgan 带领的银行家集团充当了最后贷款人的角色，这个角色后来被美联储扮演。芝加哥学派对此表示支持，认为这样可以稳定金融系统，进而稳定经济，而奥地利学派则认为这样干扰了经济的自我修正功能，而且带来了道德风险。

J.L 的方法是：第一步是大势预判，股票重点看流动性，商品重点看供求大局；第二步是时机把握，主要通过价格在关键点位的表现来确认时机；第三步是仓位管理，主要是顺势加仓，前一头寸盈利之后后面一个头寸才能建立，新开立的头寸一旦不盈利且亏损到一定幅度马上止损。趋势、时机、仓位，这就是 J.L 策略的一个概要。

利用题材和消息出货在A股也是大行其道的题材股坐庄出货的方法。J.L善于利用各种或虚或实的消息来制造足够的对手盘。大家要明白一个投机的机制，那就是你的盈利最终都是来自于对手盘的损失。如果没有足够数量的对手盘，那么你挣什么大钱呢？你如何兑现你的筹码呢？

交易者的发心或者初心非常重要，如果太过于在意结果，则很难做到客观地研究和耐心地等待机会。我们总体上会追求利润，但是在具体的实践中必须全身心投入于过程之中，让操作意见自然而然地产生，而不是为了操作而找结论。

Daniel深知J.L知恩图报的特点，因此针对这个软肋，将J.L玩弄于鼓掌之中，最终达到利用J.L的名气来掩护自己姐夫操作的目的。当年美国股市的操纵之风盛行，欺诈甚嚣尘上，在这样的大背景下枭雄辈出，当然散户也就只有被鱼肉的悲惨结局了。

到底是先挣到钱还债，还是先还债再挣钱？“没有债务”和“挣钱”成了一个问题的两面，没有债务了，J.L就能有当下挣钱最需要的心态，但是如果不申请破产保护的话，那么只有挣了钱才能偿还，进而没有债务。如果不申请破产，那么就陷入了既有债务也挣不了钱的死循环。J.L四年当中的苦苦挣扎从外部环境来讲是市场缺乏单边走势造成的，从内部因素来讲则是缺乏良好的心态造成的。你认为哪个因素是关键呢？

哪里有利益，哪里就有矛盾，J.L低估了咖啡商们自救的可能性和必然性。以前，郑州白糖也会出现糖商借助交易所和政府之力的情况，所以博弈无死角。不要寄希望于对手不会采取某些手段，而要寄望于自己将对手一切可能的反应都找出来。无恃其不来，恃吾有以待也；无恃其不攻，恃吾有所不可攻也。这样才能稳操胜券，立于不败之地。

有两类消息应该反向运用。第一类消息是主力故意放出来的消息。一般而言，内幕人士放出来的话应该做反向理解，除非你是他的重要利益人，否则不可能跟你讲真话，反而可能利用你。第二类消息属于人尽皆知的消息。一种是媒体广泛传播的，另一种是某个普通人告诉你的所谓内幕消息，而且他并非一线人员，等消息传到他这里的时候，他都是N道贩子了。第一类消息需要反向利用是因为消息本身是为了误导你。第二类消息需要反向利用是因为消息已经被股价完全体现出来了，你按照这个操作可能就是最后一波站岗的人了。

Chester这只股票有四个异常：第一个异常是大盘涨，它跌，这是与大盘背离；第二个异常是板块涨， 它跌，这是与板块背离；第三个异常是大众认为它要补涨，它跌，这是技术面与心理面的背离；第四个异常是板块基本面向好，它跌，这是技术面与基本面的背离。异常和背离之后定然有值得我们去深究的真相。一般而言，"该涨不涨必跌"。

主力运作个股需要借力，借力的来源第一是大盘，第二是题材或者业绩，第三才是利用股价走势本身吸引跟风。只靠股价走势吸引跟风的做法是"莽庄"，A股历史上那些"莽庄"谁有好下场？

我们的盈利来自于抓住和利用了对手盘的非理性，而这些非理性类型长久以来基本不变，我们可以从行为金融学和投资心理学当中找到它们的准确定义和描述。主力会操纵股票的前提建立在对这些非理性类型的熟练掌握之上。对手常犯哪些错误？你对这个问题有多大程度的掌握？如果很浅，那就赶快恶补一下吧！找本行为金融学或者投资心理学的权威书籍看看。

A股市场的每次大起大落都必然伴随着庄家和大操盘手的兴衰起落，投机这个行当要么是一将功成万骨枯，自己成了别人的垫脚石，要么是最终成为公众的敌人而被非市场手段击败。努力而聪明的人可能踩着非理性的对手盘而跻身伟大投机客的行列，同时还要克制自己的欲望并善待大众，这样才能永葆生命力。但是，很难有人在伟大之后还懂得克制，德隆系和泽熙系也没能做到，知易行难，特别是那些一路走向伟大的人。

借助于股价走势而非散布利好来运作股价，J.L这样说的时候其实漏掉了他的一些前提。第一，这只股票的运作是在牛市中，因此利用了大盘和大势。第二，这只股票本身基本面还是不错的，因此股价涨上来后，媒体可能挖掘和散布利好，而J.L其实知道这点，坐享其成罢了。切不可认为，通过简单地拉升股价，忽略大盘和题材就可以吸引到足够的跟风盘，这是"莽庄"愚蠢的做法。

初出茅庐：在对赌经纪行升起的一颗新星

小学毕业后我就开始谋生了，最初是在一家对赌类型的经纪行当记价员，具体工作是在黑板上记录行情。毕竟我在数学上面是有天赋的，特别是心算能力，因为在学校的时候我曾经只用了一年时间就将三年的**数学课程念完了**。记价员的工作就是在交易大厅的黑板上写上报价数据，那个时候有一个经纪行的工作人员坐在报价器旁边，声音洪亮地读出最新的报价数据。虽然他的语速极快，但是我总是能够跟得上，将这些数字快速地记录在黑板上，毫无纰漏。

经纪行另外还有许多雇员，逐渐地我和这些同事成了朋友。然而，由于我要从上午 10 点一直忙到下午 3 点，因此根本抽不开身跟这些同事们闲聊，**而且我也不喜欢闲聊。**

在忙着记录报价的时候，我会坚持思考。这些数字报价并非真的与公司价值相关，仅仅是击鼓传花的数字游戏而已。虽然这些数字处于变动之中，也许它们并非偶然，其中一定有什么原因导致它们处在某一价位。然而，在记录报价数字的时候，我最感兴趣的一件事情却不是思考为什么有这些数字，为什么它们会这样变动，价格为什么会这样走。这些我并不关心，因为它们一直在变化，工作日 5 个小时和周六的两个小时里面这些价格都在变动。

价格变化本身引发了我的最大兴趣，由于我对数字非常敏感，记忆力极好，所以我能够清楚地记得股价在前一个交

超短线交易者，按照现在的金融术语来讲叫“高频交易者”，包括某些高频套利交易者。如果这些交易者采取人工的方式操作，比如国内期货市场常见的炒单手，或者是做夜盘的美股炒手，他们的数字敏锐度和心算能力是非常强的。因为你要快速计算大致的止损点位，风险报酬率以及仓位水平，因此对于数字要有极强的敏锐度。沪深 300 股指期货一度成为炒单手聚集的重镇，但是在 2015 年下半年大幅提高日内手续费之后，盛况不再，螺纹钢一度成为新的炒单手重镇。虽然炒单要求极高的数字敏锐度，但是大脑具有超强的可塑性，因此通过持续交易是可以提高这种敏锐度的。

J.L.在从事投机的时候极其专注，作息极其有规律，这也是他能够脱颖而出的关键一点。我们入行的时候同事和朋友基本上都远离了交易一线，甚至金融行业本身。绝大多数人在入行开始的时候都没有这颗专注严谨的心，而这导致无法培养出真正的赚钱能力，最终必然离开这个市场。世界上最怕认真二字，这句话并非陈词滥调，而是至理名言。希望参加这次内训的实习交易员们能够从一开始就树立起正确的态度，这是最关键的一点。

易日的表现，心算的能力帮了我大忙。在这种长年累月的观察中，**我发现股价会出现某些重复的模式，这些模式就成了我的选股指南**。那个时候我才 14 岁，年龄尚小，阅历尚浅，但是却累积了海量的盯盘经验，因此下意识层面我会评估这些模式的胜算率，并且对当日的走势进行比较，进而做出预判。恰如我所说的一般，重复的模式就是我的指南。这些指南就是我的秘诀，它们藏在我的脑海里面，我预判股价将会按照这些指南变化，轨迹早已存在，而我则能把握这些时机。想必你已经知道我说的是什么了。具体而言，你能够发现更好的买入时机或者是卖出时机，你能够发现反弹的衰竭或者是回调的结束。股市如战场，而**报价纸带则是你观察形势的望远镜**。这些早期的经历让我认识到华尔街并没有什么新的东西，因为人性在投机中的表现几乎没有变化，人性比投机更加古老，而且亘古不变。所以，绝不要认为今天发生在股市中的一切有什么新的花样，历史重演，**模式重复，我时刻牢记这点**。

我非常痴迷于股票投机活动本身，因此对于价格未来的涨跌非常感兴趣，为此我准备了一个小本子，这样就可以将所有的观察心得和预判记录下来，然后等待市场的验证。我这样做的**目的并非像某些人那样是为了进行模拟交易，因为那样的交易并不能真正地达到什么目标**，我真正想要做的是检验自己的总结是否正确有效。例如，在全面统计了美国糖业这只股票的所有波动之后，我会认为按照惯例现在的股价走势意味着它会下跌 8~10 个点，于是我会记录当下的表现和重复的模式对比，并且预判接下来两个交易日的表现，最后会在行情走出来之后进行复盘，以便验证**自己此前的判断**。我就是这样对行情报价产生兴趣的，因为它提供了某些重复的模式，而当下的走势则会与我总结的某个重复模式匹配。价格波动背后肯定存在某种原因，但是报价器和价格纸带肯定是客观中立的，它们不会提出某种牵强附会的解释，也不会误导你的判断。我从 14 岁开始就从来不试图强求纸带告诉

坚持盯盘和复盘确实可以让你找到某些重复出现的高胜算率形态，这些形态并未被书本正式提及，大众也知之甚少，这个时候确实是有效的，但是如果忽略了形态背后的原理，那么很容易犯刻舟求剑的错误。任何死板的形态如果没有搞清楚原理，或者是没有相应的仓位管理措施，那么肯定是会让迷信盲从的人吃大亏的。

J.L.从一开始就明白了交易的博弈本质，这与绝大多数人不同。

历史重复，但是并非简单地重复，J.L.最终并未再度东山再起，而是选择死亡，这就是对重复的打破，市场何尝不是如此。J.L.的话有特定的前提和历史背景，因此我们不能成为教条主义者。“不唯书，不唯上，只唯实”。

模拟不能提供足够的动力让人进步，反而让人懒散。最好的交易学习方式并不是通过模拟交易展开的，而是通过小额交易展开的。真正的钱才能让学习者得到足够的市场教训，人是被教训出来的，而不是被教育出来的。如果教育有用的话，那么知道大道理的人都应该生活得很好了。当然，如果你连最基本的资金都拿不出来的话，那么先用模拟交易过渡下也是迫不得已的。

没有反馈就没有进步，没有持续的反馈就没有持续的进步！J.L.通过这个小本子获得持续的反馈，大家作为交易者有这样的持续反馈手段吗？做一单忘一单，你怎么能够获得进步。

我背后的原因，而现在我已经 40 岁了，仍然坚持这个立场。当下行情这样走，有什么样的原因呢？这个原因或许两三天都弄不清楚，也许几个星期也弄不清楚，甚至几个月也弄不清楚。但是，你的交易一定与搞清楚这个原因有关吗？因为你的盈亏只与当下有关，原因或许很久才会知晓，也许永远都不可能知道。但是，机不可失，时不再来，**你必须及时采取行动，而不是等到查明原因而行情也结束了。**这种情况屡见不鲜，比如，Hollow Tube 公司的股票反常地下跌了 3 个点，而此刻大盘是上涨的。为什么会下跌？直到下周一，你才知道与董事会否决了分红方案有关，确切知道内幕消息的人在卖出，这就是消息公开发布之前股价异动的原因，但是绝大多数交易者不可能及时知晓这一信息。

J.L.所处的年代美国证券欺诈和操控非常猖獗，因此通过随意拉抬股价来获利的势力强大，在这种情况下事件驱动方法并不占优势，反而可能处于劣势，因为信息披露和交易监管处于无序状态。所以，J.L.认为与其看你说什么，不如看你做什么。在回忆录里面，他主张绝对的价格分析，但是在他自己的小册子里面他其实已经开始反思了，并且注重价格之外的因素。

这本小册子我坚持记录了 6 个月左右，每天本职工作完成之后我不会急着回家，而是整理这本小册子，复盘当天的变化，努力找出其中的重复模式。本质上我是在学习如何解读盘面，但是并未清晰地意识到这一点。某个交易日的中午，有位稍微年长于我的同事找到了我，低声地问有没有带钱。

我问他："有什么事情吗？"

他回答道："我获得了一些有关 Burlington 的利好消息，想与人合伙赌一把。"

我继续问他："你具体指的是什么意思？要知道投机股票的人都是有钱的阔佬，因为需要几百美元甚至几千美元才能参与其中，这些人都是有自己的私人马车和马夫的。我们也能赌一把？"

"我就是这个意思，赌一把，**你身上有多少钱？**"他继续说道。

重要的人生转折往往出现在一个新的尝试上！没有新的尝试，你很难有所突破，稳定的人生只是被浪费掉的人生而已。重复同样的事情只能得到同样的结果！

"你需要多少钱？"

"我能够交易 5 股，需要 5 美元。"

"你具体打算怎么操作呢？"

"我计划用这 5 美元作为保证金，到对赌经纪行买入 Burlington 的股票，全仓买这只个股，能买多少买多少。这笔

买卖肯定赚钱，好比弯腰捡钱一样容易，要不了多久我们就能将本金翻番。”

J.L.长远看问题的能力远远胜过了同事。关键是赚钱的能力，而不是赚钱的结果，如果没有这份能力，再迫切的赚钱愿望也于事无补。临渊羡鱼，不如退而结网。

“等一下。”我回答道，因为我想先查看一下自己的小册子。**比起单纯地赚钱，我更感兴趣的是自己总结的东西是否有效。**Burlington 的股价按照我总结的规律应该有怎样的表现？这是我最关心的问题。如果 Burlington 即将上涨，那么我的记录中应该体现出来才是。于是，我查看了小册子上的记录，果不其然，真要上涨呢！Burlington 现在的特征正是此前它每次上涨前的特征，这点令我非常高兴。截至当时，我还从未做过任何投机买卖，也没有和同事们一起下过任何赌注。然而，这却是一次非常好的机会，**因为可以验证我此前总结的东西。**如果我的预判没有实际价值，那么看起来再华丽也无济于事，谁会真正对徒有其表而无实际收益的东西感兴趣呢？验证这套东西是否有效对我而言是最紧迫的需求之一，因此我掏出自己的积蓄参与了这次投机。这位同事拿着凑出来的本金赶到临近一家对赌经纪行买了一些 Burlington 的股票，两日之后兑现了筹码，我获利了 3.12 美元。

实践是检验真理的唯一标准。随着互联网社区的不断成熟和发展，个人意见的传播成本越来越低，这就使得每个人都能快速传播其观点，而且这些观点越来越具有更高程度的表面逻辑性。这种情况使得我们在判断事物的时候面临更多的信息冗余和噪声，而解决这些噪声的有效方式除了系统思维之外，更重要的一点在于利用实践来说话。交易策略是否有效，并非简单地从逻辑上和外观上来判断，足够次数的持续实践才是有效的衡量标准。

有了这次经历之后，我就一个人在这家对赌经纪行买卖股票了。通常我都会在午饭时间去买卖，无论买入还是卖出其实道理都是一样的。**我根据规则来操作，而不是基于对股票的偏好，也不是基于某些死板的观点。**数字游戏，仅此而已。实践表明我这样做很有效，因为**这里的玩家无非就是在打赌市场的波动方向而已。**

早期的 J.L.基本上以超短的炒单交易为主，这个时候他根本不关心价格以外的任何信息，但是后期他转型到做大趋势运动，那个时候他表达了对单纯看报价纸带嗤之以鼻的观点，本书后面部分会看到这些观点。国内高频交易者基本上也是单纯看技术走势的，从日线上明确下趋势，然后日内就靠单纯的价量表现来操作。这种纯技术的方法往往也不会看任何技术指标，除了最基础的价量数据。

这样操作一段时间之后，我从投机中赚到的钱比当经纪行雇员的钱多得多。所以，我辞掉了记价员的工作。听到我打算辞职，亲朋好友们纷纷出来阻止，当他们看到我的投机业绩时，只能默不作声了。一个在经纪行里打工的人能够赚到远胜于薪水的外快，大家还能说什么呢？

我在 15 岁的时候赚到了人生的第一桶金——1000 美元，回家后将这些钱拿给母亲大人过目。母亲有些不安，她说这辈子从来没有看到哪个孩子在这个年龄挣了这么多的钱，因

此她让我赶快将钱存起来，避免因为**诱惑处置不当，反受其害**。我对此置若罔闻，因为实践一再表明我的方法是有效的，为什么要担忧呢？按照自己的方法持续从市场中获利，这是全部快乐的来源，用正确的结果来证明大脑思考的正确性。如果我的理论是正确的，那么当我用 100 股来交易时，就比 10 股交易的获利高出 10 倍。用更多的保证金来下注意味着更多的收益，而这意味着我的理论更加正确。调动保证金的多少与勇气并没有必然的联系，**倘若我只有 10 美元，却将 10 美元全部押注**，那么这需要极大的勇气，而倘若我有 200 万美元，却用了其中的 100 万美元来押注，那么所需要的勇气肯定低于前者。

J.L.的母亲让其资产配置分散化，这点其实 J.L.纠结了一生，最终也没能很好地平衡资产高周转率和低风险之间的矛盾。

充分地提高资金的周转率和利用率，这是 J.L.快速崛起的原因之一，也是他几番跌落的原因之一。

总而言之，15 岁的我已经在股票投机这个行当做得风生水起了。我在这些较小的经纪行起家，如果有人一次买卖 20 股的话都会让经纪行的人吃惊，他们会怀疑是不是 John.W. Gates 或者是 J.P.Morgan 来打探情况了。那个年代，对赌经纪行对于客户是没有什么选择的，因为他们有自己的撒手锏，客户就算看对了，也很容易被行情洗出去。这是一个利润丰厚的行当，即使经纪行不做任何手脚，他们也能利用市场的自然波动将客户清洗出局。**因为那个时候的保证金是 0.75 美元，一个反向的小波动就足以让客户的保证金亏光**。没有任何一个欠账的赌徒可以从赌场将钱赚回来，这是残酷的现实。

高杠杆的零售外汇经纪商也是用的这套把戏，所以外汇市场当中除非你主动降低杠杆，否则很难赚钱。高杠杆加上高点差，这就是对赌经纪行的惯用伎俩，一个多世纪以来的老戏法，但是却始终有效。

我从事的是孤独事业，所有的操作我都秘而不宣。不管怎样，我都必须自力更生。我要依靠自己的头脑去赢得胜利，难道不是这样的吗？要么我按照自己积累的经验和规则去预判股票，这个时候其他人的意见纯属多余，要么我听从别人的建议，却只能自己去承担亏损。因此，实在找不到什么理由让我跟别人交流投机事业本身。不过这并不妨碍我与别人交朋友，**但是对待投机这门生意我始终认为应该靠自己，这就是我的所有理由。**

他人的判断也许正确也许不正确，但是这个市场上亏的人总是远远多于赚的人，因此他人的判断绝大多数情况下都是错误的。把自己的成败建立在对他人的依赖上，这始终是被动的做法。

现实情况证明了我的理由是正确的，我总是战胜经纪行，因为他们在对赌中是我的对手盘，因此当我赚钱的时候，他

们就是亏钱的一方。这样的结果导致经纪行开始拒绝我这个客户，刚开始的时候我走进一家经纪行，准备到柜台存入保证金，但是伙计看了一眼却不接受。他们告诉我以后不要来了，同时给我起了一个外号叫“少年快枪手”。面对窘境，我只能不断更换经纪行参与对赌投机，最后以至于不得不通过假名参与其中。那时候，每到一家新的经纪行我就会先从小笔交易开始，比如 15 股或者 20 股。有时候为了避免他们怀疑，我会在开始的时候故意输掉一些，然后再连本带利大赚一笔回来。不过，这并非长久之计，因为他们很快就会接到业内消息，**然后让我滚蛋。**

对赌性质的平台其实非常多，特别是在某些商品现货平台和境外品种平台上，这种平台你要持续赢钱是根本不可能的，要么平台最后垮了，你赚了的钱也拿不到，要么是你持续亏钱。所以，在选择交易平台的时候，要特别留意，不要相信什么名人代言之类的。

某一回，我在某一大的经纪行交易几个月之后察觉他们准备赶我走。于是，我谋划着在被赶走之前多从他们那里赚取些利润。这家经纪行也是对赌性质的，在全城和附近小镇都开了不少分行，设在一些酒店大堂当中，我选择了其中一家分行。走进去之后，我跟经理交流了几句，然后开始交易。当我按照自己的方式操作时，经理接到了总行打来的电话，询问刚才的交易是谁做的。经理告诉我上面正在询问情况，于是我让他告诉上面我叫 Edward Robinson，从剑桥来。经理急忙将这个“好消息”告知他的老板，但是这位老板非常警觉，想要知道我这位叫 Edward 的大客户究竟长什么样。我让经理汇报说我一头黑发，满脸胡子，又矮又胖。不过，经理并未按照我的指示去做，而是照着实际情况去描述。此后，他接电话的神情越来越不对头，满脸通红，挂上电话之后叫我马上滚蛋。

我装着毫不知情，礼貌地问道：“他们跟你说了些什么？”

“他们说你这蠢驴，难道你不知道这是 **Larry Livingston 吗？**你蠢到让他赚了我们 700 美元！”经理情绪激动地回答我，然后再也不往下说了。

Larry Livingston 是 J.L. 在本书中的化名。

没办法，我只能离开这家分行，去其他分行挨家尝试，但是他们显然已经对我非常熟悉，而且严密提防着我。这些分行都不接受我的钱作为保证金，甚至我看一眼行情也会被伙计们冷嘲热讽。虽然试图通过拉长间隔时间来蒙混过关，但是伙计们仍旧认得出我来。

最后我选择了另外一家经纪行，也是当地生意做得最大的一家对赌类型的经纪行——“大都会股票经纪公司”。这家公司是业内巨头，规模非常大，在新英格兰州的每个制造业城镇都拥有分支，这家经纪行允许缴纳保证金进行交易。我从事交易投机的几个月当中，盈亏皆有，总体来看这家经纪行与我此前开户的那些本质上是一样的。虽然他们不会直接拒绝我参与交易，这点似乎与此前的经纪行不同，看起来好像他们更加公平有操守，但实际上他们却是因为其他动机才允许我交易的。如果一个玩家赚了点小钱就被拒绝参与交易，那么其他玩家会怎么想？这就是他们的实际想法。为了留住和招揽更多的客户，他们不得不这样做，因为**名声对于生意而言非常重要**。但是，他们不可能让我这么容易从他们身上拔毛，所以他们的对策更加毒辣。一方面他们要求我缴纳 3 美元的保证金，另一方面他们将买卖佣金从 0.5 美元涨到 1 美元，然后又**涨到了 1.5 美元**。他们允许我交易，但是却进行了各种限制，让我带上沉重的枷锁跳舞，这就是他们的花招。他们具体是怎么做的呢？举一个例子，比如，US Steel（美国钢铁）这只股票当前卖出价是 90 美元，正常情况下的买入，成交单上写的是“90.125 美元买进 10 股美国钢铁”，在 1 美元的保证金要求下，当价格跌破 89.25 美元时，你的保证金就基本上亏掉了。当然，这些对赌性质的经纪行不会要求你追加保证金，也不会让客户倒欠经纪行的钱，因为他们会在价格差点亏完 1 美元保证金的时候**强行平仓**。然而，这还是正常情况下的保证金要求和佣金点差，我的情况比这糟糕多了。还是上面这个例子，如果我买入美国钢铁这只股票，卖出报价是 90 美元，但是我的成交价并非通常的 90.125 美元，而是 91.125 美元，也就是比一般人要高出 1 美元。就算我进场之后，**股价上涨了 1.25 美元，我此时平仓仍旧是亏损的**。除此之外，他们要求我每股缴纳 3 美元的保证金，所以我能够开

J.L.讲到的情况对于 A 股交易者而言可能不太熟悉，对于外汇保证金交易者而言则比较明了。一方面，你必须为你的头寸支付一定的保证金，这个保证金在建立头寸后被锁定，只有平仓之后才会成为可用的保证金。对于单位头寸而言，占用的保证金越多，则你的杠杆越低。J.L.认为杠杆越低，则资金使用效率越低。经纪行这样做的目的是为了限制 J.L.的开仓数量，限制其交易规模。另一方面。买卖之间存在价差，也就是说你一进场其实就处于亏损状态，这个就是经纪商的手续费。当然，还有更黑心的经纪商在这个价差（点差）之外还会收取其他名目的佣金。J.L.这个例子里面，经纪商通过提高保证金要求来缩减 J.L.的交易规模，通过扩大点差来提高 J.L.的交易成本。对于超级短线客而言，这是极大的障碍，到了一定程度之后，交易根本没法做了。2015 年下半年，中金所对股指期货的政策类似于此，一方面提高保证金要求，另一方面提高了手续费。

在这个例子当中，你是在 90.125 美元买入，保证金是 1 美元，完全亏掉这 1 美元的保证金的价格是 89.125 美元。但是，表面上经纪商要对此留有余地，因为当价格真的跌到 89.125 美元时，成交价格可能瞬间跌破这一价格，因此会稍微提前一点采取行动，所以是在 89.25 美元就会强平。但实际上，由于这些交易的性质是对赌的，因此通过提前一点强平，经纪商其实获得了某种优势，这样就可以在价格波动中更好地吃掉客户的保证金。大家要搞清楚的一点是对赌交易的单子是没有递进交易所撮合的，经纪商直接吃掉了这些单子，所以你亏掉的保证金都进了经纪商的口袋。为什么经纪商会这样做？因为除了佣金之外，他多了一份更加丰厚的收入。亏损的交易者总是占多数，加上经纪商设置种种不公平的规则，所以最终的赢家是谁不言而喻。

正常情况下交易一次的佣金是 0.125 美元，买一次加上卖一次的佣金就是 0.25 美元了。

立的头寸就只有正常情况下的1/3。虽然条件如此苛刻，但是这家经纪行却是唯一能够允许我交易的地方了，所以我不得不接受。

我的操作有赚的时候，也有亏的时候，整体下来是净赚的。大都会股票经纪公司对我设置了重重障碍，换作是其他玩家早就倒下了，但是他们变本加厉继续对我施压，其中还有一些见不得人的勾当，幸亏我的直觉让我觉察到了这些危险。

大都会股票经纪公司是我唯一的选择，它是新英格兰地区最有实力的经纪行，规模很大，资金雄厚，一般也不会限制交易头寸的规模。营业厅的装修大气奢华，安装了我当时见过的最大的股票报价板，占据了整整一面墙，其品种非常完备。纽约和波士顿证券交易所的股票以及棉花、谷物和金属等品种应有尽有。在这里，我是成交量最大的个人客户，每天有大量的单子成交。

这些对赌性质的经纪行怎样与客户交易？你将资金交给经纪行的一位柜员，同时告诉他你买卖的品种标的。他会先查看一下报价纸带或者是报价板，然后告诉你最新的报价。在成交单上他会注明交易时间，形式上与正规经纪商的成交单子一样。这份成交单子大概包含了这样的内容——某经纪行已经为某客户买入或者卖出了多少股某某股票，成交价格为多少，成交时间是何时，保证金是多少。当你准备了结头寸的时候，同样需要走到柜台前面，告诉同一位或者另一位柜员，你要平仓。他会查看最新的报价，倘若该股成交稀少，便需要等待下一个最新的报价。确认最新报价之后，柜员会将成交价格和时间快速填好，然后交给你签字认可。**上述流程完成以后，成交单子会交给你，你拿着这个单子去找出纳结算，提取现金。**如果行情波动直接吃掉了你的保证金，那么你的头寸就自动结算了，成交单对你而言也毫无意义了。

J.L.进行刮头皮式交易的年代场外行情报价是非常缓慢的，操作起来非常不方便，而且他的手续费又显著高于平均水平，经纪商还不断设置新的障碍，这些不利因素叠加起来最终使得他不得不转型成为大趋势交易者。

规模较小的对赌经纪行最少可以允许客户交易5股，成交单是一张小纸条，买入成交单与卖出成交单的颜色是不同的。在牛市的时候，基本上客户都是多头，这个时候对赌经

纪行很容易破产。当行情不利于对赌经纪行的时候，他们会在建立头寸的时候同时收取建仓手续费和平仓手续费。比如，假设客户在报价 20 美元的价格买入了某只股票，成交价格为 20.25 美元，那么价格下跌 0.75 美元你就会**被强平**。

这个例子是保证金为 1 美元的情况，当报价从 20 美元下跌 0.75 美元之后，报价就成了 19.25 美元，这个时候你的保证金完全亏光了。为什么报价是 20 美元，成交价是 20.25 美元呢？正常情况下是 20.125 美元，因为买入时收取的手续费是 0.125 美元。而卖出时另外收取 0.125 美元。但是，现在经纪行在买入的时候同时收取了两个 0.125 美元，就变成了 0.25 美元的加价。需要注意的是，佣金是以买卖价差的方式体现的。

大都会经纪行是新英格兰地区的业界老大，顾客数以万计，我则是其中最让他们头疼的客户。尽管他们通过提高保证金和买卖价差来对付我，但是不能阻止我交易。只要他们接纳我的保证金，那么结果整体上肯定是对我有利的，某些情况下我开立的头寸高达 5000 股。

现在接着讲我的直觉是如何帮助我脱离陷阱的。这一天，我做空了 3500 股的糖业股份，成交单是 7 张粉红色的单子，每张单子做空 500 股。大都会经纪行的成交单较大，有很多空白可以在追加保证金的时候使用。其实，这些对赌经纪行基本上不会要求你增加保证金。因为保证金越少，则被行情亏掉的可能性越高，对赌经纪行的大部分利润就来自于客户的保证金强平。一些规模较小的对赌经纪行会对多缴纳保证金的客户再收一次手续费。比如，一股的保证金是 1 美元，体现为买卖价差的手续费为 0.25 美元，如果你为一股头寸缴纳两美元的保证金，则他们会收取 0.5 美元的手续费，这样你虽然增加了 1 美元的保证金，但实际上只能多承担 0.75 美元的价格反向波动。

回到原来的话题，这个交易日我的保证金已经上涨到超过 1 万美元。我第一次手头有 1 万美元的时候才 20 岁。在那个年代带着 1 万美元的现金东游西荡的人除了老约翰之外，很难找到第二个人。**我母亲对此非常担心，她总是嘱咐我要适可而止，不要再做投机，应该干正当稳定的职业谋生。**我费尽力气跟她解释，总算让她明白我是靠数字推理挣钱，而不是当赌棍。毕竟，在母亲眼里 1 万美元是一笔巨款，需要谨慎对待，而对于我而言，1 万美元只不过是赚取更多财富的本金而已。

J.L.母亲的话也许有些道理，J.L.在管理资金上永远都是非常激进的。资金较少的时候这样做是可以承受的，资金非常多之后还这么激进，那谁的心脏都无法承受，最终 J.L.选择了自杀。虽然自杀的时候 J.L.还有不少资产，但是相比亏掉的部分，剩下的部分只是九牛一毛而已。

我做空糖业股的成交价是 105.25 美元，大户室里面还有

J.L.非常喜欢顺应前一波的走势，在价格出现停滞的时候开立与前一波走势方向一致的头寸。价格延续此前的走势，这就是他的一个发现。但是这并非规律，只是一个概率稍大一点的现象而已，因此止损是最后的保险。

另外一位交易者 Henry Williams，他也做空了糖业股，数量是 2500 股。通常我喜欢坐在报价机旁边，为计价员大声读出行情报价。而当时该股的价格表现与我预期的一致，最初一波下跌，然后反弹修正，**等待下一波下跌**。整个市况表现得非常疲弱，对于空头而言是非常有利的情形。但是，突然间我有一丝不安的感觉涌现出来，糖业股的震荡走势有点让人担心，我觉得应该离场了。这个时候卖出报价是 103 美元，这可是当日的最低价。不过，我对于空头头寸的信心锐减了，有点魂不守舍的慌乱感。直觉告诉我情况将变得危险起来，但是原因却不甚明了。君子不立于危墙之下，最稳妥的做法还是尽快离场。

我从不鲁莽行事，因为我不愿意这样做，也不能这样做。在我年幼的时候，**做事之前我必然有所斟酌，找到充分的理由**。但是当下的情形却让我找不出所以然来。心里发慌，持仓心态完全乱了，我招呼旁边一位叫 Dave Wyman 的朋友，让他顶替我坐在报价机边上，由他帮着记价员读出报价。我要求他在喊出糖业股下一次报价之前，稍等一会。他答应了我的请求，我立马起身走到柜台前面，从口袋里面掏出那 7 张成交单。但是，我还是非常迟疑，因此斜靠在柜台旁边，并没有让柜员看到我手上拿的单子。负责平仓交易的柜员叫 Tom Burnham，当我站在柜台旁边的时候，电报机响了，他转过头去查看。突然，我意识到陷阱就要临近了，于是我决定不再犹豫。当 Dave 开始喊出“糖——”时，我快速将手中的单子扔到柜台上，“平掉糖业股的空头”，我要争取在 Dave 喊出报价之前完成交易。这些经纪行的规则是按照最近一个报价成交，因此如果我抢在 Dave 喊出新的报价之前平仓，则成交价将按照此前**我坐在那里时的最后一个报价为准**。结果，Dave 的报价仍旧是 103 美元。不过，我觉得其中非常蹊跷。按照我在小册子上总结出的经验来看，糖业股现在应该跌破 103 美元了。但是报价却仍旧停留在 103 美元，这是一个异常的情况，我觉得这里面有诈。电报机也很异常，不停地发出

J.L.非常善于利用规则来战胜对手盘。但是，我们很多做交易的小额投机客却往往不注意这些规则，只关注技术走势。

响声，而 Tom Burnham 没有签收我的单子，却目不转睛地盯着电报机，似乎在等待什么。我大声喊道“嘿，伙计，你到底在等什么？快点把我的成交单子填好，103 美元，快点啊！”

营业厅里面的所有人都听到了我的喊声，齐刷刷地望过来，交头接耳地打听和议论到底发生了什么事情。虽然大都会经纪行从未赖过账，但是大家心里难免会时不时有疑问，一旦疑虑传染开来，那么挤兑就会发生，**而这是经纪行最不愿意看到的情况**。所以，尽管 Tom 一脸不情愿，但还是在我的单子上签了字，“在 103 美元平仓”，然后把单子递给我。从平仓柜台到出纳员的柜台不过 8 英尺远，当我正走向出纳的时候，Dave 大叫起来：“天啊，糖业股，108 美元！”这个消息来得太迟了，我笑着对 Tom 说：“刚才不是这样的情况吧？伙计！”

J.L.非常善于揣摩对手的心理，比如对经纪行心理的揣摩就非常到位。

内情一看就是操纵价格行为，为什么会这样呢？Henry 和我一共做空了 6000 股糖业股，加上营业厅里面其他人的相同操作，经纪行一共有 8000~10000 股的做空头寸。假定经纪行一共拿了两万美元的保证金，那么经纪行在纽约股票交易所的做市商肯定会想办法操纵价格，以便让我们强平。那个年代许多经纪行都这样操作，一旦他们发现某只股票在某个价位上累积了大量的同向头寸时，他们就会联合几家同行来洗盘，**故意触及强平价位**。他们付出的代价很小，但是收益却很高。大都会这次也是这种伎俩，他们想要借这个机会让我和 Henry 等做空的人在波动中被强行平仓，这样我们所有的保证金都被他们赚取了。他们在纽约证券交易所的做市商代表将糖业股的价格瞬间拉升到 108 美元，就是为了让我们强平。虽然价格很快回落，但是 Henry 和其他做空的人都被算计了。这种突兀的走势往往被报纸称为**“经纪行的偷袭”**。

伦敦市场的外汇做市商经常会联合机构交易员干这种清洗邻近价位大额头寸的事情。

在任何保证金交易的市场上，这类情况都是永远存在的，与趋势相反的长影线走势就是其技术上的典型特征。比如，价格处于持续下跌走势中，但是突然大幅上涨，然后又快速回落。大家可以看下国内棉花期货指数 2015 年 12 月 1 日这天的走势，典型的是为了清洗掉做空的趋势头寸。清洗掉了之后，继续开始持续而显著地下跌。12 月 1 日的成交量非常大，因此可以推断当天不少多头头寸被打止损了。当时，我在棉花上有趋势空单，是在 11 月 30 日建立的，结果也被清洗掉了，后来补了一些仓位，但是仍旧没有回到最初的水平。

有趣的是，在大都会经纪行这出丑剧上演后不到 10 天，有一位纽约的资深炒家就从他们那里捞走了 7 万多美元。这位先生在业界非常有号召力，在 1896 年的“Bryan 大恐慌”中，他因为做空赚了大钱，从此名声大震。他总是违背证交

通过操纵场内价格，进而让经纪行的对赌盘输掉。由于组织更加严密，行动更加迅速，因此经纪行很难做出有效而及时的反应。而且绝大多数中小型经纪行在交易所不存在任何势力。这构成了一座生态金字塔：证交所的场内交易势力是最顶层的，中间是对赌经纪行，最下面是经纪行的客户。次贷危机前后，中国三大航空公司在原油衍生品上吃大亏的情况与此类似。他们做多了原油衍生品，其盈亏取决于原油的涨跌幅度，而他们却无力影响原油价格的走势。他们的衍生品合约类似于与对赌经纪行的交易，而盈亏却是由场内交易价格决定的。他们在衍生品合约上买卖得再多，都不能影响原油的价格。

短线投机客很难有好的下场。为什么会这样呢？这个问题其实值得我们深思。在一个不确定性极高的格局当中，杠杆越高死得越惨。在一个利害关系尖锐的格局当中，对手是绝不会放过你的。什么是根本的出路呢？第一，风物长宜放眼量，做大趋势，无论是投机还是投资，只做大的格局。第二，降低杠杆。第三，不要让对手输得太快太惨，凡事留有余地。第四，除了钱，人生还有很多维度值得去努力，哲学和宗教是心灵的庇护所。第五，分享你的成功，不要吝惜给予。

所规则，以便从其他会员那里赚钱。某日，他想出了一条新的发财之道——何不从那些地方的对赌经纪行捞钱呢？这样就不会得罪交易所的会员，也不会招来警察机关的不满。毕竟，这些经纪行赚的都是昧心钱，他们与客户对赌，从客户那里捞钱，并未将单子递到交易所成交。这位大腕派了 35 个手下到各地对赌经纪行冒充一般客户，他们一般到这些经纪行的最大分支展开计划。在约定交易日的约定时刻，他们会顶着最大限额保证金买入约定的股票，对赌经纪行允许买多少他们就买多少。这位大腕则会散布有关该股的利多消息，然后亲自在证交所场内拉升股价，同时引发其他场内交易员跟风买入，这样就可以迅速地拉升约定的个股。当股价推高了 3~4 美元之后，他的手下就会偷偷卖出。所有的这些行动都是严格按照预先的计划来执行的，**因此密不透风。**

有朋友告诉我这位大腕除去手下的开支净赚了 70000 美元，他将这套诡计用在了全国各地的对赌经纪行身上，从纽约、波士顿、费城、芝加哥、辛辛那提到圣路易斯，横扫一切对手盘。他最喜欢操纵的是 Western Union 的股票，这只股票成交量处于中等水平，很容易拉高几美元，也很容易打压几美元。他的手下在约定的点位买入，有 2 美元的利润就抛出，然后反手做空，这样又能获得 3 美元的利润。

这位曾经的大腕，前两天报纸上却说已经驾鹤归西了，走的时候默默无闻，要是他在 1896 年去世，那么肯定会在纽约的每一家报纸的头版上出现，**而现在讣告却只有短短的两行字。**

初到纽约：艰难的转型之路

对于大都会证券经纪行的所作所为我已经看得非常清楚，他们刚开始让我缴纳高达 3 美元的每股保证金，同时还要付出 1.5 美元的交易手续费。虽然这套伎俩没有成功，但是他们并未就此打住，而是连最卑鄙的招式都使出来了，还是没有得偿所愿。最后，他们坐不住了，暗示我不管怎样都不会再接我的单子了。在大都会证券经纪行投机的这段时间内，我去意已决。我计划到纽约去，因为纽约证券交易所在那里，我准备找一家在纽交所有会员资格的经纪商，我不想去波士顿，因为那里需要电报才能接收到行情，**比纽约慢了一步。**终于，我在 21 岁那年带着全部身家 2500 美元来到了纽约。

对于炒家短线客，包括高频交易者而言，获取价格信息的速度以及成交的速度都是最关键的。不少高频交易机构花重金研发提高成交速度的方法，在不少人看来也就是快了几千分之一秒不到，觉得没有多大意思。但是对于高频交易者而言，更快一点就能击败所有对手。

我曾经提到过在 20 岁的时候我就已经身家 1 万美元了，当我做空糖业股的时候就缴纳了超过 1 万美元。不过，我并非常胜将军。我的交易策略值得信赖，因为盈利的次数多于亏损的次数，如果我能够一直恪守这套策略则 10 次交易中我赚钱的次数可能有 7 次。但是，结果并非这样，因为我并未始终如一地坚持自己的策略。这套策略的要点在于只有市场给出了明确的进场信号时才进场。任何东西都有自己的规律，我却往往忽略了这一点，而华尔街的大腕们，也如过客一般匆匆来、匆匆去，原因大概也是因为他们没有认识到这一点。生活中的傻子做事情往往不顾时间地点，而华尔街的傻子则不管时机是否恰当，总是抑制不住交易的欲望。**任何人都不**

J.L.这个时候已经开始反思此前的炒单模式了。在国内期货市场当中，日内炒单是非常流行的一个盈利模式，确实有不少人能够持续盈利，但是很容易受到交易所政策变动的影响。J.L.从炒单起家，从纯粹的价格模式识别起家，最终不得不走上大幅降低交易次数之路。

可能天天找到充足的理由去交易，或者说人类还没有能力足以每时每刻都处于理性的交易之中。

我就是一个活生生的例子，当我按照市场的客观表现来运筹帷幄时，往往挣钱就很容易。相反，如果我违背了自己的策略，开始胡思乱想，不按规则操作，那么肯定赔钱。任何人都无法完全克服人性的弱点，我也毫不例外。一旦进入交易大厅，行情板和报价机就开始影响我的情绪和思维。交易大厅里的人们匆匆地买入，匆匆地卖出，钱财来了，钱财走了，大家非理性地采取行动，急切地想要捞上一笔，结果是激情代替了冷静。在对赌经纪行当中，大家都想要以小博大，通过缴纳微薄的保证金来获取巨大的回报，这种一夜暴富的想法让大家很难有长远的打算。因为杠杆过高，因此我们很容易被行情的微小波动清洗出局。**罔顾市况，只是由着性子在市场里进进出出，这就是华尔街上缺乏寿星的根源，**所谓的专业交易者往往也深陷其中，因为他们认为每天都要从市场中挣到钱回家，就好像那些拿着固定工资的上班族一样。以前我还只是一个黄毛小儿，对于市场并未有太多的理解，也难以预料到后面会得到什么样的深刻教训。15年以后，虽然我对某只股票的走势成竹在胸，但是，过往的教训却让我耐心地等待时机，抑制住人性的冲动，两周之后股价已经上涨了30美元，**我终于等到了最安全的买入时机。**这次机会出现之前，我已经破产了，想要东山再起，因此，不能像以前那么鲁莽冲动了。这一次我要尽可能拥有完全的胜算，于是我等待了两周之久。这次翻身仗打得很漂亮，是在1915年，我会在后面再来谈这笔交易，现在回到正题。在对赌经纪行当中，我表现得非常出色，但是还是被他们夺走了大部分的利润。我明知道这一切情况背后的内情，却只能选择忍耐，眼睁睁地看着他们要手段。在整个交易生涯当中，这种事情并未就此打住，因为你的对手盘是不会这么容易让你盈利的。除了这些外在的对手之外，**股票作手身上都有这样那样的缺点，这些缺点便是隐藏在暗处的敌人，它们会抓住机**

在对赌经纪行里面，J.L.做的是炒单，也就是刮头皮交易。到了纽约之后，他已经开始转型为一个大趋势交易者了。在炒单的时候，J.L.对于时机的把握主要集中在短期动量波动上，而在转型之后，他对时机的把握主要集中在关键点位上。

会偷袭你，而你不得不随时准备制服它们，如果你做不到，那么代价就是不菲的。

我带着 2500 美元的本金来到纽约，对赌性质的经纪行在这里非常难以立足，开不到两天就得关门，因为纽交所和警察们联手整治这些不合法的经纪行。我想找一家能够允许我开立大额头寸的经纪行，让我能够不被限制地运用本金进行交易。虽然那个时候我兜里的钱并不多，但是我认为这只是暂时的，早晚我会有巨额的本金可供使用。在纽约我的主要考虑是找一家更好的经纪行，而不是担心公平问题。我选择了其中一家经纪行，这家经纪行在我家乡也有分支，我认识分支里面的几个伙计，现在分支已经关门了。不过我在纽约这家经纪行里待的时间不长，因为看不惯其中的一位合伙人。此后，我转到 A.R.Fullerton&co 这家经纪行做交易。这家经纪行的人对我应该早有耳闻了，因为他们都叫我“少年天才操盘手”，我猜测肯定是有人向他们提起过我早年的经历。我确实看起来比实际年龄更小，而这对于我非常不利。因为有不少人会因此认为我好欺负，从而占我便宜，所以我需要更加努力地做好交易。当然，以前在对赌经纪行做投机的时候，正是因为他们看轻了我，所以我才有机会从他们那里不断赚钱。

在金融投机这个博弈场上，我们面临内外两个对手，一个对手是我们的交易对手方，另一个对手是我们自己的天性。对手盘会利用我们的天性来误导我们，引诱我们犯错，然后从中获利。因此，真正的对手就是我们的天性，如果我们能够驾驭它，它就是我们最强大的盟友，如果不能驾驭它，那么他就是我们最大的敌人。

世事难料，在纽约不到半年，我就破产了。我的买卖非常频繁，徒有“赢家”的虚名。我估计交易佣金的总数应该非常惊人，虽然我账户上曾有一定的盈利，但是最终还是还给了市场。尽管我交易的时候时刻处于谨小慎微的状态，但是结果还是让人失望。为什么会这样呢？其实，**对赌经纪行里面的成功经验埋下了我现在失败的苦果。**

任何策略都是有前提的，任何行情都是有背景的，任何人都是有早年经历的，任何事情都是有来龙去脉的。看问题要用辩证的思维，解决问题要考虑到相对性。

我的交易方式是在对赌经纪行里发展完善起来的，这套方法在对赌经纪行里可以玩得风生水起，因为我只要利用市场的微小波动即可。报价纸带的解读方法是我在对赌经纪行做伙计的时候发展出来的，当我买进的时候，价格是固定的，在进场之前我就知道实际成交价格是多少了。另外，卖出的

时候总能成交，而且成交价格我也知道。因此我能够快速地进行买卖，而不必担心成交滑点问题。市场如我预期发展的时候，我可以快速杀入，市场不合我意的时候，我可以快速平仓。比如，某些情况下，如果我对某只股票上涨或者下跌 1 美元有很大的把握，那么我也可以用 1 美元的保证金来翻番，而不必抓住整个走势。或者，我也可以挣个 0.5 美元就跑路。每天这样买卖一两百股，**到了月底，自然收益不小。然而，这一套方法最终仍旧是行不通的，因为对赌经纪行不可能一直这样心甘情愿地将钱输给我，所以他们最终会阻止我继续从他们身上捞钱。毕竟，哪个对赌经纪行愿意有客户一直从他们口袋掏钱的。**

在对赌经纪行交易时，客户的单子并未递到交易所撮合成交，而是经纪行自己接下了这些单子。之所以经纪行敢这样做，是因为交易者整体上必然会因为行情波动而亏损。

进一步来讲，我此前在对赌经纪行里面暂时行之有效的那套方法，拿到 A.R.Fullerton&co 这类正规经纪行里面就更不起作用了。因此，我在这里的单子都是递到了纽约证券交易所场内的，这些是真正在交易所被撮合了的单子，而不是经纪行自己把单子给吃了。比如，糖业股上的纸带报价是 105 美元，我预期将下跌 3 美元，然而纸带报价的行情有可能滞后了，因为在 105 美元的报价从电报机上发出来的时候，交易所场内的报价可能已经跌到了 104 或者 103 美元了。所以，当我将做空 1000 股的指令通过 A.R.Fullerton&co 这类正规经纪行传到交易场内撮合的时候，成交价可能更低。到底成交价在什么水平，还要等成交回报从交易场内传回经纪公司。如果这笔交易是在对赌经纪行完成且经纪行不赖账的话，那么我肯定已经挣了 3000 美元了。但是，如果在 A.R.Fullerton&co 这类正规的经纪行做同样一笔交易，最终或许一分钱都挣不到。也许这个例子过于极端，但是就本质而言，我以前的方法不适合参与真正变动的行情，因为纸带报价给出的都是过去的价格，对赌经纪行根据这一价格来成交，而纽约的正规经纪行则是根据场内的实际价格成交的，不过我当时并未及时认识到这一点。

另外一个事实令情况更加糟糕，因为我的单子是递到证交所场内成交的，所以我的单子如果太大必然会影响到价格本身。而在对赌经纪行则没有这样的问题，因为成交价格是纸带上的报价，我买卖的单子都是与经纪行成交，并不会影响到纸带上的报价。**我到纽约来头半年就打了败仗，原因在于我此前有效的策略在这里完全失去了有效的前提。**在合法经纪行交易并不是导致我破产的根本原因，而在于我没有搞清楚策略的前提，刻舟求剑。周围的人夸我是解读纸带报价的高手，但是我还是一样亏到了破产。如果我亲自到场内参与交易，情况或许会好得多，这样我就能及时知道成交价格的变化，同时我也能够**因应交易对手群体的变化而相应地变化自己的策略。不过，即使我能够及时地知道成交价格，目前的策略仍旧有一些问题需要解决，因为我的交易反过来会影响成交价格，而这是在对赌经纪行投机时不曾遇到的情况。**

J.L.在剖析交易方法“为什么有效，为什么没有效”的时候还是非常细致的。我们在看J.L.的个人历史时，也应该从中吸取一些经验和教训来反思我们自己在这方面面临的问题。高频交易在什么情况下会失效？趋势交易在什么情况下会失效？题材投机在什么情况下会失效？价值投资在什么情况下会失效？大家考虑过这些问题没有？如果你有考虑到这些问题，那么就不太会遭遇滑铁卢，即使遭遇了也能够很快走出来，因为你看清楚了整个问题的所在。

简而言之，当时的我其实对于股票投机的本质还并不了解，我只是对整个操作的某个部分有了一些了解，虽然这个部分曾经帮助我获利，也算得上是一个重要的部分，但是现在却不再发挥预期中的效果。如果我曾经的积累和成功经验都不足以让新环境中的我获利，那么，那些缺乏经验的玩家们取胜的概率更低。或者更具体地讲，他们靠什么获利呢？

到纽约之后不久，我就觉察到自己的方法存在某些问题，但是究竟这些问题是什么我了解得并不多。某些时候，我的策略效果似乎不错，但是猛然间又会跌入低谷。那时我才22岁，还处于迷迷糊糊的人生阶段，虽然从不执迷不悟，但是仍旧未能很快搞清楚问题所在。

经纪行营业厅里面的工作人员对我还不错，虽然保证金的要求使得我不能随心所欲地交易，但是老板Fullerton和公司的员工都对我很照顾。6个月的交易使得我亏掉了此前挣得的本金和利润，另外还倒欠经纪行几百美元。

回想那时的我，到纽约之前从未到过很远的地方，一个黄毛小子到了纽约半年就破产了。然而我并不气馁，因为问题并不在我干交易这行有什么不对，也不是因为我的天赋和

心理学有一个归因理论，怎样归因最后会影响到你对自己的评价，也影响到你接下来采取的态度和行动。J.L.将问题归结于策略行为层面，他既没有上升到对自己人身的攻击，也没有攻击市场，他恰当地将问题归因于行为层面。这样就避免了因为攻击自己而丧失坚持的勇气，因为攻击市场而丧失了解决问题的积极性。

努力不够，而是我的交易策略存在问题。不知道大家明白我所指的问题没有，**我不应该责备自己，更不应该责备市场，因为与行情争辩、指责市场是毫无用处的。**

虽然到纽约后交易得非常不顺，但是我还是对交易如此痴迷，没有本金怎么办，于是我马不停蹄地去找 Fullerton 先生借钱："你好，Fullerton 先生，你可以借给我 500 美元吗？"

"你要这么多钱做什么？"他问道。

"我想借些钱。"

"借些钱干什么？"他追问道。

"当然是做交易保证金了。"我回答道。

"500 美元吗？你应该知道，他们会要你维持高达 10%的保证金，而这意味着你做 100 股的买卖需要 1000 美元的保证金。你从我这里获得一个融资额度，然后继续在我这里交易岂不是更好……"

"不，我不想再欠公司钱了。我的计划是从你这里借到 500 美元，然后去外面挣回来。"

"你的具体计划是什么？"他好奇地问道。

"我准备找一家对赌经纪行，从那里挣钱。"我信心十足地回答。

"还是在我这里继续做交易吧。"

"不行，因为我在正规的经纪行里面做交易还没有找到持续获利的秘诀，因此没有必胜的把握，但是我对那些对赌性质的玩法却有成功的经验。虽然，我已经大概知道为什么在这里交易做得不好的原因了，**但是我还需要挣到足够的本金再回来。"**

J.L.很清楚什么格局自己能够取胜。所谓胜于易胜者，J.L.知道以他的能力要想在正规的经纪行参与行情是无法保证取胜的，因此他选择了更加有把握的格局去参与。

听完我的理由，Fullerton 终于把钱借给了我。我离开了 Fullerton 开的经纪行，曾经的投机天才在这个地方被打得落花流水。现在我不能回到家乡的对赌经纪行去交易，因为他们太熟悉我了。纽约也不行，虽然 19 世纪 90 年代的时候 Broad Street 和 New Street 上全是这类经纪行，但是现在这里只有合法正规的经纪行。我听说圣路易斯有两家大的对赌经

纪行，于是我准备去那里。这两家对赌经纪行的规模很大，其分支遍布整个中西部地区，在几十个城镇都有分行，所以他们的业务收入一定非常大，利润自然也就很丰厚了。有人告诉我东部地区的对赌经纪行很难望其项背，当地有头有脸的人物都在这两家对赌经纪行参与投机。其中一家对赌经纪行的老板听说还是地方贸促会的副总裁，不过应该不是圣路易斯地区的。分析下来，那里正是我要去打翻身仗的地方，带着 500 美元的本金去赚回更多的钱，这样我就可以回到 Fullerton 老板的公司继续交易了。

到达圣路易斯之后，我先到旅馆洗漱打理了一番，然后上街去寻找对赌经纪行。我此前物色好的两家公司分别是 J.G. Dolan 和 H.S.Teller，我打心底知道自己能够从他们身上捞到钱。我计划采取绝对稳当的策略，这要求我必须小心谨慎地去操作。**唯一让我焦虑的是怕有人认出我来，因为全国各地都有关于我的传言，名气成了我的累赘。**对赌经纪行就是一个赌场，里面的人们流传着关于赌神的各种传说。

投机这一行如果过于高调，就会成为一个大的靶子，因为你的一举一动就很容易为其他参与者所关注，最终必然成了一场信息不对称的战争，别人在暗处，你在明处。国内有一位棉花投机天才在大赚之后高调在博客上公布自己的下一步行动计划和理由，最终被更老练的对手狙击，这就是投机界典型的案例。

J.G.Dolan 公司比 H.S.Teller 公司离我住的地方更近，于是我先去 J.G.Dolan 公司。我希望能够在这里多待几天，而不是一来就滚蛋。我走进去，营业厅面积很大，十分宽敞，至少有几百人在里面盯着报价板。这对我太有利了，因为这么多人，谁会注意到我呢！我非常高兴，观察了一会行情报价，彻底分析了下所有的价格走势，直到选出一只符合我要求的股票。然后，**我环顾四周想要找到柜员。**他正看着我，我走过去问道：“棉花和小麦合约在你们这里可以参与吗？”

纯技术选股其实是非常快的，J.L.在早期的对赌经纪行当中基本上都是纯技术分析。那个时候技术分析并未成形，大家基本上还是最原始和朴素的冲动交易。当然，那个时候技术分析的鼻祖也正在形成自己理论的过程当中。追述起来，道氏理论应该是最早的技术分析理论。但是，随着现在技术分析理论和工具的广泛传播，其效用已大打折扣。

“小伙计，当然可以。”他回答道。

“那股票也可以吗？”

“只要你有钱，当然可以。”

“哦，这不是问题，我有钱。”好像我是一个冒充有钱人的穷小子一样。

“你有钱？真的吗？”他略带讥讽地反问。

“100 美元能够买多少股？”我故意表现得有点不高兴。

“100股，前提是你真能拿出100美元来。”

“当然能，200美元我也能拿出来！”

“好，你牛！”

“你给我买200股！”我显得毫不客气。

“200股什么？”柜员变得严肃起来，开始进入工作状态。

我再次查看了行情板，装模作样地分析了一番，然后告诉他：“买入200股Omaha！”

“OK!”他接过我的保证金，点了数，签好了成交单据，然后他问，“你叫什么？”

“Horace Kent！”

柜员将成交单据递给了我，我离开柜台坐到了客户群当中，等着我的本金给我带来利润。当天我交易了好几次，杀进杀出不亦乐乎。第二天我如法炮制，两天下来我一共赚了2800美元。当时我希望能够在这里做完一周，按照我赚钱的速度，一周下来收益将非常不错。我想着，下一周去另外一家对赌经纪行，如果运气不差的话，就能够挣一大笔本钱然后回纽约，在那里施展拳脚。

第三天早上，我低调地走到柜台前，想要买入500股的B.R.T。柜员对我说：“Kent先生，我们老板想要见你。”

事情败露了，但是我明知故问：“为什么他想要见我？”

“这个我就不太清楚了。”

“他在哪里？”

“在他的私人办公室，就是那边。”他指向一扇门。

我顺着他指的方向走进去，老板Dolan正坐在他的办公桌后面。他侧过身来，对我说：“Livingston，请坐！”同时手指一张椅子。我再多做几个交易日的希望彻底破灭了。他从什么地方看穿我的呢？也许是旅馆的住宿记录上。

“找我有什么事情吗？”我问他。

“你好，年轻人，我对你并无任何恶意，你应该明白这点。”

“确实，我也没看出你有什么恶意。”

Dolan从转椅上起身，他身材魁梧，他对我说：“请到这边来，Livingston！”他走向门边，然后打开办公室的大门，手指着大厅里面的人群，“看见这些人了吗？”

“看见什么？”

“好好看着这群人，小伙子，300多只肥羊，他们供给了我家人的开支。你应该明白了吧？但是，现在你闯了进来，你短短两天从我身上挣到的钱比我两个星期挣到的

钱还多。生意不是这么做的，伙计，我的生意这样下去不是办法。朋友，我对你毫无恶意，**但是希望你拿着你已经挣到的钱离开这里，不要再来了，这里不是你刮油脂的地方了。”**

“为什么，我……”

“就此打住！前天你来的时候，第一眼我就不喜欢你的做派，实际上一点好感都没有，你就是一个假痴不癫抽老千的滑头。当时我就把那位接待你的柜员叫了进来，我说你是老千，但是他却肯定地说你叫 Horace Kent，绝不可能是老千，绝对没有问题！就这样，你被放了进来，这让我后悔不迭。这个蠢货的愚行让我付出了 2800 美元的沉重代价。但是，小伙子，我不恨你，不过以后你也别想继续从我身上捞钱了。”

“瞧瞧这儿……”我想要开口说话。

“你看清楚，Livingston”，他继续抢过话头，“我对你的底细了如指掌。我通过与这些家伙们对赌来获取利润，而你并不应该在这里出现。因此，你应该拿着钱离开这里。不要继续在这里捞钱了，那样我就成了你对赌的对象。你还是找你自己的道儿吧！我们各走各的！”

于是，我只能悻悻地带着 2800 美元的利润离开 Dolan 的公司。Teller 公司就在同一街区，对此我早已知道，这家公司的老板非常有钱，除了经纪行之外还开了多家台球室。于是，我准备到这家经纪行去试试运气。到底应该怎么个玩法，是从小头寸慢慢涨到 1000 股，还是一来就玩大头寸，我还没有想清楚，我推断我在这里也待不了多久，也许一天都不到。毕竟，一旦他们开始输钱，那么情况就会发生变化，他们可不想一直输下去。我确实非常想要一来就在 B.R.T 这只股票上面买入 1000 股，从每股上面赚取 4~5 美元是非常有把握的。不过，如果他们对我有所提防，又或是太多人参与这只股票，**那么我可能没机会这样做**。想来想去，我觉得还是从小额的头寸开始比较稳妥。

Teller 公司的营业厅并没有 Dolan 公司的宽敞，但是更加气派，装潢考究，因此我推测其客户可能更加有钱，这家公

对赌经纪行的这位老板讲得非常直观，大家以后选择平台的时候一定要搞清楚是不是对赌平台。否则，就算你本事再大，也无法战胜这些平台背后的老板。

J.L.虽然没有读多少书，但是他有几个优点我们还是要学习一下的：第一个优点是他有记录交易的习惯。同样是在对赌经纪行当伙计，他能够脱颖而出很大程度上是因为他发现了某些经验规律。而他之所以能够发现这些规律，主要得益于他坚持了 6 个月的记录。大家想想看，你自己坚持了多长时间的交易记录？坚持了多长时间的有记录的复盘？我想，读者里面不会超过 50 人能记录和复盘，一千人里面有一个都不错了。记录和复盘，也许你做过一天，做过一周，但是坚持做了半年的人却是极少的。日记是最好的老师，请大家牢记这句话，并且身体力行。第二个优点是他凡事都会琢磨下对方的想法和动机，无论是做交易还是与人打交道，这种对手盘思维是 J.L.最明显的特征之一。大家做交易，往往是一种技术思维，仿佛行情是一个客观的物体一样，这样做就忽略了博弈的本质。只有揣摩透了对手，你才能稳操胜券。早年的 J.L.在对赌经纪行做交易的时候对此并不了解，但是此后他却沿着这条康庄大道勇敢前行，终于从刮头皮的短线客成了一代投机宗师。

司油水可能更多，这对于我来讲是好事。想到这里，我改变了主意，还是直接就大手笔操作吧！于是我决定买入 1000 股 B.R.T。我直接走到了相应的窗口前面，对柜员说："我想要买入一些 B.R.T 的股票，上限是多少？"

"没有任何数量限制"，柜员回答道，"就看你钱够不够，想买多少都可以。"

"买 1500 股！"我这样说的同时从裤袋里面掏出一沓钞票，而柜员则开始帮我填交易单子了。

突然，一个红发男子一把将柜员推开柜台，他身体前倾地对我说："Livingston，你还是回 Dolan 公司做你的买卖吧！我们不想做你的生意。"

"等我拿到我的成交单，我才买进了一些 B.R.T 的股份。"我回答道。

"忘了成交单吧！离开这里，不要再来了，我们不想做你的生意，听懂了吗？"他这样说的时候，其他员工都站在他身后盯着我。

软的手段讲理、硬的手段发火都用了，对方都不肯让我做完一笔交易，于是我只能悻悻而归，回到旅馆，付了房费，然后坐上回纽约的首班车。赚钱不易啊！我最初想在 Teller 公司捞点钱的，但是却连交易都没做一笔。

到了纽约后，我立即把借 Fullerton 老板的 500 美元悉数奉还，然后利用剩下来的钱继续开始交易。我的交易业绩并不稳定，有时候赚钱，有时候亏钱，不过累计下来还是稍微赚了点钱。我并不需要推倒重来，进步的关键在于除了此前在对赌经纪行学会的技巧之外，还要掌握一些其他的必要技巧。我就像那些做字谜游戏的粉丝，他们热衷报刊周末副刊上的字谜游戏，不将所有空格填出来他们是不肯罢休的。而我与他们一样，迫切想要做好市场字谜游戏的填空任务，我最初以为在对赌经纪行的经验就是这一游戏的终极答案，但事实上并非如此。

在我回到纽约几个月后，一位有趣的老头来到了 Fullerton 老板的办公室，他们是老交情了。据说，他们两人曾经共同拥有赛马队。这点也很容易看出来，他以前曾经辉煌过。这位有趣的老头叫 McDevitt。Fullerton 将我介绍给 McDevitt，他正在向大伙儿炫耀自己在西部赛马场赌马的经历，在圣路易斯他从骗子身上大赚了一笔。而他口中骗子的头目是一家台球室的老板，叫 Teller。

"哪个 Teller？"我询问他。

"H.S. Teller。"

"这家伙我认识！"我说。

"他是个烂人！"McDevitt 接过我的话说。

"远胜于此，我还要找他算账呢！"我说。

“怎么算呢？”

“对付这个烂人的唯一手段就是从他的口袋里面捞钱。在圣路易斯我没能办到，不过机会有的是。”我将自己此前不爽的经历和盘托出。

“原来如此，他竭力想要在纽约设立分公司，但是没有那个能力，只能在 Hoboken 开了一家新的子公司。据说那里不会限制头寸数目，客户很多，生意红火，Gibraltar Rock 的生意和那里比起来只能算九牛一毛。”

“这家新的子公司究竟是干什么的呢？”我以为他是在讲台球室。

“对赌经纪行！”McDevitt 回答道。

“你确定这家子公司已经在营业了？”

“确定！因为好几个人都跟我提起过这家子公司！”

“这些都是道听途说的吧？请你帮我亲自确认一下，**另外我想要知道他们的交易限额是多少。**”我说。

J.L.虽然年少，但是做事的时候往往经过一番调查才采取行动，并不会贸然行事。

“没问题，小伙子，明天我会亲自去一趟，然后再告诉你情况。”McDevitt 回答道。

他专程跑了一趟去摸清楚情况，Teller 的生意确实做得更大了，而且胆子也大了，再大的单子也敢接。McDevitt 去的这天是星期五，而这一周市场一直在上涨，当然我讲的这些事情都是 20 年前发生的。我判断星期六公布的银行报告会表明超额准备金显著下降，而这通常会被大户们利用，引发行情的剧烈波动，进而把那些高杠杆低保证金的散户们清洗出去。冲高然后在交易日最后半个小时回落，最受大众们追捧的个股往往如此。Teller 公司的那些客户往往参与了这些股票，而这种上冲下刺的走法，**往往会使得交易者们两面挨耳光，那些每股 1 美元保证金的客户在这样的行情里面注定是被人痛宰的羔羊。**

上冲下刺的行情无论是不是主力故意的，都在客观上使得高杠杆的持仓被止损，重仓的交易者最怕这种行情，而这种行情往往出现在有重大消息或者突发事件的时候。

星期六的早上，我赶往 Hoboken，到了 Teller 新开的场子，装修奢华，营业厅空间很大，报价板也很大气，伙计很多，还有一个着灰色制服的安保人员，大概有 25 个客户在

里面。

我找到营业厅的经理，和他攀谈起来。他很热情，问我需要什么帮助，我回答说暂时没有。他接着说你用不着费心在股票上挣这点小钱，说不定机会要等上好几天，赌马比这个快多了，可以随便压上筹码，而且几分钟就可以见分晓，几千美元就到手了。然后，他话题一转，开始鼓吹股票交易如何稳妥，他们这里的客户不少赚了大钱。他的话听起来好像他们这是一家正规合法的经纪行一样，你的单子好像真的被递进了证交所撮合一样。他怂恿我要敢于下大注，这样才能赚大钱。我猜想他肯定是想在我进入台球室之前先从我身上榨点油水，所以强调星期六股市12点就会收市了，所以他拐弯抹角地让我抓紧时间进场。接着他说如果我安排好早上的买卖，那么下午有大把的时间做其他事情。我心里暗自盘算着或许能够从这里赚一大笔，然后去赌马，前提是我能够选择正确的股票下注。

我故意面露疑虑，于是他紧追不放。我看了一眼时间，11：15，于是我顺口说了声："好吧！"我掏出2000美元，下达了做空指令，柜员高兴地接过钱，他奉承地说我一定会大赚，并希望我成为常客。

此后的行情果然如我的预期一样发展，大户们开始猛烈压低那些做多止损最多的股票，由于大量的多头被止损，股价快速下挫。到了收盘前5分钟，空头主力们开始获利平仓，这个时候的空头回补引发了价格的一些反弹，我在此之前了结自己的空头头寸。一共赚了5100美元，我走到柜台前面去兑现。

"我很高兴进场抓住了这波行情。"我笑着对刚才接待我的那位经理说，同时将成交单据递给他。

"嗨，我没有那么多现金支付给你，没有料到行情会这么大，下周一我会将现金准备好，那时候你来拿，我们是有信誉的，不会欠你。"

"行！不过你先根据能力付给我一部分吧！"我说。

"我先兑付那些散户的资金，然后兑付你的本金，另外还剩下多少资金就都兑付给你，先等我一下。"于是，我就在柜台旁边等着其他人先兑付完。对于Teller，我还是很了解的，他不可能在新的场子违约，因为这会影响他新开张的生意，并且这里的生意看起来很有前景。退一步讲，即使他违约了，我本金2000美元已经拿回来了，另外还有800美元的利润，毕竟这家分公司现在所有的现金就这么多了。我对经理说周一早上我会准时来取剩下的钱，他保证一定准备好现金等着我。

周一我还没有到12点就到了Hoboken，经纪行里面有一个人正在跟经理说话，我曾经在圣路易斯的分公司见过他，当时Teller正让我离开。情况很明了了，经理电报通

知了总公司，然后总公司派了这个人过来调查，骗子当然总是多疑的。

“我来兑现剩余的款项。”我对经理说。

“就是这个人吗?”圣路易斯来的伙计问道。

“是的。”经理回答道，然后从衣服口袋里面掏出一沓**金币流通券**。

金币流通券，英文是 gold certificate，是美国 20 世纪 30 年代以前发行的一种可以兑换为金币的纸币，被称为“yellow backs”，与通常所谓的“green backs”相对，后者是不可兑换的信用纸币。

“别忙！“圣路易斯来的家伙阻止了经理，然后转身对我说：“嗨，Livingston，难道没有告诉你我们不和你做生意吗?”

“先把钱给我”，我对经理说，他递过来两张 1000 美元的纸币，4 张 500 美元的纸币，还有 3 张 100 美元的纸币。

“你在说什么?”我对圣路易斯来的家伙说道。

“我们警告过你，不要来我们的场子做买卖。”

“其实，这正是我来的原因。”

“嘿，不要再来，滚远点!”这家伙显然非常生气，这个时候着灰色制服的保安走过来了，不过看起来并不太在意。圣路易斯的家伙拿我没辙，只能挥舞拳头教训起经理来：“蠢驴，你应该看清楚一点，不应该上了别人的当，我们提前跟你说过这个小子，他就是 Livingston。”

“听着，伙计，这可不是圣路易斯，你甭想取消任何交易，你主子的那套在这里行不通。”

“你离这场子越远越好，你不能继续待着这儿!”他大声对我吼起来。

“要是我不能在这里，其他人也很难留在这里，你威胁不了我。”我回敬了他一句。

这家伙一下子就服软了：“听我说，朋友，算帮我一个忙。你要理解我的苦衷，如果你在我们这里做交易的话，我们根本吃不消。要是我们老大知道了，这事情就没完没了了，站在我的角度体谅一下，Livingston。”

“我并不过分!”

“大家都讲讲情理吧！行吗？看在上帝的份上，请你不要再来了，这是我们的生计啊！让我们的营业顺利些吧！我们

也是刚到这个地方，**照顾下好吗？”**

“下次我再来的话，不希望看见你们这副高傲的嘴脸”，我甩下一句话走了，而这个家伙继续在那里斥责自己的属下。很好，我终于出了一口气，因为从这帮混蛋手中我赢了一些钱。所以，我也没有必要再去惹是生非，让他们关门这种事情我做不出来。回到 Fullerton 老板的办公室，我将事情的经过一五一十地告诉了 McDevitt。我告诉他，如果他愿意的话可以代替我去 Teller 的经纪行，刚开始以 20 股或者 30 股的头寸规模进行交易，**让伙计们习以为常，不作提防**。等到大机会出现了，我会电话通知他，让他狠狠地赚他们一票。

我给了 McDevitt 1000 美元作为本金，他前往 Hoboken 开始按照我的计划行事。他逐渐混熟成了常客，此后一天我觉得机会来了，因为市场似乎就要向下突破了，于是我秘密地跟 McDevitt 通了电话，**让他以最大的额度做空。经此一役，除去付给 McDevitt 的酬劳和开支，我斩获了 2800 美元**。我猜测或许 McDevitt 自己偷偷做了点老鼠仓，一个月之后 Teller 在 Hoboken 的这家公司关门了，此事还**惊扰了警察**。我在这家分公司实际上参与了两次交易，所以这家公司关门与我关系不大。这家子公司之所以挣不了钱，而且还关门了，原因是当时处于牛市当中，股价很少回落，那些每股 1 美元的保证金交易也很难触及强平线，几乎所有的客户都在做多，**同时进行了金字塔加仓操作**。在这种大的背景下，遍及全国的对赌经纪行接连倒闭。

一个时代过去了，规则发生了变化。在这些对赌经纪行当中，相比正规经纪行而言，投机客似乎有一些重要的优势，比如，价格反向波动到保证金不能覆盖的时候，你的头寸会被强平，这其实是一种非常好的止损。因为你的损失不会超过你的保证金数额。另外，成交价格非常确定，不会出现滑移价差，这些都是一些优势。当然，纽约的对赌经纪行比起西部的同行而言显得更加小气，因为他们会限制客户的盈利空间，对于热门股票只允许每股赚 2 美元。糖业股和 Tennessee

底气来自于实力，这个世俗世界实力是最真实和讲究的，其他一切不过是围绕着你的实力而变化罢了。荣辱成败得失都是过眼云烟，唯有实力是你能够控制的。

J.L.无师自通瞒天过海这个计策。所谓常见则不疑，见惯则不惊。

J.L.其实在这笔交易当中已经开始转型了。

这类对赌平台无法兑现客户的资金而跑路是常有的事情，比如国内的某些现货电子交易平台就经常发生这样的事情。

2005~2007 年的大牛市当中，有几个做权证的朋友也进行了类似的操作，所以资金爆发式增长。J.L.也许从这次牛市当中悟出了点什么东西，虽然他并没有讲明，但是很明显他在这里提到了金字塔加仓这个词语，而这个手法正是他后来奠定投机鼻祖地位的法宝之一。

Coal and Iron 这类股票都在限制之列。就算这些股票在 10 分钟之内波动了 10 美元，你也做了方向，但是却只能赚到 2 美元。纽约的对赌经纪行之所以这样做，其实就是怕客户赚得太多，因为遇到上述行情，亏损最多 1 美元，但是盈利却是 10 倍于此。在某些情况下，连最大的对赌经纪行都会拒绝接受下单指令。比如 1900 年，大选日前一天，McKinley 已经胜券在握，纽约的对赌经纪行都不接受客户的买入指令。因为 McKinley 的胜算率为 3∶1，因此周一一旦买入就可以稳当地赚 3 美元到 6 美元，甚至更多。当然，**如果另外一位候选人获胜，市场还是会做出积极反应，因此买入股票还是会赚钱。所以，无论如何上涨的概率都很大，因此对赌经纪行不愿意与明显看对的对手盘们交易。**

如果不是对赌经纪行这帮家伙让我滚远点，我可能会一直做下去，但是那样的话我就永远没有机会接触真正的股票投机，当然也无法明白其中的要点和奥秘，**最大的秘诀并不是在几美元的刮头皮交易中能够学会的。**

对赌经纪行能够提供的对手盘实在太有限了，客户基本上都是在与对赌经纪行的老板们交易，一旦客户资金上来了，对赌经纪行要么关门跑路，要么就是把客户赶走。因此，J.L.需要一个更大的池子来容纳自己的本事，寻找最大的对手盘是他到纽约的本质，但是却并不顺利，以至于他想要进两步，退一步。

开始看到转型的曙光：没有失败，只有反馈

每个人都经过很长的时间才能从自己的错误中吸取经验教训。人们总是说凡事都有两面，但是股票市场从来只有一面，**既不是多头，也不是空头，而是正确的一面**。比起掌握纯技术的细节而言，我在牢牢铭记上述原则的时候花费了多得多的时间。

据说有些人本着娱乐的精神从事所谓的股票模拟交易，希望能够证明和彰显自己的聪明才智。某些时候他们能够赚到上百万美元的虚拟财富，在这条路上最终只不过成了一个梦中的大赌客而已。这点让我想起了一个具有同样寓意的老故事：某君准备第二天与人决斗，仆人问他枪法如何。他略带谦虚地回答说自己能够在 20 步开外射中葡萄酒杯的手柄。

"很好，如果葡萄酒杯也正举着一把子弹上膛的手枪对准您的胸口呢？这个时候您还能射中酒杯的手柄吗？"仆人直言不讳。

就我从事的投机而言，必须用钱来证明自己的市场观点。亏损告诫我除非能够提前搞清楚状况，否则不要鲁莽冒进，如果情况不佳，那么一开始就应该停止前进。**我的意思并不是说你应该放任亏损，相反你犯错的时候应该及时止损**。但是，止损的时候一定要毫不犹豫。我自打从事投机以来一直都在犯错，但是从来不会放任亏损，也不会亏了就算了。如果仅仅是如此对待亏损的话，那么今天我无法继续在华尔街

A 股市场上面也有人说自己不是空头，也不是多头，而是滑头。这样的说法与 J.L.在这里口述的东西差不多，但是给人的感觉就是说了跟没说一样。什么是正确的一面？跟市场方向持仓一致就是正确的一面吗？其实，J.L.想说的是做多还是做空关键在于顺应大的趋势。那么什么是趋势呢？在本书当中，J.L.没有进行具体的定义，因而可操作性就没有那么强，在 J.L.亲自动手写的那本小册子当中，他进行了较为详细的定义。本书是 J.L. 40 多岁的时候口述的回忆录，而 J.L.亲自动手写的那本小册子则是其 60 岁出头的时候出版的。我们经常讲"一万小时天才原理"，换算下来也就是十年左右时间。J.L.从十四五岁开始做交易，差不多到了 24 岁左右才找到真正的交易之路。其实，这也暗含了"一万小时天才原理"。

立足。对此我始终非常清醒，我有的是机会，但是不应该放任任何一次亏损，也不应该重复同样的错误。对此我十分自信。

倘若你想要在这一行永远立足下去的话，你就应该坚信自己，坚信自己的判断，这也是我反对听信小道消息的缘故。如果买入某只股票是因为某君的小道消息，那么卖出股票也应该听从此君的小道消息。如果此君外出休假，那么我该怎么办呢？就我自己亲身的经历而言，别人为我提供小道消息挣的钱绝不会超过依靠独立判断所挣的钱。

我没有什么惊天动地的经历，这点上也许低于你的预期。换而言之，回顾过往，我在学习投机的道路上并没有什么值得大书特书的经历。虽然我曾经几次破产，个中滋味也不好受，但是这些经历不过是华尔街上大多数人都有的经历，没什么特别的地方。投机事业不是一般人做的事业，其中充满了苦涩和艰险，从事这个行业的人必须全然地投入，否则只会落败而归。

观念决定一切，也可以说信念决定了一切。你的态度和行为，你的能力最终都受制于观念或者信念。任何改变能否奏效，关键要看相应的观念和信念是否发生了改变。J.L.从一个纯粹的超短线炒手变成真正的投机大师正是因为观念上的彻底改变。

我要做的功课非常明了，在 Fullerton 公司的时候我就应该领悟到问题的所在，那就是应该换个**角度来看待投机**。不过，对赌经纪行里学到的东西就是我所知道的全部，除此之外我一无所知。那时，我以为投机不过如此而已，其实那只不过是在对赌经纪行这个小天地里面的有限经验而已，我所战胜的只是对赌经纪行而已。当然，这些经验还是有用的，可以作为我更进一步的基础。无论是阅读报价纸带的能力还是对数字的敏锐度，我都已经炉火纯青。作为一个投机客，能在初出茅庐时就大有斩获，原因不外乎这两项技能。我并未经过学校教育的系统训练，因此知识自然贫乏，然而市场的教育更加有效，我从实践中学会了实际操纵，而且这是一位严厉的老师，**从不姑息纵容我的错误**。

从战争中学习战争是最好的学习战争的方式，从交易中学习交易是最好的学习交易的方式。但是，还有一个前提，那就是持续的复盘和总结，否则十几年下来，老股民个个都是交易高手了，事实却并非如此。因为实践并不是天然的老师，只有经过系统总结的实践才是真正的老师；失败并非成功之母，只有经过认真检讨的失败才是成功之母。

至今我都对到达纽约第一天的情形记忆犹新，那是因为我在对赌经纪行无法继续交易下去了，因为他们拒绝我在那里继续捞钱，我不得不寻找正规合法的经纪行来继续我的买卖。到纽约的时候是早晨，在下午 1 点之前我便在 Harding

Brother 这家公司开了交易户头，准备开始交易。这家公司是纽交所的正式会员，我在第一家对赌经纪行当伙计的时候曾经认识一位小伙伴，他当时在这家公司上班。

这里需要澄清的一点是刚到纽约这段时间我在合法经纪行里的操作方式仍旧与此前在对赌经纪行里面一样，因为我已经习惯了。这种做法主要是为了捕捉到市场的微小波动，在把握较大的时候从中获利。对赌经纪行和正规经纪行对操作有什么不同的影响，没有人能够告诉我，更不可能有人帮我改进策略。如果一来就有人告诉我这里面存在差别的话，至少我会先尝试一下不同于以往的做法。如果我的做法不合时宜，那么肯定是因为赔钱了。换而言之，**只有能够持续盈利的做法才是正确的做法，这就是投机这个行当的特点。**

实践是检验真理的唯一标准，前提是要有足够多的样本，这些样本是在一致的实践基础上取得的。只有一致行为下取得的样本才能作为检验方法的材料。

在纽约最初的日子当中也有让人感到惬意的时候，那时市场交投活跃，环境让我放松，感觉左右逢源，因为熟悉的报价板就在眼前，跟我以前同样岁数的伙计在报价板前忙碌着，交流的行话和术语如此亲切，这些都是我在 15 岁之前就已经悉数掌握的。客户们也都同样的表情，要么死死地盯着报价板，要么守在报价机旁边大声地念出最新的价格，要么彼此谈论着行情走势。营业厅里面的设施都差不多，跟我在对**赌经纪行的配置几乎一样，氛围让人感到再熟悉不过了。**自从我在人生第一笔交易——买入 Burlington 股票，并且挣到第一笔钱 3.12 美元开始，我对这种氛围就不再陌生。同样的营业厅和报价设备，同样的投机客们，同样的市场情绪和想法。而我还只有 22 岁，那时我认为自己已经站上了交易的巅峰，没有什么有关交易的事情是我不知道的，为什么我要谦虚呢？

现象层面上似乎是一样的，但是本质上却有很大的区别，如果仅凭现象上的一致就采用同样的策略，必然失败。技术分析针对的是现象，现象一样就表明此后的走势一样——有这么简单的现实世界吗？另外，对赌经纪行与合法经纪行表面似乎一样，但是本质是不一样的。在对赌经纪行当中，J.L.的对手盘主要是对赌经纪行，在合法经纪行当中，J.L.的对手盘主要是递到交易所的反向单子。

我仔细观察报价的变化，接着出现了胜算率较高的信号，股价如我预料般发展，于是我在 84 美元买进了 100 股，不到半个小时我就在 85 美元获利了结。此后，熟悉的模式也出现了，于是我再度入场，然后了结头寸，在非常短的时间之内就挣了 0.75 美元/股，形势一片大好，我感觉纽约第一仗打得

很漂亮。

细心去检讨会发现，我在合法经纪行里的第一天交易其实是在下午 1 点左右开始的，那时候离收盘只有两个小时了，而我每次买卖 100 股左右，一共交易了差不多 1100 股，杀进杀出，展现了我超级短线客的本色，然而结果却出乎我的意料，我净亏损了 1100 美元。第一天我就亏掉了一半的本金，但是我却在几乎自恋的状态中认为自己发挥正常，部分交易是赚钱的，但是总体上却亏了 1100 美元。

那时我仍旧看不出问题所在，反而认为没有任何问题，因为看起来我的策略没有什么问题，而且操作也很合理。倘若是在对赌经纪行里面玩这套把戏，我肯定是稳赚不赔的。问题不在我身上，而在报价机那里，亏损的 1100 美元清楚地表明了问题所在。当时我认为只要报价机没有问题，那么一切就会恢复到我认为的常态。唉！这正是 22 岁自负又自恋的年轻人的通病啊！

神经语言程式学里面有一句非常精辟的话——“重复同样的做法，只会得到同样的结果”。对于这句话有很多演绎的版本，大家也可以听一听，比如“做法不同，结果才会不同”、“任何新的做法都比原来的做法多一分成功的机会”、“想要明天比昨天更好，必须用与昨天不同的做法”、“改变是所有进步的起点”等。

过了一段时间，我觉察到不能继续这样亏下去了，因为报价机确实成了我的绊脚石，但是我并没有采取实际行动去改变，**仍旧重复此前的老套路，交易结果时好时坏，直至最后赔光了所有的本金**。我去找 Fullerton 先生，从他那里借了 500 美元，然后去了圣路易斯的对赌经纪行，从那里捞到了我在纽约继续交易的本钱，毕竟在对赌经纪行里面我总是赢家。

从圣路易斯回来以后，我更加谨慎了，曾经有一段时间交易绩效有所提高。一旦资金宽裕了，我就开始讲究生活品质，同时也结交了不少新的朋友，享受美好的生活。那时候我才 23 岁，独自一人在纽约打拼，钱包里面夹着来得容易的钱，对前途充满信心，毕竟我开始搞懂正规经纪行里面的投机门道了，新的报价机并不比以前的报价机更难对付。

我开始为成交的滑移价差留有余地，操作上也更加谨慎。不过，我仍旧没有抓到问题的实质，我仍旧认为问题出在报价机上，对于投机的基本原则我知之甚少，所以也就不可能发现交易策略当中存在的根本问题。

我运气很好，遇上了1901年的大繁荣光景，作为一个年轻人我挣了一笔大钱。某些人应该还记得那个美好的年份，全国经济空前大繁荣，产业和资本展开了大规模的并购和重组，其规模屡屡打破纪录，大众们也热情高涨地进入股票市场当中。这个似火流年中的股市非常火爆，此前华尔街一天的成交量最高达到了25万股，成交金额达到了2500万美元，而在1901年最高的日成交量是300万股。每个参与者似乎都在股市上挣了钱，钢铁产业资本也进入了华尔街，这帮超级富豪们在金融市场上叱咤风云，大手笔地买进卖出，好像酗酒的水手一般，胆大包天。似乎那个时候唯一能够让他们心满意足的东西只有股票投机了。名噪一时的名商巨贾们都云集到华尔街，想要一展身手，从中捞一杯羹，比如口头禅是“赌100万”的John.W.Gates以及他的朋友**John.A.Drake，Loyal Smith等。另外还有Reid，Leeds和Moore**这几个所谓的钢铁产业资本大亨，他们刚刚卖掉手头的钢铁相关股份，然后就一道杀入华尔街，在二级市场大举买入Rock Island的股票，并且成了其大股东。另外一些大亨也参与到华尔街的游戏当中，如Schwab，Frick，Phipps以及一些来自Pittsburgh资本系的人物。在这个风云变化的年代，许多大亨亏得血本无归，另外一些则名震一时。那个时候，买入一只股票和卖出一只股票都是稀疏平常的事情，**大众对此再熟悉不过了。有个名叫Keene的投机家**是美国钢铁这只股票的做市商，他把这只股票打造成了热门股，其成交量相当惊人，经纪行能够在几分钟之内帮你卖出10万股。对于投机客而言，那是一个美好的年代，暴富的传说不绝于耳。而且，那个时候股票投机赚到的钱无须缴纳税负，末日审判似乎永远都不会到来。

John.A.Drake是前艾奥瓦州州长的儿子，是一位银行家，同时也是CBOT的董事会成员。Loyal Smith是一位房地产投资商，在曼哈顿的商业地产开发中赚了大笔的利润。Reid，Leeds和Moore是镀锡产业的巨头，这个行业属于钢铁行业，主要与不锈钢产业有关。

实业资本大规模跑到金融市场上来往往是因为投机氛围太重了，以至于做实业的人发现还不如金融市场挣钱来得快。结果必然是泡沫骤起然后破灭，财富大分配是必然的结局。Keene全名为James.R.Keene，是一位知名股票操纵者，胆大而且技艺精湛，曾经几次登上杂志专访，他善于造势来吸引大众跟风买入某只股票。

在上涨过程当中肯定会有死空头，他们总是会提出一些看空的观点，这些人顽固地认为自己是对的，其他人是疯子，对风险视而不见。然而现实却是，除了他们之外都在挣钱。不过，牛市肯定是有尽头的，**如果买什么都涨，大家一致看多，那么我就会转向空头。**当我这样做的时候，往往亏钱次

J.L.也非常注意市场情绪和观点的极端状态，这就是现在所谓逆向思维法的关键。

数多，赚钱次数少，不过幸亏我及时止损，否则就会亏得更多。我打心底期盼着股价跳水，不过整体操作上我还是维持谨慎，做多的时候赚一大笔，而做空的时候逐渐亏掉，结果就是虽然**赶上了牛市但是我所获不多。**

在频繁的短线交易当中，J.L.迷失了对大势的判断，因为是短线刮头皮交易，加上滑移价差和手续费，J.L.根本赚不到什么钱。

Northern Pacific 这只股票我并没有去做空它，虽然绝大多数股票都处于滞涨的状态，但是这只股票却在不断走高，凭着解读报价纸带的熟练技巧，我认为这其中有机会。事后，我们知道当时是 Kuhn，Leob 和 Harriman 几个人在联手操纵这只股票，他们逐步买入优先股和普通股推升了股价。我不顾其他人的劝阻买入了 1000 股 Northern Pacific，涨到 110 美元附近的时候，我已经赚了 30 美元了，于是我落袋为安，兑现了利润。这笔交易使得我在经纪行的保证金余额接近 5 万美元，这是截至那时我赚得最多的金额。作为一个年轻人我已经干得非常出色了，要知道几个月前刚到纽约的时候，在同一家经纪行我曾经输得精光。

像 J.L.这类投机客哪怕本事再大，在面对实业和金融业巨头交锋的时候也只能选择观战或者下注跟随。投机对应的不确定性非常高，所以通过将部分投机暴利收入配置到实业中，可以限制投机的毁灭性恶果。J.L.最终没能逃过投机的这种负面打击。我认识几个圈子里面做投机顺风顺水的人都没有将所有资金放到投机事业当中，这就是避免一蹶不振的安全网，所以不可能像 J.L.崛起得这么快，也不可能像 J.L.陨落得这么快。一切有为法，如露也如电，如梦幻泡影，应作如是观。投机可以做，也应该做，但是不要压上身家性命。投机和投资可以相得益彰，巴菲特做些事件套利，这也算得上是一种投机，但是他同时也依靠好企业的稳健经营获利，这就是名副其实的投资了。孤注一掷并非不可，但是一直孤注一掷则必然自取灭亡。常在河边走哪有不湿鞋——这是最浅显的道理，J.L.的母亲早就说出了这个道理，在 J.L.赚到第一笔钱的时候，那时他才十四五岁。等到他六十岁的时候也没有完全搞懂母亲那些话的重大价值。老年人对机会的认识往往不及年轻人，但是对风险的认识和处理却往往胜过年轻人。

想必你还记得这段历史，当时 Harriman 这伙人通知 Morgan 和 Hill，他们想要控制 Burlington，Great Northern 以及 Northern Pacific 等铁路板块股票董事会。这无疑是宣战，于是 Morgan 指示 Keene 买入 5 万股 Northern Pacific，**以便维持控股地位。**据说 Keene 让 Robert Bacon 把买入数额增加到了 15 万股，而下令的银行家们对此并无异议。当时的情况是 Keene 派了手下的一个经纪人 Eddie Norton 负责 Northern Pacific 的操作，他买入了 10 万股。而我觉得此后这位经纪人又买入了 5 万股。就这样，资本市场的腥风血雨来了。1901 年 5 月 8 日股市收盘之后，全世界都知道巨擘之间的对决开始了。在美利坚的土地上，从来没有上演过如此规模的金融大战，这是铁路巨头 Harriman 与金融巨头 Morgan 之间的战争，一方势如破竹，一方坚如磐石。

5 月 9 日，也就是次日早上，我只剩下 5 万美元的现金，没有持任何头寸。此前，我已经转向看空整个股票市场，现在大机会终于来了。对于行情的走势我已成竹在胸，市场会快速跳水，然后又再度反弹，在低位买入的人会因此捞到不少便宜。能够看出这些征兆来，并不需要福尔摩斯一般高的水平。我们即将捡到一个机会，来回通吃，利润不仅确定无疑，而且丰厚无比。

行情的发展果然如我所料，我的预判非常正确，结果却是赔了个精光。为什么会这样？因为一件意外发生了。正是意外造成了如此不同的人生，生活的乐趣也来源于此。如果没有意外，那么人生无非是单调乏味的游戏，而投机行当也无非是机械死板的记账员比赛而已。相反，世界是多彩的，而投机这个行当也因为层出不穷的意外而变得富有挑战性。**大家可以深思一番，我们为了赢得这场比赛花费了多少心血和努力。**

市场热火朝天，这和我当初预期的一样。天量不断出现，价格波动幅度也创出历史新高。机不可失，我赶快下达了许多市价做空指令。开盘的时候，全线下挫，个股争相跳水，恐慌情绪一触即发，大家都疯了。帮我下单的经纪人异乎寻常的忙碌，其职业操守和业务素养令人钦佩。不过，形势紧迫，当经纪人们完成我的空单时，价格已经下跌了至少 20 美元。纸带报价机远远落后于市场的实际走势，最新的价格往往来不及更新，因此市场抛盘满地，根本撮合不过来。那些我做空的股票开盘就大幅跳水，比如我纸带报价还在 100 美元，实际成交价格却跌到了 80 美元，比前一交易日收盘时跌了 30 美元到 40 美元。这下糟了，我做空的价位其实是我此前计划做多捡便宜的地方啊！市场下跌太猛了，当时的我认为价格总不会持续大跌的，**于是我想要抄底，因此决定马上空翻多。**

J.L.想要在日内做超短线的高抛低吸，结果饱受滑移价差带来的痛苦，同时也导致忽略了趋势的存在，结果就是两面挨耳光。这次交易彻底改变了J.L.的交易哲学。

经纪人立刻帮我平掉空头，建立多头，多头的建仓价格远远高于空头的平仓价格，比我预计的高出了 15 美元。这太令人沮丧了，做空的时候比预计的价位低了 20 美元，做多的时候比预计的价位高了 15 美元，一个来回，一日之内我亏了 35 美元，谁能承受这样的打击。

报价机完全落后于场内的实际成交价格，这导致我遭遇大败。这么多年以来报价机一直是我最好的盟友，我总是借助它来完成每一次进攻。但是，今天我却完全输在它身上。报价机给出的价格与场内的成交价格相差如此之大，完全毁了我的交易之路。同样的因素导致同样的失败，但是因为上一次我并没有认识到问题，并没有吸取教训，所以这一次遭受了更大的失败。现在，问题暴露得更加明显了，光看报价机的价格纸带而忽略了经纪人的实际成交价格是不行的。亡羊补牢犹未晚也，我怎么不早点看透问题，力行改变呢？

我没有觉察到的错误行为还有很多，我在市场当中频繁进出，丝毫不管实际成交的情况。另外，我从不采用限价指令，而是往往采用市价指令。我抱着赶车人的心态，想要搭上每一班列车，而不管究竟开往何方。我想要打败市场，对于时机却缺乏耐心。当我觉得价格会上涨的时候就买入，价格会下跌的时候就卖出，总体上我恪守了自己的规则，这一点**使得整个投机不至于变得太糟糕**。在一家正规的经纪行里面，如果我采用限价成交，虽然效率会下降，但是在对赌经纪行时采用的策略还是有效的。但是如果我甘于故步自封的话，那么就永远抓不住投机的精髓，井底之蛙难以成就大事。

市场成交活跃的时候，如果有现在的互联网和计算机设备，J.L.早年的方法仍旧有效。但是，J.L.的那个年代通信水平远不及现在，所以一旦他离开对赌经纪行之后，除非他直接到交易所参与场内交易，否则很难利用炒单的技巧。

不过，轮到我真的按照上述设想去操作的时候，限价订单却往往成交不了，因为市场快速的波动使得指定价格的单子根本无法成交。我处在反反复复的纠结之中，是继续坚持认为以前那一套东西有效，还是进行变革，找到真正有效的解决之道？在被现实反复教训多年之后，我猛然醒悟，**我的投机事业应该依靠对大行情的预判，而不是靠猜中微小的波动，靠眼快手快去赚几个小钱。**

抓大行情的哲学是投机的最高哲学，怎么抓大行情的方法是投机的顶尖方法。在回忆录当中，J.L.展现的更多是哲学层面的东西，通过经历展开自己的哲学，而具体的操作策略则需要各位读者自己去总结发挥了。哲学可以横跨数个时代，方法却有着显而易见的时代背景。所谓南橘北枳，强调的是背景差别，所谓刻舟求剑，则反对的是教条主义。最早做外汇和期货的时候，我也沉迷于日内的短线，最终逐渐走上了捕捉大行情的正途。那么以前日内那些方法就没有用了吗？其实，大行情当中你怎么管理仓位呢？你想想这个问题就知道日内交易的经验到底有没有用了。

遭遇 5 月 9 日的大挫折之后，我不得不在交易之路上继续努力前行。虽然我对既有的方法进行了改进，但是仍旧难以令人满意。如果改进的方法完全不管用，也许就能促使我更加努力地去变革和洞悉市场的本质，但事实上这套打了补丁的老方法仍旧足以让我过得比较宽裕。我喜欢交朋友，喜

欢享受美好的人生时光。那一年的夏季，我在新泽西海岸度假，觉得自己也算得上是华尔街的上流阶层了。但实际上我的交易做得并不好，难以同时弥补交易亏损和生活开支。

我没有照搬以前的经验，好歹做了一些改进，但是我确实还没有找到彻底的解决办法。在讲述这番经历的时候，我显得有些啰唆，其实我只是想要强调进步之路多么曲折和坎坷而已。在交易的道路上，想要登顶是非常困难的，难以一蹴而就。面对更大的格局，以前那些小招数难以应付。

刚入秋天我再次破产，对此我感到十分疲倦，也许自己再也无法在投机这个行当立足了，退意萌生。是不是应该离开纽约到其他什么地方找点其他什么事情谋生？从 14 岁开始步入这个行当，15 岁的时候我就赚到了人生的第一个 1000 美元，在 21 岁之前我就挣到了人生的第一个 1 万美元。此后，我不断挣到 1 万美元，又输掉 1 万美元。刚到纽约的时候，我曾经获利几千美元，然后又输得精光。然后，我赚到了 5 万美元，人生达到了一个新的高度，不过很快就跌落下来，两天之内再度输光。除了投机，我还会什么？什么都不会。多年的努力付之一炬，又回到了轮回的起点。但是情况变得更糟糕了，因为由俭入奢易，由奢入俭难，我现在已经养成了奢华生活的习惯。**当然，生活习惯上的东西比起交易上遇到的问题并不会让我感到困惑为难。**

我做交易多年，读了上百遍 J.L.这本口述的回忆录，手头有好几种英文原版的纸质书，也看过网上的一些材料和评价。我发现很少有人问一个问题，那就是从 14 岁入行到 60 多岁自杀，J.L.这样的轮回与其交易策略和哲学是不是有直接的因果关系？他的策略和哲学有没有漏洞？让他快速获取暴利的原因是什么？让他快速破产的原因是什么？两者是同一组因素造成的吗？能否在不大幅降低资产增长速度的前提下保证资产的安全呢？“资产规模—收益率—回撤率”三角能够部分解决这一问题，也就是说三者不能同时提高——这就是“资产管理的不可能三角”。如果资产规模上去，收益率也很高，那么回撤率必然就会提高。J.L.的一生是不是这么回事呢？这能够部分解释其轮回的一生。另外，大行情能够帮助我们脱离资产管理不可能三角吗？问题又变成了如何有效识别大行情。毕竟，还有更多问题等着我们自己去思考，仁者见仁智者见智，没有所谓的终极答案。读者们能够提出的答案可能比我更加高明和中肯，期待大家各抒己见。

横扫对赌经纪行：为重返纽约积累本金

我打道回府，回到了家乡。然而，这不过是以退为进罢了，因为华尔街才是我最终的归宿，我以交易为生，要挣到足够的本钱然后重返华尔街。为什么要回到华尔街去，理由太多，难以尽表，比如这是一个唯一能够容纳大资金操作的地方。某一天，等到我能够真正掌握交易的真谛时，我需要这样一个大舞台。**当一个交易者的策略完全正确时，他必然需要得到应当得到的一切。**

利润不过是交易策略正确的副产品而已，我们的注意力应该放在有效的策略上，而不是某一次的盈亏上。在J.L.没有确定有效的策略之前，他在华尔街的盈利不过是过眼云烟而已，不可能保住。

在家乡能够挣到多少钱，我对此毫无信心，不过我仍旧会努力地从对赌经纪行弄些钱。现在，对赌经纪行越来越少了，其中一些是陌生人开的。那些脸熟的对赌经纪行直接拒绝了我，只要不在他们那里从事投机，一切好说。我将纽约的经历和盘托出，在那里我将在家乡挣到的本金赔光了，我的手气不再像以前那么好了，所以他们不必担心我会从他们那里真的赚到钱。但是，这些老滑头丝毫不为所动。而那些新开的对赌经纪行则更加谨慎，这些老板认为如果一个客户有足够的理由坚持自己的意见，那么他们应该谨慎对待这样的单子，顶多让你成交20股。

我迫切需要搞到本金，而一些较大的对赌经纪行则从客户那里赚得盆满钵满。我让一个朋友去一家较大的对赌经纪行做交易，而我若无其事地闲逛了进去，瞅瞅大家做得如何。我忍不住引诱柜员接下我的一单小笔交易，即使是50股也可

以往的成功往往成为未来成功的垫脚石，但也是绊脚石。J.L.在对赌经纪行的技巧限制了其在纽约的发展，这是绊脚石。然而，没有对赌经纪行捞到的本金，J.L.也无法在华尔街开展新的投机事业。如何更好地对待过去，这是每个人都绕不开的功课。完全否定过去的历史虚无主义肯定是有害的，但是完全为过去的胜利所束缚更是有害的。平衡坚守与革新，这是一个需要曲折向前的过程。

以。柜员毫不动摇地拒绝了，于是我只能靠着和朋友提前设计好的暗号交流，让他代替我进场买卖。不过，这套把戏只让我挣了一点小钱而已，没过多久对赌经纪行就开始不太愿意接我朋友的单子了。终于他们开始完全拒绝我朋友的交易，**因为那一天他想要做空 100 股的 St.Pual。**

后来我们才知道事情的来龙去脉，我和朋友在经纪行外面商量的时候被一位客户瞧见了，于是他跑到经纪行告密。当我的这位朋友进去下单做空 St.Pual 的时候，柜员直白地说："贵行不接受任何 St.Pual 的成交指令，更不接你的单子。"

"什么原因？怎么回事？Joe！"我的朋友满腹疑惑地问柜员。

"就是不做你的生意罢了，没有其他原因。"Joe 回答道。

"难道这些钱有什么问题吗？你睁大眼睛瞧瞧，真金白银！"我的朋友递过去 100 美元——当然这是我给的本金，十张 10 美元的本金。他故意显得非常愤怒，而我对此其实心知肚明自然毫不在意。营业厅里面的其他客户对此却非常在乎，纷纷围了上来。这很正常，因为平素大凡营业厅出现了什么争执的迹象，他们都会在意，他们想要知道事情的来龙去脉，以便弄清楚对赌经纪行有没有偿付能力，他们的利益会不会受到潜在的损害。

而这个 Joe 或许是什么经理助理之类的，他从柜台里面走出来，走到我们跟前，先瞪了我朋友一眼，然后瞪着我："真搞笑，真是太搞笑了，要是你的朋友 Livingston 没在这里，你傻傻地坐在那里半天都没有动静，就像傻瓜一样盯着报价板。然而，一旦 Livingston 进来，你就马上变得精神起来。也许你是为自己交易，但是别来我们这地方了。甭想坑我们，你不过是 Livingston 的木偶而已。"

我们的把戏被拆穿了，没地方捞钱了。除去开支，我净赚了几百美元，接下来我要想想怎样将这笔钱用到刀刃上，以便尽早挣到足够的钱然后回到纽约。我现在心急如焚地想回到华尔街去一展拳脚，因为我觉得可以做得更好。现在我

有大把的时间来回顾此前的一些做法，**置身事外往往有利于当事人看清楚整体**。不过，这些都是后话，我现在最迫切的是赚到一笔本金从头再来。

当你对交易感到迷茫的时候，不妨从交易中抽身一段时间，当局者迷旁观者清。持续盯着行情走势，我们很容易被市场催眠，那种状态下我们就跟傻瓜一样，尽干些愚蠢至极的事情。真正的日内短线交易高手其实都是盘前和盘后下主要功夫，盘中主要等待价格进入“伏击区”，然后才采取行动，而不是临时起意。

某天，我在一家酒店的大厅与几位老相识闲聊，他们都是绩效稳健的交易者，他们都在对股票市场高谈阔论。我对他们说，没有人能够在这场游戏当中最终取胜，因为经纪行给出的执行价格让人失望，特别是对像我这样按照市价指令来下单的人来说。

其中一个人问我到底是在哪一家经纪行做的交易。

“纽约最好的一家。”我回答道。

他继续追问到底是哪一家。显然，我认为他打心底不相信我曾经在顶级的经纪行做过交易。

我回答道：“任何一家拥有纽交所会员的正规经纪行都是如此。他们并非骗子或者草率行事，而是因为当你以市价买入的时候无法知晓实际成交价格，而只有等到经纪行拿到场内成交回报的时候才能知道。股票市场中 1~2 美元的波动远远多于 10~15 美元的波动，但是因为成交的滑移价差，场外交易者难以从小波动当中获利。不过，如果在对赌经纪行也能做大额交易的话，那么我宁愿一直待在对赌经纪行里面做买卖。”

这位老兄我以前从没有见过，名叫 Roberts，人很面善。他将我拉到一旁，询问我是否曾经在纽交所之外的交易所做过买卖。我回答说没有，于是他接着话头说下去，大概意思是他认识一些经纪行，是棉花交易所、农产品交易所和较小规模交易所的会员。这些经纪行在执行客户指令的时候更加认真专业，另外，他们与纽交所最大和最专业的会员经纪行有密切的业务往来，借用私人影响力以及每个月上万股业务量的承诺，**他们可以获得较个人客户更好的服务**。

做交易这一行不仅要思考如何战胜对手盘，很多时候还要提防交易平台搞鬼，所以不是一般人能够从事的行业。哪怕到了大规模对冲基金这个级别，在做某些场外衍生品的时候，也要防范对手盘风险，因为某些衍生品的提供方也存在道德风险。

“这些经纪行很看重小客户的利益，他们擅长做异地业务。他们对于 10 股的单子和 1000 股的单子一视同仁，同样专业勤勉。”

“嗯，但是他们要付给股票交易所通常 0.125 美元的手续费，那么他们的利润从哪里来呢？”

“是的，他们是要按照惯例支付给证交所 0.125 美元的手续费，不过——你懂的！”他对我眨了下眼睛。

“哦，不过证交所的会员公司们最不情愿的事情就是降低佣金，证交所的大佬们宁愿会员们犯下谋杀罪、纵火罪和重婚罪也不会允许他们降低客户手续费到低于 0.125 美元的水平。这条规则是证交所能够维持下去的关键。”

这位老兄从我这番话当中推测我一定跟证交所的人聊过，于是他想进一步说服我：“听我讲，每过一段时间，就会有一家会员公司因为违反了这条规则而停业，是不是这样的？向客户返还佣金的套路太多了，很难被告发。”

也许他看到我脸上掠过的一丝疑虑，于是急忙做了一些补充：“在某些种类的业务上，比如电话经纪公司，他们除了 0.125 美元之外还会收取 1/32 美元的额外佣金。不过，这点是可以商量的，一般而言是可以减免的，除非客户的交易量非常少。你应该晓得，对于这些经纪行而言，额外佣金其实对于扩大业务是不利的，没必要做些对双方都没有好处的事情。”

他讲到这里，我已经看穿他的用意了，他就是某些骗子经纪行的代理而已。

但是，我并未直接揭穿他，而是继续装糊涂：“你知道哪些这类经纪行靠谱吗？”

“据我所知，有一家美国最大的经纪行，我自己就在他们那里做交易。要知道他们在北美的 78 个城市都有分支，生意规模非常大。你想一下，如果他们的业务素质和态度有什么问题的话，怎么可能做得这么久，规模做得这么大，是不是？”

“当然咯”，我附和道，“那么，他们提供纽约证交所挂牌的那些股票交易吗？”

美国金融业的发展并非一蹴而就，中国金融业何尝不是如此，因此大家不能寄希望于金融监管一步到位，更多的还是要靠自己留心和谨慎。

“当然包括了，此外还有一些场外品种、欧洲的品种，还交易小麦、棉花、谷物等，你想交易什么品种都能找得到。**他们到处都有驻场代表，拥有各大交易所的会员资格，要么**

是公开代表，要么是秘密会员。”

我现在完全看穿他的老底儿了，不过我还是想看看他怎么把谎话说圆：“是啊！不过，客户的交易指令还得经由某个人来具体执行吧？**交易还是要落地的，不能停在天花乱坠的东西上面**。市场的波动方向，成交的滑移价差，这些谁敢担保。客户在经纪行里面看到了报价，然后发出交易指令，通过电报传到纽约那边的时候，行情可能已经发生了翻天覆地的变化，行情不等人啊！所以，我想最妥当的做法还是去纽约交易，在正规的经纪行里面交易更加有保障，亏了心里也坦然。”

“我知道亏钱这回事，但我们的客户很少亏钱，他们挣钱的时候更多，因为我们认真对待他们给我们的业务。”

“你们的客户？”

“哦，对的，因为我也是公司的股东，要是我能给公司介绍业务，我当然会这样做，毕竟他们对我一直都很诚实，我也通过公司下单交易赚了不少钱。如果你愿意的话，我可以介绍你跟这家公司的经理认识。”

“那么，这家经纪行叫什么名字呢？”

随后，他将这家经纪行的名字告诉了我，我以前好像听说过这家公司。他们在每份报纸上铺天盖地地打广告，吹嘘他们为客户荐股如何了得，这家公司招揽客户的惯用伎俩就是这些。其实，他们比一般的对赌经纪行更卑鄙，他们是骗子，他们伪装成正规的经纪行，到处招揽客户，**通过与客户对赌来获利**。这个人推荐的这家经纪行正是这个行当中最老的一家。在那一年，很多同类型的骗子公司倒闭，不过这家公司算得上是“祖师爷”级别的了，这类公司的惯用伎俩如出一辙，不过他们也不断弄出新花样来引诱大众上当，因为旧的招式已经被人识破了，细节上必须做出一些改变。

这类公司惯用的手法就是通过提供所谓的股票内幕消息：几百封电报建议客户买入某只股票，另外几百封几乎相同数量的电报则建议另外一批客户做空某只股票，**这就和那些赛**

为什么尽量不参与对赌交易？第一，对赌经纪行往往无力承担行情剧烈波动时的资金兑付问题；第二，对赌经纪行的利益与交易者的利益是根本对立的，因此他有足够的动力来危害交易者的利益，除非交易者们两个方向的持仓数目基本相抵，在这种情况下对赌经纪行只能赚手续费，肉太少了；第三，保证金存在对赌经纪行，安全没保证，平台跑路是经常发生的事情；第四，对赌经纪行难以容纳较大的单子，所以在对赌经纪行交易规模是上不去的。

国内也有不少所谓的股票投资咨询公司采用这种让两批客户两面下注的方法，每次下注完了以后就放弃下注错了方向的那一批，而在下注正确的那批身上继续一分为二地进行指导，这样几次之后必然得到一批人的信任，然后就开始真正地从这批人身上榨取所谓的指导费了。当然，J.L.讲的情况主要还是为了让客户的单子相互对冲，这样经纪行自己就不用承担任何风险，而且能够通过正规的成交单遮掩这种勾当。而我讲的情况则主要为了制造一种连续盈利的假象，取得客户的信任后进而赚取高额指导费。

马骗人老把戏如出一辙。几乎相同数量的做多单子和做空单子就出现了，而这家公司可能会通过一个正规的经纪行做多和做空同等的数量，比如说 1000 股，这样就有了一份正式的成交回报单，这样做的目的是为了应付那些怀疑的客户。如果有客户怀疑他们并没有将指令递到证交所内，他们就可以出具这份成交回报单。

这类公司还有一个招数，那就是代客理财，在获取了客户的书面授权之后拿着客户的钱，以客户的名义进行交易。如果客户的钱亏光了，他们没有任何责任，最顽固的客户也拿不回任何本金。他们的伎俩是利用客户的资金做多某只股票，然后推动股价下跌，这样几百个客户的保证金就全亏光了。他们的客户当中有妇女、学校老师和老年人，这些都是他们最喜欢的羔羊。

“我对所有的经纪行都厌倦了”，我直白地告诉这位说客，“我需要冷静地思考一下。”说完这些我立马走人，不想再跟这些人废话，也不想再听他们说得天花乱坠。

我经过旁人打听了这家经纪行，他们的客户规模有几百个人，虽然有各种传闻，但是还没有一条涉及客户赚了钱拿不到的问题。不过，也没有证据表明有客户曾经在他们那里赚到过钱。那段时间，行情对这家经纪行似乎非常有利，因此他们当然不会赖账了。不过，最终绝大多数这类公司都以关门跑路为下场。每过一段时间，这类坑蒙拐骗的经纪行就会出现倒闭潮，而这就类似于一家银行破产导致人们疯狂挤兑其他银行一样具有传染性。凡事总有两面，也有一些骗子能够全身而退，安享晚年。

到目前为止，我还没有打听到这家经纪行有什么令人敬而远之的极端劣迹。他们只不过一心逐利而已，加上有那么一点吹嘘说谎。他们最擅长做的就是引诱那些想要一夜暴富的羔羊进入他们的狼窝。不过，他们并不是鲁莽行事，而是会取得客户的书面授权，然后徐缓图谋，最终将客户的钱财合法地攫取到自己的腰包中来。

我偶遇一位朋友，他告诉我某天他亲眼所见的事情：这家经纪行向自己的600名客户发出做多某只股票的电报，同时又向另外600名客户发出做空这只股票的电报。

“这套坑人的东西我太熟悉不过了。”我对这位朋友说。

“是啊！但是故事还未结束，他们第二天会对这些客户再度发去平仓指令，无论他们是亏是赚。然后，他们会建议客户做空或者做多另外一只股票。这让我非常疑惑，我询问了他们负责管理的高级合伙人：‘为什么你们这样做呢？开头部分我还能理解，后面的做法让我百思不得其解。某些客户必然是赚钱的，尽管可能只是在某一个时段之内，虽然他们最终可能会亏损。但是，现在你们马不停蹄地催促他们快速转换到下一只股票的交易当中，这不是让所有的人都亏光吗？究竟为何？’这位高级合伙人回答道：‘这有什么，反正不这样做，最终客户也会把钱亏光，或早或晚，不在这只股票就在那只股票上。他们最终会亏光本金，然后走人，而我能够做的无非就是尽快从他们身上捞到这些钱，有多少算多少，**然后再找一批新的肥羊进来。**’”

交易中绝大多数人只要一直玩下去，那么注定亏光本金，而这家经纪行已经等不及客户自己输光本金了，他们急切地想要从客户身上以最快速度捞到所有的钱，因此主动引诱客户频繁交易，以最快速度亏掉本金。金融市场当中每天不断有各种买卖建议发出来，客观上起到了这种作用，所以我们如果没有相当的鉴别能力和一定的隔离措施，那么注定就会成为别人痛宰的羔羊。

听了这番话，我不得不承认我并不关心这家经纪行的职业操守。虽然此前在Teller公司遭受了卑鄙的暗算，我对此一直不能释怀，直到从他们那里捞上一笔，报了一箭之仇。不过，现在我对眼前这种经纪行并没有什么厌恶的情绪，或许他们确实坑蒙拐骗，又或者他们并不太坏。我也不会想让他们代替我交易，不会想要从他们那里得到什么内幕消息，更不会受到他们谎言的引诱。我现在最迫切的想法是挣到一笔本金然后回纽约去一展拳脚，仅此而已。在纽约合法的经纪行里面操作，警察不会像查抄对赌经纪行一样上门来找事，也不用担心账户被邮政当局冻结，过了一年半载之后1美元只能要回来8美分，而且这还是在走运的情况下。

无论实情如何，我想要彻底搞清楚这家经纪行与那些合法经纪行之间相比，能不能给我提供一些优势。我的资金有限，缺乏足够的保证金，而对赌经纪行在这方面要求非常宽

松，只需要几百美元在他们场子里面就可以玩得风生水起。

我到他们的场子，与经理直接面谈了一番。我的经历他已经大概知道了，在他眼里我无非是一个交易上的“吸毒者”而已，我曾经在纽约证交所的会员公司从事正规的交易，并且输光了所有的本金。既然这样，他就认为我无非是个痴迷不悟的莽汉而已，因此没有必要浪费唇舌说服我让他们代客理财。在他看来，我对报价纸带如痴如醉，屡战屡败，屡败屡战，成了经纪行收入的可靠来源，无论是在对赌经纪行还是合法经纪行，我都是他们的肥羊。

我对经理声明，只要求交易指令得到合理的执行，毕竟我下的单子都是按照市价方式成交的，因此我不希望看到报价和实际成交价哪怕有 0.5 美元，甚至 1 美元的差距。

他当然拍着胸脯说没有问题，他们公司会尽全力满足客户的要求，他们渴望接下我的生意，因为他们要让我看看什么是真正的高级经纪行。他吹嘘他们的雇员都是行业精英，交易指令的执行能力也是业界典范，如果存在成交滑移价差的话，也肯定是对客户有利的类型。他接着说，如果我在他们这里开户交易的话，则我可以完全根据报价机的价格买入和卖出，因为他们的经纪人完全能够胜任这样的工作。

说白了，他就是向我保证我可以在这里完全按照自己的意愿进行交易，就像在其他对赌行那样，可以根据报价机的价格来成交。我故作冷淡，于是摇头，告诉这位经理，我并不想马上就开户，稍后再给回话。他变得更加迫切地想要我在这里开户，他说现在行情正好，不要错过赚钱的好时机。确实，震荡行情确实是对赌经纪行最偏爱的行情。在这种行情中，可以先通过所谓的内幕消息引诱客户参与，**然后再操纵行情洗掉客户的保证金**。费了九牛二虎之力，我才得以脱身离开此地。

当然，我留下自己的名字和地址，这样才能够脱身。从那一天开始，我接到了预付邮费的电报和信件，无非是催促我马上买入这只股票，那只股票，理由则往往与某个具有合

为什么对赌行喜欢震荡行情？因为震荡行情要么成交清淡，缺乏显著的基本面因素主导，因此大资金容易操纵，并且多空的头寸都可以扫荡。即使成交量活跃的震荡行情，也可以让多空双方摸不着头脑，进而也很容易造成双杀局面。强劲的单边走势当中，对赌经纪行容易被动地持有逆势的仓位，这个时候对赌经纪行也没有能力干预证交所的场内交易。因为强劲单边走势当中，基本面主导明确，场内资金成交活跃，对赌经纪行根本没有足够的资金来对抗趋势。另外，因为趋势明确，所以投机者们更容易操作，这个时候对赌经纪行被迫持有逆势仓位，容易倒闭跑路。国内某些现货平台公司，在出现强劲单边走势之后，不得不成为逆势持仓者，因为这个时候平台交易客户大多数属于熟悉现货的贸易商，他们都持有顺势的仓位，而平台公司是对赌一方，自然只能持有逆势的净头寸。2009 年上半年，国内许多大蒜现货电子平台倒闭跑路就是这类例子。

作关系的主力想要策动一场幅度为 50 美元的上涨有关。

我并没有把宝压在这一家对赌经纪行身上，我继续到处打听，将周围的对赌经纪行挨个调查了一番。如果我能够从这些铁公鸡身上捞到钱，那么，这就是我筹集重返华尔街本钱的唯一方法了。

调查下来，我觉得可以在其中三家对赌经纪行交易，于是我在他们那里开了户，并且租用了一间小办公室，安装了直通三家对赌经纪行的电报专线。接着，我从小额交易开始，这样做的目的是为了避免打草惊蛇。结果没过多久，三家对赌经纪行都有些不耐烦了，他们说拥有电报专线的客户应该做些上规模的交易，而不是像个姑娘一样扭扭捏捏。我知道他们心底的算盘是什么，我的交易规模越大，越容易亏光本金，这样他们便能够很快从我这里捞到一大笔钱。大多数客户最终都是亏光破产的，但是如果这个过程拖得太长，那么那些遭受亏损却还未破产的客户就会四处抱怨经纪行，而这对于经纪行十分不利，与其这样还**不如让客户迅速破产走人更加有利。**

不要以为只有对赌经纪行是这般动机，在这个博弈场上，就算你的单子是在交易所成交的，也有很多人在盯着你这块肥肉，然后千方百计想要吃掉你。所以，你听到的东西，可能是别人故意让你听到的，你看到的东西，也可能是别人故意让你看到的，你想到的东西，更可能是别人故意让你想到的。你以为自己是自由的，其实往往已在陷阱之中。对手盘早已布下天罗地网了，你却浑然不知。

除此之外，我还同一家与纽约正式会员公司有合作的经纪行建立了联系，我安装了一台报价机，谨慎地开始我的投机。所有的这些操作都与我以前在对赌经纪行的操作差不多，或许只是节奏上放慢了一点而已。

这就是我能够获胜的方法，事实也证明如此。我不可能达到 100%的胜算率，也就是说交易十次赚十次是不可能的。不过整体上我是盈利的，这样我的生活又开始变得阔绰起来，不过还是得存些钱，这样才能积累足够的资本重返华尔街。此后，我又与另外两家对赌经纪行建立了电报专线，现在有 5 条专线直通对赌经纪行，另外还有一条专线与正规经纪行直通。

善战者，无智名，无勇功，胜于易胜者矣。

当然，市场的发展经常出乎意料，在某些时候，我介入的股票走势并未按照预期模式发展，而是反其道而行之。这种情况并不能伤到我的根本，因为每次亏损的保证金是极其

现在很多对赌经纪平台，比如部分外汇和CFD合约经纪商经常推出额外赠金的活动，其实与J.L.讲的情况本质一样。表面上是经纪行大方，其实是因为他们知道客户早晚会把钱输给他们，这个不过是先予后取的把戏而已。况且，他们的赠金不过是数字而已，你不能直接提取，只不过是一种账面资金。他们料定随着时间推移，你不光会亏掉赠金，而且本金也会亏掉。

有限的。另外，我和经纪行相处还算融洽，他们的账目与我的账户之间有时候还是会出现差异，这个时候当然对我不利。不过，我总是会据理力争，这样他们就不得不按照我的意见来处理分歧。他们之所以这样顺从我的意见，其实是因为他们认为我只不过是暂时的赢家而已，早晚我会将钱输个精光，**而他们总是最后的赢家，钱不过是暂时由我保管而已。**

这些对赌经纪行其实没有什么公平交易的职业操守，他们并不满足于固定比率的佣金和手续费，他们在意的是如何把客户的本金全部弄到自己口袋里面。毕竟，客户最终基本上都会将本金输掉，那么为什么不从中打点主意呢？这可比单纯的佣金和手续费更丰厚。于是，他们不仅是与客户对赌，还会用上不少卑劣的手段。总而言之，他们不仅满足于捞取手续费和佣金，而且还会采用对赌的方式接过客户的单子，而不是递进交易场内，同时在这个过程当中还会使诈。

比如，有好几次他们都想要坑我，某些时候他们会因为我的疏忽而得偿所愿。这个时候我会严厉地指责他们卑劣的行径，而他们则会对此否认，结果就是我继续在他们那里交易。这些骗子是没有任何尊严可言的，他们可以在被你当场抓住把柄之后，仍旧和你继续做生意，只要有钱赚他们不在乎所谓的面子。表面看起来他们似乎一点都不记仇，气量非常大，其实只不过是一群唯利是图的家伙。

但是，不能让他们得寸进尺，我得还以颜色。我挑选了一只曾经的热门股，不过现在却乏人问津。倘若我选择了一只从来都很冷门的股票，他们肯定会起疑心，这样我就没办法施展我的计谋。接着，我给5家对赌经纪行都下达了买入做多指令。对赌经纪行接收到我的指令之后就会等待报价机的最新报价，而我利用这个时机通过那家正规经纪行发出市价指令做空100股，督促尽快完成。大家可以想象这笔做空市价指令传递到场内之后可能引发的波动，因为成交清淡，因此，这只个股的价格瞬间就被我打压下去了。而这个场内撮合成功的价格传递到了那些对赌经纪行的报价机上，这就成了我通过对赌经纪行做多的成交价格。在 5 家对赌经纪行，我一共做多了 500 股，因为我在场内的打压，所以这 500 股我相当于抄了低价。净头寸上我相当于持有 400 股的多头。正规经纪行询问我是不是得到了什么消息，我回答说知道了一些内幕消息。在市场收盘之前，我向正规经纪行下达了空头平仓指令，让他们迅速完成。实际上，我并不打算依靠这 100 股的空单赚到什么钱，也不在乎其实际成交价格是多少。正规经纪行接到指令之后，通过纽约的合作伙伴快速平掉了 100 股的空头头寸，结果自然是引发该股股价飙升。这个时候，我也给那 5 家对赌经纪行发出了多头平仓指令，**于是 500 股多头头寸获利了结。这次操作非常完美，毫无瑕疵。**

从这个例子你应该可以看到一点，J.L.已经从一个纯粹靠价格重复模式的技术派上升到了依靠心理分析和技巧来误导对手盘的技术心理混合派。J.L.通过操纵成交清淡的个股来控制价格，进而影响场外的对赌盘盈亏，这肯定不是技术派的方法。J.L.的转型花了很长的时间，他也曾迷茫，反复，但是在这个漫长的过程中，他不时会出现一些看起来微不足道的进步，但是这些进步却对于整个成功转型关系甚大。

这 5 家对赌经纪行仍旧不思悔改，因此我就断断续续按照上述方法教训了他们好几次。当然，我对他们的惩罚远远不及他们应得的程度，一般就是 100 股的头寸，每股赚他们 1 美元到 2 美元，因为我还是有所顾虑。尽管如此，我还是通过这类操作从他们身上挣了不少钱，对于我重返华尔街，这笔钱能起到应有的作用。在运用上述招数的时候，我也未必总是在对赌经纪行做多，某些时候我也会做空某只股票。每每运用这一招，我都能从他们那里净赚 600~800 美元，对此我心满意足。

当然，情况有时候会好得出乎意料。有一次，我还是用这一套策略，结果将场内的成交价格一下子推得很远，达到 10 美元的幅度，这太让人意外了。同样巧合的是，我在一家对赌经纪行的头寸多于平时，达到了 200 股，其他 4 家一如既往。当然，这些家伙心里非常不平衡，他们觉得我的手气也太好了，叽叽歪歪不可避免。为了尽快拿到我的钱，我去了其中一家对赌经纪行，也就是此前极力劝我开户的那家。这家的经理就是此前想要说服我在他们那里开户的伙计，每次我指出他在耍诡计的时候，他只是装着毫不在意。他惯于唬人，要么用虚假的好处引诱你，要么用装出样子威胁你。

“你甭想从我这里拿到一分钱，因为这只股票的行情是假

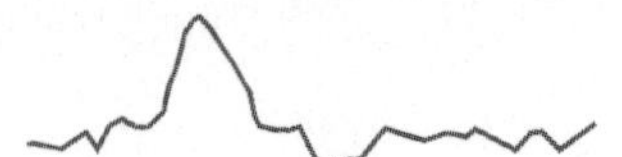

的。”他又开始虚张声势了。

“你们按照我的指令进场的时候，没有说这是假行情。现在轮到出场了，你们却说这是假行情。你们不是号称公平交易吗，不能赖账对不对?”

“休想从我这里拿到一分钱，我能证明你作假，有人操纵了股价。”他开始咆哮起来了。

“谁?”

“你明知故问!”

“你倒说说看，谁在操纵?”我也抬高了声音。

“毫无疑问，你有同伙。”他说道。

“你还不清楚吗? 我都是单枪匹马，这个地方谁不知道? 从我做这一行开始，大家都清楚这一点。现在，我最后一次告诫你，快把钱付给我，把事情搞大了，你也没有任何好处。”

“我不会付钱的，有人在搞鬼!”他开始失控地咆哮了。

我懒得与他斗嘴，淡定而从容地对他讲：“把钱付给我，现在!”

当然，他不会这么爽快，大吵大闹一会儿后，为了生意考虑他还是极不情愿地把钱付给了我。其他几家对赌经纪行要明智得多，他们没有这样大吵大闹。其中一家对赌经纪行的经理仔细研究了我选择的个股，发现成交都不太热络，他将我的单子递到了交易场内撮合，同时也给自己买了点，**所以他相当于通过老鼠仓赚了点钱**。这些对赌经纪行对于客户早有防范，客户起诉他们的事情并不鲜见，因此他们会利用法律为自己建立安全网，他们在银行的资金很难被冻结。他们费尽心机地对付那些难缠的客户，这点并没有什么大不了，但是却不能够让客户认为他们毫无信用，这对于生意来讲确实是毁灭性的。客户在对赌经纪行亏钱很正常，而如果客户挣了钱却被经纪行赖账，那么，这家经纪行的生意肯定是要被毁了。

> 这位经理其实非常聪明，他知道这里面可能有诈，所以把单子递到了场内，这样就不用承担任何风险，因为递到场内的单子盈亏都不会牵涉到经纪行，经纪行只挣“旱涝保收”的手续费和佣金。同时，他明白J.L.这招肯定是要赚的，所以他自己也跟单了，这样经纪行本身其实规避了J.L.的花招，同时他自己还赚上了一笔。这种操作也许算得上某种“柔道大师招数”，顺势而为，因势利导。所以，这位老兄水平不低于J.L.。

最终，我从5家对赌经纪行都拿到了应得的钱，这次10美元的大波动好好地教训了一下这些平时志满得意的骗子，

我也不能再故技重施了。其实，这些对赌经纪行平日里也喜欢用这种手段来算计数以百计的羔羊们，所以他们现在应该觉察到了我的招数，于是我不得不重新回到**正常的操纵当中。**然而，他们始终对于我的头寸规模有所限制，这样使得我每次赚取的利润也是有限的，以至于有一种戴着镣铐起舞的感觉，难以酣畅淋漓。

战略大师 Basil H. Liddell Hart 曾说："选择一条期待性最小的路线，扩展一条抵抗力最弱的路线。你要站在敌人的角度上加以考虑，想出哪一条路线是他们最不注意的。"

这样的投机我做了一年，这一年当中我绞尽脑汁设计了各种方案以便从对赌经纪行那里多捞点钱。这一年，我的日常生活过得不错，**买了一辆车，可以随心所欲地开支。**不过在过好日子的同时，更重要的是我要攒够本金以便回到纽约。如果我的持仓与市场一致，那么挣钱是轻而易举的事情，攒钱也变得相对容易一些。但是如果持仓与市场相反，那么亏钱就是必然的，这个时候攒钱就变得艰难起来。一年下来，我手里已经有一笔数目可观的本金了，继续在对赌经纪行捞更多钱变得越来越不可能，于是我觉得应该回到纽约了。

20 世纪初的时候，年轻人热衷于高速的交通工具，这也是汽车时代的开端，1902 年推出的一款流线型跑车售价大约是 650 美元，这也是第一款量产的汽车。而亨利·福特的 T 型车要到 1908 年才上市。J.L.买车的时候有三种动力类型可以选择，分别是蒸汽、电力和油气，最终他选择了加油的跑车。

我邀请一位同样是交易员的朋友一同驾车前往纽约，途经 New Haven 的时候，我们停下来吃晚饭。在饭店里碰到一位交易界的熟人，于是便天南地北地聊了起来，**他告诉我们在这个地方有一家对赌经纪行生意规模很大，可以架设电报专线。**

J.L.这个人并不是一个闭门造车或者闭关自守的人，他乐于同各色人等交流，从中获取有用的信息。巴菲特何尝不是如此，如果没有与查理·芒格的交流他不会开启新的投资篇章，如果没有与比尔·盖茨的交流他难以改变对金钱的认识。一个伟大的交易者和投机客并不是一个完全与世隔绝的"独孤求败者"，相反只有在开放与竞争之中，才能找到不断进步的灵感与动力。很多技术分析书籍会渲染与世隔绝的优势，这其实是写书的人自己臆造的。需要隔离一些消极影响和噪声，但是不是让自己处于绝对的真空当中，后者只会让交易者自甘堕落或是夜郎自大。

离开饭店之后，我们继续赶路，路过这家对赌经纪行所在的街区时，我仍禁不住进去瞧了瞧。这家对赌经纪行的装潢并不华丽，雇员和客户各就其位，报价板立在那里，投机游戏正在展开。

经理是个年轻人，他要么是当过演员，要么以前是政客，因为他给人的印象非常深。当他跟人打招呼说早上好的时候，能让你感觉到他是多么地热爱早晨，仿佛他是花了 10 年的时间来深入发掘早晨的美好之处。他将自己的业务与蓝天、阳光这些美好的事物联系到一起进行推销，这是多么高明的技巧啊！当他看到我们从跑车上下来的时候，他从年轻的外表和嘻嘻哈哈的举止推断我们是耶鲁大学的学生，当然我感觉

自己应该看起来还不到 20 岁。我没有否认他的推断，当然他滔滔不绝地讲话，根本没有给我们机会插话。他礼貌地询问我们是否愿意坐下来休息一会随便听他介绍下红火的股市，当下正是为大学生活挣点零花钱的时候。他进一步恭维地说，聪明的大学生当然不缺钱花，不过机不可失时不再来，这么好的市况，如果抓住的话，那真是一本万利的买卖，一笔小钱就能挣回几千美元的回报，股票市场为你提供了赚大钱的机会，敞开大门欢迎大家。

J.L.这个人非常善于揣摩对方的心理，这个技能也许是在当报价员的时候学会的，他经常利用别人对自己的低估来获利。

这么好的机会我当然不想错过，难得这位老兄这么热心，我不想辜负他的一番美意。于是，我顺水推舟地准备照他的意思操作，**随便加上一句“我也听说股市里面不少人挣了大钱啊”。**

开了户之后，我便非常谨慎地开始交易，随着盈利的扩大逐步累积头寸，我的那位交易员朋友也如此操作。

这天晚上我们在 New Haven 过夜，次日早上 9：55 的时候我们来到这家对赌经纪行。这位巧言令色的经理喜出望外，他认为肥羊来了。不过，结果令他大失所望，因为我赚了接近 1500 美元。第三天早上，我继续到这家对赌经纪行交易，跟这位讲起话来滔滔不绝的“演说家”聊了几句，同时递给他一张做空 500 股糖业股的单子。他略显犹豫，最终一声不吭地接下了这张单子。进场之后，该股下跌了 1 美元，于是我回补空头，盈利出场。我将成交单递给他，除了 500 美元的本金，我净赚了 500 美元的利润。这位老兄极不情愿地打开保险柜取出 20 张 50 美元的钞票，来回点了三遍，点得十分仔细而缓慢，到我面前又点了一遍。似乎，他手上的汗水是胶水，他巴不得这些钞票永远停留在他的手中。不过，最终他不得不将钱如数地递给我，然后他双臂交叉放在胸前，咬着下嘴唇，眼睛盯着我身后高处的窗户。

拿到钱之后，我对他说打算做空 200 股钢铁股，他却纹丝不动，置若罔闻。于是我重复了一遍自己的话，但是却将做空数目增加到了 300 股。这位老兄转过头来，而我正等着他开始滔滔不绝地发表“演讲”。不过，他只是看着我，想要说什么，但是又咽下去了，他的内心似乎正在酝酿演说，准备攻击执政党50年来令人发指的渎职与暴政。

不过，最后他只是冲着我手上的钞票摆了摆手：“把那些拿开！”

“拿开什么？”我不太明白他的具体意思。

“大学生，你们要去哪儿？”

“纽约！”我回答道。

“那就好。”他这样说的时候不住地点头，“非常好，你们最好离开这里，因为我现在已经看穿你们的把戏了，什么学生，你们两个人到底什么身份我很清楚，对此我很清楚，是的！是的！是的！”

“真是如此？”我还是保持了客气的态度。

“当然，你们两个——”他停顿了一下，忍不住发起火来，他此前那副假道学的面具被撕破了，一副丑陋的嘴脸露了出来：“你们两个就是美利坚最大的骗子！大学生？哼！哪是什么大学生啊！哼！”

撇下他自言自语，我们拿着赚的钱离开了。或许损失这些钱对于他而言并不是什么伤筋动骨的事情，因为**职业赌徒不会太在意一时的输赢，这就是游戏的不确定本质，毕竟风水轮流转**。令他恼怒的事情是他觉得被我们戏耍了，**这点伤及了他的自尊心。**

在博弈场上，缥缈的自尊心是毫无价值的东西，如果不摆正这个观念，那么就会丧失真正有价值的东西。正确的策略和强大的实力比自尊心更有价值，而筹码只归属于那些策略恰当和实力雄厚的人。世间法则只在乎你的实力如何，而不在乎你是谁！

一年之后，我第三次重返华尔街，重振旗鼓。不过，我并未闲着，一直都在琢磨自己交易策略的症结所在。这些症结导致我在A.R.Fullerton屡战屡败。不过，我逐渐弄懂了自己为什么会惨败，因此我不管市况频繁交易，同时我也没有完全按照自己的策略进行交易。尽管我的策略来源于持续的实践和刻苦的研究，但是我仍旧在简单地对赌，而非交易。我如此渴望利润，以至于忽略了交易的一致性，而这是盈利的基础。现在，我对问题所在完全明白了。为什么赔了钱，怎样赔了钱——这背后的原因我都搞清楚了。主要是因为报

价机的价格落后于场内实际成交价格，而市场波动剧烈，价格瞬息万变。但是，还有一点让我比较迷糊，那就是从圣路易斯回到纽约后，也就是5月9日大恐慌之后，为什么还会输？对此我有了几点总结，我发现自己的做法存在问题，针对这些问题，对策略和操作也做了一些改进，不过我仍旧需要经过实践来检验。

世上没有比让你失去一切更能让你醒悟的教训了，从中你学到了什么不能做。当你明白要避免亏损切忌做什么的时候，**你就学会了盈利需要做的一切。**你懂得了其中的秘密了吗？你已经开始真正的学习了吗?!

人是被教训出来的，而不是被教育出来的！

只有大的波动才能为你带来大的利润

普通的股价解读痴迷者，也就是过去经常被称为“纸带虫”的这批人会走入某类陷阱之中。我认为他们过度依赖解读纸带报价，将这一技术过分专业化，结果必然导致代价高昂的僵化行为。无论投机的主要法则需要多么严格地遵守，但是这一游戏并非是数学或者是死板而机械的规则所决定的。在我解读报价纸带的时候，虽然也会有一些数学或者规则，但是并非仅仅如此，其中还有一些称之为个股行为模式的东西，你在此前的观察中发现了这些行为模式，而此后则可以凭借它们来预判接下来的运动。如果某只股票并未按照你此前的预测轨迹运动，那么你就应该避免介入这只股票。因为**你找不到异常背后的原因，就无法预判其未来的轨迹**。没有诊断，就没有推断。没有推断，利润从哪里来呢？

投机界的一个老习惯就是观察和分析股票过去的行为模式和表现，这与赛马历史成绩记录一样。当我刚来纽约的时候，有一个法国人常常在某家经纪行里面畅谈其价格图表。刚开始我还以为是经纪行的人宽宏大量，让这样一个怪人能够继续留在这里发表奇谈怪论。后来我才知道他是一位十分让人折服的演说家。他指出这个世界上唯一不会说谎的东西是数学，因为它无法承载谎言。这位怪老头基于自己的走势图来预判市场的走势，并且他能够通过走势图来解释为什么 Keene 在操纵 Atchison 优先股的上涨行情时是正确的，而在运作 Southern Pacific 的股价时却犯下了错误。曾经有若干个职业投机客先后尝试过这个法国怪老头的这套图表技术，但是最后都没能坚持下去，而是回到他们的那套并不算科学的老套路上。他们认为，靠灵机一动和运气赚钱的方法更加适合自己。据这个法国老头说，Keene 本人曾坦承这套图表技术 100%有效，不

过他认为这套方法在激烈的**交投中显得有些落后**。

后来有一家公司专门绘制并更新了日线走势图，只要瞧上一眼就能够搞清楚每只个股数月来的走势。通过比较个股与大盘的走势，同时记住一些规则，这样投机客就能够判断这些有传闻的股票**是否真的能够上涨**。他们将图表作为验证传闻的互补性工具。现在，在许多经纪行你都可以获得这样的走势图表，这些都是统计机构绘制的走势图表，其中包括了股票，也有商品等品种。

我认为图表对于那些具备相应解读能力的人而言是有用的，或者更近一步来讲，对于那些能够处理其中信息的人来说是有很大帮助的。当然，一般人查看图表的时候容易钻牛角尖，他们认为价格运动的顶部和底部，以及主要和次要运动**这些技术性的东西就是股票投机的全部精髓**。如果按照这一逻辑而对图表盲目相信，那么走极端的结果就是破产。这里刚好有一个这样的例子，曾经有一位极具天分而且训练有素的数学家，他毕业于一所著名的技术学院，之前是一家蜚声业界的经纪行的合伙人，此后他醉心于市场价格行为的研究，覆盖的市场包括了证券、谷物、棉花以及货币等。他为所有的品种绘制了各类型的走势图表，并且历史数据追溯到多年之前。他对市场间的相关性和品种的季节性进行了深入的研究，几乎所有方面他都做了研究。他利用这些自己绘制的图表进行了多年的股票交易，具体而言他利用了某些设计更加睿智的平均线来研判市场，并且据此交易。据说，他持续盈利，获利甚丰，但是好景不长，世界大战让这一切戛然而止。在彻底停止交易之前，他及其大客户都亏损了几百万美元。对此我想补充的一点是市场自有其本身的趋势，世界大战无法改变这一点，持续获利要做的唯一大事便是评估市况。

我并没有离题太远，因为回想起自己初到华尔街那几年走过的弯路，我就忍不住要强调一下。我现在终于搞明白了当初认识上的**盲区是什么，而这些恰好也是普通股票投机者**

当时，投机客的主流方法类似于现在国内期货的炒单手法，而这个法国老头的方法至少是日线上的波段操作方法了，所以很难受到绝大多数操作者的追捧。J.L.应该从中受到了较大的启发，从单纯的炒单高频交易者向着交易频率更低的更高层次晋升。

这句话非常关键，里面有几个要素，我们理一下：第一个要素是大盘走势，第二个要素是个股走势，第三个要素是传闻，我们称之为题材，因为那个年代传闻，内幕和公开信息之间的界限并不清晰。现在A股市场当中，很多水平较高的大户和主力都非常注意将个股走势放在大盘的背景下来观察，比较两者之间的强弱。大盘下跌，个股横盘，大盘横盘，个股上涨，甚至大盘下跌的时候个股也持续上涨，这些都是非常有价值的信息。而将股价走势与题材结合起来观察，也是非常有用的角度，可以相互验证。这样的走势，有没有同样的题材支撑吗？有没有利好不涨的情况？有没有利空不跌的情况？股价是不是对传闻做出了反应？这些都是现代的股票作手经常会思考的问题。

J.L.从来就是反对技术原教旨主义的，但是他有时候又会强调价格走势的重要性，以至于很多人误认为单纯做点技术分析，看看价格就可以把投机做得风生水起了。任何技术分析都有前提，在这一前提有效的时候，交易顺风顺水，但是一旦市况发生变化，成也萧何败也萧何！J.L.讲述的这个数学家就是这样的情况。迷信纯粹技术手段的永恒性，最终无非一枕黄粱！

屡做屡犯的错误。

这是我第三次重新回到纽约，回到华尔街，我想要再度尝试战胜市场，现在我在合法经纪行交易，买卖非常积极。我并不会高估自己在这里的业绩能与对赌经纪行媲美，不过经过一段时间的磨合我能够让自己比以前做得更好，毕竟我现在能够支配更大的头寸了，并且这个时候我已经看出来自己的主要问题在于混淆了赌博和投机。不过，我的优势是七年多时间培养出来的阅读报价纸带的能力和经验，另外我在这个领域还是有一些禀赋才华的。在实际的交易绩效方面，虽然我并没有创造暴利，但是业绩稳步增长，总体上还是赚钱的。当然，花销也不逊于挣钱，赚得多，花得也多，我想绝大多数人都是如此吧！倘若一个人不是嗜钱如命的话，**只要轻松地挣了钱都应该会挥金如土。**当然，也有一些例外，比如 Russell Sage 这类极品人物，他挣钱和存钱的本事都很强，因此死的时候能够留下一大笔财富。但是这种事情有什么值得我们效仿的呢？

参与者的非理性来源就是J.L.经常谈到的这些东西，而这些非理性成分是利润的来源，也是亏损的来源。你如果被这些非理性成分控制了，那么就是亏损找上门，如果你能够克服自己的非理性成分，同时利用对手的非理性成分，那么盈利就找上门了。所谓“祸福无门，惟人自召”就是这个意思。

投机客如果没有严格的纪律来约束自己，也会沾染赌客的某些恶习，比如挣了一笔横财就会大手大脚起来，而不会为此后的亏损做一些准备。J.L.在存钱上态度非常矛盾，这点问题没妥善明确处理好，结果后续的人生就过得起伏太大，以至于患上了抑郁症。人年龄大了之后，身体状况不如以前，这个时候承受打击的能力就会下降，加上长期的情绪郁结自然就容易对人生失去希望，哪怕能力能够胜任，心态也无法胜任了。这就好比一个人年轻的时候可以率性而活，因为以后可以补救，但是老了之后，能够回旋的余地就几乎没有了。

每个交易日从早上 10 点到下午 3 点，我都会全身心地投入股票投机的游戏之中，而下午 3 点之后我就会沉浸在生活带给我的快乐之中。当然，我绝不允许生活的享乐干扰到我的投机事业。投机中的亏损是因为操作本身导致的，而不会是因为生活太过放纵导致的。**我从未因为精神不振或者身体不适而影响到交易的正常进行。**任何影响身心平衡的负面冲击我都无法承受，即便到了现在我都是每天晚上 10 点之前上床睡觉。即使我年轻的时候，也不会玩得太晚，毕竟倘若睡眠时间不够的话，很难有充沛的精力投入工作当中。现在整体上我是盈利的，因此没有必要勒紧裤腰带过日子，生活中有很多值得我去享受的地方。市场成了我的提款机，我开始逐渐对自己的操作建立起足够的信心，这份信心源自我更加严谨地对待自己的这份职业，而不受感情因素的影响。

交易者的生活必须相当有规律，而且家庭关系要简单而和谐，否则很容易影响正常的分析和操作。J.L.后期交易出现问题与家庭关系不和谐有一定的关系。所以，一个交易者的成功是一个系统工程，并不是简单地有一个交易策略就行了。不过即使是交易策略很多人恐怕也没有，完全是受到价格和消息的刺激而冲动交易。

在合法经纪行，我对操作方法做出了第一个改进，具体而言就是在时间维度上做了调整，毕竟我不能像在对赌经纪

对赌经纪行里面根据价格小幅波动的重复模式进行操作，这是J.L.称之为赌博的东西，这与我们现在的人工炒单类似。在合法经纪行里面预判价格可能出现的大幅运动，进而顺势加仓操作，这是J.L.称之为投机的东西，这与我们现在的趋势交易类似。前者容纳资金的数量较少，而且对成交条件要求较高，后者容纳的资金数量较大，对成交条件要求较宽松。

纯技术分析在微小的波动中效果更好，随着J.L.放大交易时间框架，他必然开始研究基本面。所以，我们不要仅凭他的早期经历和几句随口的话，就认为J.L.是看价格走势的，这是错误的。

行那样，等待行情非常明确了，胜算率非常高了才进场，然后赚1~2美元。在Fullerton这类合法的经纪行操作时，我必须走在行情的前面，而不是等待行情非常明显了才介入。换而言之，我必须对行情进行预判，预判股价的波动情况。这听起来似乎是不言自明的浅显道理，不过你应该明白我讲的究竟是什么，这标志着我对投机的根本观念和态度发生了改变，这对于我而言是里程碑式的时刻。我长时间摸爬滚打，市场则逐步展开他的教诲，我终于搞清楚了利用小幅波动与预判大行情在本质上的差异，以及**赌博与投机在本质上的差异**。

现在当我开始研究市场的时候，至少要查看1个小时以上的历史走势，这种套路在最大的对赌经纪行里面我也难以学会。我逐渐对各种相关报告，铁路公司业绩，**金融和经济数据有兴趣**。当然，在这里我也倾向于做大额的交易，因此大家给我取了绰号——“少年赌客”。除了基本面之外，我也喜欢研究市场运动本身，只要有用的东西我都不排斥。**为了解决特定的问题，我先要清楚地定义某个问题，当找出了某种可能有效的解决之道时，我还要进行检验，以证明其有效性**。当然，只有一条途径可以检验我提出的东西是否有效，这就是将金钱投入操作之中。

回头来看，我觉得进步显得有些低于预期，不过就当时的情况而言，可能是我能够达到的最快进步速度了，毕竟当时我处于整体盈利的状态，因此难免进取心会受到影响。如果那个时候我亏损的频率更高，也许更能刺激我专注于研习和完善自己的交易系统。不过，反过来想，如果亏损频率太高的话，我可能就会因为缺乏本金而无法通过操作检验自己对策略的改进。

通过研究自己在Fullerton的交易记录，我发现尽管自己对市场的预判正确性几乎是100%，具体而言是对市况和趋势的预判几乎完美，但是我从中挣到的利润却并不太多。为什么会这样呢？

从没能全胜的案例中能够吸取的教训与从失败案例所获得的一样多。比如，在牛市启动时我已经预判到此后的涨势，并且据此进场做多。此后，行情正如我所预料的那样出现一波上涨，头寸处于盈利的良好状态。但是，让我头疼的是接下来如何操作。唉！我听从了所谓稳健的操作建议，以避免年轻导致的心浮气躁。于是我就采取了**所谓谨慎和保守的操作，具体而言就是落袋为安，等待市场回调后再度进场，这是我通常的操作**。但是，市场并不会照顾我的想法，因此我所等待的回调往往落空，股价反而继续上涨 10 美元，我只能眼巴巴地干盯着，捏着到手的 4 美元捶胸顿足。老人们总说兑现利润肯定不会让你穷困潦倒，**但是在大牛市的背景下，你只到手了 4 美元的利润，这意味着你也富不起来。**

强劲的单边走势当中，波动操作往往会错失头寸。

J.L.的这段口述其实已经接近其最终的交易哲学了——“要让利润最大化，必须让利润奔腾起来”。

当我本能够挣到 2 万美元的时候，却只挣了区区 2000 美元，这就是所谓的稳健操作的结果。在这段日子当中，我突然觉察到在能够挣到大钱的地方我却只挣了小钱，同时我意识到新手的经验存在差别，自然行事风格和操作方式也存在差异。

新手什么都不知道，这点每个人都很清楚，包括他自己。而度过这个阶段之后，处在第二阶段的投机客则自视甚高，旁人也觉得他们懂得确实不少。其实，他们只是有经验的傻瓜而已，他们不仅分析市场本身，而且还对更有经验的傻瓜的市场评论趋之若骛。处在第二阶段的傻瓜们掌握了一些限制亏损的方法，而这些方法可能是最初入行的新手们都不知道的。但是，正是这些半吊子的傻蛋，而不是那些什么都不知道的菜鸟为经纪行一年到头提供丰厚的收入来源。处在第二阶段的这些傻瓜能偶尔在华尔街生存 3 年半的时间，而那些什么都不懂的傻瓜则只能在华尔街挺过 3 周到 30 周左右。那些处于第二阶段的“半罐水们”热衷于引用所谓的交易名言警句，**他们似乎懂得一切，除了一条：绝不要当傻瓜！**

J.L.在这段话当中提到的两个阶段其实是绝大多数交易者都会经历的，一部分人浅尝辄止，最终止步于第一阶段。而另外一些人会进行学习，这是由于他们往往对别人的经验和理论处于模仿阶段，而还未有足够的切身体会，也未能从自己的经验中建立起相应的策略，因此这是一个东施效颦的阶段。只有极少数人能够突破第二阶段，进入到第三阶段，这就是印证自己对市场理解的阶段，这个时候你是从自己的成败得失中建立起完整的策略。

处在第二阶段的“半罐水们”往往自以为经验老道，因此他们喜欢逢低做多。这类投机客期待市场回调，他们会暗

自计算市场回调能让自己捡到的便宜。刚入市的菜鸟在大牛市当中会毫无顾忌，他们不受一切条条框框的束缚，这就是初生牛犊不怕虎，因此他们会疯狂地持续买入，所以他们的账面上会赚很多钱，不过一旦某个正常的回调出现，他们的利润往往所剩无几。不过，那些处在第二阶段的“半罐水们”则往往谨小慎微，他们往往根据所谓的老经验，或者教条进行操作。这就是我此前在对赌经纪行养成的那种习惯。我明白必须改掉此前在对赌经纪行养成的这种习惯，并且我也在身体力行，特别是从**一位真正的资深交易者那里汲取有益的养分来加速我完成这种转变。**

交易这个行当，特别是投机这个行当，真正的老师是一座灯塔，可遇不可求，更多地是要靠自己多记录交易日记，这才是突破第二阶段、晋升第三阶段的法宝。市场中的羔羊以在第二阶段的人为主，市场中的猎人以处在第三阶段的人为主，而第一阶段的人在牛市末期成了新增的羔羊。

绝大多数经纪行的“客户”的行事风格都是差不多的，你很少能够找到坦承对待自己交易盈亏的人。在 Fullerton 经纪行，有种最为典型的客户群体，来自于各个阶级和阶层的人都有。但是，其中有一位倒是鹤立鸡群。第一，他年长资深；第二，他从不鼓噪别人进行买卖，也从不夸耀自己的交易经历，相反他善于倾听。他对于内幕消息也很不感兴趣，具体而言就是他从不主动询问讲话者知道些什么信息。不过，倘若有人主动提供些信息，他总是礼貌有加，如果这些信息事后被证明真实的话，他还会再度致谢。不过，如果信息未被证实的话，他也从不埋怨谁。由此看来，很难去探究他对于信息的态度究竟是什么，也很难知道他是否依照信息而操作。这个老头是经纪行营业厅里面的传奇人物，他腰包很鼓，资本雄厚，能够进行大额头寸的操作。不过，他并未给经纪行带来多少佣金收入，反正其产生的手续费微不足道。这位老者名叫 Partridge，不过我们更喜欢称他为“火鸡”，因为他的体形与火鸡有几分神似，胸宽背厚，而且习惯性地将下巴收拢贴近胸口，大摇大摆地穿梭于各个办公室。

不少人在决策的时候都希望有人能够帮助自己拿主意，让自己鼓起行动的勇气，如果失败了也可以将责任推到别人身上，而这些人总是倾向于找 Partridge 拿主意，他们会宣称业内朋友的朋友给出了一个操作建议，现在还没有操作，希

望 Partridge 告诉他们应该怎么做。不过，无论这些人听到的操作建议是做多还是做空，Partridge 的回答都是同样一句话。

等咨询者讲完来龙去脉和自己的疑惑之后，便开始追问 Partridge："你认为我应该如何操作呢?"这个老火鸡便会耷拉着脑袋歪向一侧，然后带着仁慈的微笑看着咨询者，意味深长地说出那句话：**"你要搞清楚，现在是牛市!"**

专注于抓大行情的交易者非常善于抓主要矛盾和矛盾的主要方面，他们首先从大局出发，抓住最关键的因素，其余的则可忽略掉。人的精力有限，人的认知能力有限，如何高效配置自己的注意力资源？对于交易者而言，认清大势就能高效配置一切资源。

多少次，我都听到他重复同样一句话："你要明白，现在是牛市!"好像这是一张价值百万的保险单，足以让你应对任何难题和危险。当然，那个时候的我还没有能力领悟这句话的真正意义。

某日，一个名叫 Elmer Harwood 的老兄急急忙忙来到经纪行营业厅里，他快速填好成交单交给柜员，然后又急匆匆地找到 Partridge。这时老头正津津有味地听 John Fannings 重复那个讲了至少四遍的老故事：某次 Keene 下经纪行下达了做多指令，而 John 恰好听到这一信息，于是他跟庄也做多了 100 股，但是每股挣了 3 美元之后他就平仓了，而此后这只股票在短短 3 天的时间内上涨了 24 美元。John 向老头再一次倾诉此事，希望获得一点同情和安慰，"老火鸡"确实这样做了，而且表现得好像是第一次听说这个故事一样。

Elmer 找到 Partridge 之后，连招呼都来不及和 John 打，他急冲冲地告诉"老火鸡"："Partridge 先生，我刚才已经平掉了所有 Climax Motors 股票的多头头寸。我的线人说这只股票要回调了，**而这是一个低买回补多头的机会，我看最好你也先跑掉，然后再接回来。当然，如果你还有这只股票的话。"**

行情性质与交易者心理容易出现错配，行情走单边的时候，交易者还沉浸在此前的震荡走势中，因此还想要高抛低吸，结果容易在单边走势中错失头寸。而单边走势结束之后，交易者往往后悔自己此前没有坚定持仓，于是在震荡走势中一味追涨杀跌，死拿头寸。这种错配的情况非常普遍，大家做交易的时候可以注意观察，一是观察自己，二是观察市场上绝大多数人的表现。

Elmer 疑惑地看着跟前这个老头，最初是他将一线的消息告诉这个老头的。而他这个免费提供消息的"义工"好像总是感觉还亏欠着接收消息的人一样，特别是在自己也对消息没底的时候更是如此。

"对的，Harwood 先生，我手头当然还有这只股票!"老家伙略带感激地回答道。想想看，Elmer 的心里时刻装着老家

伙，好人一个啊！

“那就好，不过现在是时候兑现利润了，应该了结了，等到跌下来的时候再进场做多。”Elmer 接着说，好像他正在给老人填写存款单似的。但是，他似乎并未从对方脸上看到感激涕零的反应，于是补充道：“我刚才卖掉了手上的股票！”他这样说的时候，那副神情好像至少是 1 万股的大额交易。

不过，Partridge 面露尴尬地摇了摇头：“不行，不行，我不能这样做！”“为什么呢？”Elmer 显得有些迷惑。

“不能这样做就是不能这样做！”Partridge 显得更加为难。

“难道不是我给你捎了消息进场做多的吗？”

“当然是你，Harwood 先生，对此我非常感激，这是我的心里话，不过……”

“停一下，听我说一句，我告诉你买进之后，这只股票难道没有在 10 天之内上涨 7 美元吗？”

“确实是这样的，我亲爱的朋友，对此我十分感谢你，不过，我不能就此平仓。”

“你不能？”Elmer 显得更加疑惑了，这是提供内幕消息者的特点——他们同时也喜欢打听消息，寻根问底，对任何事情的内幕都感兴趣。

“是的，我不能。”

“为什么不能呢？”Elmer 往前靠了靠，更加急切地想要知道背后的答案。

“没有太多原因，这是牛市啊！”老头似乎已经尽力给出一个对他而言足够长的解释了。

“确实是牛市啊”，Elmer 开始变得有些失望和生气，“现在是牛市，这我也知道。不过，你现在卖了然后逢低再买回来，这不是最好的操作吗？这样可以降低成本呢！”

“我的朋友”，Partridge 这样说的时候显得非常痛苦不堪，“我的朋友，如果我现在就把股票给卖了，那么就丧失了**头寸了，那我在市场还有什么立足之地呢？**”

头寸和立足之地都是 position，所以一语双关。

Elmer 摊开双手显得无可奈何，晃着头走到我这边来寻求支持和安慰："你能受得了他吗？"他低声说道，"你说说看！"我没吭声，而他继续表达他的不满和疑惑："我告诉他Climax Motors有利好消息，他买了500股，现在已经涨了7美元了。现在我建议他先卖出，然后再逢低回补多头，其实涨了这么高，早就应该调整一下了。我刚才这样跟他说，你听到他说了些什么了吧？他说他要**丢了工作**，这话从何说起呢？"

工作职位也可以用position表述。

"非常抱歉让你理解错了，Harwood先生，我的意思并不是丢了工作。"老头补充道，"我说的是丢掉我的头寸，等你像我这般大的年龄了，就会经历足够多的牛熊轮回，你也就会明白任何人都无法承受丢掉头寸的后果，谁也不能例外，**John D.Rockefeller也不例外**。先生，我当然希望如你所愿，这只股票能够回调，这样你可以在更加低的价位上重新买入。不过，我的能力做不到这点，这些经验教训已经让我付出了足够高的代价，我不想重蹈覆辙。但是，你给我带来的这次机会好比让我将钱存在银行赚利息一样确定无疑，我很感谢你的帮助。不过，你要明白，这是牛市。"说完这些，"老火鸡"走开了，留下了从头到尾都显得茫然疑惑的Elmer。

John D. Rockefeller（1839—1937）美国实业家、超级资本家、美孚石油公司（标准石油）创办人，出生于纽约州里奇福德镇，父亲是一个无牌游医，母亲是一个虔诚的浸礼会教徒。Rockefeller是全球历史上除君主外最富有的人，是世界公认的"石油大王"。

Partridge的这番话当时对我而言并没有太大的触动，等我自己对过去无数赚了蝇头小利而错失大行情的经历进行反思时，我才意识到其中的真正含义。虽然我对大行情的预判非常准确，但是并没有赚到成比例的利润，只是从中赚了点小钱。我对这个问题琢磨得越透彻，就越能看到这个老头的高明之处。显而易见的是，他在早年的时候，也经历了与我一样的艰难时刻，并且因此得到了这些宝贵的教训，深刻认识到了人性的劣势。虽然这些诱惑很难抗拒，但是他现在还是很好地抵御了这些人性的冲动之举。毕竟，这些被诱惑征服的结局是悲惨的，代价是极高的，我也为此付出了沉重的代价。

Partridge不厌其烦地强调这是牛市，这背后蕴含的交易哲学告诉我们**大利润并不是从某次或者若干次小波动中获得**

动量交易者和波段交易者进阶到了趋势交易者，这就是J.L.这段话的大意。

道德经讲“无为而无不为”，提倡一种无为哲学。J.L.这里让你耐心持仓也是一种无为哲学。不过要恰当地理解这种哲学就必须知道“为”的含义。所谓的“为”其实是顺其自然的反面，自然就是事物本身的规律，顺应这种规律和趋势就是无为，违背规律和趋势的行动就是“为”。“一切有为法，如梦幻泡影，如露亦如电，应作如是观。”有为法就是违背规律和趋势的行动。持仓是因为顺应了趋势，所以是一种无为哲学，不要动。但是，如果与趋势相反，那么持仓反而是有为法了。所以，不动是因为顺应了趋势，看似无为，其实无不为。顺应了趋势，你只要待在趋势中即可，而良好的结果就可以自然得到了，这就是无不为。不过，这里有一个前提，即趋势是存在的。如果没有趋势呢？

的，而是从重大运动中获得的。换句话来说，**大利润不是来自于阅读报价纸带，而是来自于系统全面地预判大势**。现在我终于意识到了这一点，这意味着我在交易学习之路上又前进了一大步。

这里我还需要强调一些事情。作为一个资深的行家，我在华尔街混迹多年，赚过几百万美元，也亏过几百万美元，以这样的资历和身份告诉大家我能够挣到大钱，并不是因为我的思考，**而是因为我坚持了正确的仓位**。你明白了吗？耐心持有正确的仓位！能够看准市场的走向，这点算不上多么高明。因为总是有太多人能够在牛市刚开始的时候看到上涨趋势，而在熊市刚开始的时候看到下跌趋势，同时他们选择进场时机和点位的能力也值得称赞，他们可以在潜在利润丰厚之时便建立头寸。但是，他们同我一样并没有捞到大钱。既善于研判大势，又能够坚定持有正确的仓位，这样的人只是万里挑一。我意识到坚定持仓是最难以掌握的技能。不过，只有你真正掌握这一点之后，才能赚到大钱。对于交易者而言，能够透彻地掌握这一点，那么赚数百万美元也不是难事，甚至比懵懵懂懂时赚几百美元都更容易，我毫不浮夸。

知易行难，因为某个交易者在判断市况的时候可能非常清楚，但是市场曲折前行的时候，他却容易失去耐心和信心。华尔街上的聪明人很多，根本就不是什么任人宰割的傻瓜，但是却亏了不该亏的钱，错失了应该赚到的钱，原因就在于这一点。不是市场游戏本身打败了他们，而是他们输给了自己。他们有精明的洞察能力，但是却缺乏持仓能力。“老火鸡”能够坚定持仓，并且将这套主张公之于众，他是极少数做到这一点的人。他不但具有根据明智预判行动的勇气，更有坚持下去的勇气，这点难能可贵。

我的最大缺点在于没有考虑市场的趋势，而是醉心于细小的波动。要知道，没有人能够把握住所有的细小波动。在趋势上涨的行情中，做多并且耐心持有多头头寸，直到你判断上涨趋势快要终结。要做到这一点，前提是你必须研究大

势，而不是靠什么内幕消息，或者是只琢磨单只股票的影响因素。一旦进场，你就应该不受头寸盈亏的影响，这就好像忘掉了你所持有的股票，放下，你才能拥有！耐心持仓，直到你看见市场趋势反转的征兆。要正确地研判趋势的变化，你必须发挥自己的才智，通过深邃的洞察力做到这一点。如果没有这些具体的研判功课，那么所谓的一切建议都无非是**像“高抛低吸”的原则一样显得大而空，是毫无可操作性的废话**。最有用的建议之一是放弃行情最后的 0.125 美元或者是行情开始的 0.125 美元，要知道这点小钱足以致命。想要将行情的开端和尾声那么一丁点的利润也吃到，这样的想法让股票交易者们付出了惨重的代价，亏损的金额足以修建一条横跨美洲大陆的两洋公路了。

J.L.这段话很多人忽视了，因为他其实强调了研判大趋势的重要性，并且强调预判的重要性，而不想要通过简单的趋势跟踪来避免这一功课。他反对和批判那些市场中流传甚广“无用的废话”，因为这些话说了跟没说一样，不具有可操作性。他强调趋势的重要性，同时又指出了预判趋势的重要性，而不是像绝大多数书籍那样，空谈趋势，好像知道趋势重要就能知道趋势本身一样。“是什么”与“怎么样”之间的鸿沟如何去跨越，大多数交易书籍都没有讲清楚，但是J.L.更加重视后者。盘前功课对于趋势研究非常重要，趋势是一个具体的对象，而不是一个抽象的原则，这就是J.L.想要讲明白的。空谈趋势，是很多非一线交易者的通病！

当我更加明智地交易之后，我对自己在 Fullerton 经纪行的交易记录进行了复盘研究，进而有了一个新的发现。在我对交易有更深刻的理解之后，进场后的亏损减少了，这就增强了我对自己预判能力的信心，因此我决定开仓就建立大笔的头寸，并且不受别人看法的干扰，甚至也不受自己浮躁心态的影响。要知道，在交易这个领域，如果你缺乏对自己判断的信心，那么肯定是难以取得好成果的。这些就是我新的感悟，通过研判大势，建立头寸，并且坚守头寸到大势结束。在这个过程中，我需要耐心地持仓，等待趋势结束的迹象。市场的正常修正丝毫不能动摇我的决心，这只不过是趋势行进中的局部现象而已，只是暂时的。举一个例子，我曾经在做空 10 万股时就预判到会出现显著反弹，后来果如所料，这确实是难以避免的，当然也对行情的发展大有裨益。虽然这次修正会造成利润回撤 100 万美元，但是我仍旧坚定持仓，眼看利润大幅下降，我并不动心，我不会先了结空头，再逢反弹做空。我心里非常清楚一点，这样做很容易丢掉正确的头寸，而只有坚定持仓方能抓住趋势，进而赚得盆满钵满。记住，**只有大的波动才能为你带来大的利润**。

原文是“It is the big swing that makes the big money for you!”希望大家把这句话用大字号打印出来，贴到你目所能及的地方。当你对自己的趋势交易有所怀疑的时候，看看这句话，我就是这样做的。当然，趋势交易意味着低频率交易，如果你天天都在介入新的大行情，那么基本可以肯定你是功课没做足，只是不断臆想而已。一年抓住一波大行情就胜过许多炒单客了。当然，加仓操作应该算作整个趋势交易的必然组成部分，这建立在对趋势有效判断的基础上。

我能够学到这一课花费了很长的时间，**因为我是从自己**

J.L.讲得很直白了，从自己的经验和教训中学习才能进步。理论永远无法代替直接经验，只有后者才能带来实质的进步。

动量交易有其适合的行情土壤，但是一旦趋势来临，那么最赚钱的方式还是趋势交易，而且必定是顺势加仓。

认识你自己！J.L.哲学境界也很高，这是一代大师的必备要素。凡事从内去找的过程，必然是一个为道日损的过程，做的是减法，J.L.就是在做减法，"损之又损，至于无为，无为而无不为"！减去的是妨碍我们顺应规律和趋势的行为，最后就是顺势这一个行为，然后利润自己能够照顾自己，让利润奔跑，就是无不为。

的经验和教训中学习的。从犯下错误到觉察出错误需要一段时间，而从觉察出错误到改正错误也要花费很长的时间。不过，在我学习历程展开的时候，我自己的小日子过得并不差，毕竟我很年轻，而这是最大的资本。我的大部分盈利还是来自于阅读纸带报价的能力，因为那个**时候的行情与这种方法相得益彰。**有一个进步就是亏损的次数下降了，结果也不那么惹人心烦动怒了。不过提到两年内破产了 3 次就没那么让人好受了，但是正如我此前说过的那样，投机者的最有效教育方式就是破产。

那段日子，我的资本并没有快速地增长，毕竟我不想把日子过得紧巴巴的，那个年纪想要拥有的事物和物质生活对我而言也是难以抗拒的，我并不想克制自己。既然我挣了钱，那么就应该讲究一下生活的品质。当然，享受应该放在报价机停止工作的礼拜天和节假日。**每次当我发现亏损和犯错的原因之后，我会在操作清单上加上一个新的戒律，这就是我真正的新增资产。**想要这些新增资产变现为金钱利润，最好的方式就是维持生活开支，这样我就有动力去利用这些新增资产产生利润。当然，人生和交易总是起起伏伏的，没必要对其中的细节唠唠叨叨。能够在我脑海里面留下印象的东西都是确实有利于我交易学习的，有利于增强我交易水平的，有利于我**认识自己**的。

交易生涯变盘的开始：最后一次主观临盘交易

1906 年春，当时我正在亚特兰大市度假，此刻手中没有任何头寸，一心想要换个氛围好好休整一下。随便提一句，那时我又回到了在纽约开户的第一家经纪行 Harding Brothers，当时我的交易非常活跃，每次参与 3000~4000 股，但是这仍旧达不到当初我在大都会对赌经纪行的交易量，况且那时的我才是 20 岁出头的小伙子。不过，其中存在一个区别，在对赌经纪行收取 1 美元的保证金后单子基本不会递到场内，对赌经纪行就把单子吃掉了，而正规的经纪行在收取保证金之后会将指令递到证交所内撮合成交。

你或许还记得此前我告诉你的那个故事，也就是我在大都会对赌经纪行做空 3500 股糖业股的经历，当时直觉提醒我危机将来临，应该马上了结头寸。这种直觉经常出现，而我也往往照办，不过偶尔也会忽略它，并且告诫自己不要任凭盲目的感觉来处理头寸，这是荒诞不经的。以前我将这种感觉当作是某种神经衰弱的状态，是因为吸了太多雪茄，或者是缺乏睡眠，进而导致了精神萎靡，如此，等等。不过，通常情况下如果我忽略置之不理的话，采取观望的态度，那么多半要后悔。大概有十来次，我并没有受到这种感觉的驱使，第二天到市中心经纪行看报价，市场仍旧表现强势，甚至还有进一步的上涨，于是我暗自欢喜——幸好此前没有因为冲动卖出。不过，接下来的一个交易日市场就会暴挫。一定是

做趋势往往会遭遇显著的修正走势，而且有时候做的其实是震荡行情，交易者难免内心非常煎熬。特别是某些情况下长期积累的盘感会提醒你修正走势将出现，但是出于原则你又必须继续持仓，这个时候矛盾就出现了。

有什么问题还没有解决，倘若我不那么执着于逻辑和规则，那么现在已经落袋为安了。看起来这种感觉并不是因为**神经衰弱的生理原因，而是来自于心理层面。**

现在回到我在亚特兰大市短期休假的经历，当时我和一位朋友一起，他也是Harding Brothers经纪行的客户。我觉得当时的市场没有参与的价值，所以决定离开交易好好休息一番，将投机丢到一旁，尽情地玩乐，前提是市场缺乏机会或者是我没有持有重仓。当时是牛市，对此我仍有印象。经济整体前景向好，股票市场走势稳步向上，所有的迹象都显示股市将进一步走高。

一天早上，当我们吃过早餐之后，我把纽约的所有早报都浏览了一遍，然后在海边发呆，看海鸥啄住蛤蜊，然后飞到20英尺高的空中，再将其从空中丢下来，这就是它们的早点。然后，我和朋友则站起来在滨海路上散步，这就是我们白天做的最具刺激性的活动了。

还没有到中午，我们懒散地漫步在海边，呼吸着弥漫着海水咸味的空气。Harding Brothers在滨海路旁边开了一家分行，每天早上我们经过这里的时候会进去瞧一眼开盘情况。这只不过是经年累月养成的习惯而已，并没有什么信息想要了解，因为当时我并未持有任何头寸。

我们发现当时走势强劲，成交活跃，我的这位朋友坚定看多后市，并且已经持有中等规模的仓位，他的进场点位比现价还低了几美元。他开始在我面前高谈阔论，表示应该持仓待涨，后市上涨空间很大，这些都是非常明显的事实，说了一大堆这样的话。我懒得听他这些唠叨，也不愿意点头称道。我观察了行情报价走势，发现了一点异常，绝大多数股票都在上涨，但是**Union Pacific却在下跌。**直觉告诉我应该做空这只股票，但是我却很难给出具体的理由。我想搞清楚自己为什么会有这样的感受，但是真的找不到任何理由。

异常点是J.L.非常重视的信息。相对大盘和板块的显著强势或者显著弱势，都是我们需要注意的重要信息。相对强势的股票是做多的上选，相对弱势的股票是做空的上选。强者恒强，这是A股资深炒家们的口头禅，但是需要注意一点的是，除非有题材的支持，否则我们不能只根据一日的强弱来定义强者和弱者。

我双眼盯着报价板上的Union Pacific最新价格，直到眼睛里别无他物，最终我脑海里只有一个想法，那就是做空这只股票，不过实在想不出有什么具体的原因要这样做。

我当时的神态必定非常奇怪，因为站在身旁的朋友也觉察到这一点，突然用手肘碰了碰我："嘿，你怎么回事？"

"我也不知道。"我回答道。

"需要回去睡一会吗？"他继续说道。

"不需要"，我回答道，"我不想睡，我现在唯一想做的就是做空 Union Pacific。"**我很清楚听从直觉的结果，**那就是盈利。

我立即走到一张桌子旁边，朋友也跟着我走到那里，这张桌子上面放着一些空白的成交单。我快速填好单子，以市价做空 1000 股的 Union Pacific，然后递给了经理，他笑容可掬地看着我。不过，当他看到成交单的那一刻，脸色顿时变得阴沉起来，他抬起头来看着我。

"你确信写对了？"他问我。我并未回答，只是用眼神示意他没问题，于是他马上把单子交给了柜员操作。

"你要做什么？"朋友开始表达他的疑惑。

"我要做空这只股票。"我回答道。

"做空哪只股票？"他显得有点着急，毕竟他是全面看多的，而我却做空。

"做空 1000 股的 Union Pacific。"我回答道。

"为什么啊？"他激动了起来。

我摇了摇头，表明自己也不清楚是什么原因。他将我拉出门外，来到门廊，为的是避人耳目，**他一定是认为我掌握了什么内幕消息。**

"你是不是知道什么情况？"他问我。

因为 Union Pacific 是他看好的一只股票，因为这只股票的业绩表现得不错，而且看好后市，所以他非常喜欢这只股票。而我现在竟然要做空，他认为这里面一定有什么他不知道的内幕消息，他急切想要知道这一切到底怎么回事，因而激动了起来。

"我并不知道任何情况。"我实话实说。

有两种直觉，我们需要区分。第一种直觉是没有经过长期系统训练的人所具有的那种来自于人性的冲动，这种所谓的直觉是靠不住的。第二种直觉则来自于经过长期训练的人，这种直觉是成败经验的升华，长期积累之后形成了一种快速的综合判断能力，这种直觉才是真正意义上的直觉。所谓盘感，如果来自于冲动的本能，那么绝不能称为盘感。

朋友已经觉察到了 J.L.的异常，但是 J.L.却有意无意地隐藏了自己行为异常的原因，或许这真是一种"装"的表现。毕竟，J.L.做空并不是没有理由的，而是有一个显而易见的理由，但是他对朋友一直缄口不提。无论他是否有意，事实如此。朋友怎么可能接受 J.L.那套说辞呢？他又不是傻子，J.L.做空肯定是有理由的，无论这个理由是什么，要么 J.L.不愿说，要么 J.L.没有能力清楚表达出来，J.L.这里强调的直觉其实是可以上升到理论高度的一种策略，这种策略在国内外交易界都不陌生。

“你真的没有听到任何消息？”他有点怀疑我是否说了真话，一脸怀疑。

“我真的没有听到任何消息。”

“那你为什么急冲冲地去做空它？”

“我也不知道原因。”我坦诚地告诉他真实情况。

“嘿，Larry，算了吧！别装了！”他开始有点不高兴了。

因为他认为我往往都是先进行了充分的分析才会进场交易。而现在我做空了 1000 股 Union Pacific，依照惯例肯定是有充分理由的，况且现在股市全面上涨。

“我真的搞不清楚是什么原因”，我只能再一次澄清，“我只是根据直觉行事，因为直觉告诉我要发生些什么。”

“发生什么事情？”

“我也不知道具体会发生些什么，讲不出子午卯酉。我的直觉让我做空这只股票，做空它 1000 股，这就是全部的事实。”

J.L.的仓位管理随意性比较强，这也为他此后的大起大落埋下伏笔。

我回到营业大厅，又填写了一张做空 1000 股的成交单。如果第一笔 1000 股的空单是正确的话，**那么我应该加仓做空。**

“究竟怎么回事？”朋友想要寻根问底，他现在有点犹豫是不是要跟我一块做空。如果我告诉他有内幕消息，那么他肯定二话不说就会跟着一块做空。“究竟怎么回事呢？”他显得非常急迫。

J.L.这番话的风格跟 Partridge 类似，也许他们都懒得跟人解释。

“可能的情况太多，但是我一种情况也不能肯定，我没法指出到底是什么情况，**我不是算命先生。”**

“那你肯定是疯了”，他说，“完全疯了，一点理由和线索都没有，你竟然做空，你自己都不清楚做空的理由？”

其实，J.L.是有做空理由的，这就是股市全面上涨的时候，这只股票却下跌。异常背后必有重要的真相！

“我确实不清楚做空的理由，不过我清楚**自己确实想要做空它。”**我继续说道，“我就是想要做空，这是一种稀松平常的想法。”于是，我又做空了 1000 股。

我的朋友担心我是否真的疯了，他抓住我的胳膊把我拽走：“嘿！我们快离开这里，免得你毫无节制地做空。”

我已经满足了自己直觉的要求，尽力去做空，还没有等到最后两笔 1000 股的成交回报拿到手，我就被他拉着离开

了。对我而言，即便有最充足的理由做空，做这样的头寸已经够大胆了。而事实上，没有任何的看空理由，而且整个市场都沉浸在多头氛围当中，没有任何一点看跌的征兆，也许我做得有点过头了。我清楚地记得，以前我有同样强烈的做空直觉时如果没有照办，**那么我必定后悔不迭。**

直觉是长期累积经验的升华，如果是没有成熟操作策略的交易者，特别是刚进入市场的操作者不要以你认为的直觉来操作，否则也会后悔不迭。

这些经历我曾经告诉过我的朋友，而他告诉我这并非什么玄乎其玄的东西，而是属于潜意识层面的东西，算得上是创造性思维在发挥作用。这种思维正是伟大艺术家们灵感的来源，虽然他们并没有意识到这些灵感从何而来。在我这里，直觉也许就是经验累积的结果，那些看起来零碎的经验经过长期累积之后开始显现出它们的力量。也许我朋友一味看多的极端心态引发了我的逆向思维，我之所以选择做空 Union Pacific，是因为这只股票**太受大众热捧了。**不过，我还是没有办法具体说清楚我的直觉到底从何而来。我唯一记得的是从 Harding Brothers 位于亚特兰大市的这家营业部走出来时，我对自己的做法毫不担忧，虽然我在上涨行情中做空了 3000 股的 Union Pacific。

大家都看涨该股，但是该股却逆市下跌，该涨不涨，后市必跌，这是一句很有名的股市谚语。

不过，我还是想知道最后 2000 股的实际成交价格究竟是多少，于是午饭后我们再度来到了这家分行，大势仍旧强势，而 Union Pacific 也涨得更高了一点，对此我并不沮丧，反而乐于看到这一幕。

“我看你这回倒霉了。”朋友说道。很明显，他觉得自己非常幸运和明智，没有跟着我这个莽汉一起做空。

次日，大盘继续上涨了一点，伴随着朋友幸灾乐祸的聒噪，此外没有任何大的变化。我还是对自己的空头头寸抱有信心，毕竟当我有这份信心的时候，不会失去耐心。情况开始朝着我预料的方向发展了，当日下午，Union Pacific 出现滞涨，接近收盘的时候转而下跌。它快速地跌到了我做空 3000 股的平均成本之下。这让我更加坚定立场，胜算更大了，既然感觉如此，那么我就应该加仓做空。**因此，在收市之前，我又加空了 2000 股。**

J.L.这个时候的仓位管理顺意性很强，虽然是顺势加仓，但是基本上毫无规则可言。准确来讲，他没有考虑到整体的风险控制规则。

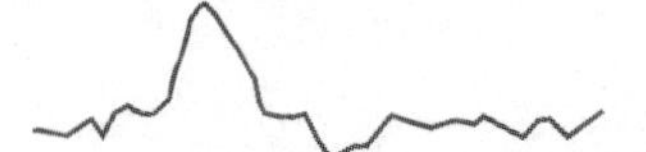

如此这般，我听从直觉和灵感，一共做空了5000股Union Pacific，这个量已经是我在这家经纪行的最大头寸额度了。进场的时候我还在度假，但是由于这笔交易的头寸实在是太大了，因此我不得不放弃休假，连夜赶回纽约去。市场到底要怎么走，我没有看到太多迹象，因此我最好还是到经纪行去现场盯盘，这样可以随机应变，避免意外情况和市况大幅波动，现场行动更加迅速。

又过了一天，我们听到了旧金山大地震的新闻，这是异常大的灾难。不过，开盘时仅仅下跌了几美元，多头力量仍旧非常强劲，大众总是缺乏独立思考的能力，对于新闻事件他们更多的是跟风采取行动。历史表明这种情况屡见不鲜。比如，如果行情处于牛市之中，那么无论新闻报道是否报道庄家操纵，利空新闻都无法像熊市一样产生相同的影响。**新闻能够产生什么样的影响要取决于大众的情绪状态。**旧金山大地震发生后，华尔街的人们并没有认真评估灾难的实际影响，因为大众的情绪还处在乐观之中，所以在收盘之前，股价又涨了回来。

我持有5000股空头头寸，大利空消息已经出来了，但是股价却纹丝不动。我自我感觉良好，但是账面上却没有浮动盈利，更不用说兑现利润了。和我一起去度假的那位朋友，也就是见证了我做空的那位仁兄正在替我担心，为自己叫好。

J.L.的这位朋友还没有搞清楚市场上涨下跌的机制。不是因为哪个方向持仓的人多，就往哪个方向走，而是要看哪个方向后续增仓的人多，行情才往哪个方向走。

他说道："那个直觉本身确实不错，朋友。不过，你说说看当大家的情绪和资金都集中到看多的一方时，你这样反其道行之有什么用呢？这些多头**肯定会胜利！**"

谁说J.L.不看基本面，这里让他坚定持仓的还是基本面的大变化。虽然进场的时候他只是根据价格的异常，但是这里让他坚定持仓的却是一则基本面新闻。

"给头寸和行情一点耐心吧！"我回答道。**我想要继续坚定持仓，因为这次大地震的损失必然很大，**而Union Pacific必然是损失最大的上市公司。不过，华尔街似乎对此并不在意，对此我十分恼火。

"再耐心一点，你的皮就会跟其他所有的熊皮一样摊在太阳下烤干了。"他信誓旦旦地说。

"换作你，你会怎么做？"我问他"Union Pacific等铁路公司都在此地震中遭受了几百万美元的损失，难道我就凭这个做多？当他们支付了所有的损失之后，哪里有钱给股东们支付红利？或许问题并不像我说的这么严重，但是仅仅因为不那么严重我们就应该做多这些铁路股票吗？回答我的问题。”

不过，朋友却说：“也许你是对的，听起来好像不错，但是我要提醒你的一点是市场并不同意你的观点，**而报价纸带也从不撒谎，是吧？”**

“报价纸带并不能立即**反映一切**。”我说。

“听我说，就在黑色星期五之前，有人跟**Jim Fisk**谈论黄金，并且举出了十大看跌黄金的理由。他这样说的时候，自己也被自己说动了，临别的时候他告诉Fisk自己打算做空几百万美元的黄金。Jim Fisk只是看着他，冷冷地说道：‘去吧！你去做空吧！之后让我参加你的葬礼吧！’”

“嗯”，我说，“如果那个人真的做空了，看看他究竟能够从中赚到多少钱！你也做空一些Union Pacific吧！”

“我才不会做空呢，那种逆风而行的事情我从不做！”

次日，更多有关灾后情况的消息开始传到华尔街，市场开始下跌了。不过，刚开始的跌势并不显著。我知道现在没有任何事情可以阻挡股价的下跌了，于是我加倍做空，再度做空了5000股。不过，这个时候市场上的人都认清了情况，我的经纪人也乐于为我增加空单，因为他们知道做空并不算鲁莽。此后，股市开始显著下跌，而我尽力抓住好机会带来的好运气，于是又增加了10000股的做空量，**这就是我现在唯一能够做的事情。**

我现在排除一切杂念，只坚信自己100%正确，机不可失时不再来，就看我如何把握这次机会了。我做空的头寸越来越大，这么重的仓位只要有一点反弹就会让我所有的利润消失，甚至还会殃及本金。我难道没有想过这些吗？我已经记不清楚是否想过这一点，不过即使考虑过这一点我也不会有太多的顾虑。我并不是完全鲁莽行事，事实上我还是比较认真的。大地震已经发生了，造成了重大的灾难和负面影响，

J.L.朋友的这番话与技术原教旨主义者的口头禅如出一辙，反倒是J.L.像极了那些被纯技术派诅咒的逆势操作者。技术原教旨主义者声称“价格包含吸收和反映一切信息”。但是，显然J.L.并不这么看。

J.L.说出了他的心声，那就是价格走势并不是万能钥匙。

Jim Fisk是一位著名的投机家，经常与Daniel Drew和Jay Gould一起联合操作。

就我个人对J.L.这次操作的分析，背后的原理应该是这样的。在大地震发生之前，Union Pacific的涨势已经到了尽头，理由有两点：第一点是大盘虽然上涨，但是该股却显弱势；第二点是绝大多数人看好该股，但是该股却不涨。在这两点前提下，J.L.只做空了3000股，此后大地震来临确实是促使该股形成下跌趋势的主要原因，这个时候J.L.才把仓位加到了很重。从这个过程来看，试探仓位是建立在对价格异常这个信息上的，属于技术面加心理面分析，此后的加仓则是建立在基本面分析基础上的。所以，大家应该明白一点，J.L.绝非简单地根据价格走势做趋势交易。

难不成还可以让它变成没有发生过吗？人们不可能一夜之间就将倒塌的房屋重新建立起来，修复建筑需要金钱和时间。地震之后的重建不可能快速完成，再多的钱也无济于事。

我并不是鲁莽的赌徒，也不是疯狂的死空头。我并没有因为有了账面的浮动盈利就变得飘飘然起来，更不会认为旧金山没了会导致整个国家都一蹶不振。相反，我的头脑十分清醒，我并不预期会出现全国性的恐慌，因此我在次日就将所有空头了结了，一共挣了 25 万美元，这是截至当时我赚的最大一笔钱。短短几天，我就挣了这么多钱。

最初几天华尔街并没有对地震做出应有的反应，或许他们认为关于地震的最初新闻报道表明情况并不令人担忧。不过，我却认为情况还没有及时被大众认识，因为证券市场对此并没有做出及时的反应，就连绝大多数的股票行家对此的反应都显得过于迟钝了，他们**也失去了前瞻性。**

股票市场并不是理性的完全有效市场，因此信息的吸收和传递存在一个过程，不同的交易者处在这个过程的不同阶段。

无论是从逻辑的角度还是玩笑的角度我都无法给出很好的解释，只能告诉你我做了些什么，为什么那样做，以及结果如何。我不太关心直觉是怎么回事，相反我更加关心如何赚到 25 万美元的事实。因为当机会来了的时候，我可以凭着这种经验建立更大的头寸从而赚到更多的钱。

那年夏天，我到了 Saratoga 温泉，本来我是去度假的，但我还是密切关注着市场的发展。因为我并不疲倦，因此愿意投入精力来关注市场动向。再者，我在那里认识的每一个人都对市场感兴趣。所以，我和他们顺理成章地会聊到股市，不过我发现谈论股市和实际操作之间存在很大的区别。某些人说话的语气就好像是胆大犯上的员工对待流浪狗一样训斥**自己的老板。**

J.L.心里觉得自己也是一个股市大咖了，所以面对别人的高谈阔论和指点自然非常不舒服。文人相轻，投机界何尝不是如此。只能说尽量克服吧！

Harding Brothers 在 Saratoga 也有一家分行，那里也有不少客户。我想他们开这家分行的目的是为了更好地宣传自己，因为在旅游胜地开分行算是上档次的广告。我经常到这家分行去，和其他客户坐在一起。这家分行的经理是从纽约总行派来的，人非常和善，来这里的目的一方面是为了帮助各类老客户，另一方面则是尽可能地开发新客户。这个分行充斥着各种消息，包括赛马、股市的小道消息。经理知道我这个人不热衷于打探消息，所以从来不会在我耳朵边低声说什么小道消息，他往往只是将电报递给我，让我自己看着办。

不过，我一直在观察市场动向。阅读报价板上的东西是我的例行程序。我发现 Union Pacific 似乎有上涨的迹象，好像有人在高位吸纳筹码。我接连观察了好几个交易日，但是没有进行任何交易。**随着观察的深入，我更加确信有人在吸筹，这个人不是一般的散户，他资金雄厚，而且操盘技术老练，吸筹手法炉火纯青。**

J.L.通过盘口变化解读主力动作的能力也是长期培养出来的。他怎么看盘口的，没有具体说，不过，大笔成交应该是比较关键的信息。

我发现这一点信息之后，便开始在 160 美元附近做多。该股继续上涨，我便加仓做多，每次加仓 500 股。我持仓越多，这只股票越强，但是却没有直线拉升，稳健的走势让我感到放心。现在没有什么理由能够阻止该股的上涨了，我实在找不出什么理由，这是基于**我对报价的分析，上涨理由相当充分。**

这次对 Union Pacific 的操作主要还是从跟庄的角度展开的。

突然，这家经纪行的经理找到了我，他说收到一封来自纽约的电报，询问我现在是否在营业大厅里面。他们与纽约总部之间架设了电报专线。当工作人员向对方回复“在”之后，对方又马上发了第二封电报：“留住他，告诉他 Harding 先生要和他通电话。”

我回答说我等着他，接着又做多了 500 股 Union Pacific。我猜不出 Harding 想对我说什么，应该和生意没有关系，毕竟我的保证金充足得很。不久之后，经理便找到我，**告诉我 Harding 先生要和我通电话。**

“嗨！Harding!”我礼貌性地主动打了招呼。

“你到底在做什么？你疯了吗?”他的开头有点让我意外。

“你疯了吧?”我有点不高兴。

“你在做什么?”

“你具体是指什么？我不明白你的意思。”

“你买那么多股票做什么?”

这位 Harding 先生到底出于什么目的来通知 J.L.很难定论。为什么 J.L.此前疯狂做空的时候，他袖手旁观，而现在 J.L.做多的疯狂程度不及以往他却极力阻止，而且盘口和此后的消息与他的主张都是截然相反的。这个市场当中，每个与你交流的人都有他自己的目的，或者是为了炫耀，或者是为了讨好，或者是为了欺骗，当他们带着各种目的来和你交流的时候，你难免会受到他们的影响。容易影响我们交流的往往是那些有结论没有推理的信息。

“怎么回事，难道我的保证金不够吗？”

“不关保证金的事情，你做多这只股票简直就是上套！”

“你到底指的是什么？”

“你买了那么多的 Union Pacific 究竟是为什么？”

“因为它在上涨啊！”

“上涨？鬼才相信，你知道有些内幕人士正在把筹码抛给你吗？你现在被他们盯上了。与其这样你还不如把钱输在赛马上，这不是明摆着让他们占你便宜吗？”

“我不是傻瓜，没有人能够坑我。”我回答道，“我从没有对任何人提起过自己的操作，我向来守口如瓶，防意如城。”

显然，Harding 并没有就此打住，他想要进一步说服我：“你现在被这只股票给糊弄住了，别期望它每次都能天遂人愿。亡羊补牢，犹未晚也，你赶快停手吧！”他越说越来劲，“在这个点位去做多这只股票。造孽啊！你不知道那些老奸巨猾的混球们正在把大量的筹码倒给你吗？”

“但是，盘口显示有大资金在买啊！”我提出了自己的证据。

“Larry，看到你的单子递过来的时候，我心脏病都快犯了。看在上帝的份上，别往枪口上撞！快点平仓吧！马上！这只股票随时可能暴跌，我能说能做的就是这么多了，剩下的看你了。”说完，他挂掉了电话。

Harding 是一位非常有头脑的人，他的消息来源非常广，算得上是灵通人士，而且也是一位值得信赖的朋友，他与客户没有任何利益冲突，愿意坦诚相助。而且他所处的位置恰好能够很好地接触到各类信息。而我做多 Union Pacific 的原因是根据我自己多年来研究和分析股票积累的经验，我对一些重复出现的模式有着清晰的认识。多年来的经验告诉我一旦出现某些特征，则股价上涨的可能性就会很大。尽管我的经验告诉我纸带报价表明有主力在吸筹，不过这可能是内幕人士故意做出来给人看的，**是引诱人上当的把戏**。我这种想法来自于 Harding 的好心，因为他极力保护我免遭损失，他不能眼睁睁看着我往火坑里面跳。他的才智和动机都无可争辩，

一些明显的证据或者信号出现时，我们可能因为带着偏见去解读而将问题想得过于复杂。阴谋论认为世界被一小撮人像机器一样精密地控制着，而主力论也有类似的观点。其实，这个世界当中任何团体之内都不是铁板一块，利益纷争存在于任何两个人或者团体之间，因此很难采取一致的行动，加上社会运作纷繁复杂，因此很难被精确地算计和干预。J.L.将明显的信号看成是主力故意制造出的陷阱，其实也是中了这种思想的流毒。既然这些信号直到最近都有效，而市场大众并未广泛认识到这一点，这就表明主力没有必要采用一个小众的信号去诱骗大众。主力是存在，但是主力对形势的操控能力被高估了。不顾背景和形势来操控个股的主力基本没有好下场。

或许这些就是我听从他意见的原因吧！不过我对此并不十分清楚，我并不清楚自己究竟为什么这样做，当然也没法告诉你，不过结果就是我听信了他的话。

我了结了所有 Union Pacific 的多头头寸。我心里盘算着如果做多不对的话，那么做空应该是顺理成章的明智操作了。所以，当我了结所有多头头寸之后，我又在 Union Pacific 上建立了 4000 股的空头头寸，大部空头头寸的成交价格在 162 美元附近。

次日，Union Pacific 的董事会宣布派发 10%的红利，刚开始大家对此并不在意，因为红利实在是太过丰厚了，好像是主力为了出货刻意制造出来的利好消息。几乎所有的报纸都在猛烈地抨击公司的这项政策，虽然明面上华尔街对此显得犹豫不决，不过股价却开始启动了。Union Pacific 成了市场的领涨股，以巨大的成交量创出历史新高。某些恰逢其时的场内交易者在一个小时之内就大发了一笔横财，我想起来有一位生性迟钝的场内交易者竟然在这一次飙升当中糊涂地赚了 35 万美元。第二个星期，他卖掉了自己的交易所会员席位，过了一个月他购置了土地，成了一位富有的乡绅土豪。

对我而言，派发 10%红利的消息一出，我就知道倒霉了，这就是盲从他人意见的下场。我违背自己长期积累下来的操作经验，听信小道消息，将自己的明确判断弃之不顾，而盲目听从了一位朋友的疑虑，而这样做的原因在很大程度上是因为他没有直接的利害关系，而且是一个聪明人。当我看到 Union Pacific **创出新高之后，我就明白不能继续做空了。**

J.L.的关键点位理论有一部分就是建立在前高和前低的基础上的。

我的全部财富都作为保证金存放在 Harding Brothers 经纪行，我对此非常清楚。但是这一事实并不能影响我的买卖决策和操盘心态。本来我对自己的经验和策略非常有信心，然而却让 Harding 先生给动摇了。不过，怨天尤人毫无意义，时间不能浪费到这些事情上面。想到这里，我马上了结了所有空头头寸，当我按照市价平掉空头头寸的时候，报价在 165 美元附近。如果按照这个价格来计算盈亏，则每股我亏损了 3

美元。不过，经纪人替我平仓的部分头寸成交价格达到了 172 美元到 174 美元，拿到对账单后，我才发现这点。Harding 先生的苦心让我亏掉了 4 万美元，我这个没有勇气坚定自己信念的人为此付出了高昂的代价，这一笔学费交得太高了。

报价纸带显示的盘口信息表明该股会进一步走高，我不能纠缠于过去的成败得失，这是一轮大行情，不能根据此前的走势来看待它。现在，我必须抓住它，做自己应该做的，于是我在了结了 4000 股空头头寸之后，马上开立了多头头寸，做多 4000 股，持仓过夜。次日早盘我就获利了结，不仅将亏损的 4 万美元捞了回来，额外还净赚了 1.5 万美元。要不是 Harding 的好意干预，现在我早已大赚一笔。不过，这是好事，一次价值不菲的市场教育，也是这一堂课让我明白了交易的本质。

当然并不是说我从中明白了不应该倾听别人提供的消息，而是说应该有自己的主见和独立思考的能力。经此一役，我更加坚信自己，并且终于能够在交易之路上开创新天地。**这次在 Saratoga 的交易经历是我最后一次主观临盘交易，此后我开始努力研究整体市况，而非根据单一股票的盘口表现去频繁买卖。**在残酷的市场搏杀之中，我获得了一次晋升，不过却耗费了大量的时间和精力，还有金钱，其中曲折坎坷之处难以尽表。

J.L.的交易风格从日内交易转变到隔夜交易，然后再变成趋势交易。在对赌经纪行基本上他都是在做日内交易，而在 Saratoga 他做的是隔夜交易，这是一大飞跃。

大盘和时机：趋势下的试探后加仓

大势是看涨还是看跌，在这一点上我会明确向别人给出自己的意见。不过，在具体个股的买卖上我不会给出任何建议。毕竟，在熊市当中，几乎所有的股票都在下跌，而在牛市中，几乎所有的股票都在上涨。当然，如果是战争导致的熊市，那么军火板块的个股肯定是逆市走高的。我会从整体的角度来探讨行情的涨跌，不过绝大多数人对于牛市还是熊市并不感兴趣，对于他们而言最为重要的事项是选择哪只股票做多或者做空，他们热衷于从别人那里得到明确的买卖建议，说白了就是想赚轻松钱。**他们懒得自己开动脑筋，自力更生，他们一心想着弯下腰就能从地上捡到钱，甚至连数钱他们都会觉得过于麻烦。**

缺乏独立思考的意愿，放弃选择的自由，逃避责任，这是人类进化出来的本能。在物质匮乏的人类早期，尽量减少能量和精力的使用，是为了更好地生存下来。

我肯定不会这么懒惰。以前的我认为研究个股比研判大盘和大势更加容易，所以都是从琢磨个股的波动着手研究的，那个时候对于大盘和大势并未在意。但是现在**我明白了，如果忽略了大势和大盘，那么投机事业的前景是黯淡的，因此我要改掉以前的习惯。**

大势和大盘是J.L.提升交易境界的一个重要手段。如何研究大势和大盘，关于这点J.L.谈得并不系统和全面，毕竟这是一本回忆录，并不是研究和操作指南。我们的《股票短线交易的24堂精品课》一书的前十课都在围绕如何具体甄别大势和大盘来展开，其中第二课“流动性分析：人民币的近端供给和美元的远端供给”对于大势和大盘分析更为看重，我们特将该课作为附录放在本书后面，以供大家参考。内举不避亲，建议大家可以全面阅读“24堂”这本书。为了方便读者阅读，我们特将第二课作为对比时的研习材料放在附录。对比J.L.时代的美股大势与现代A股大势在研判上的异同之处，也能更加深刻和全面地理解J.L.的“道”与A股操作的“术”。任何理论都是普遍性原理，而实践却有特殊的一面，因此必须一切从实际出发。

想要把握股票买卖的重要之处并不容易，我经常强调要在处于牛市的大势下买入，这是最轻松的介入方法。但是请大家注意一点，不要贪图股价低廉，也不要想着在最高点位处卖出或者做空，而是要**选择恰当的时机介入。**当我做空某只股票的时候，每次加空的点位都必须较前一次更低。当我

大势和时机是J.L.的两个要素，大势与大盘相关，时机与关键点位相关。

仓位管理上，J.L.有两个要求：顺势加仓，这是第一个要求；第二个要求则是分仓和分批进出。第二个要求是第一个要求的自然延伸。

做多的时候，则要求每次加多的点位都必须较前一次更高。**我必须在价格逐步上涨的过程中加仓做多，在价格逐步下跌的过程中加仓做空**。而我绝不会在价格下跌的过程中去逢低加码做多，也不会**在价格上涨的过程中去逢高加码做空**。

我举一个例子让大家更易理解。假设我准备做多某只股票，在 110 美元这个价位我买了 2000 股。在我买进这 2000 股之后，如果股价继续上涨，那就表明我的观点是正确的，因为股价现在确实已经涨了 1 美元了，账面上已经有了浮动盈利了。头寸的盈利表明我的判断是正确的，所以我应该加码买进做多，于是我加仓了 2000 股多头头寸。倘若此后股市继续上涨，那么我就应该继续加码买入第三个 2000 股。倘若现在股价已经涨到了 114 美元的点位，而我认为现在持有的头寸已经足够了，那么我会选择暂时观望。这个时候我已经持有了 6000 股的多头头寸，平均持仓成本在 111.75 美元，这就是我的基础头寸，后续的操作就要建立在这一头寸规模之上。在上涨的过程中会出现回调，我通过观察市场回调过程中的具体表现来决定如何操作。也许股价会回调到我最后一笔 2000 股进场的点位。假定股价回调到 112.25 美元之后企稳恢复上涨，那么在股价涨到 113.75 美元的时候，我立即加码 4000 股。如果这 4000 股都非常容易地在 113.75 美元全部成交，那么我会觉得趋势走弱了，这个时候我会卖出 1000 股来测试盘面的承接能力。不过，如果这 4000 股有 2000 股在 114 美元成交，有 500 股在 114.5 美元成交，剩下的实际成交价格越来越高，最后 500 股甚至以 115.5 美元成交，这样的成交情况表明个股强势依旧，我做多的操作是正确的。简而言之，通过这 4000 股的成交状况我能知道买入的时机是否正确。不过，上述操作有一个前提，那就是我已经**对大盘和大势进行了全面而彻底的分析，得到的结论是股市整体处于上涨趋势之中**。那些绝对价格较低的个股或者是成交容易的个股并不能引起我的兴趣。

J.L.早期操作的时候是动量交易，对于大盘并不在乎。转型之后他做的是趋势交易为主，而个股的趋势整体上受到了大盘趋势的影响，因此他买卖个股的一个重要前提是大盘趋势是否与个股一致。在 J.L.晚年写作的股票操作小册子当中，他强调了大盘和个股之外的第三个维度，这就是板块。

讲到这里，我想起一则有关 S.V.White 的佚事，他是华尔

街历史上最伟大的操盘手之一，他举止优雅，人情练达，头脑精明，行事果断。据我所知，他在自己的时代曾经光芒四射，建树卓越。

曾经，糖业股是市场上最耀眼的明星股，很多大行情出自于这只股票。H.O. Havemeyer 是这家公司的董事长，他的权力如日中天，是行业巨擘，同辈难以望其项背。我从投机界的老前辈那里获悉一些有关他的只言片语，从中可以推断出他和其盟友在股市上做局，利用手中的巨额现金巧妙地操控市场，一时无人能及。他在自己股票上设局，使得大量的中小投机者亏损，上当人数超过任何一次内幕操纵。一般情况下，场内交易者更可能打乱内幕操作者的计划，而不是助纣为虐。

某日，一位与 White 相识的男子匆忙走进经纪行营业厅，他满脸兴奋地找到这位大佬："老大，你让我一听到有价值的内幕消息就要及时向你报告。而你许诺，如果采纳我的内幕消息，那么你就会为我买进几百股。"这位男子一边喘气，一边等着 White 点头。

White 若有所思地打量着跟前的男子，接着说道："我不知道是否曾经这样明确地许诺过你，不过如果你的消息能够发挥作用，我愿意为此付钱。"

"太好了，我现在就把消息告诉你。"

"噢，说吧！"White 说话文雅，而这个男子则显得非常高兴，满怀希望地等待打赏。他走得更近一些，生怕旁人听到，对 White 耳语道："是的，老大，H.O.Havemeyer 正在买入糖业股做多。"

"真的吗？"White 平静地问了一句。

这一问让这个通风报信的男子有点不乐意了，因此他加强了自己的语气："是的，先生，他在大力买入！"

"老弟，你确定他在买？"White 故意追问了一句。

"老大，据我所知这是千真万确的，他们那帮人正在四面出击，买进每一只能够买进的糖业股票。我觉得他们的行动肯定跟关税政策有关，他们现在大肆买入普通股，在这上面他们要赚到大钱的，普通股将超越优先股，这意味着稳赚至少 30 美元。

"你真的这样认为？"White 略微低头，通过老式银边镜片的上沿看着男子。平时他总是戴着这副眼镜来看报价纸带。

"我真的这样认为？不，这不是我头脑中的想法，这是事实，我知道这件事实而已，肯定没有问题！嘿，老大，你要知道 H.O.Havemeyer 那帮人正在联手买进糖业股，他们现在正在这样做，这里面肯定有文章，40 美元的盈利空间肯定是有的，他们怎么可能就此打住。股价涨势如箭在弦，不得不发，可能已经等不及他们完全建立好仓位

White善于利用各种窗口观察大众的情绪，这位提供所谓内幕消息的男子就属于大众的典型代表，通过询问这位男子的预期和想法，再结合他在整个信息生态圈里面的位置就可以推断出其提供信息所具有的真正价值。逆向思维针对的就是绝大多数人的想法，也就是位于生态金字塔底层的大多数玩家的想法。当然，White在再三确认了此人的消息不属于二道贩子类型之后，不再刻意站在其对立面，而是采用试盘的方法来检验是不是有主力在大力做多。

就会飙升了，对此我毫不怀疑。现在市场上的浮动筹码已经越来越少了。”

“他正在做多糖业股？”White继续一副漫不经心的样子。

“做多糖业股？当然，他在大力做多，忙得交易单都填写不及了！”

“真的如此？”White简单回了一句。

这下子可急坏了这个男子，他强调道：“这绝对是第一手的内幕信息，先生，肯定准确！”

“真的吗？”

“真的，这条消息应该值笔钱，先生到底采纳与否？”

“采纳，我要用。”

“什么时候呢？”这个男子现在有点摸不准White的心思了。

“立刻！”White喊了一声，“Frank!”这是他那位聪明的经纪人的名字，此刻他正在隔壁的办公室里面。

“先生，有什么吩咐？”

“我要你马上去一趟交易所，做空1万股糖业股！”

“做空？”那位提供消息的男子惊呼一声，这一声显得有些痛苦，以至于急忙离开的Frank忍不住停下脚步回头看了下到底怎么回事。

“噢，是的！”White和颜悦色地回答道。

“但是我告诉你的是H.O.Havemeyer在做多呢！”

“我知道这是你的消息，我的朋友。”White平心静气地回答道，同时催促经纪人赶快去下单。

经纪人火速去执行交易，而这个提供内幕消息的男子却气得满脸通红。

“我来到你这里，专程为你带来最具价值的消息。我一直将你当作我的朋友，而且认为你做事妥当公平。我期望这则消息能够为你带来利润，而你……”这个男子越说越上火。

“我正在根据你的消息采取行动。”White打断了这个男子的讲话。

“可我明明告诉你 H.O.Havemeyer 他们在做多啊！”

“没错，我听到了你这样说！”

“做多！做多！我说的是做多！”这个男子有点歇斯底里了。

“是的，做多！我确实听到你这样说了。”White 这样说的时候正站在纸带报价机旁边，两眼盯着报价。

“但是，你是在做空啊！”

“是的，我是做空了 1 万股！”White 点了点头，“当然是做空了。”他中止了谈话，专注地盯着报价纸带，而男子也走过来看个究竟，他想搞清楚老头儿到底在看什么，他明白这位老人足智多谋。就在男子想要透过老头的肩膀搞清楚到底是怎么回事的时候，一位雇员走进了办公室，手里拿着一张交易回单，这是 Frank 下单后的成交回报。White 没有多看一眼，因为他已经从报价纸带上面看出了端倪。

这时候，White 让那位雇员再度做空 1 万股糖业股。

“老大，我向你保证，他们那帮人真的是在做多这只股票！”

“是 Havemeyer 亲口告诉你的吗？”老头儿轻声问道。

“当然不是，他向来不会跟别人讲任何关于交易的信息，要知道他对最好的朋友尚且如此，何况其他人。不过，我知道这件事情却是铁板钉钉。”

“不要激动，我的朋友。”老头儿举起一只手示意安静，他正认真地观察报价纸带。

“我早就知道你会按照与我所说的反向操作，这不是浪费我们的时间吗？等你拿着那一堆亏损头寸的时候，我怎么可能开心，真为你感到遗憾。我想要到其他地方去按照自己的信息操作，希望你不介意！”

“我正在按照你的信息行动，我的朋友。我认为自己对市场的掌握还算有些功底，虽然赶不上你和你的老友 Havemeyer，不过我还是知道一点诀窍。我现在做的正是多年市场经验告诉我的。按照你给的消息，我现在这样做是合理的。随便哪一个在华尔街身经百战的人都会像我这样操作，保持冷静，我的朋友！”

这个男子听了老头儿这些话，两眼直愣愣地看着，当然他对老头儿的市场智慧和勇气一直敬佩有加。

一会儿，那位雇员又回到了办公室，递给老头儿一张成交回报。White 看了单子，又吩咐道：“现在做多 3 万股糖业股！3 万股！”

雇员快速离开，而男子则自言自语地看着眼前的市场老滑头。

“我的朋友，当你信誓旦旦地讲述内幕消息时，我并不怀疑你讲的也许是真相，不过，即使是 H.O.Havemeyer 亲口告诉我，我也会按照自己的经验去这样检验。因为只有

通过这个唯一的办法才能够搞清楚到底有没有主力在做多这只股票，这个方法就是像我刚才操作的那样。第一笔1万股空单进去了，很快就成交了，第二笔空单进去了，也很快就成交了，而且没有被大笔空单吓住，继续上涨。两万股空单很容易就被市场消化了，这表明确实有人在大力做多该股，至于究竟是谁在做多，这个并不重要。因此，我了结空头头寸，反手做多了1万股。只有经过了上述检验，我才能确信你的信息是真正有价值的！“

“有价值到什么程度?”男子追问道。

“给你500股，按照1万股的平均成交价计算成本价，再见，我的朋友，下次冷静一些!”

“哎，老大”，男子有点尴尬，“当你了结多头头寸的时候，能否将我的头寸也一块了结掉？我明白，自己那点水平还是非常有限的。”

佚事讲完了，这就是为什么我从来不愿意在股价下跌的时候做多的原因了。我在做多的时候，会选择适合的成交情况，按照有利于我做多方向的原则。而在做空的时候，除非有人想要做多，否则怎么可能做空呢？

在J.L.看来，不搞清楚大盘趋势就操作个股是非常危险的。在A股市场当中，超级强势的题材个股可能显得特立独行，不过这是少数情况。交易讲求概率，大盘涉及最大的概率。

倘若操作的资金非常庞大，那么就必须铭记我说的原则。**交易者首先要研究清楚整体市况，然后再谨慎地制定交易计划，最后严格执行计划。**交易者动用了非常大的头寸，这些头寸带来了非常丰厚的账面盈利。持有这么大的头寸，交易者不可能轻易地了结，你要知道市场成交5万股要比100股难度大很多。他必须耐心地等待，等待市场上有足够多的对手盘来吸纳自己的单子。机不可失时不再来，交易者必须随时做好准备，等待时机的到来。**了结的时机是他能够了结的时候，而不是他想了结的时候。**为了把握住恰当的时刻，他必须仔细观察，耐心等待。识别出市场有足够的对手盘，这并不算太难。不过，**在采取行动的时候，不要一上来就满仓操作，因为你需要试探，等待市场条件符合你的预期。**你要铭记一点：交易者永远不会因为价格太高而不能做多，也不

会因为价格太低而不能做空，不过**除非第一笔交易处于盈利状态，否则你不能加码**。耐心观察进而选择正确的时机，这个过程能够让你的纸带阅读能力发挥作用。良好的进场意味着交易成功了一半，交易成败在一定程度上取决于你对时机的识别和把握能力。我经过了多年的市场实践才意识到这一点的重要性，其间付出了数万美元的代价。

当然，你不要陷入另外一个误区，我并不是让你在加码的时候只采用金字塔加码这一种手法。虽然通过金字塔加码，你可以挣到丰厚无比的利润，而不加码就很难获利丰厚。不过，我这里需要强调的一点是：即使一个交易者最大的头寸规模只能达到 500 股，那么他仍旧不能够一次就建立起这么大的头寸规模，这就是投机生意的要求。除非他只是想要玩一下赌博游戏，看看自己运气如何而已。但如果他想做好投机，那么**就不要一来就满仓操作。**

试探后加仓策略，这是 J.L.转型做趋势交易后的主要原则。分仓分批操作是 J.L.仓位管理上的一个重要原则。

如果交易者第一笔做多了 100 股，而浮动亏损出现了，这个时候就不能加码了，他应该立马觉察到自己的操作存在问题，至少现在看来是错误的操作。

错误的时机与正确的时机：关键点位与催化剂

1906 年夏天，在 Saratoga 操作 Union Pacific 的经历让我对所谓的小道消息保持戒心，也就是说，别人的种种想法和猜测，以及内幕信息，无论这个人是多么好的朋友，还是多么牛的大腕，我都需要保持免疫能力。我的操作业绩和经历已经表明我能够比绝大多数人更好地解读行情的发展，**这并非盲目的自负**。而且我的资金状况比 Harding Brothers 经纪行的其他客户更好，这也源于我可以避免受到各种偏见的影响。做空和做多对我而言是没有任何高下之分的，选择何者完全取决于何者站在正确的一方。

后面 J.L.会强调研究和分析基本市况的重要性，其中还涉及一些基本面的东西，而这些东西与小道消息或者内幕消息的区别在于是否属于有足够论据支撑的论点。小道消息和内幕消息基本上都只有一个结论，那就是某某人或者某某集团怎么做了，这属于对手盘范畴的信息。而基本面信息则关系到背景和格局，而且往往在论点提出的同时也会提供论据。最好的基本面分析往往是论点、论据和论证三者明晰的材料。

从小我就善于独立观察、提出问题和独立思考，善于自己总结。只有经过这一过程，才能够领悟到事物的本质。如果是通过别人的间接经验去认识事物的本质，我反而无法做到。所谓的事实必须是我自己领悟的才叫事实。你懂我说的了吗？要是我坚信什么事实，那么你可以肯定一点的是那是因为我自己领悟到了这一切，这必然让我不得不坚信它。比如，我做多股票那是因为我对市况的充分研究使得我不得不做多它。但是，相比之下，你看一下绝大多数人——他们是怎么回事呢？他们之所以看多，表面似乎是因为他们头脑聪明，其实是因为他们已经持有了这只**股票的多头头寸**。我绝不让持有的头寸影响自己的思考和决策，我反复强调一点，那就是不要与价格走势做徒劳的争论，争论意味着仓位影响

屁股决定脑袋，立场决定判断，仓位决定分析，这就是人类社会的真实现状。所谓中立客观是可望而不可即的理想境界，我们所能做的无非就是尽量中立客观而已。

我们的思维。如果市场的发展与你的头寸相反，出乎你的意料，让你觉得不可理喻，你就怨天尤人，这就好比得了肺炎便对肺生气一样。

J.L.所说的这段话应该算得上是整本回忆录当中最为重要的两三句话之一，大家应该反复玩味其中的含义。怎么样落实到具体的实践中？这个是需要反复思考的问题。大行情不是由什么决定的？这个问题J.L.讲清楚了，他说了对手盘决定不了大行情。那么，大行情是由什么决定的呢？J.L.只用了基本市况几个字一笔带过。大势和大盘究竟是由什么决定的？流动性、经济周期、风险情绪、公司整体业绩……很多答案。如何系统分析它们呢？这些功课需要大家自己去落实。J.L.从自己的经验出发给出了方向，而我们则需要沿着这个方向自己努力前行。

我对市场和投机本质的认识经历是一个逐步深入的过程，除了阅读行情报价纸带的技巧之外，市场和投机的本质还有更加深厚的内涵。**老头儿 Partridge 认为在牛市大背景下应该坚持看多，这一观点非常重要，对我影响至深。正是他的这番话让我毫不犹豫地专注于投机最重要的工作——确定当前市场的大势。自然而然地我开始意识到，大的利润必然来自于大的行情。不管导致行情启动的催化剂是什么，大行情的延续必然是由基本条件主导的，而绝不是因为主力操纵或者是因为金融家们的阴谋。谁也不能阻挡大行情的发展，大行情必然按照其驱动因素决定的幅度、速率和持续时间来运行。**

Saratoga 的经历让我开始变得更加成熟，对市场的认识更加深刻。既然整个股市的运动呈现同向的大趋势，那么我过去那种只见树木、不见森林的做法就不合实际了。相反，如果交易者从大盘和大势出发，那么在实际操作的时候风险和限制反而下降了，他可以做多或者做空股票池当中的所有股票。相反，如果这位交易者局限于单只股票的操作，当他做空的仓位已经占了单只股票整个股本的相当大比率，那么就会遭遇逼空的危险。但是，如果他操作的是某一板块的股票群，即使做空了 100 万股，逼空风险也大幅下降了。以前，做空交易者要警惕市场操纵和逼空，而内幕交易者们利用做空者的紧张心理，每隔一段时间就从他们身上捞一笔横财。

牛市做多，熊市做空，这属于行的层面。那么知的层面呢？如何预判牛市和熊市呢？

显而易见的是**交易者应该做的一切就是在牛市时看多做多，在熊市时看空做空**。这听来似乎有一点傻瓜，难道不是吗？不过，只有恪守这条基本原则之后，我学会了如何去操作，才明白这样的操作符合了市场运动的大概率方向。要知道，我经历了漫长的过程才学会这一原则，并且按照这一原则去交易。尽管如此，我仍旧需要客观地说一句，直到现在为止我也缺乏足够的资本以便完全按照这一原则进行操作。

因为日常生活开支要求我持续从市场中赚取利润，而这影响了我积累足够本金的努力。只有有了足够多的资本才能够采用挣大钱的长线策略，不过这样的策略见效慢，短期内的时间成本高，**和小幅波动中的炒单操作相比，难以满足短期内的日常支出需要。**

日常开支的支出流是固定的，而大势操作策略的收入是不固定的，这样就存在一个收入流和支出流的期限错配问题。很多交易者之所以难以采用捕捉大机会的策略，关键一点在于这类策略带来的收入流并不稳定和持续，对于需要应付日常生活开支的一般交易者而言，不太符合实际。除非家境不错或者运气不错，能够在交易开始的早期阶段有一笔可供日常开支的充裕资金，那么就可以一来就按照这套大势操作法去实践。开支有两种，即固定的和不固定的，固定的开支与日常生活相关，不固定的开支与耐用品消费和奢侈消费相关。对应于固定开支的收入流要求是固定的，比如工资、日内炒单收入、房租、存款等，对应不固定开支的收入流则可以是风险投资、二级市场投资、趋势交易等。记住，要成为一个以交易为生的专业人士，你必须想办法让收入流与支出流的期限相符，性质相符、否则想要用非固定收入满足固定支出，那就会干扰交易本身的正常展开。

尽管没能完全按照这一原则去操作，现在我对自己的操作却越来越有信心了，经纪行也对我另眼相看，因为我不再是偶尔撞大运的小赌客了。他们曾经从我身上挣到了丰厚的佣金和手续费，而现在我则很有前途成为他们的模范客户，而这样对于招引新客户很有价值，这远胜过交易量带来的手续费收入。毕竟，真正能从市场中挣到钱的客户对于任何经纪行而言都是非常有价值的。

当我将注意力从局部的报价纸带转移到市场整体表现时，我便不再执迷于追逐股票的日内波动了。从这以后，我对市场的看法焕然一新。当我的注意力不再追逐一个接着一个的报价时，当我开始回归到这一基本原则时，我便**从追逐小波动变为关注市场大势。**

多年以来我一直坚持研读每日财经新闻，所有的交易者都有这个习惯。不过，这些信息的内容基本上都属于细枝末节，有些内容甚至存在误导性，还有一些则属于记者的一孔之见。当然，也有质量更高、业界声誉较高的每周评论，即便如此，它们对市场基本状况和大势的介绍也难以完全满足我的要求。一般而言，财经记者和编辑看待问题的视角与我存在不少差别。对财经事件分析并且做出结论，对于他们而言并不是什么生死攸关的事情，而对于我这个交易者而言却事关资金曲线的起落。另外，他们并不考虑时效性，这就是我们之间的巨大区别。就我而言，**解释上一周发生的事情，不如预判未来几周形势更有意义。**

谁说J.L.是纯粹的趋势跟踪交易者，他也非常注重基本面。同时他对基本面分析提出了更高的质量要求：第一，要关注重要因素和大势，而不是纠结于细枝末节的东西，相对于每日评论而言，周论更加注重整体；第二，分析要注重前瞻性，而不是简单地给过去发生的事情找理由，回顾过去是为了更好地预测和把握未来，如果不是出于这个目的，那么就没有必要回顾过去。

同样，数年来我受到年轻缺乏经验和资本等不利因素的影响。不过，现在我终于豁然开朗了。我对市场的理解今非昔比，在纽约挣大钱的努力屡屡受挫的原因我也搞清楚了。

日内交易时机非常重要，转向趋势交易的最开始阶段可能因为注重趋势而忽略时机和点位。

J.L.非常注重宏观经济，特别是流动性对金融市场大趋势的影响。

现在，我有了足够的本金以及经验和信心。不过，现在我的问题是太过于心急了，因为我太想要赶快利用自己的发现挣到大钱以至于忽略了**时机选择**。这样的错误对于一个急于成功人而言非常正常，因此我不得不继续向市场教育支付学费，但是每次失败都能帮助我取得一次进步。

当时在我仔细研究了 1906 年的宏观形势之后，**我认为信贷和流动性前景不佳。**全球许多财富已经蒸发了，每个人早晚都会感受到谋生艰难，因此很难相互伸出援手。谋生艰难并不是指用价值 1 万美元的房子打折后与价值 8000 美元的一车皮赛马交换，而是指房子和赛马都损失掉了。全球经济不佳是因为布尔战争（Boer War）消化和毁灭了大量的财富，而我们的税收收入被支付给南非数百万士兵，而他们并不是创造财富的生产者，正如历史上类似事件一样，这对于英国的投资者并无益处。另外，旧金山的大地震和火灾，以及其他灾害也极大地影响了各行各业、各个阶层的财富状况。铁路系统也受到灾害的冲击，受损严重。因此，我认为没有什么能够阻止股市的下跌，大势向下。既然大势如此，那么只有一个方向可以选择，那就是做空股票！

此前我曾经讲过，我发现一旦决定要朝着某个方向交易，并且试探性地建立了初始头寸之后，浮动盈利很快就会出现。不过，这一次我决定重仓出击，全部压上。我坚信现在正在进入大熊市中，因此我应该从中挣到职业生涯开始以来最大的一笔利润。

市场先是下跌，然后反弹，接着开始稳健上涨，我的浮动盈利消失了，账面的浮动亏损越来越大。某个交易日，市场的涨势让我对做空感到犹豫和胆怯，于是我了结了空头头寸。不幸中的万幸，如果没有及时平仓，那么后果更加不堪，剩下的钱可能还买不了一张明信片。我的本金遭受重大损失，但是有生力量还在，而这意味着我还可以东山再起。

显然，我犯了错误。那么到底错在哪里呢？在熊市当中看空做空，这无疑是正确的。我做空个股这并没有错误，不过我太过于鲁莽和急躁了，因此饱尝苦果。建立头寸的方向是正确的，但是具体操作却存在问题，值得商榷。整体而言，越是往后，则市场距离持续大跌的日子就更近一天。因此，我耐心等待，等待出现滞涨。虽然我的资本下降了，但还是尽最大规模去做空。我反复做空，市场反复上涨，于是我反复平仓，在这样的拉锯之后，**我被市场坑掉了一大块肉，这真让人难受啊！**

我提出了“势、位、态”三要素理论，势是第一位的，但是光看势还不行，还需要知道位和态，而后面两者则涉及时机选择。三要素理论可以帮助理解J.L.的成长历程和操作思路，属于我的个人操作经验总结，欢迎大家交流和分享你对此的个人经验和观点。你可以将自己的观点系统整理后发给我，我会在公众号上发布供更多的交易者参考和借鉴。我一贯认为教学相长，实践和理论并重，交流和分享才能铸就真正的高手，闭门造车和门户之见都是进步的障碍！

市场似乎存心捉弄我，阻碍我的转型，让我回到以前在对赌行的习惯做法。这一次操作时我按照预先计划好的方案进行操作，我前瞻性地对大势和大盘进行了分析，并且据此操作，而不像以前那样只是关注一两只个股的走势。我认为如果能够坚持这一做法，那么最终肯定能够大获全胜。不过，当时我并没有形成系统的仓位管理办法，而这意味着我应该在下跌过程逐步建立空头头寸，而不是一来就满仓操作。上回我曾经给你讲过这种办法，如果真的按此操作的话，也不会亏损这么多的本金。我或许会重复同样的错误，但是还不至于亏损如此惨重。你瞧，虽然我已经对交易的各个方面都有了全新的认识，但是还并没有将它们系统化。由于存在短板，因此导致我新的认识非但没有帮助我挣到大钱，**反而亏了不少钱。**

J.L.的方法是先看大势，有没有大机会，然后再根据具体走势筛选建仓时机。研究大势的方法他没有具体说，但是从他的叙述可以看出他特别注重宏观事件，而在择时上他则推崇自己的关键点位理论。

我发现通过复盘自己犯下的错误，总是可以从中获得启发，取得进步。所以，从这次操作中我领悟到在熊市中坚持空头头寸是正确的，只不过在进场之前都应该先仔细分析报价走势，**在此基础上再选择恰当的进场时机。**如果你能在这个方面有个良好的开始，那么盈利头寸遭遇显著反向波动威胁的可能性就会大幅下降，这样你就很容易持有自己的头寸。

趋势确认之后进场时机的抉择可以让我们在持有头寸的时候处于更加积极主动的位置。趋势头寸如果不在选择时机上下一番功夫就会导致止损越来越宽松，最终酿下大错。

当然，现在我对自己解读市场的能力深具信心，在这个过程中任何主观情绪和个人好恶都不能干扰到我。同时我也有了更多的**工具来确认我解读到的情况，并且可以从不同的角度来验证自己结论的正确程度。**尽管我有这些解读盘口的能耐，1906 年频繁出现的反弹行情却导致了我的交易保证金

J.L.在这里讲了交叉验证的运用。一般的交叉验证都是技术手段和指标之间的验证，但是广义的交叉验证则包括了技术面与基本面、技术面与心理面、心理面与基本面之间的交叉验证。

大幅亏损。

那个时候我还不到 27 岁，但是进入这个行当已经有 12 年的经验了。不过，这是我第一次**根据自己对金融危机的预判来交易，我通过望眼镜看到这一次危机的到来。**从危机征兆的显露到危机真正发生导致市场开始大跌并给我带来利润之间的时间间隔太长，远远超过了我当初的预期，这导致我怀疑当初的预判是否正确。当时很多危机的征兆已经出现了，比如**活期借贷利率飙涨。**但是，有一些金融大鳄仍旧在发表积极乐观的看法，至少他们在媒体报章上是这副腔调，同时股票反复冲高的上涨走势也似乎表明他们的论调是符合实际的，而所谓的危机不过是庸人自扰而已。这使我越发怀疑到底是空头预判是错误的，还是过早做空是错误的。

J.L.在这里说得非常清楚，那就是这次交易是建立在预判的基础上的，注意这不是一次趋势跟踪交易。J.L.预判的方法是什么呢？我们看到了他通过流动性、信贷和战争，以及地震来推断了经济和金融趋势转折点。

谁说 J.L.不看基本面，只看几个走势，谁说 J.L.不预判，只是让市场告诉他应该如何操作，这些以讹传讹的说法流传甚广，流毒甚深。从这里可以看出，J.L.是非常注重流动性分析的。

我的结论是过早做空是问题所在。但是，要耐心等待一次做空机会对我来说近乎苛刻。此后，股市再度下跌，于是我认为机会真的来了，于是我重仓做空。市场再度耍弄了我，又开始上涨了，而且涨到了一个非常高的点位。这一次，我被市场完全清洗出局了。我坚持了一个正确的观点，**但是却破产了！**

以前 J.L.的长处在于解读盘口，而现在他专注于趋势预判之后就忽略掉了解读盘口的必要性，而且急于入场挣到大钱以便确认趋势预判这套策略的正确性。这就是肯定到否定的过程，只有当他将趋势预判与解读盘口的功夫有机结合起来之后，他才能真正转型成功，这就是否定之否定。孟子有一句名言：虽有智慧，不如乘势；虽有镃基，不如待时。我想 J.L.如果能够看到这句话一定感触最深。

我真是撞鬼了！整个过程是这样的：我发现自己前方有一大堆钞票，上面立了一块牌子："随便拿！"旁边停着一辆马车，车身上写着几个字"Lawrence Livingston Trucking Coporation"（L.L 运输公司）"。而我手里正握着一把铁铲，旁边一个人都没有。当我拿这堆钱的时候，没有任何竞争对手，这就是我先见之明带来的优势。其他人如果停下来，或许也能看到这堆钱，但是他们却因为忙着观看棒球赛，或者是旅行观光、购买房子而忽略了这一堆钱，也许他们正等待同样数额的一笔钱去消费和支出呢！这是我第一次看到面前有这么大一堆钞票，于是我按捺不住内心的激动，想要赶快拿到这笔巨款。正当我赶过去的过程中，命运的逆风吹过来，将我吹翻在地。巨款仍旧堆在那里，而我的铁铲和马车都消失了。这就是鲁莽行事的代价！我太想要打一次漂亮的翻身仗，

太想要向自己证明这笔巨款是唾手可得的。我看到了大机会，我知道自己看到了大机会，一想到我的远见卓识将给我带来巨大的财富，我便忽略了我**与机会之间的距离**。最明智的做法应该是慢慢走过去，**而不是鲁莽地冲过去。**

J.L.与机会之间的距离就是时机把握问题。

这就是整个过程，我没有耐心等待合适的时机，而是鲁莽地做空。在择时的过程中本来我应该将自己解读盘口的优势派上用场，但是我却没有这样做。从这次经历我学到了一个经验教训：在熊市行情启动的时候，即便你能够正确地预判到这一点，也不要立即就入市，而是应该等到**恰当的时候进场，避免市场反复而导致空头头寸被清洗掉。**

"慢慢走过去"讲的是逐步加仓的做法，而"鲁莽冲过去"讲的是一来就重仓的做法。其实，J.L.讲择时不仅是等待的问题，还是一个仓位管理的问题。

多年以来，在 Harding 的经纪行我已经做了成千上万股的交易，经纪行很看好我，我们之间的关系和睦。我认为他们相信市场要不了多久就会再度站在我这边，我总是锲而不舍，只需要一笔本金就能够捞回损失还有盈余。经纪行从我这里挣了大把佣金，未来也将如此。这种关系意味着只要我信用还在，那么在这里东山再起是毫无问题的。

本书的重点是强调"趋势"，而 J.L.自己晚年亲自写的那本书则是讲"时机"更多一些。

吃一堑长一智，我吃了这么多亏之后应该长记性了，终于我开始变得谨慎起来，准确地讲是我不再过于鲁莽了。毕竟，当时的境况离悬崖只有咫尺之遥了。我必须耐心等待，静下心来认真观察市场。唉！早知今日何必当初呢？我早就应该更有耐心一点了，现在不过是亡羊补牢之举罢了，所以现在不得不谨慎，**必须做到相当有把握再进行下一笔交易。**一个人如果不犯任何错误的话，那么不出一个月他就能拥有整个世界的财富，但是如果他毫不悔改，不能从错误中获得进步，那么很快就会输个精光。

动量交易讲求的是快速止损和快速兑现利润，交易频率非常高，而趋势交易则要求花更多时间在等待机会上。不同的交易策略有不同的功课要做，对于动量交易而言盯盘更为重要，对于趋势交易而言分析更为重要。

好一个晴朗的早晨啊！当我赶到市中心的时候，信心再度爆棚，我认为这一次交易我将稳操胜券。所有报纸的金融版上面都刊登了同一则公告，这正是我等待**的重要信号。**此前进场时机上存在的问题就在于缺乏一个这样的信号，我没有耐心地等待这一信号出现。Northern Pacific 和 Great Northern 两家铁路公司同时公布了增发预案。为了投资者的"便利"，

这个重要信号属于催化剂，趋势依然存在，需要等待一个催化剂来启动。趋势是由重大的基本面决定的，而催化剂是一个具体的事件。

股价太高之后，考虑到投资者手头现金不足，发行方采取了分期付款的方式来引诱投资者认购。这就是一个变现加杠杆的手段。

认购股票的资金可以**采取分期付款的方式**，这种为投资者"考虑"的做法在华尔街还是头一回。在我看来，这绝不是什么好事。

股价越高，则要维持同样的涨幅需越多的资金流入，这就意味着股价算术级的增长需要资金几何级的增长，最终由于流动性枯竭而导致股市转势。有人会说，一直采用量化宽松不就行了吗？第一种情况，如果国际资本流动不存在，那么国内的物价将上涨，恶性通胀必然导致社会动乱，这样的预期逼得央行会收缩流动性。第二种情况，如果不存在国际资本流动限制，那么资产价格远远超过其价值之后，潜在预期报酬率下降，潜在风险显著上升，就算央行继续开闸放水，这些钱也不能继续几何级地流到国内资产上，而是选择到国外去炒风险更低、预期收益更高的资产，这就是日本的情况。

数年来，Great Northern 在发行优先股的时候股票持有者有权利根据发行价格参与增发，这些题材被反复当作利多消息炒作，屡试不爽。这些认购权证被市场炒得很高，因为股票上市交易的价格往往高于发行价格。但是，**现在货币信贷市场处于如此紧缩的状态**，以至于国内实力最雄厚的银行家们都怀疑参与认购的人是否能够拿得出这么多钱来，毕竟当时该股的价格在 330 美元左右。

我一到经纪行便对 Harding 说："现在是做空的时机了，我本来应该等待现在才介入的。瞟一眼那则公告你就会豁然开朗，你看了吗？"

他当时已经看过了这则公告。我特别强调银行家提出分期付款这个折中方案背后蕴藏的深意，但他好像没有看到这是即将来临危机的先兆。为了稳妥起见，他认为应该等待更明确的信号和更好的时机，因为市场倾向于大幅上涨，等到更低的价格时做空或许更加安全。

"Harding"我尽力想要说服他，"现在僵持的时间越长就意味着市场积蓄的下跌力量越大，因此等到下跌展开的时候幅度就会越大。那则公告显然是银行家们"此地无银三百两"的声明，他们所忧虑的事情正是我所期待的事情。这不正是我们做空的出发信号吗？**需要的信号已经具备了**。倘若我现在有 1000 万美元，那么定然毫不犹豫地押注在这笔交易上。

基本面定趋势，消息面定时机，消息面是催化剂！

为了说服 Harding 我不得不使出浑身解数。这则公告让人惊诧，明智的人应该能够从中得出明确的结论，但是 Harding 却仍旧抱有疑虑。就我而言，这则公告已经足以使我扣动扳机了，但是对于经纪行里面这些人而言还欠不少火候。我做空了一些，不过仍旧远远低于我的预期。

St.Paul 铁路公司也在几天之后公布了它的再融资计划，要么是股权再融资要么是债券再融资，对此我记得不是很清楚了。细节并不要紧，关键是这则公告发布的再融资缴款日安排让我一眼就发现了有价值的信息。该公司的再融资缴款日安排在了 Great Northern 和 Northern Pacific 两家铁路公司增发缴款日之前，这显然是为了抢在同行之前完成资金的募集，这表明**华尔街的流动性较为紧张**。负责为 St.Paul 再融资的投行明显担心市场上的资金难以满足三家铁路公司的再融资需求，因此，不得不抢在其他两家公司之前从市场上攫取资金，这个时候礼让必然吃亏。既然市场上流动性吃紧，银行家们对此心知肚明，那么接下来会发生什么呢？铁路上市公司抢夺资金的火药味已经弥漫，但是市场上却缺钱，对于交易者而言，这意味着什么呢？

做空！肯定是做空啊！市场大众只是被最近一周发生的行情所迷惑，对危险毫无觉察，聪明的股票交易者却**看到了未来一年的大势**，见微知著，这就是两者之间的区别。

我的一切犹豫和怀疑都消散了，现在我决心采取行动。在这个交易日的早上，我按照总结出来的原则开始第一次尝试，而此后我一直恪守这一原则。我将自己的计划告诉了 Harding，他并不反对我在 330 美元附近做空 Great Northern 优先股，以及同板块的其他高价股票。我吸取了急于做空的教训，**选择了更好的做空时机**。

很快，我的资本状况恢复如初，而我在圈子里面的名声再度鹊起。有点名声在经纪行当中是有好处的，至少你有融资的信誉。无论你的名声是否来自于偶然的盈利，这些都不重要。然而对于我而言，这一次的大获全胜绝非一时灵感和运气，也不是来自于盘口解读的高超技巧，而是因为我彻底而全面地分析了大盘和大势。我并非在一厢情愿地猜测，而是在预判市场确定性的未来大势。我做空股票，靠的不是单纯的勇气。在那个时候，股市除了下跌之外，别无他途，所以我做空是顺理成章的事情。**否则还能如何？**

全线下挫不久之后，大盘有点反弹，营业大厅里面的人都跑来告诫我，下跌已经结束了。他们总是说主力知道空头

J.L.不仅是一个盘口解读者，而且是一个流动性解读者。不要与美联储对抗是当代华尔街的至理名言，而 J.L.很早就明白了流动性对于大势把握的重要性，而且体现在他的每一次大势研判当中。

市场让绝大多数人亏损，让极少数人盈利，这样市场才能让游戏玩下去。否则如果多数人都赚钱，那么钱从哪里来？从经纪行和交易所那里来？这肯定是不行的，相反经纪行和交易所持续地从交易者身上捞钱，从来如此。怎么让绝大多数人亏损？利用绝大多数人具有的共同心理特征！其中有两个特征最具杀伤力：第一个特征是截短利润，让亏损奔腾，现在行为经济学称之为倾向效应；第二特征则是适应性预期，也就是最近的经历决定了未来的预期。

战争和地震，以及流动性收紧导致整个经济拐头向下，这是 J.L.最初对大势的判断，因此他做空了股票，但是却忽略了时机。时机需要催化剂，行情需要引爆点，三大铁路公司的公告正是催化剂和引爆点，这就弥补了 J.L.操作上的短板。

什么是阻力最小路径？宣扬这一概念和定义的人基本上都是从纯价格的层面来展开的，这有点马后炮的意思。阻力最小路径的预判需要用到基本面和心理面的东西。价格的运动只不过是向你展示了这一路径的存在而已。河床是什么？河流是什么？走过的路，未必再走，如果世界是直线的运动方式，那么所有人都是智者。如果市场是直线的运动方式，那么所有人都是赢家。关键是筹码从哪里来？

头寸数量巨大，因此想要从中获利，他们计划让空头头寸触及止损线，从我们这些空头身上捞取几百万美元的利润。他们补充说这些主力向来心狠手辣，所以肯定是不会放过我们这些空头的。而我总是感谢这些善意的提醒，而不是与他们争论。我想说，何必让善意提醒的人觉得自己不知好歹呢？

同我一起去亚特兰大市度假的那位朋友已经被市场套牢，他亲眼见证了我直觉的威力，因为我当时凭着直觉做空，而不久之后大地震就发生了。他见证了其中的魔力，因为我盲从自己的直觉做空了 Union Pacific，赚了 25 万美元。他甚至添油加醋地说那是某种天性让我做空，而他当时是多头。他也明白我在 Saratoga 第二次交易 Union Pacific 的做法，对于任何单一股票的操作机制他都并不陌生。在他看来单一股票走势的决定因素无非就是内幕消息罢了，个股的涨跌都是基于此，我的操作无非也是基于这一原理。不过，当我预判所有股票都会下跌的时候，他有点窝火了，全盘看空任何**股票对持有者而言都不是好事，何况他现在在某只股票上正是一个多头**。全线下跌，那自己该怎么办呢？

大盘和大势，J.L.强调了，个股的盘口解读和时机把握，J.L.也明确提到了。还有一个隐晦的点，J.L.提到了，但是在这里没有明确，那就是板块。J.L.看空经济和整个股市，选择了个股进行做空，不过他紧紧围绕铁路板块展开，这一点大家要注意。

说到这里，我想起了 Partridge 经常挂在嘴边的那句话：“你要知道这是牛市！”他的意思似乎是只要你不傻，就应该明白这是事实，而**这个事实胜过许多内幕消息的价值**。大众的反应让人百思不得其解，股价跌了 15 美元到 20 美元，大家抱着头寸不为所动，但是一个 3 美元的反弹便让大家信心满满，认为下跌行情已经结束了，接下来将重拾升势。

有一天，某位朋友来找我，他问道：“你的头寸了结了吗？”

“为什么要了结呢？”

“理由多得说不过来！”

“具体有些什么理由？”

“股价已经见底回升了，跌这么多了，现在应该也会涨这么多。这不是理由吗？”

“是的，股价首先跌下去，然后涨上来，可是上涨哪有那么快呢？股价必然还会低迷一段时间，现在还不是这些烂股

票翻身的时候，它们还没有彻底烂透呢！”

旁边有一位老前辈听到我们的谈话，他是那种很会旁征博引讲故事的人。他说有一次 William R. Travers 正在做空，而他的一位朋友正在做多，于是他们围绕彼此的分歧展开了交流，他的朋友说：“Travers 先生，股市走势坚挺，你怎么还做空呢？”Travers 用打趣的口吻反驳道：“确实，股市坚挺得如同一具死尸！”还有一次，他到一家上市公司那里要求查看财务报表，公司的一位雇员问他：“你是本公司的股东吗？你持有本公司的股票吗？”Travers 回答道：“应该说是的，**我做空了两万股！”**

J.L.讲的这些轶闻趣事并无太大价值，因为其中并不涉及逻辑，而只是为了表明做空上涨股票并不算什么稀罕事，前辈和高手也如此操作。

一次反弹比一次弱，于是我加码做空。我每次加码做空几千股 Great Northern 特别股的时候，该股就会下跌几美元。我发现其他疲弱的股票时，也做空一些。股票全线下跌，除了 Reading 这家公司之外，它就像直布罗陀海峡的岩石一样岿然不动。市场上纷纷传言说这只股票被主力控盘了，它的表现确实如此。大家都对我说做空这只股票相当于自杀。虽然经纪行里面的人都像我一样看空所有股票，但是一旦提及做空 Reading，则纷纷避犹不及。尽管如此，我自己仍旧做空了一些这只股票，并且牢牢地持有空头头寸。**我喜欢寻找和做空那些弱势的股票，而不是做空那些主力强力护盘的特别股。**根据盘口信息，我能够发现更适合做空赚钱的股票。

一方面，J.L.说不信邪做空了 Reading 这种超级强势股，另一方面，他又说做空那些弱势股，回避那些强势股。你有些什么看法呢？

我听说了很多关于 Reading 多头主力的传闻，他们的控盘力量强大，资金雄厚。首先，据我朋友讲这帮主力持有大量的低价筹码，因此持股成本远远低于当前价位。其次，主力的一些成员跟银行有着非常密切的关系，他们通过银行融资来持有大量筹码。他们与银行的关系非常铁，前提是股价维持高位。其中一个成员的浮动盈利已经达到了 300 万美元，股价下跌一些并不会伤筋动骨。这就是该股坚如磐石，不为空头所撼动的原因了。场内交易者时不时地会尝试做空一两千股测试这只股票，不过往往是石沉大海，于是他们回补空头头寸，转而在其他股票上寻找机会。每次我观察这只股票

之后也会尝试性地做空一些，**做空的数量与我总结出来的新交易原则相符，而不是率性而为地交易。**

以前J.L.做动量交易的时候，交易的头寸数量随意性很大，所以业绩起伏也非常大。现在J.L.变得更加稳重，一方面做趋势交易，另一方面仓位管理上纪律性也更强了。

开始的时候，Reading的坚挺表象误导了我，盘口走势不断表明："别碰这只股票！"不过，我的分析判断却与此相反，结论表明大盘将要下跌。无论主力是否存在，无论主力有多厉害，都不能盖过大盘的影响。覆巢之下安有完卵？

我从来都是独来独往，在对赌经纪行里面我就是这套行事做派。我独立观察，独立思考。不过当见到市场如预料一般下跌时，我发现自己不再孤独，因为我有了**世界上最强大的盟友，这就是大盘与大势，或者说基本市况。**它总是尽全力帮扶我，或许有时候有些迟到，但是绝不会不到，只要我有耐心，总能等到它的支援。我并不是依靠盘口解读或者漂浮不定的直觉来决战股市，而是根据大盘和大势来采取行动，分析并且把握事物发展的必然性，这种思维方式在帮助我挣大钱。

世间最可靠的朋友，只有两个：第一是实力，第二是大势。大势一直存在，关键是如何识别它。实力一直重要，关键是如何培养它。与人为善，并不是要指望和依靠别人。同样，只有你有了实力，才有能力去帮助别人。

对于交易者而言，重要的是从实际出发，做出正确的判断，然后采取恰当的行动。当我最强大的盟友——大盘和大势说下跌时，Reading这只股票并不理会，"公然抗旨"的表现让我感觉受到了侮辱，它岿然不动让我不爽起来。我认为这只股票是最好的做空对象。为什么这样说呢？首先它并没有下跌过，再者主力通过银行融资持有大量筹码，**一旦资金面紧张则他们的融资能力将受到极大限制。**到了那一天，这些与银行家结盟的主力会发现自己并不比无依无靠的散户们日子好过。这只股票必定会跟随大盘下跌，如果这只股票逆市坚挺则表明我的理论是错误的，我预判的逻辑也是错误的，**实际情况并不是我推测的那样。**

在这里，J.L.进行了一次对手盘情况推理，对手盘思维展露无遗。

实践是检验真理的唯一标准。

我推测这只股票之所以不下跌，原因在于华尔街的人一朝被蛇咬十年怕井绳，不敢做空它。因此，某个交易日我故意同时向两家经纪行**下了做空该股的指令，做空4000股。**

试盘是股市老手管用的手段，是打草惊蛇之举！

这是一只被主力控盘的股票，即便有强有力的做空出现时，去贸然跟随做空也是高风险的行为。因此，我必须相当

谨慎和迅速。我加码做空了几千股，价位在 111 美元附近，几分钟之内我就在 92 美元附近**了结了所有空头头寸。**

J.L.知道主力不会善罢甘休，因此速战速决。

此后，我手气很顺，到了 1907 年 2 月，我将所有头寸了结。Great Northern 优先股的价格已经下跌了 60 美元到 70 美元，与其他股票下跌幅度差不多。此役我大获全胜，了结头寸的原因在于我认为下跌幅度已经体现和**反映了所有负面预期。**我预判市场将出现显著的反弹，不过这样的行情还不足以让我入市做多。短期内我仍旧坚持空头的立场，而反弹并不适合我参与。以前我亏光了从对赌经纪行捞到的第一笔 1 万美元，原因就在于不顾时机和趋势抢进抢出。前事不忘后事之师，我现在不会重复这类错误了。况且不久之前我还再度破产，也是因为忽略了时机的缘故。现在让巨额利润落袋为安，也是为了让我直观感受到按照正确规则操作的良好结果。反弹曾经让我濒临破产，我不应该继续死守空头头寸从而让利润得而复失。我离开了市场，去了佛罗里达。我喜欢垂钓，借着这个时机好好休息一下，一举两得。而且，在棕榈滩也有电报专线直通华尔街，这意味着我可以保持对市场的关注。

价格走势对主要预期进行吸收和贴现。预期和资金两者直接主导行情走势。

第九章

流动性为王

离开股市，在远离佛罗里达半岛海岸的地方航行和钓鱼，我身心愉悦而放松。某日，在棕榈滩外海，有几个朋友驾着摩托艇过来，其中一位还顺便捎来了一份报纸。我已经很多天没有看过报纸了，当然也不想看，对于报章上登载的消息我并不感兴趣。不过，我还是顺便瞟了一眼这份报纸，大盘出现了大幅反弹，规模在 10 点以上。

我告诉他们想和他们一起回到岸上去。下跌中偶尔出现幅度适中的反弹是非常正常的，不过**我认为下跌趋势仍未结束**。现在，在华尔街舞台上跳舞的形形色色人物，无论是无知而盲从的大众，还是濒临绝望的多头主力，他们根本不顾及整个市场的流动性状况，要么勉强地将股价拉升到合理的范围之外，要么存心诱骗和鼓动别人这样干。股价已经来到了合理的边界之外，反弹已经过度了，所以我必须得回到市场彻底搞清楚情况。对于是否入市，我并无明确想法，现在最需要做的首先是搞清楚行情的走势。

顺势交易者很多都注重做上涨回调后的第二波，或者是下跌反弹后的第二波。比如，斯坦利·克罗这位期货趋势交易名家，他喜欢在回调后做多，反弹后做空。在 A 股市场当中，强势股回调买入也是很多投机客偏好的操作方式。做回调和反弹有什么技术工具可以利用呢？斐波那契回调线谱、震荡指标、成交量等都可以利用，当然重要均线也可以借助。不过，这些都是有形的工具，有形必有纰漏，这就是需要铭记的。

我的经纪商 Harding Brothers 在棕榈滩也有分行，于是我到那里去查看情况。当我走进营业厅的时候，发现里面不少熟人，当然他们绝大多数都是多头。他们就是那种根据报价纸带和盘口抢进抢出的交易者，他们鼠目寸光，因为他们的交易方式决定了**他们不需要高瞻远瞩**。我曾经讲过，在纽约对赌经纪行我的名字一度很响。当然，大家都喜欢将传奇人

现在 J.L.是站在一个更高的层次看像自己以前一样的那类人。

J.L.坚持自己研究市场，当资金规模很大之后他仍旧如此，这就使得他的研究有太多随意性和偶然性。到了后期这些弊端就显露出来了，他不借助专业团队的力量来进行持续而系统的研究，这也为他此后的失败埋下了伏笔。

这类点位在外汇交易界习惯被称为双零价位。另外，50结尾的价位也是比较重要的，在这些关键点位附近往往聚集着大量的限价交易单。

海龟交易法注重的就是新高或者新低价位，而反其道行之的败位交易法则注重空头陷阱和多头陷阱，也就是在新高之后拐头向下或者新低之后拐头向上时顺着拐头方向入场。

早期美股像国债一样具有面值，但与实际成交价格并无关系。

J.L.通过宏观预判大势，通过盘口把握时机。大势上反弹继续可能性较大，而盘口则表明 Anaconda 突破 300 美元是介入的大好时机。判断大势，J.L.习惯于利用信贷和宏观流动性状况分析；判断时机，J.L.习惯于利用价格在关键点位的表现来研判。大势看货币，时机看点位，可以这样简单地归纳 J.L.的分析思路。只有将大势和时机结合起来才算 J.L.称道的投机高手。在转型初期，J.L.要么忽略了时机，要么忽略了大势。最初做空铁路股的时候，他忽略了时机，过早做空。现在做多 Anaconda，他又忽略了大势，匆忙做多。

物的业绩和规模吹得神乎其神。这间分行的客户们听说我在纽约做空大赚了一笔，他们一方面希望我继续重仓做空，另一方面又认为反弹还会持续较长时间，而我的责任就是与反弹做斗争。

本来我到这里是为了度假的，以便放松一下身心，这就是我来到佛罗里达钓鱼的原因，此前在纽约的操作让我饱受压力。不过，**现在我一看到股票反弹的幅度如此之大，我就放弃了继续度假的念头**。决定上岸时，我并未明确计划要做什么，现在我知道应该再度做空，机会来了。如果我想要证明自己的预判是正确的话，就必须通过投入金钱来检验。做空整个股市在当时的情况下是一种正确的、稳健的赚钱方式，甚至是一种促进经济更健康发展的爱国行为。

在营业厅的黑板上，首先映入我眼帘的是 Anaconda 的报价，它即将突破 300 美元。这只股票涨幅非常显著，明显有一个多头主力集团在操纵。按照我经常使用的交易理论，当某只股票第一次**突破 100 美元、200 美元、300 美元等点位之后，价格并不会就此打住，而是会惯性上冲一段距离**。因此，倘若你在价格突破这些点位时做多，那么**基本上都能够挣钱**。大多数人因为“恐高”，所以不敢在股价创新高的时候买入，但是根据我自己积累的经验，这反而是做多的机会。

通常股票的面值是 100 美元，而 Anaconda 的面值只有常见面值的 1/4，也就是说，这只股票的**面值为 25 美元**。该股 400 股才相当于 100 股面值为 100 美元的股票。我预判当该股突破 300 美元的时候，它会惯性上涨，有可能很快触及 340 美元这个点位。

在大势上我仍旧坚持看空，请不要忘了这一点。不过，**我还精通于盘口，并且据此交易**。我明白如果 Anaconda 如我预料一般继续上涨的话，那么其涨势必然相当迅速。我天性好动，因此我对这类追涨杀跌的交易相当感兴趣。虽然，现在我学会了耐心潜伏，以便给予致命一击，不过，我的天性很难压抑，而 Anaconda 正是一只符合我天性的股票。我在它

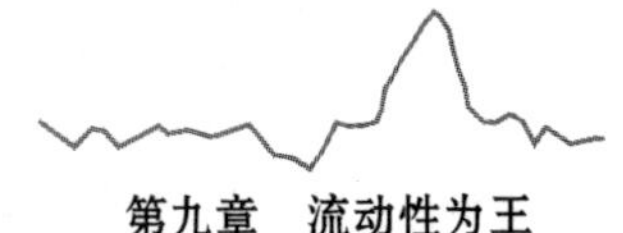

突破 300 美元的时候做多，因为我想验证自己对盘口的判断，只能说欲罢不能。

同时，盘口也表明整个市场的多头要强于空头，因此大盘倾向于继续反弹。因此，在做空之前继续观察大盘走势是更加稳健和谨慎的做法。虽然做空需要等待，不过我还是想在这个等待的过程中挣一点小钱。为了实现这一目标，可以从 Anaconda 身上快速捞取每股 30 美元的利润。大盘和大势仍旧看空，但是看多这只股票！因此我做多了 32000 股 Anaconda，相当于面值 100 美元的股票的 8000 股。这次交易相当于一次短期投机行为，不过我认为这次操作应该没有问题，从中赚取的利润可以用来增加此后做空的保证金。

次日，由于暴风雨肆虐美国北方地区，加上其他原因导致电报专线断了。我在 Harding 经纪行等待信息，而大家则在无事闲聊，各种猜测纷至沓来，这就是行情报价中断之后大家的通常做法。此后，我们获得了当天唯一一个 Anaconda 的报价——292 美元。

那时有个我在纽约认识的经纪人也同我在一起，他知道我做多了 32000 股 Anaconda。而我估计他也持有一些 Anaconda 的多头头寸，因为 292 美元的报价让他十分惊讶。他搞不清楚这只股票是不是在报价后会下跌 10 美元，因为该股股性活跃，下跌个 20 美元也很正常。我安慰他说："John，无须担心，明天情况会变好！"这确实是我内心的真正感觉。不过他看着我摇了摇头，表示怀疑。他或许对自己的情况比我更加了解，我大笑着看着他的反应。我继续等待，希望获得新的报价信息，期待着说不定还可以获得进一步的消息。不过，此后并没有什么报价信息再次传递过来。292 美元就是我们当天得到的关于 Anaconda 的唯一报价。这个报价意味着我的头寸已经浮动亏损差不多 10 万美元了。我尝到了鲁莽的苦果。

又过了一个交易日，电报线路修好了，我们恢复了平常的节奏，报价可以及时获得。Anaconda 在 298 美元开盘，上涨到了 302.75 美元，之后开始下跌。其他股票表现也比较疲弱，反弹衰竭的迹象明显。我心中盘算如果 Anaconda 跌到 301 美元的话，我就会考虑此前对 300 美元的突破是假突破。因为倘若该股真正突破了的话，应该一鼓作气涨到 310 美元。但是，如果股价出现一定幅度的回调，那就意味着涨势难以为继，我被此前的走势误导犯下了判断上的错误。当一个人判断错误的时候，唯一能够采取的行动就是停止犯错，回到正确的路子上。我做多了 32000 股，希望能够赚到 30 美元到 40 美元的每股利润。**这不是我第一次犯错，也肯定不是我最后一次犯错。**

Anaconda 此后果然跌到了 301 美元，当它触及这个点位的时候，我就悄悄地来到了电报专员那里，他负责与纽约总行联系。我对他说："把我所有的 Anaconda 的多头

知错难改善莫大焉，交易中如何根据情况修正自己的行为，这比一来就正确更为重要。我们不可能不犯错，因此如何及时改错就成了最后的防护网。J.L.在 Anaconda 犯了什么错误？忽略了大势和大盘的影响力，想要火中取栗。

形人而我无形！动于九天之上，藏于九地之下！

头寸都了结了，32000 股全部清仓！”我故意降低了**自己的声调，避免被其他人知道。**

这位伙计抬起头用近乎惶恐的眼神看着我，而我仍旧坚定地点头说道：“全部了结！”

“好的，Livingston 先生，你的意思不是以现价了结吧？”他看起来像生怕因为自己的错误操作而让客户亏损几百万似的。不过我告诉他：“平仓！无须多问！”

Black 家族的 Jim 和 Ollie 这个时候也在经纪行里面，不过他们离我和电报专员比较远，因此不可能听到我们的谈话。他们是从芝加哥来的大户，以投机小麦合约而出名。现在他们是纽交所的大客户，资本雄厚，生活奢靡。

正当我离开电报专员想要返回我在报价黑板前的座位时，Ollie 向我点头微笑：“Larry，你会后悔的。”

“后悔什么？”我停下来问他。

“明天你就得将它再次买回来。”

“将什么买回来？”这让我很纳闷，毕竟除了电报专员之外，我并未告诉任何人我刚才的操作。

“Anaconda！你将不得不在 320 美元的点位做多。你现在平仓的决策并不英明啊！”他笑着继续说道。

“什么不英明？”我一脸迷惑不解加上无辜的表情。

“以市价了结你的 32000 股 Anaconda 多头头寸，这很不明智，但是你执迷不悟！”

J.L.从一开始入行就非常注意保密工作，这是非常好的习惯。反观绝大多数投机客，生怕别人不知道他的观点和操作有多高明似的，经常鼓吹自己的市场观点和头寸。

这个人非常聪明，而且善于打听和依靠内幕消息买卖。不过我并未告诉他我的操作，**而且我相信经纪行也不会泄露我的信息，他是怎么知道这些的呢？对此，我很疑惑。**

“你怎么知道的？Ollie。”

“我是从 Charlie Kratzer 那里知道的。”他开怀大笑，他说的是那个电报专员。

“但是他从未离开柜台啊？”我更加疑惑了。

“我听不见你们之间的耳语，”他笑着说，“但是我能够听懂他替你发往纽约总行的每个电报代码。数年前，因为电报

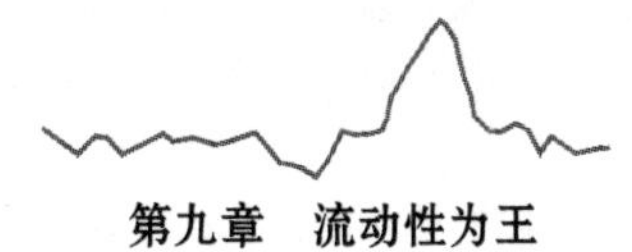

发送上的错误，我和电报专员大吵了一架，然后我便学会了发电报。此后，**当电报专员为我发电报的时候，我会用自己学会的知识来确认他的操作是否正确，是否是按照我的意思在发送信息。**不过，你刚才了结 Anaconda 的空头头寸是错误的，你将后悔不迭，因为它将上涨到 500 美元！"

做交易真是不容易，为了做好它什么功夫都得下，连电报代码都得记下来。

"不可能了，Ollie。"我回答道。

"你太过自负了。"他瞪了我一眼，显然有些不服气，"据说有些家伙，他们盯着报价纸带，却对价格的表现置若罔闻，相反固执地认为股票的走势似乎如火车时刻表一样精确无误。其实他们早已身处精神病院中，他们居住的小房间在墙壁上加了软垫，以避免他们精神错乱而伤害到自己。"

我没有做出任何回应，因为当时有一个经纪行的小伙计将一份交易备忘录递给我，上面写着经纪行以 299.75 美元了结了 20000 股多头头寸。由于经纪行的报价要比交易所场内实际成交价滞后，所以这个价格并非经纪行报价黑板上的 301 美元。因为我在决定了结多头头寸的时候估计纽约证券交易所的实际成交价会比较低，所以我当时已经做好了心理准备，如果有人愿意以 296 美元来买走我的头寸都应该谢天谢地了。实际成交价比经纪行报价低一些，这**表明我按照市价下单是正确的**。如果我采用限价单的话，比如 300 美元的限价单，那就会成交不了，不可能成交。如果想要平仓的话一定要尽快平仓，不要因为蝇头小利而迟疑和犹豫。

有足够的成交量的品种一定要以市价成交单为主，哪怕是预埋止损条件单也要选择市价追单。对于成交量稀疏的品种则要在提前下限价止损单的时候防止有人恶意打止损，这个时候采用临盘市价单其实更好，也就是说不要预先将止损单下到场内，哪怕是市价单也不行。我在做沪锡和沪铅的时候就犯过这种错，有几次下了云端止损条件单，结果被人故意打掉，因为这两个品种的持仓量和成交量不高，所以预先设定的止损条件单很容易被秒杀。对于这种品种，要么不参与，要么应该极少量参与，而且最好心理设定一个止损，然后盯盘止损。这类品种被称为"叫花子品种"，不碰为妙，除非持仓量能够持续上升。资金量相对品种流动性大到一定程度之后，就更要考虑到对手盘的问题。

我建仓做多的时候，成本价大概在 300 美元。此后，经纪行又替我了结了 2000 股多头，成交价还是 299.75 美元，在 299.625 美元了结了 4000 股，在 299.5 美元了结了 400 股，在 299.375 美元了结了 800 股，在 299.2 美元了结了 800 股，最后一笔成交价位是 298.75 美元。Harding 经纪行最聪明的场内交易员一共花了 15 分钟时间才将我的指令完成，他们不希望因为鲁莽卖出而导致股价暴跌，进而使得我的平仓成本大幅上升。

当我拿到最后一笔多头平仓的成交回报之后，便开始着

在确定时机的时候，除了盘口信息之外，J.L.还利用了市场心理分析。众人一致看好，但是股价却滞涨，这就是一种背离，心理面和技术面的背离，这表明涨势已近尾声。简而言之，J.L.把握时机的方法除了关键点位为主的盘口分析之外，还有对市场情绪的揣摩。大众一致极端看好，则涨势近尾声，大众一致极端看空，则跌势近尾声。这次进场，J.L.是利用反弹做空，然后顺着下跌加码。也就是说底仓是反弹开立的，而加码主要则是在下跌的过程中进行的，当然也有逢高抛空。

手上岸以来真正计划做的事情，那就是做空！做空是大势所趋，不得不为之。市场在显著反弹之后带来了做空的大好机会，为什么这样说呢？因为现在大众又沉浸在乐观的氛围之中，而盘口却表明反弹已近尾声，现在做空的安全空间很大，时机正好，**毋庸置疑**。

次日，Anaconda 低于 296 美元开盘，期望进一步反弹的 Ollie 很早就来到经纪行，他计划着当股价升破 320 美元的时候了结多头。他是否真的做多了，仓位有多大，这些我都不清楚。不过，当他看到开盘价的时候，希望碎了一地，肯定笑不出来了。这只股票当天又下跌了一些，从交易所发到棕榈滩的信息显示这只股票近乎无量下跌，显示根本没有买家愿意接手。

事实胜于雄辩，我的浮动盈利持续在增长，这就持续表明我是正确的。自然而然地我又加码做空了一些，直到做空所有的股票。毫无疑问，这是一个空头主导趋势的市场，股票全线下跌。此后一天是星期五，是华盛顿的诞辰纪念日，我必须借此回到纽约去，照顾我那庞大的空头头寸，而不是留在佛罗里达钓鱼。棕榈滩离交易所太远，信息传递不及时，电报往来时间太长，我耗不起。

我从棕榈滩离开，赶往纽约。星期一我要在 St. Augustine 等三个小时以便搭乘火车。等火车的地方有一家证券经纪行，我决定去看一看。自从前一个交易日以来，Anaconda 又下跌了好几美元，此后这只股票一直下跌到秋天崩盘之后。

我到了纽约之后，持续做空了 4 个月。就像此前一样，市场出现反弹，我则会回补空头，然后再逢高做空。准确地讲，我从未在这次大跌中作壁上观，我总是参与其中。你应该还记得，在旧金山地震后的暴跌中我赚了 30 万美元，但却很快亏掉了。我当时的判断是正确的，但却破产了。我现在怡然自得，毕竟在经历了一连串的重大打击之后，现在做得顺风顺水，我很享受这种状态，虽然还未达到最佳的状态。要赚钱就必须采取行动，而不是一味持仓观望。获取暴利的

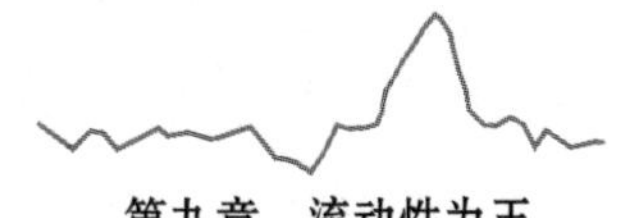

方法在于相机行事。从事交易，你必须理论和实践兼具，投机者不仅要敢于钻研理论，还要敢于采取行动，不仅仅是当个学生而已，**他必须挽起袖子躬身实践。**

伟大的交易者必然理论和实践兼具，成为伟大的交易者就必须用你的实践荣耀你的理论。世界等待你起身回应，用你的实践荣耀你的理论吧！

这一次交易我做得非常不错，虽然从现在看来当时的操作存在一些瑕疵，但是瑕不掩瑜。夏天的时候，股市走势沉闷。我推断在深秋之前，市场很可能不会有什么大的波动。身边的熟人都计划去欧洲度假，对我而言也是休养生息的时候。因此，我了结了所有的头寸，当我出发乘船去欧洲的时候，口袋里面已经挣到了**75万多美元的净利润。**对当时的我而言，这是一笔不菲的收入。

按照购买力来大致推算，你可以乘以一个100就相当于现在的美元价值。也就是说，他当时挣了7500万美元。你觉得他牛不？换成人民币几亿元了。

我在 Aix-les-Bains 过得非常开心。这次欧洲度假的钱是我靠自己的本事挣到的，坐拥金钱、友情，这样的日子让人流连忘返，每个人都想在这种地方尽情挥霍和玩乐，这是一个梦想实现之地。华尔街与我相隔太远了，以至于我都快忘了它，这就是相比在美国度假的好处。有关股市的闲言碎语不会打扰我了，我也不用进行交易。口袋里面的钱足够我过上一段逍遥日子，天生我材必有用，千金散尽还复来，我明白了交易之道，这个夏天挥霍出去的金钱我回到华尔街之后很快就能挣回来，并且会挣得更多。

Aix-les-Bains 是法国城市，位于阿尔卑斯山脚下，坐落在 Bourget 湖边。有依山傍水的自然条件和丰富的文化底蕴与多种水上运动和山上活动，是一个优美的旅游胜地。早在古罗马时期，这里就以温泉闻名。19世纪拿破仑的爱妻约瑟芬（Joséphine）大驾光临，自此这个温泉乡再次征服了贵族的心；1885年维多利亚女王亲临，正式抛起小城的“美好时代”。被称为是“老牌贵族休闲胜地”。

某日，我在“Paris Herald”（巴黎先驱报）上读到一则来自纽约的重磅消息，说 Smelters 公司发布公告称发放额外的股息，这只股票因此出现了显著的上涨，整个市场都被带了起来，情绪再度高涨。这则消息改变了我此前的行程打算，我有了新的计划。这则公告本质上就是多头在与下跌大势作最后的抵抗，它们罔顾事实，抱着侥幸心理，试图在暴风雨之前凭借这个诡计全身而退。也许，他们并不认为事情已经不可挽回。这些华尔街的大腕们跟政客和普罗大众之间的区别并不大，他们也往往一厢情愿看待市场。我可不能学他们那样，**而是应该从实际出发。**毕竟，一厢情愿看待市场只会害了自己，这是致命的做法。那些发行股票的企业和土豪们或许有本钱一意孤行，而我不行。

J.L.能够从一个小伙计成长为投机巨擘，有一个重要的习惯功不可没，那就是从实践中来，到实践中去，从自己的成败得失中总结，一步一步这样走过来。经纪行里面的资深老前辈也是他学习的对象，不过这永远代替不了他自己的实践和总结。复盘是第一位的，名师是第二位的，经典是第三位的，永远搞清楚这个排序！

无论如何，那些沉浸在多头思维里面的玩家必然在这次空头行情中吃尽苦头。这则公告让我不得不听从内心的召唤，只有做空这家公司的股票我才能舒坦。为什么我如此坚定看空呢？因为这群傻瓜竟然在流动性紧张的时候还往外发红利，他们这不是跪着求我做空吗？这就好比小时候那些挑衅找打的傻瓜，执迷不悟的一群傻瓜现在正在挑衅我，让我不得不出手来做空！

我通过电报下达了做空 Smelters 股票的指令，并且让纽约的朋友们也一起做空。当我收到经纪行的成交回报之后，发现实际成交价格要比"Paris Herald"上的报价低 6 美元，这表明下跌势头强劲。

此前我的打算是在月底回巴黎，待三周之后乘船回纽约。现在我一收到经纪行的成交回报就立马赶到了巴黎。一到巴黎，就赶到轮船公司去，找到一艘快船次日开往纽约，于是我就搭乘了这艘船。

回到纽约的时间比我此前打算的早了一个月左右，我太急于做空了，而纽约是最佳的操作地点。我有 50 万美元的现金能够充当交易保证金。利润可不是来自于看空这个结论本身，而是来自于看空**背后的严密逻辑**。

> 看空的逻辑属于技术面还是基本面？那则公告又成了做空的催化剂，也就是时机信号！此前，J.L.做空铁路股的时候根据公告准确地把握了时机，这次他再度根据公告把握做空时机。

我又加码做空了一些。**随着信贷收缩，短期利率走高，股价也在走低。我早已预判到这些情况了。**我的预判在开始曾让我濒临破产，不过现在却让我日进斗金，区别就在于对时机的把握。不过，真正值得庆祝的事情并不是赚钱本身，而是我终于走上了交易的康庄大道。学海无涯苦作舟，学习永无止境，还有很多地方我要改进，还有很多东西我要学习，不过我对前路十分清楚。现在我目光远大，意志坚定，我知道要走什么样的路，不再犹豫，不再固守那些不成熟的方法。**解读盘口是这个游戏的重要组成部分，时机抉择和坚定持仓也是重要的方面，不过我最大的发现却是交易者务必研究和评估总体情况，并且对驱动因素进行权衡，把握行情发展的可能性。**总之，一分耕耘一分收获，通过自己努力的研究才

> J.L.反复强调了流动性对大势的重要影响力。现在 A 股几个著名的宏观分析师和策略分析师都倾心于根据 DDM（股利贴现模型）公式来研判大势，流动性会影响这个公式的分母项，所以也被称为"分母驱动"。业绩则被称为"分子驱动"。

> J.L.应该算得上是将情景规划运用到金融交易中的鼻祖之一。大势怎么分析的？J.L.明确提出来是要研究总体情况和驱动因素。

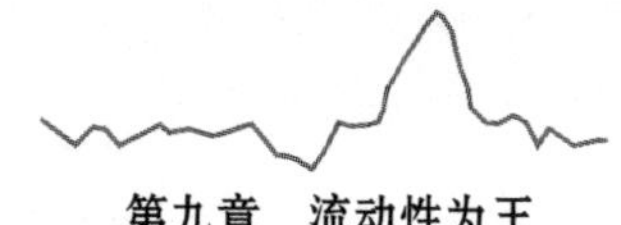

能获得回报。我不再盲目地下注，也不再痴迷于技术层面的东西，而是通过刻苦研究和完善我的逻辑来获得成功。非理性的交易方式最终只能带来糟糕的结果，市场这个老板从来不会乱发薪水，明智和辛勤的劳动将带来丰厚的薪水。

我所在的经纪行挣了不少佣金，而我自己的操作也挣了不少利润，这当然会引发周围人的议论，不乏夸大溢美之词，有些传言甚至过于夸张，比如许多股票开始下跌是因为我做空的缘故。有些人甚至连我的名字都不知道也会过来向我道贺。这些人最奇葩之处在于当初我做空的时候，他们认为我不过是一个疯子，一个受不了上涨而满腹牢骚的失败者而已，但是现在却眼红我挣了这么多钱。他们完全忽略了我对货币和流动性紧缩的预判，**他们眼中只看到了我获取暴利的结果。**经纪行会计用笔记下我的丰厚利润，这就是他们所看到的一切成就，也就是他们羡慕嫉妒恨的一切。

“菩萨重因，凡人重果！”大众只会眼红成绩，却看不到这背后的努力和系统策略。有人反思了J.L.为什么能够做到这一切吗？极少，而且这里面还有不少人一直沉迷于简单的金字塔顺势加仓，似乎J.L.的一切成功就是简单地死守仓位并且加码而已。其实，加仓并不难，关键是什么前提下才能死守和加仓，J.L.并不是随便拿着一个品种就加仓的。现在不少期货书往往犯了教条主义、拿来主义、片面主义的错误，误人子弟的现象屡见不鲜。

从朋友那里我得知许多经纪行里面都在流传关于我的故事，他们说在Harding Brothers经纪行里面有一个年轻的天才投机客，搞得多头主力们团团转，疲于奔命。其实，事实却是市场趋势向下，而多头主力们却逆势而为，妄图操纵股价维持在高位，继续上涨。不过，到了大众那里，我的各种操作就被说得神乎其神，成了大家乐此不疲的话题。

实际上，从9月下旬开始，货币和信贷市场就大声地向世界宣告了危机的来临。不过，人们对此不以为意，期望蒙蔽了眼睛，继续盲目自信地持有多头头寸。另外，一位经纪人在10月的第一周提到了一系列事件，这一信息让我后悔做空头寸太少，愧对了空头的称号。

你应该知道经纪商之间的资金调剂是在证交所的专门从事资金拆借的资金席位上开展的，有几家专门的经纪商负责资金拆借业务的进行。银行通过这几家负责资金拆借的经纪商来进行资金调剂。当银行发出短期借款偿付通知的时候，部分经纪商就知道了他们需要通过从同行那里借多少钱来偿付银行。同时，银行也会将一些可贷资金放到这个同业**拆借**

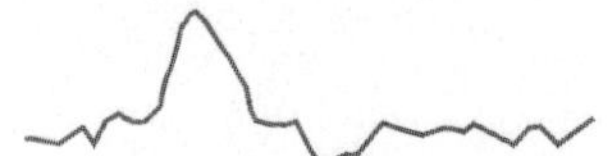

这个同业拆借业务其实是证券业的同业拆借，而银行也参与其中。证券同业拆借利率类似于融资业务当中券商之间的资金短期借贷，当然银行也可以参与其中。这个同业拆借利率的变化反映了保证金市场的松紧程度，也反映了整个证券市场的流动性宽裕程度。J.L. 讲货币和信贷，讲流动性，这些都要通过具体金融指标去观察，这里他提到了券商的同业拆借利率这个指标。A 股市场也有一些同业拆借指标，主要是银行间同业拆借指标，比如 Shibor 等，对证券市场流动性有一些影响，如果银行间同业拆借利率飙升，那么短期内 A 股往往暴跌。关于这些，可以参考附录中有关流动性的文章。

市场中来，有需要的经纪商可以短期拆借这笔资金。这些同业拆借的利率会在每个交易日的中午公布，这就是当时的平均拆借利率。拆借业务采用公开竞价的方式进行，完全透明。从中午到下午 2 点，基本没有什么拆借业务，而在下午 2：15 之后经纪行会对当日的现金头寸有明确了结，这样就可以决定到底是拆入还是拆出资金，这项业务也是透明的。

现在回到事件本身。当时，也就是 10 月初某个时候，这个经纪人找到我，告诉我经纪商们之间剑拔弩张。因为，好几家大的经纪行会员们把持了同业拆借市场，一旦有资金可以拆入，他们就会先下手为强，这使得其他资金宽裕经纪商开始担心同业拆借的稳健性。把持同业拆借市场的这几家大经纪行表面上有偿付能力，而且有优质的抵押物，但是实际上这些经纪行一旦拆入资金之后，往往要赖拖延，以至于拆出方只能忍气吞声，允许延期。因此，所有可用放贷的经纪行都不愿意参与这个公开的同业拆借市场，而是在交易大厅私下与其他资金需求方协商，他们会低声跟熟人说：“想要 100 吗？”其实意思是：“你想借 10 万美元吗？”而帮助银行放贷的经纪商也采取类似的方式，这就使得**同业拆借市场的公开正式交易大为缩水，成交惨淡，你想象一下！**

大的券商已经面临流动性不足的困境，在一个持续上涨的市场中这表明市场已经缺乏继续做多的弹药。大家可以结合 2015 年 6 月的 A 股来理解，当时很多场外配资通过恒生电子这类平台接入。当监管当局清理这类配资的时候，相当于紧缩了证券市场的整体流动性。

另外，这位经纪人还告诉我，在 10 月的那些天当中，证交所规定利率由借方决定，这导致年利率在 100%~150%这样高得离谱的区间波动。表面上利率是由借款方决定的，这样拆出的一方就不用背上高利贷的骂名，但实际上因为借款人之间竞争激烈，对于资金十分渴望，因此为了拿到急需的资金他们只能往高利率出价。只要能够拿到资金，他们就十分满意了。

形势急转直下，大清算的日子来了。死多头们、乐观主义者们以及那些手握多头重仓的人们，刚开始的时候因为一点小亏损舍不得止损，现在却要断臂才能求生了。多头们的大审判日，1907 年 10 月 24 日这一天让我永生难忘。

借钱方的窘境显而易见，他们必须偿付贷款方认为合适

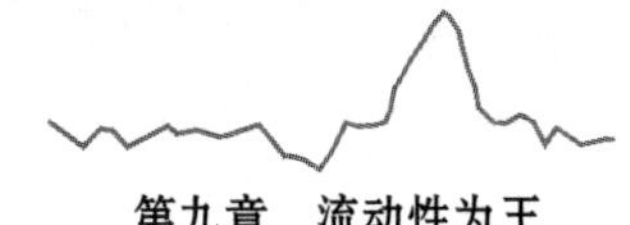

的利息，当时的情况下，各方可以拆出的资金都捉襟见肘了，而拆入的需求却比平时多很多。到了下午交割的时候，资金席位上有上百个经纪人，每个人都心急火燎地希望借到自己经纪行急需的资金。如果不能弥补现金头寸的缺口，他们就不得不了结多头占大部分比率的头寸来获取所需要的资金，这就意味着他们需要不计成本地抛售股票。与此同时，股票市场上的买家也缺乏资金，非常缺乏，**这就使得情况更加糟糕。**

牛市过程中，大家拼命加杠杆，到了某个程度，市场上可以用来加杠杆的钱都耗尽了，这个时候反方向去杠杆的过程就展开了。飙升快，崩盘也快，元凶往往就是杠杆。

那位向我讲述券商拆借市场情况的经纪人的合伙人同我观点一致，他也看空股票市场，他们公司资金状况良好，无须短期拆入资金。不过，这位经纪人刚刚在资金席位附近见到了上百双绝望的眼睛，他立即赶回来告诉我，因为他知道我重仓做空了几乎所有股票："我的上帝，Larry！到底要发生什么可怕的事情啊？我从来没有见过这样的场面，太可怕了。如果任由形式这样恶化下去，那真是不可收拾了，必须有人出来挽救局面。每个人都濒临破产，你不能做空了，因为市场上的多头们已经弹尽粮绝了。"

"你在说些什么？"

我搞不清楚他到底想表达什么，不过他接着说道："你见过关于真空的课堂实验吗？将一只小白鼠放进一个玻璃罩子里面，然后将氧气抽光，你可以看到这只可怜的小白鼠急促地呼吸，肋骨好像风箱一样，它竭力想要吸进一点氧气以便活下去。但是很快它就会窒息而亡，而它的双眼凸出，几乎要掉出来了，它喘息着迈向死亡。这幅情形与刚才我在资金席位那里看到的一模一样，到处都缺钱，就好像氧气被抽光了一样，股票难以卖出，因为没有人愿意买入。现在，整个华尔街都处在破产的边缘！"

他说的这些话触动了我。此前我曾经预判到股市将暴挫，但是我必须承认没有料到情况更加糟糕，崩盘的恐慌蔓延开来，有史以来最大的危机笼罩在这个国家上空。倘若任由市场崩盘，这样的结果对任何人而言都是极其糟糕的。

National City Bank 是美国中西部数州的一个区域性的银行，总部位于美国俄亥俄州克利夫兰市，历史悠久，成立于1845年。它历经不断的兼并，以前在密歇根的 First of America Bank 就是在1997年被它兼并的，那时它是全美第十三大的银行。在2007年时，它已经是全美第九大的银行了。在富士比500大企业名单上排在第188名。但是在2008年底，National City Bank 终于也遭受了被人兼并的命运。匹兹堡的 PNC Bank 以52亿美元的交换股票，把 National City Bank 购买到手。

显然，那些等在资金席位旁想要拆入资金的经纪商们只能任形势摆布了，因为他们借不到任何资金，大审判日来临了。

当日稍晚的时候，据说证交所主席 R.H.Thomas 已经对华尔街每家公司的恶劣处境全盘获悉，于是他赶紧动身去寻找救兵。他先是拜访 National City Bank（国民城市银行）的董事长 James Stillman，这是当时全美资本最雄厚的银行之一，这家银行号称借款**利率从未高过6%。**

Stillman 获悉 Thomas 的来意后说道："Thomas 先生，我们应该马上找 Morgan 先生，请求他的帮助。"

他们两个人抱着救火的急切希望一起前往 J.P.Morgan 公司拜会 Morgan 先生。Thomas 将所有情况讲给了 Morgan，等他讲完，Morgan 果断说道："回到交易所告诉他们资金不是问题，有钱给他们。"

"但是，资金在哪里呢？"

"在银行！"

在此危急时刻，大家都将希望寄托在 Morgan 的身上，他的这番回答让大家重新拾起了信心。Thomas 得到 Morgan 的回答之后，二话没说立马赶回交易所，向那些本来已经被"宣判死刑"的同行们宣布了"缓刑"。

此后，在下午2：30之前，Morgan 安排 Van Enburgh 和 Atterbury 公司的 Jonh T.Atterbury 到交易所去处理放贷业务，大家都知道这个人与 Morgan 的关系非同寻常。此前当大家听了 Thomas 的讲话之后稍有安静，当 Atterbury 来了之后，大家又开始担心救援泡汤。据我朋友讲，这个老经纪人快步走到资金席位上。他就像复兴会的布道者一样举起手，下面的人全部僵住了，他们想要搞清楚还有没有希望。

全场鸦雀无声，大家都屏息凝神。Atterbury 终于开口了："我获得了授权，供1000万美元拆借资金给大家，不要慌张，有足够的资金提供给在座的每一位！"

接着，他开始行动起来，他将每个借款人的名字和拆借

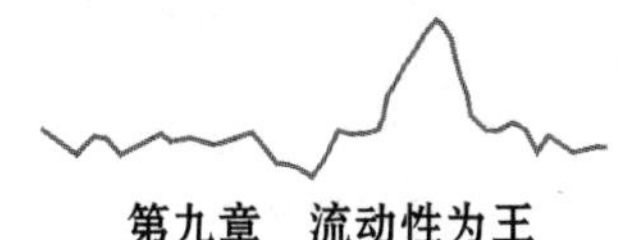

金额都记录在案，同时嘱咐他们："有人会告诉你们到哪里领钱。"他指的是放贷的银行，至于 Morgan 这个最终贷款人他并未直接提及。

过了一两日，据说 Morgan 放话给纽约的银行家们，让他们准备好资金提供给证交所的经纪商们。

"我们也没有资金了，可以贷出去的钱都贷出去了！"银行家们起初并不买账。

"你们还有准备金啊！"Morgan 厉声回应。

"但是我们的法定准备金已经低于要求了。"银行家们用近乎哀求的语气说道。

"动用准备金！准备金就是这个时候用的！"银行不得不服从 Morgan 命令，动用了 2000 万美元左右的准备金，从而在最危急的时候救了股市一命。银行业的恐慌直到第二周才发生。**Morgan 是一位伟大的金融巨擘，他拯救了美国的金融业，任何其他银行家都难以望其项背。**

Morgan 带领的银行家集团充当了最后贷款人的角色，这个角色后来由美联储扮演。芝加哥学派对此表示支持，认为这样可以稳定金融系统，进而稳定经济，而奥地利学派则认为这样干扰了经济的自我修正功能，而且带来了道德风险。

而我作为一个著名的股票作手，这一天对我来讲印象最为深刻。因为在这一天我赚到了 100 万美元的利润，而这意味着我此前按照新规则制定的交易计划完美落幕，而一切如我的预判一样展开。最为重要的是，这一天我成了当之无愧的投机之王！

我会解释自己如何做到这一切的。**当我来到纽约的最初两三年里，面对挫折我经常反思为什么此前在对赌经纪行里面那套策略在正规经纪行里面难以发挥作用。我殚精竭虑地寻找这个问题的答案。**我相信一旦某一天我找到正确的答案，那么我就能够在正规经纪行里面挣到丰厚的利润。那个时候我不仅具有健全的动机，也具有胜任的能力来投机。苦苦求索的动机是**推动我进步的不竭动力。**

没有复盘就没有进步，没有持续的复盘就没有持续的进步。好奇心和提问能力是一切进步的前提。

不要误认为我是在成功之后吹嘘过去的努力。一切进步与虚无缥缈的梦想和浮华虚荣的空想毫无瓜葛，我的成功来自于一种强大的信心，这种信心让我在 Fullerton 和 Harding 两家经纪行交易不顺的时候仍然相信未来的某一天我将在市场

加冕为王。现在，1907 年 10 月 24 日，努力和信心的回报来了。

我会详细解释我这么说的缘由。那天早上，一位曾经在我开户的经纪行工作的经纪人和华尔街最大银行的高级合伙人一起乘车。这位经纪人是我的朋友，他向这位银行家透露了我的大额空头持仓，因为我倾向于加码做空。这里多说一句，如果你的操作是正确的，那就应该将成果最大化，否则你正确了又能怎么样呢？

J.L.做交易非常善于揣摩市场各方面参与者的心思和动向，如果他将空头做到极致，那么大众最后是饶不了他的，最终他会成为替罪羊。所以，J.L.功成身退，见好就收。John Paulson 在次贷危机当中获利巨大，为了平息公众的怒火，主动拿出一些钱来帮助失去房屋的人。投机这件事涉及的矛盾太直接、太尖锐，处理不好很难落得好下场，所以凡事还是要留有余地的，不要赶尽杀绝。J.L.资产最高的时候估计 1 亿美元左右，后来虽然留给老婆和孩子的资产不少，但是远远小于 1 亿美元了。而 J.P.Morgan 去世的时候个人净资产在 13 亿美元左右，按照现在的美元购买力估算超过 3000 亿美元了。J.L.和 Morgan 行事风格迥异，也许是他们人生结局迥然不同的缘故。J.L.如果能够听进半句他母亲的话，也许命运之神会更加青睐他，也不至于成了西西弗斯悲剧式的人物。诸神惩罚西西弗斯不断地把巨石滚上山顶，而石头因为它自身的重量又会滚下去，他们完全有理由相信没有比这徒劳而无望的工作更可怕的惩罚了，然后西西弗斯看着石头马上朝着更低的地方滚下去，在那里，他不得不把它重新滚上山顶，我看到他回到山下，迈着沉重的步子，走向他永远不知道尽头的痛苦。J.L.的命运就是西西弗斯命运的演绎。如何解开轮回之环？大家有什么看法可以分享一下。

我的这位经纪人朋友为了让自己的话语更有说服力，于是添油加醋地描述了我的情况。或许是因为跟风做空的人太多，又或许是这位银行家对形势紧迫程度的了解比我们更深入，总之这位银行家也显出忧心忡忡的样子。这位经纪人朋友告诉我：“他对我的话饶有兴致，特别是当我提到你曾经说过现在的市场好比转圆石于千仞之上时。当我说完这些之后，他说当天晚些时候可能需要我替他做些事情。”

当经纪行在拆借市场上无论给出多高的利息都贷不到资金的时候，我知道关键时刻来临了。我委托若干个经纪人到各处打探消息，结果令人震惊，比如 Union Pacific 这只股票在一段时间内竟然连一张买单都没有，所有档位上都没有委买挂单。其他股票的交投情况也是如此，市场的资金匮乏，多头力量衰竭。

当时，我的账面浮动盈利已经非常丰厚了，并且我确信只要再做空 1 万股 Union Pacific 和其他六七只高红利的股票，则股市将进一步暴挫。当时我估计恐慌即将来临，而且局面会混乱不堪，交易所理事会恐怕只能以暂停交易来应对这样的危机，正如他们在 1914 年 8 月第一次世界大战时采取的行动一样。

如果市场进一步暴跌则意味着我的浮动盈利还将大幅增加，同时也可能意味着我无法兑现自己的浮动盈利，因为缺乏足够的对手盘。并且，还有许多因素需要我加以权衡，最初预判经济复苏已经临近，但是如果股市进一步暴跌则会阻

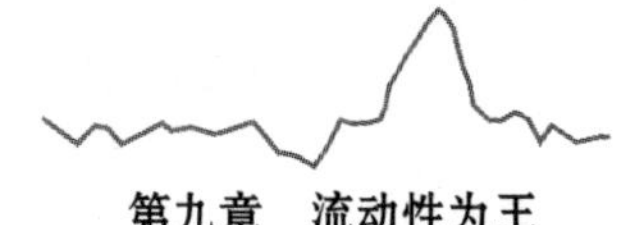

碍经济复苏的进程。另外，这样的恐慌情绪蔓延将沉重打击整个国家的士气，造成全民的创伤。

考虑到所有因素之后，**我觉得继续采取空头策略并非睿智之举，也非善举，于是我决定了结空头，开立多头。**

我的经纪人朋友替我在底部附近买入不久，此前那位银行家就差人来找他。

“我差人来找你的目的是让你马上告诉你的朋友Livingston，希望他今天不要再做空任何股票了，市场濒临崩盘的境地。现在举国上下面临大危机和大恐慌的严峻挑战，请唤醒你朋友的爱国之心吧！如此形势之下，每个人都应该为大家的利益考虑，请将他的回话即刻告知我！”

我的这位经纪人朋友赶过来找到我，将这番话转告我，当然他并没有说得很直接。我想他一定认为我计划让市场崩盘，而我如果接受了银行家的请求就意味着放弃挣到1000万美元利润这一千载难逢的大机会。他心里清楚我对华尔街的大佬们深恶痛绝，因为他们和我一样明明知道情况会一发不可收拾，但仍旧不遗余力地向大众推销股票，贪婪地张开血盆大口。

实际上这些大腕们也饮下了自己酿下的苦酒，他们在最恐慌的时候在底部卖出了不少股票，而我则是这些股票的买家。底部筹码这样交换的时候，我并不知道对手盘是谁。当时，我先了结了全部的空头头寸，因为我认为那是抄底的大好时机，市场急需要一次企稳回升，而且空头力量很难再度发力了。

于是，我让这位经纪人朋友回复那位银行家：“请回去转告Black先生，我完全赞同他的见解，而且也认识到了形势危急，甚至在他让你来之前我就意识到了这一切。今天我不会做空任何股票，同时我会进场做多，买入股票，动用我所有的保证金来买入股票！”我履行了自己的承诺，当日我**做多了10万股，坚定地站在了多头一边，9个月之内，我从未卖出任何一股。**

2015年夏天的证券期货市场有一位悲剧性的人物，他一生崇拜J.L.，在监管当局最初救市号召发出后近乎满仓做多股票和股指期货，最后爆仓，加上困扰多年的抑郁症，导致他跳楼自杀了。他这次做多，我想肯定是受到了J.L.的影响，但是J.L.是先大力做空然后转多的，他则是高位看多，暴跌后加码做多的，所以看似相同的市场背景，其实本质不同。希望这位同行一路走好，也希望后来者吸取教训，凡事留有余地。中华文明源远流长，不是偶然的，因为我们有阴平阳秘的中庸哲学，凡事不做绝，不偏执，自然能够兴隆长久。

这段经历让我美梦成真，我终于当了一回投机之王。这一天，如果有大资金故意做空的话，市场确实会暂时听其号令，任其摆布。但是，我不会犯这种目空一切的毛病。相反，当我因为做空而受到大众的抨击时，我心里其实非常难受，当华尔街的流言蜚语对我大加批评时，我的感受你应该能够想象。

我全身而退，报纸上说 Larry Livingston 那个天才投机客挣了几百万美元。是的，当时我的资产已经超过了百万美元，不过最大的收获却非金钱，而是我的努力和坚持：我一直坚持自己的交易原则和计划。我现在已经彻底掌握了赚大钱的交易准则，脱胎换骨之后我再也不是一个对赌客了，我终于掌握了明智交易大资金的策略。回顾一生，这一天是里程碑式的一天，意义非凡。

顺势加仓：阻力最小路径与仓位管理

研究自己的成功案例比认识到自己的错误更有价值。况且，人都有逃避惩罚的天性。如果你将特定的错误与被痛扁一顿的感受关联起来，那么你重蹈覆辙的可能性就会大大降低。而且，所有市场上的失误都会带来双重伤害，第一重伤害是资金的损失，第二重伤害是面子的损失。不过，我要告诉你一件奇葩的事情——有些时候股票投机客会明明白白地犯下错误。**在承受错误带来的痛苦过去一段较长时间之后，他会静下来回想一番，或许他对犯错的过程一清二楚，但是却仍旧搞不清楚犯错的缘故。拿着形式上的总结，聊以自慰，最后不了了之。**

聚焦自己的优势，并加以扩大。

当然，倘若某个人能够真正地找到原因，那么就不会再次犯下同样的错误。不过，情况并非这样简单，因为错误总会变化形式来诱骗我们再次上当，而交易者会继续犯下类似的错误。陷阱如此之多，以至于**只要你有所行动，必然有一个陷阱等着你。**

复盘是一个系统工程，并不是形式上弄个简单的总结就完了。用功不用心等于自己骗自己，最终会严重影响到自信心。用功之后得不到相应的成果，这是最打击人的，最终会形成恶性循环，更加用功，结果效果还是不佳，最终就会归结为自我能力和智商有问题。用功一定要用心，世界上就怕认知二字，欺骗不得自己，上天也不可欺。一分耕耘，一分收获，心不在焉不算耕耘，只能算以次充好的哄骗行为。

现在我要告诉你我曾经犯下的一个代价百万美元的错误，那时候我刚刚跻身于百万富翁之列不久，也就是在股市大跌结束之后的 1907 年 10 月。随着交易之路越走越顺，口袋里攒到了百万美元不过意味着本金更多了。再多的资本也不会让交易者显得轻松，因为无论资本多寡，犯错误的概率可能差不多，始终有某个陷阱在等着他。当一个百万富翁参与资

本运作的时候，资本相当于听候差遣的奴仆。**亏损在我这里算不上头等大事，在止损之后它就很难再困扰我了。**睡一觉，一切烟消云散。不过，如果在市场趋势判断上站错了队，就会让我在金钱和精神上遭受双重打击。你应该还记得 Dickson G.Watts 讲的一个故事吧，有个人非常紧张，难以入睡，他的朋友询问到底怎么回事。

Dickson G. Watt 曾任纽约棉花交易所总经理，在 1891 年 3 月大都会杂志上发表过文章“Speculation of a Fine Art: And Thoughts on Life”（《投机的艺术：和对人生的思考》）。

“我睡不着。”这个人回答道。

“为什么睡不着呢?”他朋友关切地问。

“我在棉花上的头寸太多了，以至于心里老是放不下，焦虑得睡不着。太折磨人了，我该怎么做呢?”

“那就减少一些头寸吧！减小规模到你能够入睡为止。”

人往往很快就能适应环境的变迁，以至于忘记了以前到底是怎样的情况，对于前后境遇和情况的差别往往模糊不清，具体来讲就是当了百万富翁之后对于此前不是百万富翁时的情况往往不甚了了。他依稀记得一些此前没有能力做到的事情，现在可以做到了。对于一个年轻的普通人而言，富有之后不久就会丢掉此前身为穷小子的习惯。但是，富有之后再度归于平凡，则需要花更多时间才能适应，这就是由俭入奢易，**由奢入俭难。**具体来讲，就是一个人在股票市场中挣了大钱之后，他很容易养成挥金如土的习惯，但是一旦从富有变得贫穷之后，他却要花很长时间才能养成量入为出的习惯。

经济学上称之为“棘轮效应”，消费随着收入上升得很快，但是收入下降之后，消费却难以同步下降。J.L.根据自己的体验和经历总结了很多东西，放在现在经济学和金融学领域都算得上是一种理论。比如后面他还会提到“倾向效应”：截短利润，让亏损奔腾！这就是行为经济学里面的重要定理，21 世纪初的时候有经济学家凭借相关的一系列研究被授予了诺贝尔经济学奖。

1907 年 10 月，当我将所有空头头寸了结并反手做多之后，我决定给自己放一个假。我买了一艘游艇，计划到南方水域巡游垂钓一番。我非常痴迷于钓鱼，也打算借此时好好地享受一下生活。我对这趟旅行十分期待，急切想要动身起航。不过，最终计划泡汤了，市场捆住了我的手脚。

多年来我在从事股票交易的同时也从事商品交易。年少的时候我从对赌经纪行起家，多年来矢志不渝地研究这些交易标的和市场，虽然在商品上的研究比不上在股票上的努力。但实际上，我更倾向于交易商品而不是股票，因为商品的运动更有规律可言。相对于股票交易，商品合约的交易更具有

贸易的属性，也就是跟供求关系更加密切。也许主力可以人为地干预和操纵商品市场的走势，但是这些都是暂时的，基本面最终会主导市场。因此，交易者只能从观察和研究基本面入手来获得持续的回报。正如商业贸易一样，你可以观察和研究商品的供求背景，在这方面大家能够掌握的信息量处于相对公平的水平，这点与股票存在很大差别，因为股票可以为掌握了内幕的主力所操纵。在棉花、小麦和玉米这类商品市场上，绝不会遇到主力通过突然公布分红举措来操纵个股走势的情况。**从长期的角度来看，商品的价格仅仅受到供求法则的影响，商品合约的交易者们只需要搞清楚现在和未来的供求关系演变即可。**他不像股票交易者那样往往被蒙在鼓里，因此商品交易始终都非常让我偏爱。

吉姆·罗杰斯被认为是依据基本面做商品期货，而J.L.被认为是依据技术面做商品期货，这其实都是常见的错误观念，他们两人都一样最重视供求关系的变化。谁说J.L.不重视基本面的？谁说J.L.只根据价格走势做交易的？谁说J.L.的方法就是简单地顺势加仓？基本面预判在J.L.的方法中占据了首要地位，仓位管理是必需的，这不可否认，但不是唯一的。

当然，所有的投机市场都是一样的，行情纸带和盘口都是差不多的，大家只要愿意思考都会很容易地认识到这一点。**通过自我提问，并且思考作答，就很容易找到有关大势的答案。**但是，没有几个人愿意花工夫来提问，更不用说思考答案了。日常生活中大家都满腹怀疑，从不盲从轻信，但是一旦到了股票和商品经纪行的报价板前面则往往变成了傻瓜。在人类的一切游戏当中，**投机这门游戏最需要进行盘前研究，**但是实际上大家却偏偏在投机中最忽视这些工作。比起选购一辆中等价位轿车所花费的时间而言，准备在股市压上自己大半身家的研究时间却少得可怜。

解读盘口做起来比看起来更为简单，前提是你要有足够的经验。更为重要的是你需要铭记和恪守若干基本的原则，解读盘口并不是命运预测术，因为报价纸带绝不可能预测你在下周四下午 1：35 能赚多少钱。解读盘口的目的有两重：第一重目的是解决交易方向的问题，第二重目的是解决交易时机的问题。无论是股票市场还是商品市场，解读盘口的价值都是一致的。

你解读市场走势的目的其实只有一个，那就是判断价格运动的方向。显而易见的是价格运动的方向要么向上，要么

上善若水，水因地制流，价格何尝不是如此。阻力最小路径是一个听起来格调很高的词，现在交易界里面这个词基本上算用烂的那类。一线交易者扪心自问会说这是“很有道理的废话”。价格运动方向与阻力最小路径其实就是同义反复，犯了逻辑循环论证的错误。除非明确采用可操作定义来解释什么是阻力最小路径，否则这个词就是“深奥的空话”。阻力最小路径如何具体去定义，我在J.L.亲自写的那本小册子的下篇解读当中具体解释了，有兴趣的读者可以参考一下。简单提一下，基本重大变化定义阻力最小路径，这是其一，好比河床的作用；共识预期极端点定义阻力最小路径，这是其二；技术层面的趋势定义阻力最小路径，这是其三。第三层面的定义有点马后炮的意味，你懂的！

J.L.这里说得太轻巧了。如果趋势真的这么好识别，那么他为什么四次破产？如果趋势只需要平心静气地观察就能够识别，那J.L.还去分析什么货币流动性？哪还用在乎什么大地震、同业拆借利率？还读什么上市公司增发或分红公告？一个人成功了，他说的话有不同的背景和上下文逻辑，更不能保证他每句话都是经过逻辑思考后说出来的，所以不要盲从。当然，我这样说并不意味着我是对的，只是根据自己的经验给大家一个独立思考的提醒。什么基本面分析和仓位报告都不看，静心打坐，然后看下价格走势，你就能看出趋势——你问 Ray Dalio 行不行？哪有将军打仗全靠这种直觉的，直觉是全面而科学分析的升华而已。

向下，阻力最小路径决定了价格运动的方向。直观而简要地讲，正如天地万物的运动一般，价格沿着阻力最小路径运动，无论上涨还是下跌都取决于阻力的相对大小，价格会朝着**阻力相对较小的一方运动**。因此，当价格向上运动时，则表明上方的阻力小于下方的支撑；相反，当价格向下运动时，则表明下方的支撑小于上方的阻力。

趋势到底向上还是向下，一旦行情走出来我们就不会感到迷茫了。倘若观察者保持客观和开放，**那么趋势就显而易见**。但是，倘若他不从实际走势出发，而是一味根据头脑中的理论来穿凿附会行情，那么就很难看清楚趋势。如果我们能够客观看待走势，那么牛熊会自己现形，接下来做空还是做多也就非常明了了。因此，交易者尽早在开始阶段识别出来趋势对于操作而言非常重要。

我们来看一个实例，现在股价处于横向震荡阶段，震荡区间的最高点在 130 美元，区间的最低点在 120 美元。当股价跌到区间底部的时候，看起来下跌倾向明显，上涨到区间顶部的时候，看起来上涨倾向明显。但是，我们不应该受到这种表象的误导，应该耐心等待盘口告诉我们入场时机成熟才采取行动。实际上，人们在交易过程中经常因为受到表象的误导而买卖，结果损失的金钱不计其数。投机与投资不是一回事，投机客的目的不是为了获取客观的红利收入，而是通过价格波动来赚取资本利得，可以提供资本利得的市场投机客都可以参与。投机客需要判断的关键事项是未来的阻力最小路径，而他需要耐心等待的则是临界点，因为这才是他可以入场的信号。

盘口显示出 130 美元附近的阻力较支撑更为强大，按照常理，价格应该受阻回落。盘口表明现在空头占据主导，但是如果投机客只看到价格上涨的表象，进而认为价格还将上涨到 150 美元，于是在区间上边界处追涨，此后价格并未如预期一样上涨，而是回落，这个时候他要么持股被套，要么止损认亏，甚至反手做空。当价格跌到 120 美元附近时，支

撑显现，多头占据主导，价格回升，空头头寸不得不回补。参与交易的大众们在这个区间里面僵持着，很难做出单边行情。

最终多空对比发生了变化，做多力量增强了或者是做空力量增强了，于是最大阻力点向上移动了或者是最大支撑点向下移动了。具体而言就是 130 美元附近的多头战胜了空头，或者是 120 美元附近的空头战胜了多头。这样价格就突破了既有的区间，继续上涨或者下跌。有一群交易者可能还受到此前走势的影响，因此在 130 美元做空，或者在 120 美元附近做多。但这次情况不同了，价格在上涨到 130 美元附近之后并没有下跌而是继续上涨，于是那些照例做空的人不得不回补空头；或者是价格下跌到 120 美元附近之后并没有上涨而是继续下跌，于是那些照例做多的人不得不回补多头。**无论是继续上涨还是下跌，市场都通过突破区间表明了阻力最小路径。**因此，那些聪明的交易者会等待市场自身表明阻力最小路径。**交易者一方面应该观察宏观经济形势和商业状况，另一方面应该观察那些在关键点位附近止损的交易者的动向和力度，**当他们止损并反手操作时会推动价格沿着阻力最小路径前进。

这段话其实讲了三层意思：第一层是行为面/技术面的，价格在关键点位附近的表现；第二层是驱动面/基本面的，基本经济情况对大势的决定作用；第三层是心理面的，也就是市场参与者们的动向和表现，这个主要通过成交量和成交明细来把握，特别是重要支撑和阻力点位附近的价量表现和成交明细。

有一些东西并不属于严格意义上的投机公理，只能算作经验层面上的总结，例如，一些突发的偶然事件往往会对我根据趋势建立的头寸起到推波助澜的作用，前提是这些头寸是顺应趋势的阻力最小路径建立的。你应该还记得我曾经谈到的在 Saratoga 交易 Union Pacific 的经历吧？那时我之所以选择做多，是因为当时阻力最小路径是向上的。在操作上本来我应该坚持多头仓位的，结果因为听信经纪人的内幕消息而放弃了头寸。其实，如果阻力最小路径是上涨的，那么董事会那些人究竟想要做什么并不重要，也不可能改变趋势。对于他们的动向我并不了解，而盘口已经表明趋势是向上的。结果，公司突然发布了上调分红的公告，这就使得股价大涨了 30 美元。开始的时候，164 美元的股价似乎有点高了，但

这里存在锚定效应，交易者会倾向于比照前期的高点和低点来确定现在的价格是过高了还是过低了，这就容易导致价格创新高的时候，交易者不敢做多，反而想要做空，在价格创新低的时候，交易者不敢做空，反而想要做多。

是正如我之前强调的那样，**永远不要因为股价涨得太高而不敢做多，也不要因为股价跌得太低而不敢做空。因为，绝对价格的高点与确定阻力最小路径的方向毫无瓜葛。**

如果你顺着阻力最小路径的方向去持仓，你会发现收盘后到开盘前这段时间发生的事件和公布的消息往往都与你的持仓方向是一致的。趋势早已确立，而新闻事件往往不能改变这一趋势。在牛市情况下，利空的消息和事件往往被市场忽略，而利多的消息和事件却会被市场过度发挥。在熊市情况下则相反。比如，“一战”爆发前，市场已经处于极端弱势的熊市中，这时德国宣布实行潜艇战，此前我已经做空了15万股。我的头寸是根据阻力最小路径建立的，这一消息给我带来了暴利的机会。那天，我利用这则利空消息带来的暴跌回补了一切空头头寸，**锁定了暴利。**

极端恐慌的时候，价格会出现暴跌，这个时候往往是主力阶段性兑现空头头寸盈利的时候，因为有足够的对手盘新开空仓，因此主力借此机会可以在丰厚的利润水平上顺利平掉空仓。这种情况下的成交量一般是天量，此后价格往往会阶段性反弹，然后主力会斟酌情况再度逢高做空。

从这个例子你可以看出，你需要做的就是观察盘口，确定市场关键点位，并且等待市场最小阻力路径的确认，然后顺势入场交易。知易行难，说起来比做起来容易多了，因为在实际操作过程中你还必须要避免人性的干扰，也就是你天性的干扰。**持仓正确的人总是获得两种力量的同时帮助，第一种力量是趋势，第二种力量则是那些非理性的对手盘。**我之所以强调人性，原因就在于非理性也会让我们持有错误的头寸。逆势做多的人们往往会扭曲地认识事实，他们会把事实往利空的方向看，这就是人性的一种表现。但是，随着事实逐渐显露，他们的错误会让他们恍然大悟，吃惊不已。比如，那些做多小麦的人会告诉你，小麦的产量将大幅下降，因为产区天气一直非常差，农场主们叫苦连天。但是，真正等到小麦收割完成，大量的小麦涌向市场时，这些多头们才发现糟糕天气并未造成多大影响，他们死守多头头寸不过是**给了空头们一笔更大的利润而已。**

增仓上涨一般而言是涨势未完的信号，增仓下跌一般而言是跌势未完的信号，期货市场上的这一现象正是J.L.这里提到的“非理性对手盘”提供的“帮助”，非理性的他们不砍仓就意味着理性的我们还会有更多的利润。

交易商品期货的时候，交易者应该放弃固有的观点，应该保持开放而敏锐的状态。不管你对下一期农作物的产量有什么观点，都应该对盘口的表现持有敬畏，这样才是理性的

做法。想当初我因为对基本面情况的十分肯定而匆忙入市，没有重视盘口的信息，以至于没有等到市场阻力最小路径出现就动手操作。**不能单单凭着自己对基本情况的了解和对大势的预判就鲁莽行事，应该等待盘口确认我们的预判，在恰当的时机入市，不要认为市场应该如何就越俎代庖。**

J.L.不是说应该完全放弃基本面预判而只根据价格走势来判断方向入市操作，而是说不要仅凭一个基本面预判而忽略了价格走势的确认。只看价格和盘口，那是J.L.在对赌经纪行里的招式，转型中他预判了大势，忽略了盘口，也不行，等到他将大势预判与盘口解读结合起来之后，才真正坐上了股市之王的宝座。

现在讲我在棉花上的操作。我坚定地认为棉花处于上涨趋势，当时它正处于12美分左右的点位，在一个不大不小的区间里面震荡。市场处于多空拉锯状态，这点我很明确，所以应该等待。不过，我有点急不可耐，越俎代庖的行为出现了，我认为只要自己稍微施加一点力量，价格就会突破区间上方。于是我进场做多了5万包棉花合约，这时候价格上涨了一点。不过，一旦我停止做多，价格也就停滞了，然后回落到开始做多的位置。我心里想，趋势应该就要启动了，现在我可以来做这件事，于是我再次进场做多，情况又跟上次一样，做多时上涨，然后回落，打回原形。我这样介入了四五次之后，实在受不了这种折磨人的结果，只好作罢了。这一来回折腾，我亏损了20万美元左右。气人的是，不久之后棉花开始上涨了，一路狂奔，没有歇口气的意思，涨到了一个非常高的价位，如果当时我能够在恰当的时机和点位建立多头的话，现在肯定暴赚。

我这样犯傻过很多次，很多交易者也犯过无数次同样的错误，痛定思痛我总结出了一条规则：**在区间窄幅震荡的市场走势中，不要去徒劳地预测市场将向上还是向下突破，你需要做的是观察市场，解读盘口进而确定区间的上下边缘，只有当价格突破这个区间的时候，你才能考虑介入，否则绝不动手参与。**投机客应该顺势而为，而不能对盘口视而不见，不要和行情争论对错，也不要试图说服行情走势应该如何，同样，马后炮也是毫无意义的。

不久之前我同一群朋友在一起，大家聊着聊着就说到了小麦行情，一些人看多，一些人看空，最后他们询问我的看法。其实，我当时对小麦市场已经研究了一段时间。我心里非常清楚这帮人对于基本面数据和情况丝毫不感兴趣，他们对简单的操作建议更感兴趣，于是我说："倘若你们真想从小麦市场上挣点钱，我可以给一些具体操作建议。"

他们的回答当然想挣钱，于是我便告诉他们："想要挣钱，那么就要仔细盯着小麦价格的走势，等其突破 1.2 美元的时候做多，就能挣到一笔钱。"

"既然是做多为什么现在不进场呢，现在才 1.14 美元，更便宜！"其中一位不解地问道。

"但是我现在还不能判断小麦是否会真的上涨。"

"那为什么要到了 1.2 美元才买进呢？这个价位并不便宜了，已经很高了。"

"你是想抱着赌博的心态多赚几分钱，还是耐心而理性地等待正确的时机介入以便赚取确定性更高的利润呢？"

他们的回答出于意料的一致，当然是希望赚取确定性更高的利润，于是我进一步说道："那就按照我说的去操作，等待价格突破 1.2 美元的时候进场做多。"

上面我已经提到，我关注小麦很长一段时间了，几个月以来它一直在 1.1 美元和 1.2 美元之间盘整，没有明显的趋势方向。过了一段时间，某个交易日它收盘在 1.19 美元以上，我觉得时机要来了，果不其然，次日开盘在 1.205 美元，于是我立即进场做多。此后，它快速冲过 1.21 美元，1.22 美元，1.23 美元和 1.25 美元，我一路坚定持仓。

其实，J.L.存在一个预判，这就是小麦将要上涨，这就是大势的判断，但是他还要等待一个时机来确认上涨趋势真的开始了，这就是关键阻力位的突破。J.L.反对的是一味凭着预判而没有获得价格的确认就介入，而不是反对预判本身。但是，如果预判没有获得价格的确认，那么就是一个无效的预判，这就是 J.L.的实际观点。J.L.的这次操作可以看成是"基本面分析 + 箱体突破确认"，实战派期货大师 Jack Schwager 比较推崇箱体突破这个信号，特别是价格在箱体上边缘下方出现了高位盘整走势时，他认为向上突破启动上涨趋势的概率很高。这种情况我称之为"顶位"。破位、见位、顶位和败位都是非常好的交易时机。

区间震荡走势的时候，我也不知道具体的原因是什么，我给不出任何解释，价格最终会向上突破 1.2 美元还是向下跌破 1.1 美元，**我心中也没有底，只是大概觉得向上的概率更高一些，因为小麦供求关系还不足以让其显著下跌。**

与很多投机客在 1.19 美元高位做空的操作不同的是，许多欧洲人其实一直在偷偷地买入。由于这些欧洲人在现货市场上的大量买入，导致大量的小麦从美国运往欧洲，因此最终导致价格暴涨。当价格向上突破 1.2 美元这个关键点位的时候，向上趋势就启动了，这就是我看到的全部进场信号，做

多的理由就充足了。为什么价格能够突破 1.2 美元，因为向上的驱动因素强大到能够推动价格突破区间上边缘。换而言之，当价格突破 1.2 美元的时候，小麦的阻力最小路径也就确认了，**一个新的题材开始主导市场了。**

新题材，新区间。新区间，新题材。

我记得有一天美国市场因为节假日休市了，而加拿大的 Winnipeg 小麦合约每蒲式耳上涨了 6 美分，此后等到美国市场开市的时候，小麦价格开盘就上涨了同样的幅度，价格确实会沿着阻力最小路径运动。

我将自己以盘口解读为基础的交易系统的精髓和盘托出了：**我通过观察获悉价格最可能的运行方向，还会通过试探性仓位来验证自己的看法，通过这些试探性仓位搞清楚市场参与大众在关键点位附近的心理状态。**具体而言就是当我开始试探性进场之后，我会**观察价格的反应。**

市场重要参与者可以通过试探性地在关键点位附近介入，以便探知多空力量对比的情况，以及其他主力的心思。有一位交易界的朋友，做权证和 A 股都很厉害，他曾亲口说过通过故意推动价格突破某些点位可以考察跟风盘的情况，也可以试探控盘主力的意图和实力。

我曾经对一些资深的交易者坦言，当我预判市场将上涨的时候，我倾向于在价格更高的时候买入，当我预判市场将下跌的时候，我倾向于在价格更低的时候做空，如果价格没有确认我的预判，我根本就不会介入。我的这番话让许多人满腹怀疑。倘若一个投机客对上述原则恪守不渝，那么赚钱并不是难事，这条原则就是：除非市场价格走势确认了阻力最小路径，否则绝不操作，当盘口告诉我们可以做空的时候做空，当盘口告诉我们可以做多的时候做多。另外，做多的时候，随着价格逐渐上涨，他应该顺势加码。刚开始的时候只建立 1/5 的仓位，除非这笔头寸开始盈利，否则绝不加码。因为这笔头寸没有盈利，说明判断还未被证明是正确的，因此不能加仓。此前盘口也许表明趋势向上，但是现在它可能没有发出进一步上涨的信号，这并不意味着它说谎了，准确地讲它是希望我们耐心等待。

我在棉花上的交易在很长一段时间之内都很成功，我有一套自己的心得体会，并且知行合一。比如，如果我计划总共建立 4 万~5 万包总头寸的话，那么我会先观察盘口，等待介入的机会。假定阻力最小路径显示趋势看涨，那么我会先

J.L.的方法是：第一步大势预判，股票重点看流动性，商品重点看供求大局；第二步是时机把握，主要通过价格在关键点位的表现来确认时机；第三步则是仓位管理，主要是顺势加仓，前一头寸盈利之后后面一个头寸才能建立，新开立的头寸一旦不盈利且亏损到一定幅度马上止损。趋势、时机、仓位，这就是J.L.策略的一个概要。

建立1万包的多头底仓。底仓建立完毕后，如果价格继续上涨10美分，那么我会加码1万包多头头寸。如果每包能够赚取20美分，甚至1美元的利润，那么我会再度加码两万包多头头寸。这样下来，我就完成了计划的建仓总额度。不过，如果最初的1万包或者两万包的头寸入场之后出现了一定亏损，那么我会立即止损。或许亏损和犯错只是暂时的，但是无论在哪个市场，开头的头寸没有盈利那就没有进一步做下去的理由，**当然也就不值得加码了。**

在操作棉花这轮行情当中，当我严格按照自己的交易系统操作时，每一波行情我都不会错过。在逐步加码直到满仓的过程中，我也许会因为试探性的建仓而损失5万或者6万美元，看起来似乎代价不小，但其实并不高。因为一旦价格运动进入真正的趋势，那么我花不了多少时间就能将此前的亏损捞回来。在恰当的时机持有恰当方向的头寸，总是**让我小输大赢！**

价格创新低或者新高的时候，价格铁定处于单边趋势运动，价格没能创出新高或者新低的时候，价格或许处于单边趋势运动，也有可能处于趋势结束或者转折状态。哪种情况下加码的确定性更高一些？

我认为自己曾经提到过，上面这些描述可以看成是对我交易系统的建仓法则的介绍。简单的数学就足以证明这套法则的科学性。**倘若交易者只在有浮动盈利的时候才会下重注，而亏损的时候都停留在小额试探性阶段上，那么怎么会不赚大钱呢？**事实如此，显而易见。如果某个交易者能够按照我这套仓位管理策略去操作，那么就很容易建立起丰厚盈利的头寸，最终通过重仓赚大钱。

不同的市场经验会导致职业交易者形成彼此各异的交易系统，背后的根源在于对待投机的不同态度和动机。我想起曾经在棕榈滩遇到的一个老前辈，具体名字已经记不清了，只记得他从内战时期就开始在华尔街闯荡了，别人都说他是资格最老的前辈了。他经历了太多市场的兴衰沉浮，因此，经常挂在嘴边的一句话是**太阳底下并无新鲜之物，股票市场中更是如此。**

太阳底下并无新鲜之物，这类说教有体会的人能从中找到一些指导，没有体会的人只能当作纸面上的空谈而已。大的原则，J.L.给出了许多，但是如果你不结合具体的具有可操作性的实践指南去理解的话，那么无非就是一些有道理却难落地的空话。

当时，这位老前辈询问了我一些问题，而我则将自己管用的操作手法一五一十地讲给他听。他听完之后，大加赞叹：

"的确如此，你的操作是正确的，你逐步加码的方法是对的，你的思路非常好，这些帮助你构建了一个很好的交易系统。按照你的这套系统，你很容易坚持下去，因为你不会对建立的头寸感到担忧。这让我想起了 Pat Hearne。你听说过这个人吗？哦，他是交易名家，在我们那里开了一个交易账户，他做交易聪明而沉着。因为他交易业绩不凡，所以很多人都向他请教，不过他却不常回应。大家会寻求他对自己交易的肯定，实在盛情难却，他便会引用一句最喜欢的赛马警句来应付——只有下注才能知道输赢。他在我们经纪行的营业厅做交易时，总是在某个热门股票上先建立 100 股的多头头寸，每涨了 1%之后，加码 100 股。他总是说交易就是从别人口袋里掏钱，而不是让别人从自己口袋里掏钱。因此，他会在最近一笔多头加码头寸进场价位的向下 1%处设定止损。如果价格继续上涨，那么他便会向上移动止损；倘若股价出现了 1%的下跌，那么就会触发他的跟进止损，这样他所有的头寸便了结了。他声称，不管是本金还是浮动盈利，**如果回撤超过 1%，都是不可接受的。**

这个老头的仓位管理方法是每涨 1%加码一次，但是从最近一次加码的点位下跌 1%，则全部出场。不过，这套方法是有前提的，那就是热门股。如果不是热门股，没有题材驱动，那么加码机会非常少，而且底仓和加码仓位止损的次数将非常高。

"你知道，一个职业投机客并不是执着于做长线挣大钱，而是希望能够挣到确定性更高的收益。如果有大机会，那么做长线是自然而然的事情，但是不会强求。Pat Hearne 在股票市场上从不寄希望于内幕消息，也不会奢望一周挣 20%的利润，他专注于挣确定性高的收益，挣的钱足够高品质的生活即可。我在华尔街见过各种人，形形色色，而 Pat Hearne 是唯一将股票投机当作涉及赌博游戏的人，就好比 21 点和轮盘赌，而这就要求坚持一套科学合理的下注策略。"

"Pat Hearne 去世之后，有一位此前和 Pat Hearne 一起交易的客户复制了 Pat Hearne 的策略，在 Lackawanna 这只股票上挣了超过 10 万美元。此后，他将操作标的扩展到了其他股票上。因为手头阔绰，所以他开始盲目自信，认为没必要拘泥于 Pat Hearne 的方法。于是，当股价回落的时候，他并没有将亏损限制在较小的范围之内，而是放任浮动亏损扩大，

除非你能够限制交易本金占你总资产的规模，否则必须限制住每笔头寸的亏损幅度。在J.L.回忆录的前十章当中，本章的含金量最高，干货最多，是手把手教你秘诀的一章！

他不是在让利润奔跑，而是在让亏损奔跑，结果是连同老本一块输光。等他停止操作的时候，**还倒欠我们经纪行几千美元。**

“此后，此君又在我们经纪行里面晃荡了两三年时间，尽管没了本金，但是他仍旧热衷于投机，这份兴趣持续了很长时间。因此，只要他在经纪行里面不碍事，我们也并不反对他来。我记得他经常坦言自己当初的操作太过鲁莽，过于自负，不应该随便去修改和放弃 Pat Hearne 的策略。某一天，他兴致很高地找到我希望能够做空某只股票。考虑到此君为人不错，以前事业顺利的时候还是我们的一位优质客户，于是我就为他作保，许可他的户头可以交易 100 股。

“他做空了 100 股的 Lake Shore，适逢 Bill Travers 大力做空股市。1875 年，这位名为 Roberts 的朋友做空 Lake Shore 真是恰逢其时，此后伴随着逐步下跌的展开，他持续加码做空，仿佛回到了此前的严格遵照 Pat Hearne 方法的巅峰状态，不再受到非理性情绪的干扰。

“当时形势大好，而 Roberts 连续四天成功按照金字塔方式加码，账面浮动盈利 15000 美元。但是我却并没有看到他在我们这里下止损单，于是提醒了他。他却回答说下跌趋势才刚开始，**不想被 1%的反弹洗出去**。他这样说的时候是在 8 月。临近 9 月中旬的时候，他为了给第四个孩子买婴儿车向我借了 10 美元。他仍旧没有坚持经过实践证明的交易系统，交易者们绝大多数都犯了这个错误。”老前辈讲到这里的时候看着我摇了摇头。

限制亏损的同时又能让利润奔跑，这就使得设定止损的时候面临两难选择，如何权衡，这就不是简单地靠心态和原则就可以解决的问题了。

老前辈讲得极为中肯。有时我认为投机与普通的商业活动存在区别，因为**投机者的天性往往妨碍了投机获利**。所有人都会因为一些天生的倾向而在投机活动中犯下致命的错误。而这些弱点之所以存在，是因为我们与同伴更好相处的社会化要求。如果从事其他活动，人们会很容易觉察到这些弱点，但是一旦从事金融交易则会抛之于脑后，这相当讽刺，因为最需要警惕弱点的时候却是我们最粗心大意的时候。

市场的非随机强化特性加上人的倾向效应，使得交易很难学会，很难持续获利。

投机客的主要对手其实一直藏在内心深处，伺机而动。无论是希望还是恐惧，这类情绪都不能从人类的天性中被拔除。交易中，如果行情朝着对你不利的方向发展，那么你会倾向于明天行情就会反转，任凭自己被一厢情愿的想法主宰，而不愿意限制损失的扩大。最终，亏损变得一发不可收拾。对于帝国建设者和先驱开拓者而言，不认错服输的天性是他们最强大的盟友，帮助他们不断走向胜利，对于交易者而言却相反。相反，当市场朝着对你有利的方向发展时，你却担心起来，生怕明天市场就会拿走一切利润，于是你急不可耐地“落袋为安”，其实你往往过早兑现了你的盈利。恐惧让你损失了本来可以到手的大笔利润。一个成功的交易者不得不与这两种天性斗争到底，只有反其道行之才能获得交易的成功。在天性让你乐观的时候，你应该谨小慎微，在天性让你恐惧的时候，你应该自信大胆。**面对亏损时，必须恐惧，以免亏损扩大到不可收拾的地步；面对盈利时，必须乐观，以便让盈利奔跑起来成为一笔大钱。**如果**按照常人的思维和方式参与股票博弈，那么结果必然黯淡。**

这段主要讲倾向效应，对治方法就是“截短亏损，让利润奔腾”。

我从 14 岁开始便致力于投机的事业，多年以来这是我唯一的职业，对此我非常明了。将近 30 年的职业生涯有起有落，有不名一文的时候，也有坐拥百万的时候，成败得失的经验最终可以归纳为：某位交易者可以在某段时期战胜某只股票或者某个板块，但是**却不能战胜股市本身。**某位交易者或许能在棉花或者谷物交易上挣上一笔，但是却不能战胜棉花或者谷物市场本身。这就好比赛马，赌客可以在某一场赛马中获胜，但是却战胜不了赛马生意本身。

如果市场能够被打败，那么市场就不存在了。一个没有人愿意参与的市场就是一个被打败的市场，无法让风险和机会进行重新配置的市场必然是一个失败的市场。格局不可战胜，唯有对手盘可以寻找机会战胜，先立于不败之地，而后求胜，胜可知不可为！

无论怎么强调上述经验都不为过，无论何人对此有任何异议，都不能改变我的观点。我的这些论述毫无疑问是正确的，对此我非常有把握。

利用消息出货的两次精彩操作

我此前说到了 1907 年 10 月的事情，现在继续讲下去，当时我买了一艘游艇，准备好离开纽约去南方水域巡游垂钓一番。我很喜欢垂钓，出发之前脑海里满是在游艇上畅快钓鱼的情形，随性而为，想去哪里就去哪里，想停留多久就停留多久。在股票市场的大丰收让一切条件都已经满足了。但是，临行前却出了幺蛾子，玉米将我套住了。

需要补充的是在我从股市的恐慌中挣到 100 万美元之前，曾经一直在**芝加哥商品交易所从事谷物交易**。当时我观察谷物市场很久了，除了看空股票市场，我也看空谷物，因此我分别做空了 1 万蒲式耳的小麦和 1000 万蒲式耳的玉米。

开始时小麦和玉米都出现了下跌，正合我意。不过，当小麦还在持续下跌的时候，芝加哥资本最为雄厚的主力 Stratton 却突然囤积玉米进行避空的操纵。而我在股票市场头寸了结之后准备坐着自己的游艇去南方水域垂钓，但现在却发现尽管从小麦上获利甚丰，但是玉米上却因为 Stratton 的操纵而浮亏不少。

据我所知，在目前价位上能够供给玉米的实际数量其实比估计的更多，从供求关系的角度来看，价格高估不少。不过，供求法则总是会对市场产生影响，只是 Stratton 抬升了需求，而供给因为运输方面的堵塞而无法及时达到市场。我想那个时候自己一直祈祷来一场寒潮将路面冻硬了，这样车辆

芝加哥期货交易所，英文全称 Chicago Board of Trade，成立于 1848 年，是一个具有领导地位的期货与期权交易所。19 世纪初期，芝加哥是美国最大的谷物集散地，随着谷物交易的不断集中和远期交易方式的发展，1848 年，由 82 位谷物交易商发起组建了芝加哥期货交易所，该交易所成立后，对交易规则不断加以完善，于 1865 年用标准的期货合约取代了远期合同，并实行了保证金制度。芝加哥期货交易所除了提供玉米，大豆、小麦等农产品期货交易外，还为中长期美国政府债券、股票指数、市政债券指数、黄金和白银等商品提供期货交易市场，并提供农产品、金融及金属的期权交易。芝加哥期货交易所的玉米、大豆、小麦等品种的期货价格，不仅成为美国农业生产、加工的重要参考价格，而且成为国际农产品贸易中的权威价格。贯穿 1907 年全年，谷物期货出现了大牛市，来自于阿根廷的作物报告推升了谷物合约。此后，俄国为了对抗国内的饥荒禁止谷物出口，而后来传言有虫害，这些因素导致谷物市场出现空头回补，进而导致了疯狂的上涨。事后有华尔街大佬回忆到：当时的做多者大多数都是非职业交易者。而 J.L.则在上涨行情后期尝试做空。

就可以通行无阻了，然而天难遂人意，希望次次都落空。

虽然我希望尽快按照计划乘坐游艇去垂钓，但是玉米的头寸却将我困住了，情况就这样僵持着。这样的市况已经让我无法脱身了。而 Stratton 肯定也在全神贯注地盯着空头的一举一动，他明白已经将我套住，而我同样也对双方的情况了如指掌。不过，我仍旧抱有侥幸心理，希望上天能够垂怜我，赶快帮我一把。但是，无论是上帝还是其他什么神灵，他们都未曾响应我的召唤。我只能放弃对上帝的祈祷，转而依靠自己的努力来解决问题，**摆脱困境。**

自助者，天助之。

我了结了小麦的空头头寸，获利巨大。但是，玉米的头寸却让我焦头烂额，拙于应付。尽管平仓亏损较大，但是如果能够按照现价回补空头，我也非常愿意去做。但是，一旦 Stratton 发现我在平仓就会穷追猛打，故意将价格进一步拉高，这样一来我就会让自己完全处于被动之中，**平仓价会不断显著走高，这无疑是自掘坟墓。**

当你的头寸在整个品种的持仓上占据显著比例的时候，对手盘的重要性就非常大了。国内期货大佬林广茂和叶庆均在棉花上的多次交手也显示出了大资金的困境。

虽然玉米仍旧处于强势状态，但是我急切想要开启自己的垂钓之旅，因此我必须想办法脱离这一困境，筹划一次成功的战略大撤退，回补 1000 万蒲式耳的玉米空头，同时将亏损尽可能降低。

除了操纵玉米市场，Stratton 还同时在囤积和操纵燕麦市场。我密切关注着所有与谷物收成有关的信息以及交易所内的传言，有传言说 Armour 家族准备对抗 Stratton。Stratton 是不会轻易放过我的，对此我心知肚明，而当传言 Armour 家族准备进来搅浑水的时候，**我这才知道这是一次可以利用的好机会，让芝加哥那些交易商们帮我一个忙。**他们对我的唯一帮助就是为我了结玉米空头提供足够的对手盘，仅此而已。

J.L.打算借力于一个似有似无的题材来驱动市场参与者们，当然他也需要出一点力气引爆大众的预期和行为。利用消息出货，J.L.擅长这招，后面他讲的另外一个案例也是如此。

我首先要做的是向下每间隔 0.125 美元就挂一笔 50 万蒲式耳的空玉米头平仓指令。做好第一步之后，我让 4 家经纪行同事按照市价做空 5 万蒲式耳的燕麦，我预期这会引发燕麦市场的一波快速下挫。我对那些交易商的想法一清二楚，他们会认为这是 Armour 家族对 Stratton 的攻击号角吹响了，

既然如此，他们就会推断下一个攻击目标是玉米，这样就会跟风做空。一旦 Stratton 逼空玉米的计划泡汤了，那么行情就精彩了。

我对芝加哥那些交易商的心理状态一清二楚，他们的表现完全不出所料。当看到燕麦被多家经纪行的指令蜂拥做空时，交易商们马上做空玉米，以便跳上这趟快速启动的列车。在接下来的 10 分钟之内，我便回补了 600 万蒲式耳的玉米。当我发现他们继续大举做空玉米时，我毫不犹豫地回补了剩下的 400 万蒲式耳空头。我的回补必然会让价格有所回升，但是我还是不太费周折地成功回补了 1000 万蒲式耳的玉米空头。后面的成交价格只比交易商开始做空时的回补成交价高出 0.5 美分。为了引诱交易商们做空玉米，我做空了 20 万蒲式耳的燕麦，此后的平仓损失为 3000 美元，这是代价极低的诱饵。而我此前在小麦上做空的利润抵消了我在玉米上的绝大多数亏损，因此我在整个谷物市场上的损失只有 2.5 万美元。此后，玉米上涨了 25 美分，如果我还没脱身，那么就会成为 Stratton 砧板上的鱼，只能任其宰割了。如果我不顾成本地回补 1000 万蒲式耳的玉米，那么有什么样的**后果就难以预料了。**

J.L.借用市场传言之力，进而借用交易商之力，成功地脱身。伟大的投机客都是借力的高手，借大盘之力，借题材之力，借对手之力。借力而行，方得始终。肆意妄为，难得善终。

一个人在专注于某件事务多年以后，自然就会形成某些习惯性的态度，这就是行家与“菜鸟”之间的区别。正是这种专业度将行家与“菜鸟”区分开来，而**正是观察角度和方式上的差别决定了投机事业的成败。**大众对于投机操作并不严谨，他们的天性和自我经常干扰理性，因此他们的思考肤浅而片面。行家专注于过程，也就是将事情做得合理，而不是只盯着盈亏，他们懂得一个道理，那就是**成功和利润只不过是正确行事的副产品，一旦过程正确，利润不请自来，无须担忧。**交易者应该从职业台球手身上学习，具体来讲就是要做到前瞻几杆，而不是鼠目寸光，只盯着眼前这一杆的结果。**从长远的角度来对待头寸，这是交易者必须养成的职业素养和本能。**

不知道大家听说过“三手论断”没有？日本的职业围棋手会在每次落子之前考虑后面三手的情形。投机的时候也需要类似的前瞻性。什么位置下单？这个位置下单之后如果行情未如预料方向发展时怎么办？如果行情如期发展的话怎么办？何处止损？何处加仓？何处减仓？何处平仓离场？这就是交易头寸上的前瞻性。

我回想起了以前听过的一则关于 Addison Cammack 的轶事，这件事直观形象地展示了我想要表达的意思。就我知道的事实来看，我倾向于认为 Cammack 是华尔街有史以来最杰出的股票交易者之一。

很多人认为 Cammack 总是做空，其实这并非事实，只不过他认为做空更具有吸引力而已，而且他善于利用人性中的希望和恐惧来达到自己的目的。据称“上涨趋势不衰竭不可以做空”这句交易箴言就出自他之口。老前辈们都曾经告诉我 Cammack 几次大手笔盈利都是做多交易，而非做空，这表明他是基于市况而非自己的偏好来交易。无论从哪个角度来评判，他都是一位最顶尖的交易者。很久之前有一次，在一波牛市行情接近尾声的时候，他看空后续走势。而 J. Arthur Joseph **是一位金融作家**，善于言谈，他知道在当时乐观情绪充斥各种媒体，而且市场强势上涨的大背景下，像 Cammack 这样的大腕却看空，这意味着看空消息的价值非常大，于是他带着自己打听到的看空消息匆忙来到 Cammack 的办公室。

身边做股票投机非常厉害的人里面有好几个都是记者出身，为什么会这样呢？因为记者对事件的敏锐度很高，能够快速判断题材的炒作价值和空间，事件的实际影响力，还有大众对题材和事件的反应等等。他们此前的职业要求他们随时关注各种新闻和事件，因此从中得到了某种能力上的副产品，而这正是投机客最需要的能力之一。

“Cammack 先生，我的一位挚友在负责 St. Paul 交割清算的办公室担任交割员，他不久之前透露给我一些消息，我想你应该知道。”

“什么消息？”Cammack 不是很感兴趣地随口问道。

“你已经改变观点了吧？现在你转而看空了吧？”Joseph 希望确认一下 Cammack 现在的市场观点。倘若 Cammack 不置可否，那么他就不打算浪费时间继续谈下去了。

“是的，你究竟有什么大消息呢？”

“今天我到 St. Paul 交割清算办公室逛一圈，每周我都会去那里两三趟，以便为撰写新闻稿收集材料，我在那里的朋友透露说：‘老头子正在卖出股票。’他说的是 William Rockefeller。‘Jimmy，他真的在卖出吗？’他接着说道：‘是的，每上涨 0.375 美元卖出 1500 股，我这里一直在帮他交割股票。’听到这些消息之后，我马不停蹄地赶来见你。”

Cammack 不为所动，毕竟他对形形色色的人赶到办公室捎来各种小道消息、内幕消息以及各种谣言谎话早已习惯，并且产生了免疫力，对这些人基本都失去了信任。他淡淡地回了一句："你真的听说了这个情况，Joseph?"

"真的？那还能假吗？你认为我是聋子吗？"Joseph 有些着急了。

"你的这位朋友说的话靠谱吗？"

"百分之百靠谱！"Joseph 用肯定的语气说，"我和他相识多年，他诚实正直，从不说谎。他绝不会说谎，我了解他，我以自家性命担保他说的每个字。他是世界上我最了解的人，甚至比你对我的了解程度都还要深不少，虽然我们也是故交。"

"你真对他了解？"Cammack 看着 Joseph，"好吧！你应该了解。"接着，他叫来了自己的经纪人 W.B.Wheeler。看到这里，Joseph 认为 Cammack 会让自己的经纪人做空至少 5 万股的。毕竟，William Rockefeller 正在利用股价强势的局面来卖出手中持有的 St. Paul 股票，不管这样的操作是出于投机目的还是投资目的。最重要的事实就是"标准石油系"里面最厉害的交易者正在抛售这只股票。倘若一个普通的交易者得到类似这样的可靠消息之后，他会怎么做？

不过，Cammack 可不是一般人，他是业界翘楚，是那个时代最聪明的大空头。虽然他擅长做空，而且当时市场也有看空的氛围，但是他却对自己的经纪人吩咐道："Billy，去一下交易所，每涨 0.375 美元买进 1.5 万股的 St. Paul。"当时该股的市价在 90 多美元水平。

"你说的是做空吧？"Joseph 以为自己听错了。他在华尔街已经混迹很久了，绝不是什么"菜鸟"。不过，他从普通新闻记者的角度出发看待市场，**而这其实就是普罗大众的角度。**消息表明主力是在卖出以便兑现筹码，那么价格应该是下跌的。况且，这个主力是 William Rockefeller 这样的大腕，那不是表明下跌应该更加可靠和显著吗？"标准石油系"在抛售，而 Cammack 在买入！Joseph 认为这是难以置信的！

"不，我说的是做多！"Cammack 强调了一遍。

大多数的记者都以事后报道为主，因此前瞻性不足。而且很多媒体也习惯以跟风为主，反而成了金融市场的滞后指标。比如"封面指数"就是典型表现，一旦某种事件或者观点登上了封面，那么表明关注点达到最高峰。众人一致看多或者看空的时候，你觉得应该怎么做？

"难道你不信任我?"

"我信任啊!"

"难道你不相信我提供的消息?"

"我相信啊!"

"难道你的观点不是看空?"

"我的观点是看空啊!"

"那你为什么这样操作?"

"这恰恰是我买入的原因。现在开始请你**保持与那个交割员朋友的联系，一旦那帮人按比率抛售的行为停止了，请立刻通知我，尽快，你明白我说的了吗?"**

美国那个时代的股票也是不公平的，少数人是可以看到对手的底牌的。

"好的。"Joseph 答应了，随后告别离去。他心里很糊涂，搞不清楚 Cammack 到底是怎么想的。他明白 Cammack 看空股市，但却又在这只股票上做多，这种自相矛盾的做法令他迷惑不解。尽管如此，他依然按照承诺联系了担任交割员的朋友，让他密切关注 William Rockefeller 的操作，并且及时将最新动向告知自己。Joseph 每天都会主动联系这位朋友两回，打探最新消息。

此后一天，交割员朋友告诉他："现在 Rockefeller 没有交割更多的股票了。"得知这个消息之后，他赶快跑到 Cammack 的办公室去报告这一动向。

Cammack 认真仔细地听了 Joseph 的最新消息，然后转身问 Wheeler："Billy，我们现在总共持有多少股的 St. Paul?" Wheeler 查了一下记录，报告说一共持有 6 万股。

Cammack 当时是看空整个市场的，在他做多 St. Paul 之前，便已经开始做空铁路板块的其他个股了，同时还做空了其他板块的股票。现在他准备继续重仓做空整个股市，因此立即下令让 Wheeler 将持有的 6 万股 St. Paul 多头头寸了结，并反手做空。他将了结 6 万股 St. Paul 多头作为一个引爆点，打压了整个股票市场，而进一步的下跌给他的头寸和操作带来了极大的优势和便利。

St. Paul 继续下跌，跌到了 44 美元，Cammack 从中大捞了一笔。他的操作已经炉火纯青，丰厚的利润作为副产品伴随而来。我这里想要强调的是他对待交易的通常态度。他对于比在单只股票上获利更重要的东西了如指掌，他洞若观火，抓到了难得的大机会，通过此前的操作不仅能够为加码做空蓄势，而且可以建立恰当的下跌大势引爆点。那则有关 St. Paul 的利空消息，促使他抓紧时间买进，而不是直接做空，因为他敏锐地觉察到这是一次为空头**蓄势的机会**。

Cammack 的考虑其实是一个非常符合博弈论的思考结论。首先，Rockefeller 是一个实力超强的玩家，他现在正在卖出，如果 Cammack 也跟着卖出或者做空的话，那么相当于两个超级主力都在同向操作，这对两人都没有好处。两人同时做空，则 Rockefeller 找不到足够的对手盘来了结自己的多头，而 Cammack 找不到足够的对手盘来开立自己的空头。如果他们强行操作，那么会导致巨大的滑移成交价差，大大增加了他们平仓和加仓的成本。其次，如果 Cammack 趁着 Rockefeller 了结多头的机会进场做多，这样相当于拉高，然后再做空，这样就相当于为自己增加了做空的容易程度和获利空间。最后，在期货市场当中，主力经常会在趋势行情正式启动之前先反向拉一把，一方面是洗盘，另一方面是创造更多的盈利空间。简而言之，这其实是相当于三十六计的“欲擒故纵”。

现在回到我自己身上，在完成了小麦和玉米的交易之后，我乘着自己的游艇去了南方游玩垂钓。我在佛罗里达附近的海域游弋，度过了美好快乐的日子，在那里垂钓让我十分高兴，一切遂意，远离了世俗的一切烦恼和琐事。

某日，我在棕榈滩靠岸，在那里遇到了许多华尔街的故人，大家都在热议一位颇具传奇色彩的棉花投机者。纽约的一则新闻报道说 Percy Thomas 输光了，这并非商业意义上的真正破产，而是关于这位闻名遐迩的世界级投机客在棉花市场上遭遇了第二次挫败的传闻而已。

我一直非常敬重这位前辈，第一回得知他的事迹是在报纸上，当时证交所的经纪会员 Sheldon & Thomas 公司破产了，而 Thomas 正在试图操纵棉花市场。作为合伙人的 Sheldon 缺乏 Thomas 的胆识，在临门一脚的时候退缩了，至少华尔街上是这样传闻的。不管中间过程如何，结果就是他们不仅没能大捞一笔，而且还功亏一篑，造成了一桩多年来最大的败局。具体他们赔了几百万美元，我已经忘记了。他们的合伙公司倒闭了，而 Thomas 决定自己单独参与投机事业，他全身心致力于棉花交易，不久之后东山再起。他不仅偿还了在法律上已经不再存在的债务，而且还剩余了 100 万美元。他在棉花市场上的这次跌宕起伏颇具传奇色彩，可以比肩 S.V. White 在股票市场上的精彩经历，后者在一年之内清偿了高达 100 万美元的债务。Thomas 的胆识过人，让我十分仰慕。

棕榈滩的人们正在热议 Thomas 在 3 月棉花合约上铩羽而归的传闻。交头接耳、以讹传讹是这类谈话的主要特征，你

对此可以想象。与此类似的是我也曾经听到关于我的传闻，传来传去添油加醋之后与事实有十万八千里之远，在一天之内就重新传回到最初讲这件事的人那里，而这个时候连他都认不出来这条信息的原貌了。

Thomas 在棉花市场上再度遭遇滑铁卢的最新传闻让我沉醉于垂钓的心思转移到了棉花市场上。我收集了大量的相关报告，通过阅读这些材料来搞清楚市场背景的来龙去脉。回到纽约之后，我便聚精会神地投身于棉花市场研究。当时所有人都在看空棉花，同时也在做空 7 月棉花合约。**你对大众的行为和心理应该知其一二，人们之所以做某件事往往是因为从众心理在作祟，这就是情绪和心理相互传染的典型例子，**这就是我的推断。也许这是某种社会化或者合群本能的阶段性表现，又或者是这种本能的变异形式。总而言之，根据绝大多数交易者的看法，做空 7 月棉花是正确睿智的举措，并且只有这样做才会觉得安全可靠。大家的做空行为并不能被简单地归结为鲁莽，这样的看法其实缺乏深刻性。通常，大多数交易者想要窥一斑而知全豹，而且只看到潜在的丰厚利润而忽视了**相应的风险，**他们坚信棉花价格将要暴跌。

所有的交易者都倾向于片面看待市场的方方面面，只有少数交易者能够抵御这种倾向。智者之虑，必然杂于利害，杂于利，而务可信，杂于害，而患可解。

我当然观察到了大众的这些心理和持仓情况，其中有一点特别让我注意，那就是做空的这些玩家们缺乏足够的时间来了结他们的头寸。对于背景和格局研究得越全面和深入，我对这一点就越发明晰。于是，我立即做多了 10 万包 7 月棉花，建仓的过程比较顺利，因为对手盘非常充裕，太多的人在做空。据我所知，如果在当时悬赏百万美元来寻找一位不做空 7 月棉花的交易者恐怕很难。

我讲的是 5 月中下旬的情况，我继续做多更多棉花合约，而那些看空大众则继续卖给我，最终我建立了 12 万包的多头头寸。在我建立最后一笔多头头寸之后不久，棉花的上涨趋势启动了，开弓没有回头箭，上涨走势气势如虹，日均上涨幅度在 40~50 点。

大约在我动手介入的 10 天之后，也就是某个星期六，价格开始缓慢上涨，我不清楚市面上是否还有更多的 7 月合约做空操作，这需要我自己去搞清楚，于是我在收盘前 10 分钟内耐心观察盘面以便获取相关的信息。据我所知，做空者倾向于**在这个时段操作，如果收盘价走高，那么这些做空的人就会被套住**。因此，我给 4 家经纪行同时下达了做多指令，每家经纪行按照市价做多 5000 包。这导致行情拉升了 30 点，空头们这会儿肯定是在竭尽全力想要全身而退。当日收盘价收在最高价，而我则是通过吃掉了最后的 2 万包空头对手盘做到了这点。

J.L.对于对手盘，也就是棉花 7 月合约的空头玩家非常了解，这点应该得益于他早年解读盘口的功夫。

第二天是星期日，等到下周一利物浦棉花市场开盘时，其开盘价应该向上跳空 20 点，这样才与纽约的此轮上涨幅度相符。但是，利物浦棉花市场的开盘价却高开了 50 点，这意味着其涨幅比美国市场高出了 100%。我并没有去推动利物浦的棉花市场，所以与之毫无瓜葛。之所以有这一情况的出现，无疑表明我的市场推理是建立在可靠的基础之上的，我的操作符合了阻力最小路径。天遂人意并没有让我志满得意，因为手头还有巨大的多头头寸需要妥善处理。毕竟，无论市场**飙升还是稳步上涨，能够承受和消化的抛盘肯定是有极限的。**

做交易你一方面要考虑格局，另一方面还要考虑对手盘。但是，绝大多数人要么没有考虑格局，要么没有考虑对手盘，超过一半的人甚至两者都没有考虑。知己知彼，百战不殆，知天知地，胜乃不穷。孙子兵法很早就讲透彻了博弈当中揣摩透对手和格局的重要性了。

利物浦的行情电信传来之后，美国的棉花市场变得疯狂起来，不过我却发现价格越是上涨，7 月合约的成交量越少。在这样的情况下，我一点也没有减持头寸。星期一的开盘跳空对于空头而言可不是什么值得高兴的事情，但是他们也并未出现恐慌情绪，没有看到他们争相平仓的迹象。现在，我手头持有 14 万包的多头头寸，这是相当巨大的一笔头寸，我需要找到足够的对手盘。

星期二的早晨，我前往办公室的时候在大楼门口遇到了一位朋友。

“今天早上《世界报》的报道太火了！”他笑着说。

“什么报道？”我询问道。

“不会吧？你难道没有看这篇报道吗？”

“我从来不看这份报纸，报道到底是什么？”

"嘿，朋友，关于你的报道，说你控制了7月棉花合约。"

"我确实没有看到。"我回复他，然后便匆匆离去。我不确信这位朋友是否相信我的回答，他或许认为我没有坦露实情，真不够朋友。

我急忙来到办公室，吩咐人去找一份《世界报》来。我一看，在头版真的有一篇关于我的文章，大标题写着——**Larry Livingston 控制了7月棉花合约！**

封面效应、头条效应、头版效应，这些都是观察大众情绪极端值的窗口。

当然，我立马意识到这篇文章对整个市场的影响，这无疑为我提供了一个浑水摸鱼的机会。此前我还在处心积虑地谋划如何为14万包多头头寸找到足够的对手盘，现在天助我也，哪里**去找这么好的机会！**这篇报道恰逢其时，解了我的燃眉之急。人们要么从《世界报》上面直接读到这篇文章，要么从其他报章上读到转载的文章，无论如何全国都在流传这件事，而且传到了欧洲。显然，英国利物浦棉花市场的向上跳空开盘价证实了后面这点。棉花市场简直太疯狂了，毕竟受到了这样新闻的刺激，所以并不奇怪。

利用题材和消息出货在A股也是大行其道的题材股坐庄出货的方法。J.L.善于利用各种或虚或实的消息来制造足够的对手盘。大家要明白一个投机的机制，那就是你的盈利最终都是来自于对手盘的损失。如果没有足够数量的对手盘，那么你挣什么大钱呢？你如何兑现你的筹码呢？

对于纽约会有什么样的反应，我早已料准；对于应该如何操作，我心中也早有打算了。本国市场10点钟开盘，等到10点过10分的时候，我手上的棉花多头头寸早已结清了，那14万包棉花的多头头寸已经被对手盘买走了。这些多头头寸的大部分平仓成交价基本上都是当日的最高价，看了新闻进来参与做多的对手盘们为我提供了市场流动性，而我只不过是看准了这一了结手中多头的机会而已。我不得不牢牢抓住这个机会，因为舍此无他。

如何了结手中的巨大多头头寸，这个难题本来让我煞费苦心，却想不到天助我也。倘若《世界报》没有刊登这篇报道，那么我只有接受巨大的交易成本才能了结手上的巨大头寸。了结14万包棉花7月合约的同时避免成交价格大幅下跌，鱼和熊掌难以兼得，我没有法力来同时达成两项要求。但是，《世界报》却无意中帮了我大忙，让我全身而退。

《世界报》发表这篇文章的动机究竟是什么，我不得而知，对于内情我毫不知晓。也许作者得到了棉花市场业内朋友的内幕消息，然后想着可以推出一则独家报道。而我真的没有见过这位记者或者这张报纸的其他工作人员。直到早上 9 点之后，我才从朋友口中得到了这篇文章的存在，否则我将一直被蒙在鼓里，毫不知情。

如果没有这篇报道，那么我便缺乏足够的对手盘来了结我的多头头寸。当你持有大额头寸的时候，就会遇到这种问题。因为当你试图离场的时候会存在各种障碍，以至于你很难悄然离场，而小额头寸在离场上却相当自如。手握大额头寸的时候，你未必能在想要了结或者应该了结的时候得偿所愿。通常情况下，你必须在那个能够离场的时候采取行动，这个时候市场提供了充足的对手盘。如果你错失了这一机会，那么或许会导致你多付出数百万美元的代价。通过操纵盘面来制造足够的对手盘往往也无济于事，比如将价格拉上去再了结多头头寸，结果适得其反，因为在更高的价位上愿意开立多头头寸的人**可能更少**。这里我想要强调的一点是捕捉离场时机是一门讲起来简单、做起来难的工作，你必须随时观察和等待时机，凡事预则立不预则废，当机会窗口打开时你才能果断抓住。

通过故意触及止损，或者是制造假突破来制造平仓盘和跟风盘也是主力经常用来制造充足对手盘以便离场的手段。主力离场需要很大的量，否则就难以全身而退。

当然，并非所有人都清楚背后的来龙去脉。与在其他任何地方一样，在华尔街一旦某人因为某事发了大财，那么必定被人怀疑，认为要么是撞了大运，要么是用了不正当手段。倘若这件事不是让这个人发了大财，而是倒了大霉，那么别人就会认为这是咎由自取和理所当然的事。如果从事件中赚到了钱，那么大家都会眼红，认为是小人得志、**好人遭殃的结果**。

人们倾向于将别人的成功视为运气使然，而将别人的失败视为个人原因。同时，人们倾向于将自己的成功视为个人原因，将自己的失败视为外部原因和运气使然。

某些因为自己鲁莽行事而尝到苦果的空头心怀不满，他们指责和抨击我制造了这次陷阱，让他们上当。不仅这些人这样想，其他很多并未参与交易的人也有**相同的想法**。

持有阴谋论的人将人和参与者的影响力绝对化了，认为人的谋略和能力是万能的，忽略了环境的复杂性和制约作用，也忽略了系统论的原理。将事物的发展归结为极少数人或者小集团的操纵和控制，这种思维完全是脱离实际的理想主义。

过了一两天，我碰到了一位笑傲全球棉花市场的朋友，他说："这一定是你到目前为止最为高明的一次交易，

Livingston。我非常想要搞清楚倘若你直接了结那些多头头寸会少赚多少钱？在不引发跟风抛售的前提下，这个市场最多能够为5万~6万包棉花多头的平仓提供流动性，那么剩下的那些多头头寸如何离场呢？我对这个问题十分感兴趣，但是我绞尽脑汁都不会想到你用的这招。”

“那则报道与我毫无瓜葛。”我以保证的口吻说道，试图以最大的坦诚来取得他的信任。

不过，他却对此不以为意，反而不断地唠叨：“你手段太高明了，真的是太高明了，老弟，不要过度谦虚嘛！”

经此一役，一些报纸称我为“棉花之王”。但是，其实这有点言过其实了，我很难完全配得上这样的称号。也许你应该知道一点，那就是如果想要收买《世界报》的头版专栏，难如登天，不是砸钱就可以解决问题的，谁也没有那么大的影响力来促使这份报纸的头版刊登那篇关于我的报道。况且这篇对我的报道其实言过其实了，我完全没有那么大的市场掌控力。

我讲述这一故事的原因不是为了炫耀自己头顶上的光环，因为这类光环和头衔并不都与实际情况相符，名不副实也不鲜见。另外，我也不是想要通过讲述这段经历来强调捕捉时机的重要性，遑论这些时机何时来、怎么来。讲述这一经历的真正目的不过是为了道明这番棉花7月合约交易之后为什么媒体要对我加以抨击，如果不是这些报纸的报道，我也不可能见到如雷贯耳的Percy Thomas了。

外来和内在的蛊惑：如何保持交易者的初心

7月棉花合约上的大获全胜让我感到意外，此后不久我收到一封 Percy Thomas 的来信，他想要和我见面。对此我十分乐意，于是马上回复他，欢迎他在任何方便的时候来访。次日，他就登门拜访我了。

对于他，我十分仰慕，他的名气实在太大了，处在棉花产业链上任何环节的人都知道他。在欧洲和美国本土，大家和我交流有关棉花的信息时都会引用他的观点。我记得某次在瑞士的一个度假胜地，与一位来自开罗的银行家聊了起来，他与已故的 Ernest Cassel 爵士一起在埃及发展棉花种植业。当聊到我来自纽约时，他立即向我提及 Thomas，并询问相关的情况，他说他一直坚持研读此君的每一期研究报告。

> "我年轻的时候，人们称我为赌徒；后来我的生意越来越大，我成为一名投机者；而现在我被称为银行家。但其实我一直在做同样的工作。"
>
> ——Ernest Cassel

我一直认为 Thomas 是在以近乎科学的态度从事投机事业，确实称得上是一位真正的行家，一位具有远见的梦想家，一位具有勇气的格斗士，一位聪慧且耳听八方的智者。他不仅精通棉花有关的理论，同时对于交易实务也得心应手，是理论与实践兼修的真正大师。他不仅善于倾听别人的意见和看法，也乐于分享自己的经验与理论，另外他还对棉花市场上的所有玩家的心理洞若观火，这些都是他多年在市场中摸爬滚打积累起来的宝贵经验和教训，是输赢几百万美元资金得来的东西。

Sheldon & Thomas 经纪公司倒闭之后，Thomas 便开始了

单枪匹马的交易生涯，不到两年便东山再起。记忆中在《太阳报》上曾经读过有关他的报道，其中提到他在东山再起之后，首先做的就是偿还此前的债务。然后，他聘请了一位专家为他的100万美元寻找明智而恰当的理财方式。这位专家在审慎地分析了Thomas的财务状况，并且研究了几家公司的财务报告之后，建议买入Delaware & Hudson公司的股票。

Thomas输了几百万美元破产之后，又再度崛起，从棉花市场上赚了几百万美元，清偿债务之后还有百万美元的利润，但是，这回在棉花3月合约上却铩羽而归。他进了我的办公室之后，开门见山地提出与我合作。他会向我提供及时的消息，无论他获得什么信息都会在公众知晓之前及时通知我，我们的合作基于分工，我负责交易实务，因为这是我所擅长的，而他并不擅长这些。

诸多理由让我觉得这个提议毫无吸引力，我坦诚以待说出了自己的顾虑，那就是一匹马套上有两套缰绳是没法跑起来的，我对这些新套路并不感兴趣。但是他言辞恳切，说我们是理想的搭档，逼得我最后不得不直接表明不想卷入这类可能会极影响交易的事情。

“倘若我犯了错，那么我会独自承担，认错离场。对于我而言，紧紧握住亏损的仓位并不可取，也不会让意料之外的麻烦一直缠着我。之所以选择独来独往，原因在于这样做是明智和高效的交易之路。独立思考，与其他交易者公平对弈，这里面乐趣大多了。我不喜欢与其他玩家交往甚密，也从不掺合他们的买卖操作。倘若我在市场中挣到了钱，那是因为独立思考的结果。我不会去宣扬和兜售自己的市场看法，当然也会以这些看法作为股本与他人合作投机。按照资金的观点投入真金白银，只有这条挣钱之路是我向往和认可的，除此之外的方式，即使挣钱也无法让我高兴。对于你的合作提议我并无兴趣，交易能够带来乐趣完全是因为我能够自行其是，**而不依赖于他人。**”

Thomas听了我的坦白之后表示非常遗憾，但是还是据理

棉花此役之后，J.L.属于赢家，而Thomas属于输家，这种形势下J.L.会愿意与Thomas合作是不太现实的。J.L.这会儿心高气傲，其实资金规模很大之后，单靠自己的研究能力是不行的，情绪控制和仓位管理上也容易出现问题，所以需要合理而科学地借助于他人的力量。但是，重点在于“如何科学合理地借助”。J.L.几起几落，不是因为他的策略还未定型，而是在于他缺乏约束，一个人完全靠自己约束自己，一段时间内可以，但是时时刻刻却做不到。

力争，希望能够让我回心转意，他说我拒绝他的合作提议是不明智的。最终，这次会面我还是坚持己见，没有答应合作的事情。不过，接下来我们在其他事项上谈得非常高兴。我说坚信他有能力再次崛起，倘若能够给予资本上面的支持将是我莫大的荣幸。不过，他婉拒了我的好意。此后，他对我在棉花 7 月合约上的操作非常感兴趣，于是我就和盘托出这中间的操作过程，怎样建仓、总体仓位情况、成交价格等细节我都毫无保留地告诉了他。再聊了一会之后，他就起身告辞了。

此前我曾经提到过投机者的对手众多，其中也有不少对手来自于投机者本身的天性，这些就是内部潜藏的对手，它们时刻干扰和破坏投机客的决策和操作。提到这里，自己犯过的许多错误就浮现在脑海里面。我完全认识到了一点，那就是无论一个人有多么特立独行，无论他一生在独立思考上有多么努力，当一位巧舌如簧的说客出现时，他也未必能够抵抗得住诱导。对于那些投机客身上常见的问题，如贪婪和恐惧、期待和幻想，我已经具有一定的免疫能力了。但是，人非圣贤孰能无过，**我仍旧容易犯下某些错误。**

社会心理学是交易者们应该去了解的一门学科，而“说服”属于这个学科的范畴，大名鼎鼎的《影响力》就属于这一领域的通俗读物。很多近乎于骗的销售人员所采用的伎俩都万变不离其宗，从中都可以对号入座。交易者容易受到市场观点和信息兜售者的误导，媒体惯常采用的策略与商品销售者们如出一辙，对此我们要心中有数，做好免疫。

在会见 Thomas 之前发生的一件事情让我意识到自己多么容易被人蛊惑，以至于判断被蒙蔽，而毫不顾忌真实的想法。这件事情发生在我在 Harding 经纪行的办公室，那是一间不大的办公室，为我独自使用，在交易时段不允许人来打扰我。我喜欢安静而专注地从事交易活动，而且我是资金雄厚的客户，可以给经纪行带来丰厚的佣金收入，经纪行的人自然就对我特别照顾了。

某日，收盘不久，忽然我听到某人说：“下午好，Livingston 先生。”

我转身一看，一个 30 岁到 35 岁的陌生人。他到底怎么进来的，我毫不知情，但是我当时认为他一定是因为与我有关的事情才能够被许可进来。不过，我并未开口说话，只是看着他。他立即开始了推销：“我来找你聊一下 **Walter Scott**。”

Walter Scott，英国著名的历史小说家和诗人，1771 年 8 月 15 日生于爱丁堡的苏格兰古老家族，父亲是律师，母亲是一位医生的女儿，受过良好的教育。他自幼患有小儿麻痹症，从爱丁堡大学法律系毕业后，当过副郡长。他以苏格兰为背景的诗歌十分有名，但拜伦出现后，他意识到无法超越，转行开始写作历史小说，终于成为英语历史文学的一代鼻祖。

接着他开始长篇大论起来。

他是一位图书推销员，说实话并没有什么让人感到舒服的谈吐，讲话技巧也不算多么高明，外表也毫无吸引力，但是个性却非常鲜明独特。他滔滔不绝，好像我在倾听似的，其实我只是当作耳边风而已。他到底在讲什么，我完全没搞清楚，无论当时还是此后，我都没明白他想表达什么意思。等到他终于消停之后，他递给我一支钢笔和一份空白的表格，我习惯性地签了字，这是一份花费 500 美元购买一套 Scott 作品的合同。

签完字的那一刻我才如梦初醒，但是已经白纸黑字、尘埃落定了，他将合同放进了口袋。说实在的，我对这些书根本毫无兴趣，而且也找不到地方搁置这些书，对我而言毫无价值和用处。送给谁呢？我更不知道。尽管如此，我却稀里糊涂地同意花 500 美元买下这套书。

我对于亏损见惯不惊了，以至于从不担忧这些方面。我坚持复盘自己的做法，并且找出这样行为的原因。因为我希望明晰自己的能力范围和思维模式，而且我不希望重蹈覆辙，前车之覆，后车之鉴，只有这样才能真正坦然地面对自己犯下的错误。

在买书合同这件事情上，我已经犯了 500 美元的错误。但是问题到底出在什么地方呢？我仔细打量这位销售员，他面无表情，哪怕对我微笑一下以表感谢都没有，这让我备受打击。他好像对我的心思了如指掌，即使我什么都不讲，他似乎也已经明白我的想法了。所以，我也没必要故作姿态了，于是直入主题："你能从 500 美元当中获得多少佣金收入呢？"

"抱歉，先生，我不能接受你的贿赂！"他马上警觉起来摇着头。

"你究竟能够从中拿到多少呢？"我继续追问。

"1/3，但是我不能那么做。"

"500 美元的 1/3 就是 166.66 美元，我给你 200 美元，你把合同还给我。"我立即拿出 200 美元表示自己的诚意。

"先生，我已经说过了不能那么做！"

"你此前成交的客户都会出 200 美元来说服你取消合同吗？"

"不是。"他回答道。

"那么你怎么如此有把握我会用这一招呢？"

"因为从事你们这个行业的人都倾向于这样做，你是第一流的输家，所以是第一流的赢家。我非常钦佩你及时止损的能力，但是我**并不能接受这样的做法。"**

"那么你可以告诉我，为什么挣更多的钱你反而不感兴趣呢？"

“我并非对挣更多的钱不感兴趣，准确地讲我的工作绩效并不完全用钱来衡量。”

翻译这一段对话的时候我是采用意译的方式，如果直译的话，可能大家不能读懂真正的意思。

“那用什么衡量？”

“我自己的标准。”

“什么标准？”

“先生，难道你的工作仅仅是用钱来衡量的吗？”

“当然!”

“不对，你不是仅仅用钱来衡量自己的工作，否则你怎么可能从中得到极大的乐趣和满足呢？你的银行账户金额增加不足以让你一直待在华尔街，你还存在其他衡量标准，我也一样。”

“那你还有什么衡量标准呢？”与其争辩不如顺着他看看到底能说些什么。

“就这点而言，我们身上都有一个弱点。就是虚荣，所谓的自尊！”

“好吧，你已经成功说服了我在合同上签了字，现在我想取消合同，用 200 美元支付你 10 分钟的劳动，这难道还满足不了你的自尊？”

“不是这样的，我们这个团队中的其他人已经在华尔街推销了几个月了，但是食不果腹，绩效一塌糊涂，他们要么埋怨商品的问题，要么埋怨渠道的问题，因此总部不得不派我来证明问题出在他们自己身上，而不是像他们认为的那样是商品和渠道的问题。他们挣的佣金比例是 25%，但是他们愿意付给我 33.33%的佣金比例，之所以这样是因为之前在 Cleveland 我两周卖出去了 82 套。现在我被派到了华尔街，除了要卖书给之前拒绝了其他推销员的客户，还要卖给那些他们见不着面的客户。”

“说实话，我到现在还没有搞清楚你是怎样将书卖给我的。”

“这并不难，因为这套书我也卖给了 J.P.Morgan。”他略带安慰我的语气说道。

“真的？不会吧？”我说。

他对我的怀疑显得很坦然："我确实卖了一套给他！"

"能将一套 Walter Scott 的书卖给 J.P.Morgan？你要知道他收藏的都是一些品相很高的孤本和小说原稿呢！"

"你看，他还买了 John Hancock 的书，这是合同。"他很快拿出一份有 J.P.Morgan 签名的合同在我眼前晃了晃。事后我猜想这未必是真的签名，但是当时我并未怀疑。他也将我签字的合同纳入囊中了。对此我十分好奇——他究竟怎样做到的？

"你在那里是如何通过了图书管理员这关的？"

"我没有看到图书管理员，直接在老头子的办公室见到他本尊。"

"这未免太夸张了！"我非常惊讶，毕竟谁都知道即使空手走进 Morgan 的办公室也难如登天，这比带着发出嘀嗒声的包裹进入白宫还难。

这个销售员的目标很明确，那就是完成公司指派的任务，这样他就能挣更多的钱，而不是 J.L. 多给的那几十美元。但是，他意识到了 J.L. 反悔了，所以他利用 J.L. 的这一心理，让 J.L. 介绍更大的客户给自己，这样虽然损失了 J.L. 这份合同，但是却挣了更大的合同金额，所以他是以退为进。

不过，他口气坚定地说：**"我做到了！"**

"那么你究竟是怎么进到他办公室的呢？"

"我是怎么进到你办公室的呢？"他反过来问我。

"我不知道你怎么做到的，你告诉我答案吧！"

"好吧，其实我进到 Morgan 办公室的方法也与进你办公室的方法是同一个套路。守门的人最初是不让我进来的，而我则说服了他们。同样，让你们两人签字的方法如出一辙。你不是因为想要这套书而签字的，而只是习惯性地接过我递过来的钢笔签上了字而已。这就是答案，同样的套路。"

"真的是 Morgan 的签名吗？"3 分钟之后我重拾了怀疑的心态。

"当然是咯！他从小就学会了书写自己的名字。假不了。"

"你这么容易就搞定了？"

"是这么容易，我对自己做的事情非常清楚，这就是全部秘密所在。非常感谢你，Livingston 先生，祝你好运，告辞了。"这样说的时候，这位推销员已经迈开腿朝门外走了。

"稍等，我一定要让你从我这里挣到 200 美元的整数。"

说着，我递给他 35 美元。

他摇了摇头，说道："不，我不能接受。不过我可以这样做！"说着，他从口袋里面拿出那份合同，撕成了两半，然后递给我。

我数了 200 美元，递给他，他再次摇了摇头。

"你的意思难道不是这样吗？"

"不是。"

"那你把合同撕了又是为何？"

"因为你没有埋怨，而是承担责任面对现实，要是我处在你的位置也会这样做。你的行为让人钦佩，所以我取消了这份合同。"

"这 200 美元是我自愿付给你的，没有附带条件"。

"我明白，但金钱并不能交换一切。"

虽然他这样说，但是我隐约感觉到他希望我能够为他做点什么："你说得很对，金钱并不能交换一切，那么你现在希望**我为你做些什么呢？"**

"你的反应真够敏锐的，你真的愿意帮我一个忙？"

"是的，我愿意帮忙，但是还需要看你想要我帮什么忙。"

"你陪我去一趟 Harding 先生的办公室吧！让他和我谈上 3 分钟，剩下就是我和他的事情了。"

我摇了摇头说道："他可是我的好朋友。"

"他已经 50 岁了，而且是一位股票经纪人。"**这位图书推销员说道。**

这话讲的倒是事实，我觉得很有道理，于是领他进了 Harding 的办公室。此后 Harding 与这位推销员的谈话我再无涉及，过了几周之后的一个傍晚，当时我正从市中区往郊区赶路，在第六大道的火车站与他不期而遇。他非常有礼节地举起了帽子打招呼，而我点头回敬，他走过来询问我："你好，Livingston 先生，Harding 先生好吗？"

"他还不错，怎么这样问呢？"我觉得他问得有些奇怪。

"那天你带我去见他，他随后买了 2000 美元的图书。"

这位销售员利用"互惠原理"成功地触发了 J.L.的本能反应。无论是这位销售员还是 Thomas 都有意无意地利用了 J.L.的亏欠心理，谋求更大的利益。什么是"互惠原理"，简单说就是先予后取，本质上是先在对手身上制造一种亏欠感，然后在让对方主动来满足自己的要求。

这位推销员说这番话的言外之意就是他已经是个经验老到的人了。

这位销售员非常了不起，对于社会心理学简直是烂熟于心。首先，他对人的普遍本能非常清楚，这就是社会心理学讲到的一些人类共性，比如稀缺法则、互惠法则、承诺一致法则等。其次，他对个性心理学也非常清楚，根据人的职业、年龄和社会阶层去定位人的心理特征。在我们从事交易的时候，我们身上的人类本能——快捷反应方式，也就是类似于巴甫洛夫讲的条件反射，会干扰我们的理性判断，而我们的个性特征，也会干扰我们的判断和操作。因此，每一个交易者都应该懂一些心理学。

19 世纪美国的大城市中，以钱权交易为营生的政治机器中最有名的是纽约市的坦慕尼协会（Tammany Hall）。坦慕尼协会最早成立于 1789 年 5 月 12 日，以一位著名的印第安酋长的名字命名。19 世纪初欧洲移民潮水般涌入纽约城，给坦慕尼派带来了可乘之机。从轮船下来之后，移民们发现自己置身于各个工会和不同派系的威逼利诱之下，各个组织都许诺帮助这些初来乍到的穷人在陌生的国度生活下去，而移民们需要以手中的选票作为回报。在南北战争期间，坦慕尼派摇身一变成为美国民主党的同盟，并进而控制了纽约市民主党，随后控制了纽约市。坦慕尼派通过控制纽约的市政资源，用政府的工作机会来换取选票，用政府的合同换取贿赂的方法，明目张胆地实行“权钱交易”。坦慕尼派的大佬们被人们称为“老板”，老板们通过种种途径捞钱自肥。

这就是所谓的“淡定”吧！

“他可从来没跟我提起这件事。”

“当然，他们这类人是不会提的。”

“哪类人？”

“他们这类人的特点是如果认为某种生意是坏生意，那么他们就不会去做这样的生意。他们清楚自己的需要，没有人能够主导他们的意见。这类人正是我孩子学习的典范，也是让我妻子觉得有趣的人。Livingston 先生，你帮了我一个大忙，当我放弃你急切想要给我的 200 美元时，已经想到了这一点。”

“如果情况并未如你所料呢，也就是 Harding 先生并未从你那里订购任何东西呢？”

“哦，我知道他一定会买的，因为我对他是**哪一类型的人非常清楚，搞定他没有难度。”**

“也许吧，万一他什么都没有从你那里买呢？”我继续追问。

“那我就会返回来找你，卖点别的什么书给你。再见，Livingston 先生，我要去见市长先生了。”当火车停靠公园站的时候，他起身下车了。

“希望你能够卖给他 10 套。”我对他说，毕竟市长阁下是一位 **Tammany 派的人。**

“我也是共和党人。”当他这样说的时候不慌不忙地往外走，**好像火车会等着他下了才启动一般。**事实上火车真的多停了一会儿才离开。

我之所以插入了这次经历是因为我此后被 Thomas 这样的著名人物驱使去做了原本不想做的事情，两次经历是有内在共同之处的。这位图书销售人员是第一个“操控”我的人，就我而言应该不会有第二个人得逞了。但是，造化弄人，我真碰上了这样的人。你不应该奢望世界上只有一位善于推销的人，也不能奢望自己能够对他们无动于衷。

Percy Thomas 来访的时候，我婉拒了他的合作建议，当时我就认为此后与他不会再有交集了，甚至我认为以后或许永

远不会再见到这个人了。但是，会面后的次日他就专门提笔写信给我，感谢我主动帮助他的建议，并邀请我有空去拜访他。我能怎样呢？当然是回信表示还会去登门造访。此后他再度来信，这样我就没法拒绝了。此后，我专门和他通了电话。

此后，我数次造访他，他的言谈让我收获甚多，博学多识而又诙谐幽默，他是我见过最有魅力的人物。

我们天南地北地闲扯，无所不聊，他学识渊博，饱读书籍，对诸多问题都有自己独特的见解，旁征博引，才华横溢，令人拍案称奇，其中蕴含的卓越见识让人印象深刻，不得不叹服。我曾经听过很多人指责 Thomas 在各方面都存在问题，比如虚伪之类的。有时我会私下思忖也许是他先说服了自己，然后才有说服别人的能力，也许这是他非常具有说服力的原因，但我并不是十分清楚。

当然，我们也交换**对市场的看法和观点，并且程度越来越深。**我看空棉花的价格走势，而他则看多。对我而言，没有任何的多头迹象存在，但是他却认为有这样的征兆，而且他拿出了诸多事实来证明其观点，理论上我应该被这些证据所淹没，但是我还是保持了自己的独立思考和清醒程度。我无法证明他的观点完全错误，也无法否认他提出证据的真实性，但是这些都无法推翻我独立思考的结论。但是，他一直重复下去，坚持不断地陈述和论证自己的观点，让我逐渐无法招架，最终我对自己从报告和报章上面收集的信息进而做出的结论产生了怀疑。而这意味着我无法独立思考了，我无法从自己独特的角度来观察和分析市场了。也许一个人难以被别人的语言彻底说服进而放弃自己的信仰和观点，但是却容易因为这些花言巧语而怀疑自己的信仰和观点，变得狐疑不决。这样情况就变得更加糟糕了，失去信心和勇气之后我无法致力于交易。

准确地讲我的心智还没有完全瘫痪，但是却难以淡定了，在某种程度上我也已经放弃了独立思考。为什么我沦落至此

在做交易分析的时候，是否与别人交换信息和观点，这是一个非常棘手的问题。某些情况下，别人的视角可以避免和杜绝我们在信息和思考上的盲点，但是另一些情况下却又可能造成我们丧失独立思考的能力。那么，如何解决这一两难困境呢？就我个人的经验而言，我要求自己只要听取市场分析的时候必须同时听取多空两方面的论据，最后能够在纸上列出来。接着，你应该独自一人，排除一切干扰，自己通过逻辑思考来对这些证据逐条进行辨析，这是最为关键的一步。如果我们一来就只听多方或者空方的观点就很容易被催眠，特别是遇到像 Thomas 这样能说善辩的专业人士时。所以通过听取相反证据可以对冲下这种催眠效应。兼听则明，这是第一步。第二步，就是运用逻辑进行分辨，最好还要纳入第三方数据进行验证，有必要的话应该亲自调查一番。你需要花多大精力在第二步取决于你的持仓规模和交易风格，如果你是大趋势交易者，那么第二步就要花很多时间和精力，一线调研就更具有必要性了。

呢？我无法搞清楚中间具体的过程，但是当时的心智状态已经开始让我付出巨大的代价。Thomas 不断强调他的数据来自于一线的调查，准确性无可置疑，这些都是他亲自调查的结论。相比之下，我的结论都来自于那些公开的数据。他强调手头的数据来自于一万名分布在南非的受访者，过往历史表明这些数据相当可靠。随着谈话接近尾声，我越来越没有自己的视角，独立思考能力丧失了，我开始完全按照他的方式来观察棉花市场的走势，这就好比他拿着一本书在翻页，他翻到哪一页，我就看到哪一页，我完全被他牵着鼻子走。他的思维判断过程富有逻辑性，只要你认为他的证据是真实的，那么结论便毫无疑问了。我从他的证据中经过逻辑推理得出的结论与他的结论一致，这就是谈话的结果。

在他展开长篇大论之前，我看空并且做空棉花市场。但是，随着他的论述展开和我们谈话的深入，我逐渐受到他给出的证据和事实的影响，我逐渐担忧自己的空头头寸可能是建立在错误信息的基础上。现在，我不得不考虑平掉自己的空头头寸，因为我不能一方面认为看空是错误的，另一方面又在做空。如果接受 Thomas 的看多观点，那么做多就是顺其自然的事情，我的思维方式就是非黑即白，不会拖泥带水。想必你应该知道，我这一辈子除了股票和期货投机之外，什么都没干过。当看空的观点被证明是错误之后，自然而然地就会认为看多的观点是正确的。那还等什么呢？必须立马做多。恰如棕榈滩的故交 Pat Hearne 的口头禅：“不下注你怎么知道输赢呢?”我必须到市场中去验证自己的观点，是非对错只能由市场来检验，检验结果只能从经纪行月底的对账单上得到。

不下注你怎么知道输赢呢?

于是，我开始动手做多棉花，很快就达到了合意的持仓规模，大概是 6 万包棉花。这次操作算得上是我投机职业生涯当中最犯傻的一次，因为我完全没有基于独立观察和思考来展开操作，而仅仅是成了别人的木偶。结果就是我理所当然地受到了惩罚，这就是自作自受。在这次交易当中，我不

仅没有依据自己的独立思考而选择操作方向，而且在操作的时候也没有遵循逐步顺势加码的原则。我的整个交易过程都存在问题，盲从他人，违背原则，当然只能自食恶果了。

市场没有如我预期那样发展，如果我**对市场发展胸有成竹的话就不会感到不安和急躁，显然情况出乎意料**。如果 Thomas 的判断无误，那么现在行情的发展不应该如此。当你第一步错误的时候，后面就容易接连犯错，这就是连锁效应，最终就是犯下不可挽回的大错。在别人的鼓动下，我放弃了止损的原则，不愿接受亏损，不采取止损行动，放任自流，抱着亏损的头寸与市场为敌，这样的做法与我长期以来养成的习惯完全不符，也和我的交易原则和策略背道而驰。我现在的操作水准甚至远不如年少时在对赌经纪行的操作。不过，被别人洗脑之后，我已经身不由己了，我成了 Thomas 的木偶，我成了另外一个人，丧失了独立思考和行动的能力。

经过全面的独立分析之后得出的“自然而然”的市场观点往往是最有效的，这是我个人的一个感受。如果是受到迫切挣钱的心态去寻找交易方向，则往往会得到显著低于预期的结果。我的一个经验是周末两天全力研究，自然而然得到的交易计划被执行后，往往心里很踏实，很有把握，而且市场也好像很给面子。但如果是在交易日盘后匆忙做的研究，特别是在迫切想要挣钱的心理下去做的研究，结果往往都不如人意。为什么周末的研究效能更高呢？因为那个时候你的心更加静得下来。

除了在棉花市场做多之外，我还重仓做多了小麦。小麦的多头头寸带来了丰厚的账面利润，表现不俗。我不明智地不断在棉花市场上加码，希望能够让行情涨起来，这个时候棉花的多头头寸已经累积到了 15 万包。这里我或许应该提一下，那时候我身体已经开始出现不舒服的症状，当然这并非为我自己在交易上的愚蠢行为找借口，而只是对那时候的情况做一个事实性的补充。我记得为了调养身体我去了 Bayshore。

在 Bayshore 期间我进行了检讨，我认为当时手头的头寸已经过于庞大了。通常情况下，我并不会担忧，但是现在这么庞大的头寸规模则很难让我安心，于是我下定决心要减轻仓位。如何达到减仓的目标呢？要么平掉棉花，要么平掉小麦。

此后我的做法在现在看来是难以置信的，因为凭着我在股票和商品市场 12 年到 14 年左右的实战经验，凭着我对投机实业的深刻领悟，我怎么可能做出那样愚蠢的决策和行动呢？我留下了处于亏损状态的棉花头寸，但是却将处于盈利状态的小麦头寸完全了结了。这是多么愚蠢的做法啊，唯一的遮羞布是我借口这是 Thomas 的交易，并非我的本意。**在投机者犯下的所有致命错误之中，最大的一类无非是在亏损的状态下加仓。**我在棉花上的愚蠢操作很快就陷入了这类错误之中。一定要牢记并且恪守一点，那就是了结那些亏损的头寸，留下那些盈利的头寸，这才是真正的交易之道。对此，我十分熟悉，直到现在我仍旧对在棉花上的逆势操作耿耿于怀，为什么当初我会犯傻呢?

我了结了小麦头寸，在所谓的检讨和思考之后我了结了盈利的头寸，并且葬送了继续盈利的潜在机会。在小麦头寸离场之后，价格飙升了 20 美分/蒲式耳。现在我追悔莫及，倘若能够继续持有这笔头寸，那么我就能从中赚到 800 万美元的利润。让人更气的是我在亏损的棉花上继续加码做多，这无疑是雪上加霜式的操作。

当时的情况记忆犹新，我不断地加码做多棉花，多头头寸累积得越来越多。你想知道我持续加码做多棉花的原因吗？为了维持棉花价格不下跌而已！这不是傻瓜自欺欺人的做法吗？我就是这样不断将自己的资本套牢到了棉花上，损失的窟窿越来越大。我的经纪人和朋友们对这样的操作迷惑不解，直到今天他们也无法理解我当时的所作所为。如果这笔交易的结果不是这样的话，我也许会被他们当作弄出神来之笔的高人看待。他们不止一次地提醒我，不要过度迷信 Thomas 的那看似精彩的分析。我对这些善意的提醒充耳不闻，而是继续加码做多棉花，以便维持现价不下跌，我甚至参与做多了利物浦的棉花。等到我头脑不再发懵的时候，已经持有了总共 44 万包棉花。但是，这个时候已经积重难返了，最终不得不割肉平仓。

我亏掉了此前挣到的所有利润，虽然还有剩余，但是不过是屈指可数的几十万美元。要知道，在碰到 Percy Thomas 这位业界翘楚之前我一度坐拥数百万美元的财富。像我这样在市场中久经考验和锤炼的人却违背了长期形成的交易原则，简直是蠢到家了。

这次悲惨的经历让我明白，不作死就不会死，就算外界没有祸事降临，人也会因为自己的愚蠢行为而自作自受，这是一堂代价数百万美元的课程，价值不菲。从中我得到的一个教训是：交易者可能会遭遇的一个危险对手是那些才华横溢和口若悬河的魅力人物。虽然从中学到了不少东西，但是我认为可能只需要花 100 万美元就能学到同样多的东西，不过，市场教育并不会跟你讨价还价，它会先狠狠地教训你一通，然后再把学费账单拿给你，让你照单付账。经过这一次教训，我明白了一个人愚蠢起来是没有下限的，最终我不得不接受这次教训以便让糟糕的事情停下来，此后 Percy Thomas 也从我的人生中消失了。

这样，我超过 90%的本金都损失殆尽了，正如 Jim Fisk 的口头禅所说——一切都烟消云散。我只当了不到一年的百万富翁，然后就被打回原形。我的头脑为我带来了数百万的财富，运气也在其中发挥了顺水推舟的作用。而在这次损失财富的过程中，糟糕的头脑加上倒霉的运气则一同将我打回原形。我不得不将两条游艇卖掉，同时缩减开支，奢侈的生活必须要降降温了。

但是，屋漏偏逢连夜雨，我大病了一场，接着又急需 20 万美元的现金来付账。如果是几个月之前，这无非是小菜一碟的事情，对我而言并非难事。但是现在，这意味着我要拿出全部家当才能支付这一账单。我到哪里去弄到这笔钱呢？我可不想从经纪行的账户上打主意，那意味着我再没有什么保证金来展开交易了。如果我打算通过交易挣回几百万美元，那么这笔钱更是不能随便乱动了。眼前只有一条路走得通了，那就是认真做好交易，从股票市场上挣到需要的这笔钱。

仔细思考一下，如果你对华尔街营业厅里面的普通客户有足够了解的话，就会同意我的一个看法，那就是**如果你想要从股票市场中挣钱来支付账单，那么这往往会导致亏损，这就是交易亏损最普遍的原因。**如果你迫切想要挣钱来支付账单，放不下这一想法，那么你就会亏到破产。

我来讲一个故事说明这一点。某年冬天在 Harding 的经纪行营业厅里面，一小撮爱慕虚荣的家伙计划花三四万美元购买一件毛皮大衣，结果谁也没能穿上这件大衣。事情的来龙去脉是这样的——一位后来以领取 1 美元象征薪水而闻名世界的场内顶尖交易者某天穿了一件水獭毛皮大衣到交易所。当时，这类水獭毛皮的价格并没有高得离谱，差不多 1 万美元而已。而 Harding 经纪行的这伙人当中的有一位名叫 Bob Keown 的人看到之后决心要买一件俄罗斯紫貂皮做里子的大衣，他打听了下价格，大概 1 万美元。

"见鬼，这么贵啊！"有个人抱怨了一句。

"不算贵，还行吧！也就是一周的收入而已吧！除非大家想要把它买下来送给我作为礼物和奖品，有没有人愿意啊？有颁奖宣言吗？没有？好吧！我还是让股票市场为我埋单吧！"

"你为什么要买貂皮大衣呢？"Harding 问道。

"它不是正适合我这种身材的人穿吗？显身材啊！"Bob 边说边直起身来。

"刚刚你说什么来着？靠什么付账呢？"Jim Murphy 问道，他最擅长打听各类八卦和内幕。

"聪明地介入一个短线品种，Jim，仅此而已。"Bob 知道 Murphy 不过是想打听点有价值的操作消息和建议。

不出所料，Jim 接着追问起来："你计划做多哪只股票呢？"

"你又犯错了，老弟，现在可不是做多的恰当时机。我正想着做空 5000 股美国钢铁呢，我想至少会下跌 10 个点，从中捞到 2.5 个点的利润不是稳稳当当的吗？"

"你是不是听到什么有关美国钢铁的消息了？" Murphy 变得紧张起来，急于想要知道是不是有什么内幕，他黑头发，瘦高个，黄皮蜡瘦的样子，他从不出去吃午餐，因为怕行情发生意想不到的变化。

"我听说有种款式的大衣最合适，我就选这款了"。说着，他转身对 Harding 说道："Harding，按照市价做空 5000 股美国钢铁的普通股。动手吧！今天，亲爱的。"

在我看来，Bob 就是一个赌徒，他喜欢不停地耍宝。他装模作样，似乎要让全世界都知道他是行事果断的人。他做空了 5000 股美国钢铁之后，股价立马上扬。Bob 可不是像他嘴上说的那样拿得起放得下，赔了 1.5 个点之后立马**认赔出场**。离场之后，他马上换了一副说辞，他说纽约天气比较暖和，不太适合穿皮衣，否则既不利于健康，又让人觉得显摆。周围的人听了之后，纷纷拿他开涮。不过，另一位为了买貂皮大衣的交易者也前仆后继，做多了一些 Union Pacific，在亏损了 1800 美元之后选择离场，然后他自嘲道：貂皮用来做女式围巾还不错，用来做男式大衣则不太合适了，特别在你是一位优雅绅士的情况下。

其实，Bob 把面子这事看得并不重，没有执迷不悟，不行就撤了。

此后，大家争相踊跃地入市操作，都想要从股票市场上弄到买**貂皮大衣的钱**。某日，为了让这出闹剧停止，我说准备出钱买下这件貂皮大衣，避免本营业部的同僚们都破产了。不过，大家却起哄说这样怎么公平呢？倘若我要买这件貂皮大衣，那么也必须让市场来付账。不过，Harding 强烈赞同我的意见。当日下午我来到商店准备购买貂皮大衣的时候发现，大衣上周被一位来自芝加哥的人士买走了。

这个时候大家在乎的不是输赢，而是参与一种游戏而已，玩着玩着就对行情本身失去了客观判断。如果只是当作游戏并无大碍，大家都及时止损了，没有死扛着。但是，J.L. 举这个例子是为了说明心急吃不了热豆腐，一旦光惦记着挣钱，就影响了交易的正常开展。

这是我讲的一个例子，在华尔街任何人但凡想要从市场中挣到一笔钱来购买一辆轿车、一条项链、一艘游艇或者是

一幅名画，没有不亏钱的。股票市场总是抠门的，从来不会大方地为我的生日礼物付账。我可以大方地捐助一所医院，与之相对的是市场可能连一份简单的生日礼物都舍不得送出来。我认为在华尔街所有不切实际的梦想之中，最频繁出现的一个便是这种想要市场大方给自己送礼的梦想。

祸福无门，唯人自召，这类不切实际梦想带来的厄运也不是凭空产生的。当某个交易者迫切需要市场替他支付一笔开支时，他会怎么做呢？**他会抱着期望而采取赌博的做法，因此这个时候他承受的风险远远大于明智操作的时候，而收益却远小于明智操作时。**倘若他是基于明智的分析而不是靠着期望在操作，那么他就能在客观冷静研究的基础上得到具有逻辑性的结论，然后展开操作。但是，就初心而言，想要靠市场开支票的人都急切想要赚取利润，心急吃不了热豆腐，他们缺乏足够的耐心，因此就算天遂人愿，他们也等不及让利润发展，最终不过赚了点小钱而已。他们往往自我欺骗，认为交易至少有 50%的胜率，因此只要快进快出，那么就能够捞到足够的利润，比如两个点止损，两个点止盈，仅此而已。但是，我认识的人当中很多都是这样去操作的，结果却损失了不少本金，特别是他们在牛市中的波段高点追涨，在随之而来的中等规模回调当中止损，这样操作下去当然只有持续亏损了。

交易者的发心或者初心非常重要，如果太过于在意结果，则很难做到客观的研究和耐心地等待机会。我们总体上会追求利润，但是在具体的实践中必须全身心投入于过程之中，让操作意见自然而然地产生，而不是为了操作而找结论。

回到我的情况上来，**当我急于从股票市场上挣钱来支付账单的时候，就犯下了职业生涯以来的最大错误，**最终导致我破产了，棉花交易之后剩下那点钱也被亏掉了。我执迷不悟，抱着急切挣钱的心继续交易，继续亏损。我坚信股票市场肯定会打开它的口袋让我拿到钱，但是结果却让人失望，最终我欠了一屁股债，不仅欠了主要合作的经纪行的钱，还欠了其他愿意降低保证金要求的经纪行的钱。从那时开始，这一屁股债跟了我很长一段时间。

交易，诡道也！

如此下去，我再度破产了，而这次真的是更加糟糕，因为我的操作简直失误到了极致。我身体抱恙，精神状态不佳，难以平心静气地对待市场变化，难以理智地做出分析。换而言之，我当时的心理状态绝不是一位投机者的正常状态。事事不顺，感觉霉运一直缠着我。各种杂乱的念头和想法占满了我的大脑，冷静思考的能力舍我而去，似乎再也找不到昔日那种得心应手的感觉了。我此前已经养成了基于大规模仓位进行操作的习惯，如 10 万股的规模，如果基于小规模仓位进行操作，我担心自己无法很好地发挥。你想一下，如果你仅仅有 100 股的仓位，那么做对了也没有多大的收益啊！大头寸可以给我提供美好的愿景，而小头寸却让我对未来的交易前途心灰意冷。

再度破产让我陷入了沼泽般的境地，欠了一屁股债，不知何时能够翻身。更加糟糕的是我的操作并不正确。在多年成功之后，由于一些错误将我打入深渊，当时的情况比入行的时候还要差。虽然，这些失误可以成为更加成功的垫脚石，因为我能够从中学到更多关于股票投机的经验和教训，但是对于人性的缺陷和干扰我**却知之甚少**。这世上，除了机器之外谁能够严守规则呢？谁能够做到完全可靠和值得信赖呢？现在我完全意识到了一点，那就是我无法隔绝他人的干扰，也无法与霉运分道扬镳。

J.L.在对赌经纪行期间主要学到了时机把握的技巧，这主要基于盘口解读能力，关键点附近的价格表现是非常重要的。在纽约最初阶段则学到了趋势研判和仓位管理的技巧。现在，他还剩下唯一的短板，那就是心理控制。

亏钱对我来说算不上什么天大的事情，但是其他麻烦却有可能让我心烦意乱。我认真复盘自己造成的灾难，毕竟错误显而易见，因此不需要花费太大的功夫就能找出问题所在。我复盘了整个过程，既涉及空间因素，也涉及时间因素。**如果你想要在投机这个行当有所成就，那么就必须全面而彻底地反省自己。要想彻底而清楚地认识自己，你必然会经历一个漫长的过程**。某些时候。我甚至认为无论付出什么代价都要让一个投机客学会在市场面前谦虚。华尔街上多少风云人物最终都偃旗息鼓，最关键的一点在于他们在市场面前变得骄纵起来，这是所有人的通病，染上之后后患无穷，对于华尔街的投机客而言更是如此。

心中充满了各种负面和纷乱的感受，我在华尔街真的是度日如年，难以消受。如此差的状态使得我根本不想交易，我想换一个环境，离开华尔街一段时间，到其他地方寻找可供支配的本金。**人挪活，树挪死，我应该换个环境重新找回自己的状态**。因此，接连被市场挫败之后，我又一次离开纽约，我现在不仅身无分文，而且还欠了几家经纪行超过 10 万美元的债务。

只有跳出原来的格局才能找到拯救自己的方法。

我在芝加哥得到了一笔可供操作的本金，金额不大，但这并不妨碍我，无非是需要多花一点时间而已。一家我此前曾在那里操作的经纪行信任我的交易能力，因此接受我在那里重新开始，从小额的资金开始，他们想要证明自己的眼光是不错的。

在那里的交易我如履薄冰，倘若我一直待下去，最终结果不得而知。不过，期间发生了一件意想不到的事情，打乱了我在芝加哥的计划，这件事情说起来难以置信。

某天，我收到了一封来自于 Lucius Tucker 的电报。此君与我早就认识，以前他还是一家纽约证交所会员公司的营业部经理，我与他那时有一些业务往来，后来没有什么联系了。报文这样写道——“速来纽约。L.Tucker”。

据我所知，他是从我们共同的熟人那里得知了我现在所

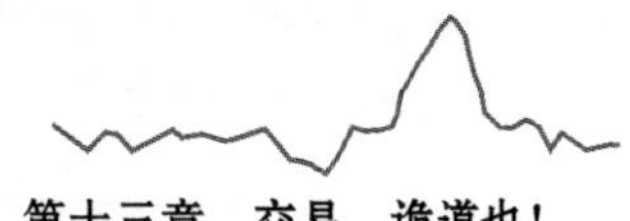

处的困境，显然他有某种我**暂不知晓的目的**。不过，当时的我却不愿意将钱浪费在意义不明的纽约之行上。因此，我决定通过长途电话先了解下情况，而不是听从他的安排。

> 搞不清楚对方真正的动机，这是最大的风险！

“我已经收到了你的电报，到底是什么事情呢?”我询问道。

“有一位纽约的大银行家想要见你。”他回答道。

“具体是谁呢?”我好奇地问道，因为实在想不出这个时候谁还会关心我这个倒霉蛋。

“来纽约吧！到时候你就会知道了，现在你知道了也毫无意义。”

“你的意思是他想要亲自见我?”

“当然!”

“到底什么事情呢?”

“他会亲口告诉你的，前提是你要来纽约。”

“你能不能写封信给我详细说明呢?”

“不能!”

“那你直接跟我说了不就行了?”

“我不想在电话里面讲这么重要的事情。”

“好吧，Lucius，至少你应该保证我不会白跑路吧!”

“当然不会，朋友，对你肯定是有大好处的。”

“能不能提示我一下，到底是什么好处呢?”

“不能，我不能背着大银行家泄露任何信息，这对他不公平。另外，我也不能承诺他到底能够帮助你到什么程度。朋友，看在我帮你一把的份儿上，赶快来纽约吧!”

“你确定他真的要见我?”

“非你莫属，赶快来吧！来之前给我发电报，告知你的车次，这样我好到火车站接你!”

“那行吧!”我答应了他，然后挂掉电话。

我并不喜欢将事情搞得神神秘秘的，不过我认为Lucius应该是出于善意想要提供帮助，而且之所以坚持要见面应该是有充足理由的。同时，我当时在芝加哥的计划并没有让我难以取舍，因为按照当时的资金规模，我需要非常长的时间

才能够得到相当规模的资本，要恢复昔日的风采有太长的路要走。

于是，我在毫无头绪的情况下赶回纽约，在火车上我多次担心恐怕是白跑一趟，既浪费了时间，也浪费了金钱。然而，等我的却是一场最奇葩的人生经历。

Lucius 按照约定在火车站接我，见面后便直言不讳地说他是受 Daniel Williamson 先生的委托而来。这位先生来自纽约证交所著名经纪行 Williamson & Brown 公司，他要 Lucius 转告我一项商业计划，因为这对我有利，所以他相信我必然会接受。不过，Lucius 却发誓说他对此毫不知情，但从公司的信誉和名声来看，他认为不会有什么违法出格的勾当找我。

Daniel Williamson 是该公司的高级合伙人，这家公司由 Egbert Williamson 创立于 19 世纪 70 年代。虽然公司的名字有 Brown 这个头衔，但其实公司与这个人毫不相关，创始至今都没有名为 Brown 的人参与其中。在 Daniel 的父亲执掌这家公司的时候，经营业绩耀眼，而 Daniel 则继承了大笔财富，他对于公司在外面开展的业务并不特别在意。原因可能是这家公司有一位大客户，他的业务量和价值相当于 100 位普通客户，这位客户就是 Daniel 的姐夫 Alvin Marquand。Alvin Marquand 不仅是十多家银行和信托公司的董事，而且还是巨无霸公司 Chesapeake & Atlantic 铁路集团的董事长。在铁路行业当中，他的地位和活跃程度仅次于 James J. Hill。另外，他还是一个银行家精英小团体的代言人，大家称呼这个团体为 Ford Dawson 派。传言他的身价在 5000 万美元到 5 亿美元，具体是多少没有人搞得清楚，反正是身家不菲。等到他去世之后，大家才发现他的身家准确地讲是 2.5 亿美元，这些都是从华尔街捞到的钱，由此可见这是多么大的一位客户啊！

Lucius 对我说，他刚刚接到了 Williamson & Brown 公司的任命，一个为他个人定制的职位，具体而言他将承担公关和业务推广方面的责任。现在，这家公司正在大力发展客户，以便从佣金业务中赚取更多的利润，而 Lucius 则趁机建议 Williamson 多开设几间分行，其中一间设置在城郊的大酒店里面，另外一间设置在芝加哥。我好像记得当时他们打算让我在芝加哥分行里面供职，好像是营业部经理，对于这样的安排我并不感兴趣。不过，我并未马上拒绝 Lucius 的提议，因为我觉得还是应该等到他们正式提及的时候表明自己的态度，这样更为得体和恰当。

Lucius 带着我来到了 Williamson 先生的私人办公室，介绍一番之后马上离开，似乎他并不愿意夹在中间出力不讨好。我已经做好了准备，一旦 Williamson 先生开口提出那个建议，我就直接拒绝。

Daniel Williamson 为人和蔼，面带微笑，真的是一位绅士，言谈举止非常得体。从

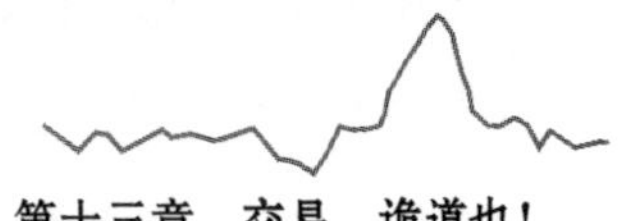

这些可以得出一个结论，那就是他应该善于交友，也善于维持既有的交情。他身体好，精神好，健康带来豁达，加上他有数之不尽的财富，谁会认为他会机关算尽呢？上述优势再加上他良好的修养，当然是礼多人不怪，让人不仅觉得被善待，而且觉得会得到不少帮助。

我沉住气，一言不发，况且我有一个习惯，那就是**先认真倾听别人的谈话，然后再表达自己的意思**。以前有人对我讲过，国民城市银行（National City Bank）已故的前董事长 James Stillman 有一个习惯，那就是无论谁来表达什么建议和意见，他都会毫不动容地仔细倾听对方的说辞，等到对方讲完，他继续看着对方，让对方感到似乎还应该补充点什么，于是继续将一切都抖搂出来。通过简单的倾听，James Stillman 往往能够让对方最终提出对自己有利的条件，这比自己抢先动口和中间插话更能占据优势，获得有利的条件。

当然，我沉默不语的目的并不是为了争取更加优惠的条件，而是我想要在决策之前掌握清楚所有的情况。等对方先把话讲完，这样你就不用匆忙做出决定，这个方法可以帮助你节省大把的精力和时间，避免无意义的争论和漫长的讨论。就我而言，等到别人发完言，我可以通过简单的否定或者肯定回答来表明自己对这些商业建议的态度和看法。不过，我不可能一开始就表达自己的态度和看法，只有等待对方把整个提议都讲清楚我才能这样做。

Daniel Williamson 在讲的时候，我在倾听，他已经对我在股票市场的诸多操作有所耳闻了，但是很遗憾我离开擅长的股票而在棉花市场上的操作。他说这是我运气不佳的缘故，如果能够早一点见面，或许就少了这桩倒霉事，他说相见恨晚，能够与我合作是他的荣耀，而目前还差这么一份荣耀。他认为我擅长的是股票交易，不应该跑到能力圈外面去鲁莽行事。

“这就是我要见你的原因了，Livingston 先生，我们想和你合作做生意。”他高兴地亮明了自己的想法作为他这一席话的结尾。

“怎么个合作法呢？”我询问道。

“让我们当你的经纪商吧！我的公司愿意承接你的股票买卖撮合业务。”

“我倒是非常乐意，可是我有心无力啊！”

“何出此言？”他问道。

“我没有本金。”我毫不避讳地说出了实情。

“这难不倒我们，我可以帮助你。”说着他从衣服口袋里面掏出一叠空白支票，填了一张 2.5 万美元的支票递给我。

“这是为何？”我有些不解。

“这样你就可以将资金存入你自己的账户，动用的时候可以你自己签发支票。我现在要你在我们经纪行的营业部做交易，是赚是赔我都不在乎。如果这笔钱亏光了，我会再给你签一张私人支票，所以你也别太在意了。想必你应该已经明白我的意思了吧？”

这家公司资本雄厚，业绩上佳，对于普通人的业务并不渴求，更不用说倒贴钱让某人来公司开户了，这让我有点受宠若惊的感觉，他对我实在太好了！他并没有让经纪公司给我提供一个信用额度，进行融资交易，而是直接给我一笔钱，当然这笔钱究竟从哪里来的，我不甚了解，只有他知道。我需要答应的唯一条件就是在这家经纪行进行买卖，其他的甚至连盈亏他都不在乎，这里面太多蹊跷。

“什么原因让你这样做呢？”我希望知道究竟是怎么回事。

“理由非常简单，我们希望你成为本店的招牌，大家都知道我们这里有一位大名鼎鼎的股票作手。而这位股票作手习惯于做空，这是我最欣赏你的地方，你无疑是名声如雷贯耳的投机客。”

“我还是听不太明白。”我希望能够得到一些更清楚的答案。

“Livingston 先生，我对你推心置腹。我们这里有两三位资本雄厚的客户，他们经常大手笔参与投机股票，当他们平掉一两万股的多头头寸时，我不希望影响到市场的多头情绪，让华尔街那些人产生怀疑。如果你在我们这里交易，那么华尔街的人就搞不清楚到底谁在操作，到底是你在做空，还是我另外两三位大客户在**了结多头头寸。**”

兵者，诡道也！这家营业部的老板心思太也细密了，是不是有点金蝉脱壳的味道。J.L.就好比是替罪羊，也好比是丢车保帅的那个车。

我立马就搞清楚了是怎么回事，他是让我掩护他姐夫的操作。为什么找我呢？因为我一年半之前在股票市场做空大有斩获，赢得了空头之王的称号，从此华尔街和媒体便开始八卦我的操作，将所有下跌都怪罪到我的头上，直到现在只要市场下跌，我都会成为众矢之的。

我不再犹豫，反正 Daniel Williamson 是打着他自己的算盘给我提供一次东山再起的机会，“机不可失，时不再来”。我拿到支票之后，将钱存入自己银行的户头，然后在他们经纪行开了一个交易账户，我又开始做交易了。市场交投非常活跃，所有品种都处于火爆的状态，这样我就没必要在一棵树上吊死了，我不再死死盯着一两个板块操作。我此前状态不佳，这使得自我怀疑开始抬头，我担心自己已经丧失了赚钱的能力。不过，情况并不糟糕，我的这身交易本领并未消失，在三周之内，我已经凭借这 2.5 万美元挣到了 11.2 万美元的利润。

于是，我去找到 Daniel Williamson：“先生，我现在把你借给我的 2.5 万美元还给你。”

“不用，真不用！”他连连摆手，好像我丢给他一颗烫手山芋似的，“不用，我的孩子，我不着急这笔钱。等你赚更多钱的时候再说吧！现在不用考虑这些问题，你现在才刚刚赚了一点小钱而已。”

我没有坚持让他收下钱，我犯了一个大错，此后我懊悔不已，这个错误带来的后悔程度超过了我在华尔街犯下的所有错误。我应该坚持让他收下我还的这笔钱的。我现在已经恢复了良好状态，走在重振旗鼓的路上，朝着更多的成功快马加鞭。在三周之内，我的周均盈利率达到了 150%。此后，我的盈利增长趋于稳定。不过，信守承诺和知恩图报的个人特点让我背上了沉重的人情枷锁，我只能继续被 Williamson 的意志左右，这就是没有坚持让他收下那 2.5 万美元的后果。因为他没有收下那 2.5 万美元，所以我也不好将利润取出来。对于他的帮助，我觉得欠他一个大大的人情，我能够用金钱来偿还债务，但是却需要用道义上的付出来偿还他的人情。不过，你很快就会发现，所谓滴水之恩当以涌泉相报的做法在某些时候却会使自己付出巨大的代价。

我没有动账户中的钱，而我的交易也进行得异常顺利。现在，我又找回了那个自信的我，踌躇满志地认为很快自己

J.L.其实并不懵懂，他知道如果现在能够尽快结清大部分人情，那么后面就不会那么掣肘了。而 Daniel Williamson 则更是老狐狸，他知道一旦让 J.L.把钱还清了，那么后面就无法驱使 J.L.继续给自己卖力了。必须等到自己姐夫手上的筹码跑得差不多了，那个时候才能放 J.L.走。

趋势具有持续性，这是趋势属性之一，趋势还有稀缺性，这是趋势属性之二。稀缺性与持续性，你认为谁决定谁呢？

就会回到 1907 年的巅峰状态。一旦我自己进入了最佳状态，那么剩下要做的无非是祈求市场**趋势持续的时间更长一点而已，这样我就能挽回此前的所有损失并且大赚一笔。**值得高兴的是我现在已经不再抓住错误不放了，确保自己及时站在正确的一方，我不再迷茫。紧抓错误不放的毛病让我确实迷茫了好一阵子，那几个月我实在是心绪大乱，好在我现在已经从中得到了宝贵的教训。

大概从我恢复状态起，我转而看空整个股市，于是开始做空铁路板块的几只股票，其中就有 Chesapeake & Atlantic 这只股票。我记得好像当时做空了大约 8000 股的 Chesapeake & Atlantic。

某日开盘之前，当我抵达市区经纪行营业部的时候，Daniel Williamson 把我喊到了私人办公室里面，他对我说："Larry，你不要操作 Chesapeake & Atlantic 这只股票，你做空了 8000 股，这笔交易没太大意义，我今早帮你回补了空头头寸，并且帮你做多了该股，此后这只股票的操作你就不要插手了。"

根据缜密的分析和判断，我坚信 Chesapeake & Atlantic 即将下跌，盘口对此讲得清清楚楚、明明白白，况且我还对整个股市持有空头观点。虽然我不是一个极度看空的人，但是看空的程度已经足以让我持有中等规模的空头头寸。我有点不满地对 Williamson 说道："你为什么做多呢？股市我整体看空，所有的股票都会下跌的。"

不过，他却不停地摇头："我做多的原因是一些 Chesapeake & Atlantic 的内幕消息，而这些你不知道。所以，我建议你不要做空这只股票了，等我确认某些消息之后有稳妥机会你再做空。"

现在我只能听之任之了，他说有内幕消息我不能充耳不闻，毕竟他姐夫就是这家公司的董事长，他们是最亲密的朋友和家人。况且 Daniel 还有恩于我，他对我很有信心，同时坦诚以待，士为知己者死。最终，理智输给了情义，理性的

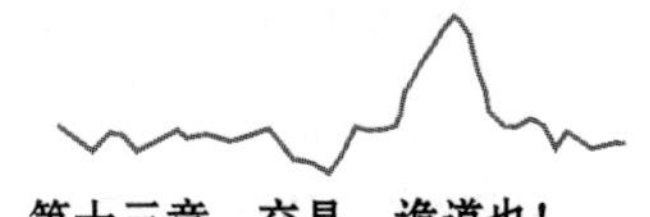

判断被弃之不顾，而我只能在感情和道义面前缴械投降。一个高贵的人不能不对别人的帮助心怀感激，但是凡事都有个度，**不能作茧自缚**。结果可想而知，我不仅将此前的利润全部亏掉，而且还额外欠了公司 15 万美元的债务。这样的结果着实让人难受，不过 Daniel 却让我不要太过在意。

当你贪婪时，别人会用利益诱惑你，当你善良单纯时，别人会借助道义来胁迫你。无孔不入啊!

“我会把你从困境中拯救出来，不是口头说说而已，不过需要你的配合，这样我才能做到。我要你停止交易，不要我在操作，你也在操作，这样我就没法操作下去了。现在你只需要离开这个市场一段时间，这样我就能够找个机会给你挣点钱。你看怎么样? Larry!”

他都这样说了，我能怎么样呢?我能不识趣地拒绝一个一再帮助你的人吗?当时的我对他五体投地，佩服得不得了，他行事得体而温和友善，在我记忆中他总是激励我，并且不断给我安全感。大约半年之后，他找到我，面带笑容递给我几张存款单。

“我承诺过要把你从困境中拉出来，现在我践行了自己的诺言。”

我发现他不仅帮助我还清了债务，而且还有一笔盈余。

我相信自己能够凭着这一笔小钱打一次漂亮的翻身仗，将财富的雪球快速滚大，因为现在市况不错。不过，他却对我说:“我替你做多了 1 万股 Southern Atlantic。”这也是他姐夫在操作的一只铁路股票。

如果某人这样客气地对你，你也只能跟我一样，除了说“谢谢”什么也不能做。无论你对市场持有什么样的观点，但只有实践才能告诉你正确与否，正如 Pat Hearne 的口头禅:“不下注你怎么知道输赢呢?”而现在是 Daniel 用他的钱替我下了注。

结果是 Southern Atlantic 股价下跌，此后低位徘徊，那 1 万股的多头头寸肯定是赔了，具体赔了多少我已经记不清楚了，最终 Daniel 帮我平仓了事。这样我又欠了他更多，不过他是你这辈子都遇不上的友善债主，当然也是那种让你无法

Daniel 深知 J.L.知恩图报的特点，因此针对这个软肋，将 J.L.玩弄于股掌之中，最终达到利用 J.L.的名气来掩护自己姐夫操作的目的。当年美国股市的操纵之风盛行，欺诈甚嚣尘上，在这样的大背景下枭雄辈出，当然散户也就只能得到被鱼肉的悲惨结局了。

自由的债主。他从未埋怨我，**相反总是激励我，让我放心，到头来却是不断地累积同样的亏损，而且手法神秘。**

Daniel 从来不对我解释背后到底怎么回事，我只知道这些无非是账面数字相关的事务，除此之外我什么都不知道。Daniel Williamson 可能会轻描淡写地告诉我："我们从另外的交易上获利来抵补你在 Southern Atlantic 上的损失。"他还会提到通过替我做空 7500 股其他股票，获得了不错的回报。我可以坦率地告诉你，这些以我的名义从事的买卖，我毫不知情，直到他告诉我亏钱已经被抵补了我才略知一二。

这种情况反复发生好几次了，我有点醒悟了，觉得应该重新审视这件事情。于是，我终于如梦初醒，显然我一直都是 Daniel Williamson 的马甲，他利用了我。我非常愤怒，对于自己没能及时发现这一点我非常自责。一切原委理清楚之后，我立即找到了 Daniel Williamson，告诉他大家缘分已尽，然后离开了 Williamson & Brown 经纪行的营业部。我对他的行为简直无语了，失望透顶，即使可以发泄地说点什么也于事无补。我不仅讨厌自己，也讨厌这家经纪行的欺骗行为。

亏钱并未让我痛心疾首，在交易上这不过是稀松平常的事情而已。**任何时候在股票市场上的亏损在我看来不过是一次学习新东西的机会而已，因为赔钱不过是让我的市场经验更加丰富的过程而已，这好比交学费。人想要获得实际的成果就不得不躬身实践，而这必然要求付出一定的成本。**但是，我在 Daniel Williamson 那里的经历却让我受到了极大的情感伤害，也错过了一次上佳的市场机会。金钱损失并不足以让人畏惧，因为千金散尽还复来。然而，机会却弥足珍贵，正所谓"机不可失，时不再来"，我曾经碰上的那些机会绝不会重新来过。

当时我所处的市况提供了充足的机会，况且我对市场的解读和预判是正确的，这不就是赚取上百万美元利润的大机会吗？但是，情义干扰了我的操作，我作茧自缚，不得不按照 Daniel Williamson 的要求去交易。总而言之，这比和亲戚

一起合伙做生意更让人痛苦，堪称一笔拙劣的生意！

这还不算最糟糕的地方，比之更甚的是经历了这件倒霉事之后，市场复归于波澜不惊的走势，没有了趋势我能挣到什么大钱呢？我的境况变得更加糟糕了，资本全部亏光了，而且新增了债务。从 1911 年到 1914 年，最漫长的煎熬主导了我的境遇，缺乏机会，**难以挣到大钱，没有比这更糟糕的情况了。**

从对赌经纪行的动量交易者转型为趋势交易者之后，在震荡走势中 J.L.也无能为力。

亏损本身并不可怕，不过如果你已经预判到了这样的结局还参与其中，并且承受早已料到的亏损，那就着实让人难受至极了。睁着眼睛跳崖，我不能不持续自责。导致投机客失败的天性太多了，对此我非常清楚。就我而言，与 Daniel Williamson 的相处之道其实是无可指责的，但是**作为一名投机客，如果允许人情世故干扰自己的独立判断，那么就极其愚蠢了。**滴水之恩当以涌泉相报，这是一种高贵的品质，但是放在股票交易这个行当却未必恰当，因为行情可不讲什么仁义道德，甚至不会跟你讲什么诚实。当然，就算我及时明白了这一点，当时也不可能因为自己想要把股票交易做好而对 Daniel Williamson 的建议和操作坚决抵制。从这次经历中，我学到了宝贵的一课：**生意就是生意，永远不要掺杂其他的感情因素，我的生意是投机，那么投机的时候就应该自始至终将自己的判断置于实践的前沿。**

这段经历背后猫腻太多，基于一些相关信息我琢磨出了市场的来龙去脉。当我第一次见到 Daniel Williamson 的时候，他对我讲的话确实是肺腑之言。我可以自由地按照自己的意思进行交易，而这些交易会通过他的经纪公司执行，当这家经纪行在市场上做多或者做空几千股某只股票时，华尔街就会倾向于认为是 Alvin Marquand 在介入这只股票。毕竟，他是这家经纪行的大客户，所有的股票买卖都通过这家经纪行展开。同时，他还是众所周知的华尔街伟大交易者之一。这样，我就成了他的掩护者，让别人不知道他的真正操作到底是什么。

但是，我在这家经纪行开始交易后不久，Alvin Marquand 就病倒了，被诊断为绝症，而 Daniel Williamson 甚至比他姐夫更早知道其病情，于是他开始有计划地对他姐夫的股票头寸进行处置，而我所操作的 Chesapeake & Atlantic 正是他姐夫持有多头的股票。当我做空时自然干扰了他的计划，因此他替我平掉了我的空头。

当然，随着 Alvin Marquand 去世，遗产处置人要求将其所有具有投机性质的头寸了结，而那个时候整个股市已经步入熊市了。Daniel 限制我做空，这样才能为他们了结多头头寸提供空间和时间。我自称大作手，并不是吹嘘自己，因为 Daniel Williamson 非常清楚我在 1907 年熊市中的精彩操作。如果我能抓住当下的机会，那么他们手中的多头头寸将吃尽苦头。如果我坚持当时的操作，那么财富将像滚雪球一样快速累积，等到他们大规模想要平掉多头头寸的时候，我已经手握庞大的资本可以大举做空了，而这对他们而言无疑是巨大的威胁。作为一个潜在的强大空头，我对 Alvin 的遗产继承人是巨大的威胁，因为我的做空行为将会给他们带来几千万美元的损失，而当时 Alvin 的遗产总体也就 2 亿美元，可见损失比例相当高。

对他们这帮人而言，捆住我的手脚，让我反向持仓亏损，然后再替我偿还债务，这是最经济的做法。如果他们放任我到其他经纪行去做空，那么结果将是让他们损失一笔大得多的钱财。倘若不是我不想背着忘恩负义的恶名，那么我绝不可能这样自废武功，受制于 Daniel Williamson。

这段经历成了我交易生涯当中最值得玩味的一段，也是我最倒霉的一段。这段经历也是我人生的一堂功课，只是让我付出了极高的学费，以至于将我重振旗鼓的时间延缓了好几年。不过，我还年轻，这是最大优势，因此我可以静待时机重新赚取几百万美元的利润。不过，5 年拮据的生活着实让人饱受煎熬，无论你是年少还是年老，都过得憋屈。我的人生里面没有游艇，还可以勉强生活下去，但是如果市场缺乏趋势、缺乏机会，那么就让我难以忍受了。本来机会就在眼皮子底下的，但是却错过了，堪称一生一次的好机会，触手可及却眼睁睁地看着它溜走了。Daniel Williamson 确实是一个厉害的人物，家族的人将他培养得谋略过人，八面玲珑，老奸巨猾，他精于算计，能够洞悉任何人的弱点，进而毫不顾忌地利用这些弱点来达到他的目的。他看到了我的弱点，并且手法狠辣地利用了这些弱点，我完全成了他的工具。当然，他这样做主要不是为了他自己，而是为了他的姐姐，Marquand 夫人，在家人需要的时候他全力以赴，所以他的动机初看起来还是善良的。

心态与格局：重新崛起的内外因素

离开了 Williamson & Brown 经纪行之后，市场缺乏机会，适合操作的市况难以再现。整个股市步入了毫无生气的震荡阶段，持续了 4 年，想要挣一分钱都难。正如 Billy Henriquez 曾经说过的那样："在这种市况下就算臭鼬放个屁也弄不出什么动静来。"

我感觉自己已经被命运之神唾弃了，再也不受上天的恩宠了。这或许就是上天对我的惩罚吧！也许我还没有资格被上天特别对待，我并未犯下那些持续亏损者常犯的错误，因此不应该遭受这些惩罚。我并非"韭菜"，因此不应该被市场收割。我曾经做过的事情在华尔街之外其实是应该受到赞扬的，那就是知恩图报。不过，这一点在华尔街却让我付出了沉重的代价，无比荒谬啊！这件事让我意识到，一旦你步入投机行业，那么你应该变得更加理性，**排除一切情感的干扰**。

曾经有一位前辈从几万元做到上亿元，他反复跟我强调"排除一切干扰"的重要性。

离开 Williamson & Brown 经纪行之后，我曾经到其他经纪行一试身手，但是都以赔钱收场。我应该接受这些结果，因为**想要勉强从市场中获得本不存在的机会必然会如此，市场没有义务时刻给我提供机会**。不过还好的是我在向这些经纪行申请融资额度的时候，没有遇到什么困难，毕竟他们对我很有信心。等到我最终停止融资之后，我已经欠了超过 100 万美元的债务，你可以想象我在他们那里的信用度有多高，他们有多么相信我的交易才能。

其实，J.L.在后面又谈到了心态的影响，背负庞大的债务让他无法全身心投入。因此，全面来看他这几年的低迷有外在的也有内在的原因，等他将这两个问题妥善解决之后，才再度崛起。

我一直赔钱的根源在于这4年当中市场根本没有什么机会，**绝非我丧失了交易的才能**。为了谋生我努力工作，想要挣一笔从头开始的资本，但是却越来越糟糕，且债务缠身。最后，我实在不想再这样下去了，欠下朋友更多的债务让我心怀愧疚，于是我停止了自己的交易，转而帮助别人管理账户聊以糊口。这些委托我操作的人对我非常信任，他们知道我能够胜任这样的工作，我对市场了解透彻，在这缺乏机会的市场中也能捞点利润。我从利润当中提取1%作为自己的酬劳，这就是我当时谋生的手段，这4年我就是这样撑下来的。

做交易持续亏损多年很容易让人得抑郁症，而反复起伏的交易生涯也是如此，所以坚持锻炼很重要。我见过的几个心态好的资深前辈都是坚持锻炼的典范，如果缺乏锻炼很容易被交易压得喘不过气来，最终很容易患上身心疾病。

当然，虽然我并不持续亏损，但是挣到的钱不足以减少债务，最终情况恶化，我人生第一次**感到了绝望**。

尽管一切都不如意，但是我并未到处抱怨，从坐拥百万到负债累累的遭遇并没有使我怨天尤人。这样糟糕的境遇难以让人气定神闲，但是也没有让我自怨自艾，当然也不曾顾影自怜。坐以待毙或是等待上天的垂怜都不是我的打算。自助者，天助之，我还是抖擞精神琢磨起出路来。我的出路在于通过交易挣钱，成功的交易才能满足这一愿望。我此前成功交易的经验不止一次，我曾经将一笔小钱在市场上滚到了上百万美元。我坚信苦心人天不负，市场早晚会让我东山再起。

我要铭记一点，那就是市场永远是对的，如果有错误，那绝对是我的错误。那么，到底是什么原因导致了我目前的困境呢？我有复盘自己成长经历的习惯和态度，因此我对自己提出了这一个问题。我沿着这一问题进行仔细思考，得出的结论是我现在最大的问题在于身上的债务让我无法发挥出最佳的状态。从内心深处来讲，我其实从未从债务当中解脱出来。我需要澄清的一点是，负债本身并不可怕，就像诸多生意一样，负债是经营过程中必然出现的东西。任何一位生意人都与此息息相关，而我的绝大部分负债实际上也算得上是类似的负债，也就是因为不利的营商**环境造成的**，其糟糕程度不比反常天气给一个商人造成的负债严重。

格局决定了一切的潜在空间，包括利润和负债。

但是，由于债务并未随着时间流逝而减少，我的乐观情

绪开始减退。你知道，我欠下了超过 100 万美元的债务，这全部都是股票市场上的交易带来的。绝大多数债权人都是比较温文尔雅的，他们通情达理从不打搅我。不过却有两位债主缠着我不放，他们对我的盈亏了如指掌，因为他们总是寸步不离，只要有盈利他们定然马上取走。我不过是欠了其中一位 800 美元而已，但是他却威胁要起诉我，查封我的财产。我实在想不通有什么理由让他认为我会隐瞒财产，虽然我还与即将死于赤贫的无产流浪者有些区别，但这点财产有什么隐瞒的必要呢？

对问题抽丝剥茧让我认识到现在的主要问题与盘口解读能力毫无瓜葛，而是牵涉到自我了解和心态驾驭的问题。我得出了一个不容辩驳的结论，那就是除非我能够从这种惴惴不安的心态中走出来，否则无法做成任何有意义的事情。显而易见的是，除非我能真正从债务中解脱出来，否则心态就好不了。怎样才算解脱出来呢？只要还有债主缠着我，只要他们还在竭力地让我在积累足够本金之前还清他们的债务，那么我就很难解脱出来把交易做好。想来想去，我终于搞清楚了问题的根源，因此我痛下决心：申请破产保护！除此之外，还有什么能够让我彻底从债务中解脱出来呢？

这个举措听起来简单合理，易于实施，但其实真要去做的时候也会发现并不简单。我厌恶申请破产保护这一做法，因为这样会让别人误以为我是个欠债不还的家伙。其实，我对金钱并不十分渴求，当然也不会因此想要通过拖欠债务进而占别人的便宜。我从来没有想过为了得到金钱而不择手段，其他人能否认同我这一点却不得而知。当然，如果我能够东山再起，那么一定会清偿**所有债权人**。不过，除非我能够回到正常的心态，否则永远别指望我能够赚到钱清偿债务。

因此，我不得不硬着头皮，打起精神去与我的债主们协商。这些债权人都是我的故交或者熟人，所以要开口还是非常困难的。

到底是先挣到钱还债，还是先还债再挣钱？“没有债务”和“挣钱”成了一个问题的两面，没有债务了，J.L.就能有当下挣钱最需要的心态，但是如果不申请破产保护的话，那么只有挣了钱才能偿还，进而没有债务。如果不申请破产，那么就陷入了既有债务也挣不了钱的死循环。J.L.四年当中的苦苦挣扎从外部环境来讲是市场缺乏单边走势造成的，从内部因素来讲则是缺乏良好的心态造成的。你认为哪个因素是关键呢？

我推心置腹地介绍了自己的现状，我解释道："我并不是想要赖账不还才这样做，而是为了大家也为了我自己，这样我才能让自己重新找到赚钱的状态。对于这个方案我已经断断续续考虑了两年多，但是一直比较犹豫，没有勇气跟大家敞开胸襟来谈。如果大家能够接受我的提议，那么必定是双赢的结局。简而言之，倘若我一直被债务搞得心绪不宁，那么也肯定没法处于挣钱的状态。我现在的建议其实早在一年之前就应该提出来去实施了。我要说的就这么多。"

第一位发言的人表面上代表了他自己的经纪行，而实际上则代表了其他绝大多数债权人的内心想法："Livingston，我们理解你的处境和立场，我要告诉你我们的打算是给你一个从债务中解脱的机会，让你的律师按照你的提议准备一份文件，形式并不重要，不管怎样我们都乐意在上面签字。"

基本上所有的大债主们都同意这样做，这就是华尔街相当务实的作风，并不是出于慈善或者是纯粹的公平精神。债主们的这个决定是明智的，因为我现在缺乏偿还债务的资金，与其不现实地逼我还债，不如给我一次机会，也许事情还有转机。我十分感激他们的良苦用心，以及他们的大度。

愿意免除我债务的债权人其中持有超过 100 万美元的债务，但是有两位小额债权人却不愿意加入其中，其中一位就是那位持有我 800 美元债务的人。另外一位债权人则是一家经纪行，我欠了他们 6000 美元，这家经纪行其实已经破产了，但是接管破产清算的人对我并不了解，只是缠着我不放。在大债权人主导的形势下，他们这两位债权人也不得不跟随，但是法庭是否真的允许我破产，不得而知。虽然破产清算单上我的债务总额标注为 10 万美元，但实际上我欠的债务超过了 100 万美元。

我从报纸上看到了有关我破产的报道，五味杂陈。以前，我总是能够清偿全部债务，而这次破产的做法却让我蒙受耻辱。其实，我打心底明白自己一定会清偿所有债主的债务，但是看报纸的人未必知道这一点。自从破产的事情上了报纸以后，我羞于见人。直到现在，这种耻辱感才逐渐淡去。许多人不明白一个道理，那就是如果你想要在股票投机上取得成功，那么就必须全身心地投入。当我从债务中解脱的那一刻，那种自由感难以言表。

债务不再缠身，我现在完全解脱了，能够全身心地投入交易之中，我的胜算增加了几成，万事俱备只欠东风，现在只需要找到一笔启动资金即可。从 1914 年 7 月 31 日到 **1914 年 12 月中旬，纽约证交所处于关闭状态，华尔街萧条万分。**那是一段商业整体不景气的时间，什么生意都不好做。我欠朋友们的债务得以免除，但是这不能成为我再度向他们借钱的理由。整体经济不佳，这个时候没有人有额外的能力来帮助

别人。

去哪里寻找启动资金呢？这是一项棘手的任务。证交所都关门了，经纪行的那些人自己的生计都成问题，怎么可能给我提供帮助呢？当然，我并未放弃，只是试了几处之后，总是到处碰壁。

最后，我不得不去找 Daniel Williamson，那是 1915 年 2 月。我告诉他，我的债务已经被免除了，现在已经回到了以前的状态，我已经做好准备在投机事业上从头再来了。你应该记得，此前他让我回到纽约，在我并未要求的情况下曾经主动给了 2.5 万美元作为交易本金，当时我可以自由动用这笔钱。

现在变成了我需要他，于是他的口吻有些变化："倘若你真的看准了什么机会的话，并且想交易个 500 股，那么就动手吧！在我这儿没有问题。"

我向他道谢，然后就离开了。他曾经为了自己家族的利益而阻拦我的交易，让我错失了大赚一笔的机会，而他的经纪行却从我这里挣到了不少佣金。不得不承认一个现实，那是 Williamson & Brown 公司并没有给我充足的本金，这点让我有点不快。因为只能动用区区的 500 股，所以我必须保守而谨慎地交易。倘若我的启动资金更多一些，那么财富累积得就会更快一些，我的财务状况就会更快地变好。不管起始条件多么不尽如人意，我坚信即便 500 股我也能够东山再起。

离开 Daniel Williamson 的办公室之后，我开始仔细研究整体市况，并且反躬自省。整体市况处于牛市，这对于我和千千万万交易者而言都是显而易见的事实。但是，我的本金只够 500 股的头寸规模，也就是说我的容错空间很小，难以承受行情的些许回调。我必须一举成功，从第一笔交易中获利，第一笔 500 股的交易必须赚到利润，这样我才能积累到足够规模的本金。我明白，只有足够规模的本金才能让我具有良好的判断力和淡定的心态。**当你有了足够的本金之后，你才能承受轻微的亏损，不会因为必要的损失而影响分析和**

这其实是 1907 年恐慌的余波，加上 1913 年经济衰退，接着"一战"爆发，外国投资者抛售美国证券并将利润收回本国，这导致美国黄金流出，进而货币紧缩。所有这些因素导致美国股市恐慌性下跌，因此交易所做出了暂时关闭的决定。

操作。试探头寸会带来亏损，而在投入大笔资金之前试探是必不可少的。

我清醒地意识到现在正处于职业生涯的最关键时刻，失败了就很难找到新的启动资金，一切变成了可怕的未知。形势逼人，我必须等待最佳机会的到来。

在长达6周的时间当中，我没有踏足 Williamson & Brown 经纪行，刻意与交易保持距离，只是耐心观察盘口，因为我担心自己受不了走势的诱惑而匆忙入市，这样就会在错误的时候扣动扳机。**一个交易者除了研判基本大势、牢记市场变化的先例、观察大众心理之外，还要反观自己，对自己的弱点防患于未然。**我们是人，而不是神，因此杜绝和担忧这些弱点是不现实的，但是我们可以对此保持警觉。我已经意识到解读自己的技能与解读盘口的技能同样重要。我仔细分析了自己在特定行情下的本能反应，以及对我产生诱惑力的各类活跃行情，并且仔细研究了商品相关的作物生长情况以及**企业盈利预期等。**

在观察自己的同时，观察交易对象。J.L.也非常注重那些重要的基本面，比如农产品的生长情况，这与现代的商品期货职业交易者没有什么不同，又比如上市公司的业绩，这与现代的股票职业交易者也没有什么不同。

尽管我从一贫如洗开始重新交易，渴望东山再起，但是我不鲁莽，而是坐在另外一家经纪行的营业厅里面认真观察行情。在这家营业厅我并非客户，因此也不能在这里买卖，我坐在报价板前面，认真解读盘口，不放过任何一笔成交报价。我耐心等待最佳时机的到来。

在1915年这一重要年份，大盘明显向好，这就是基本的大势，而我最看好 Bethlehem Steel 这只股票，我坚信它一定会显著上涨。不过，为了一击而中，我不得不等待，等到它超过100整数关口我就入市。我曾经提到过，当一只股票首次突破100美元、200美元或者300美元等整数关口之后，价格倾向于继续上涨30美元到50美元。而且，当股价突破300美元之后，其上涨加速度比100美元或者200美元更大。我有一次碰巧按此操作，那是在 Anaconda 股票上，当这只股票突破200美元时，我进场做多，一个交易日之后在260美元附近平仓。当某只股票向上突破整数关口时做多的这种手法

是我在对赌经纪行操作时形成的，这是**一种经历了长期考验的操作手法。**

在 J.L.自杀前撰写的那本小册子当中，他详细地描述了这种方法，他称之为“关键点位”介入。我同时也对这本小册子进行了译注和阐释，阐释部分的篇幅是翻译部分篇幅的三倍左右。一家之言，可以参考下。

你可以想象我当时内心多么渴望重登巅峰，回到以前的本金规模。我全神贯注于这个目标，心无旁骛。不过，我并未因此丧失自制力，我需要克服冲动。Bethlehem Steel 如预期一样节节攀升，但是我想方设法地克制住自己走进 Williamson & Brown 经纪行做多 500 股的冲动。我心里想得十分明白，必须旗开得胜，必须将胜算率提高到上帝能够允许的最高水平。

这只股票每上涨 1 美元，就意味着我错失了 500 美元的利润。刚开始的 10 美元上涨意味着我本来是可以按照金字塔方式顺势加码的，如此操作的话就意味着我现在不是简单地持有 500 股，而是也许已经达到了 1000 股了，那时候股价每上涨 1 美元，我就能挣到 1000 美元。不过，我还是不为所动，没有被期望和赚钱的强烈愿望牵着鼻子走，我需要聆听内心理性的声音。我需要第一笔交易就能获利，这样我就能有足够的本金去展开更加积极的交易以便捕捉更大的机会。相反，如果没有足够的本金，那么很难承担起哪怕一点点风险。我耐心地等待了 6 周，最终理性之光战胜了贪婪和欲望。

当这只股票上涨到 90 美元的时候，我开始按捺不住了，生怕错过了行情。我估摸着自己因为坚持旁观已经错过了不少利润。等到这只股票涨到 98 美元的时候，我自言自语道：“Bethlehem Steel 即将突破 100 美元了，一旦突破这个关键点位，股价将一飞冲天。”盘口显而易见地展示了这一信息，它大声疾呼真正的行情就要降临了。我可以告诉你的是当报价机打印出 98 美元的时候，我仿佛已经看到了 100 美元出现在报价纸带上。我很清楚这不是一厢情愿的想法，而是我多年来养成的盘感。因此，我心里对自己喊道：“我不能坐在这里等它突破 100 美元，我必须马上动手，现在与突破 100 美元的情况相差无几，都是可靠的进场机会。”

于是，我立马冲进 Williamson & Brown 经纪行的营业厅，

下单做多 500 股的 Bethlehem Steel。当时的市价是 98 美元，而我在 98 美元到 99 美元之间做多了 500 股。就在此后，股价真的一飞冲天，当晚收盘价在 114 美元或者是 115 美元附近。这点我仍旧记忆犹新，于是我加码做多了 500 股。

次日，Bethlehem Steel 的价格涨到了 145 美元，我终于可以让自己的本金达到合意的规模了。这是我辛苦研究和耐心等待的结果，这 6 周是我备受煎熬的一段时间。不管怎样，结果令人欣慰，我得偿所愿，终于积攒了足够的资本来展开较大规模头寸的操作。要知道，单靠 500 股的额度，永远成不了什么大事。

好的开端对于任何一项事业都非常重要。在 Bethlehem Steel 这笔交易之后，我手气非常顺，整个人焕然一新，有种脱胎换骨的感觉，谁也不会认为此前的我与此有何关联。事实上，我确实今非昔比了，那时候我成天提心吊胆地忍受着债务的干扰，常常持有错误方向的头寸。现在，我处于放松而专注的状态，自然常常站在正确方向的一边。现在，债主们不再来烦扰我，本金也很充裕，这样我就能听任内心的理性之光去引导正确的操作，持续盈利将是水到渠成的事情。

瞬间我完成了逆袭，重新步入前程似锦的成功之路。不过，很多时候总有突发事件出现，此时遇上了“Lusitania 号事件”，行情暴跌。市场就是这样，每过一段平静的日子便会有出乎意料的情况发生，这个时候你就会冷不防地被市场打上一拳，但或许只有这样你才能在市场面前保持谦卑，意识到人类的认知存在局限性，无法永远在市场中保持正确，永远有我们预期之外的突发事件影响我们的交易。我曾经听到大家谈论说职业投机客不会因为商船 Lusitania 被鱼雷击沉这一突发事件而遭受沉重的打击，毕竟这消息在传到华尔街之前就已经广为人知了。但是，我的消息却没有这么灵通，没能对此有所提防，最终还是遭受了一定程度的亏损。除此之外，我还遭遇了其他一两次行情反转带来的亏损，毕竟我认知能力有限，没能预期到这些事件的发生。我的账户到 1915 年底的时候已经有 14 万美元的净值了。尽管我当年在绝大多数时候对行情的预判都是正确的，但实际能挣到的就是这么多了。

次年，我的业绩表现得要更好一些，我受到了**幸运女神的眷顾**。我在狂热似火的牛市中坚定看多做多，大势站在我这边，我忙于做多挣钱。这让我想起了标准石油公司已故的 H.H.Rogers 的名言，当你走运的时候想不挣钱都难，这就好比下雨天不打伞全身不湿透是不可能的一样。股市进入了显而易见的牛市，走势非常清晰，对任何人而言都是如此，协约国在美国大量采购各种补给品，由此导致美国**经济空前繁荣**。美国拥有各类资源和物质，世界上没有其他国家可以提供种类这么齐全、数量这么充足的物质，因此全世界的钱都被我们赚到了口袋里。具体来讲，全世界的黄金都流到了

美国，这导致物价飙升，一切东西都在涨价。

行情启动时的背景就非常明显，牛市无须额外的其他条件，这轮大牛市并没有经过太长时间的酝酿。战争中，不少美国的士兵与欧洲女士喜结连理，这刺激了经济的繁荣，超过以往类似的情况，而大众从这轮牛市中获得的账面利润也是空前的。不过，纸上富贵难逃黄粱一梦，大众没能及时将账面利润落袋，历史一再重演。华尔街没有新鲜事物，轮回在这里出现的频率远胜其他地方。**如果你翻阅关于市场情况的最新报道，就会发现今天的股票投机者与历史上的表现没有任何差别。投机的本质没有改变过，人性也没有改变过。**

幸运女神是大势！格局决定运气！

战争是让投机客暴富的机会，你看罗斯柴尔德家族，你看J.L.，不都是这样起来的吗？

1916年，我顺着牛市一路做多，我同别人一样看多做多，但同时保持极高的警觉。我同其他人一样心知肚明，牛市终有结束的一天，我盯着见顶的信号出现。对于那些小道消息，我并不感兴趣，没人知道它从哪里来，因此没有必要盯着这些东西不放，视野应该更大一些，重视大势而非个股的小道消息。我从来不会对市场大势固执己见，不是死多头，也不是死空头。无论牛市还是熊市，我都从中赚到过丰厚的利润，所以一旦市场发出离场信号，那么我就会毫不犹豫地平仓，而不是一味看多或者看空。交易者不是死多头，或者死空头，而是滑头，他需要相机抉择，选择正确的一边，而不是固定的一边。

有一点大家需要牢记在心，那就是趋势的结束并不是在众人知晓的时刻，趋势也往往不会180°大反转，更为常见的情况是在趋势反转之前，市场已经处于停滞不前的状况了，比如在牛市转为熊市之前市场已经滞涨一段时间了。我发现牛市结束时，那些领涨的龙头股会接连下跌几个点，而且无法重新回到高点，几个月来首次出现这种情况，这就是我长时间以来**等待的离场信号。**显而易见的是牛市已经到头了，我应该相应地改变自己的操作。

在A股市场中，龙头股和龙头板块对于大盘的走势确实有很强的风向标作用。在牛市中，除非有新的龙头股接棒上涨，否则大盘堪忧。

道理十分浅显，在牛市中，个股走势必定持续向上，**当某只个股出现与大盘背离的走势之后，就应该引起你的注意**

了，异常背后有重要的信息等待你去发掘。对于资深交易者而言，个股与大盘的背离意味着某些有价值的信息，盘口和纸带当然不会直接告诉你具体的信息，我们必须要倾听，仔细分析，如果市场告诉你离场，那么就要坚决地离场。别指望市场会在趋势反转之前，让你签署一份法律文书以便取得你的同意。

回到正题，我曾经说过领涨板块的那些龙头股回落了6~7个点，然后便低位盘整。而市场上其他股票仍旧继续上涨，它们追随新的龙头股扶摇直上。如果这些回落的龙头股本身基本面没有问题，那么就要考虑市场主力资金的动向了。虽然它们回落了，但是牛市仍旧在持续，**这或许仅仅意味着这些板块的上涨趋势结束了，而其他板块的上涨趋势还在持续。**

牛市中的板块轮动，也就是交替领涨，只要有板块能够领涨整个股市，那么就是牛市中的板块轮动。如果既有的领涨板块倒下了，又缺乏接棒领涨板块，那么牛市可能就要结束了，或者是要进入重大调整。

不要因为某些板块上涨，而另外一些板块下跌就感到迷惑，其实这并不是什么矛盾的现象。因此，我并未对整个股市转为看空，因为盘口走势并未出现牛市终结的信号，或许距离终点不远，但是尚未真正结束。在此之前，仍旧处在牛市之中，而赚钱机会仍旧存在。在分化的情况下，我**看空做空那些滞涨的板块，同时看多做多其他还在上涨的板块。**

在牛市中做空那些走弱的板块，其实与J.L.本人此前总结出来的原则并不相符，他强调大势和大盘是最重要的因素，而现在这样操作似乎有违原则。

老的龙头股们停滞不前，因此我做空它们，每只股票做空了大约5000股。同时，我在新的龙头股上面做多。被我做空的股票并没有大幅下跌，而是维持震荡，而做多的股票则持续上涨。当上涨的新龙头股也停止上涨步伐时，我也开始做空它们，每只股票5000股**空头头寸**。此时，我看空市场的程度要高于看多市场的程度。显而易见的是市场要转为跌势了，下一次大机会来自于做空交易。虽然我感觉到牛市快要结束，熊市已然开启，但是我也明白现在还不是大举做空的时候。心急吃不了热豆腐，现在急着加码做空是不明智的，毕竟时机未到。盘口表明有一部分主力资金在做空，属于试探性质的先头部队，这只是空头行情开始前的预备阶段而已。

龙头股和热点青黄不接的时候，市场往往会开启一轮跌势。

我现在一方面持有多头头寸，一方面持有空头头寸，等到大约1个月之后，空头头寸已经累积到了6万股。我在12

只股票上做空，每只股票 5000 股空头头寸。要知道年初的时候，这些股票都曾经是热门股，大牛市中的龙头股。我的空头头寸并不算过分，不过要记得的一点是市场现在也并非一定会开启熊市。

终于某一日，整个股市都显得极端弱势，股票全线下跌，12 只持有空头的股票，每只股票都有 4 个点的利润，行情最终确认了我的判断和操作是正确的。盘口表明现在做空是安全的了，于是我加码一倍继续做空。

在趋势中我已经持有了相应的头寸，头寸就是我的立场。也就是说在被确认的熊市中，我做空股票。我无须用力去推动股价，趋势站在我这边，市场向着有利于我头寸的方向运动。搞清楚这些之后，我不能丢掉自己的头寸，而要耐心让行情发展。在加码之后很长一段时间之内，我并未再做任何交易。在我近乎满仓之后 7 周左右，“泄密事件”导致股市暴跌。据说有人从华盛顿当局得到内幕消息，威尔逊总统即将发表声明，准备推行和平方案。美国经济此前的繁荣都是世界大战带来的，因此和平必然就成了利空美国股市的因素。某位顶尖聪明的场内交易员被指故意散布消息牟取暴利，他简单地回应说：之所以做空是因为牛市已经到了尾声，并非依靠什么消息。而我早在 7 周之前就已经加码做空了。

这种消息引发了市场暴跌，而我则利用这个消息回补了空头头寸，这是当时唯一明智的做法。倘若有什么突发的有利事件，出乎你的意料，那么你就抓住这个机会获取利润。简单来讲，就是这样急速下跌的环境提供了足够的对手盘，让你得以全身而退，这是落袋为安的大好时机。就算大势向下，**但也缺乏足够的对手盘帮助退出，你必须等待市场给予你这样的机会，在这种条件下你回补如此大笔的空头头寸也不会遭遇显著的利润损失。**

天量与群众的最后恐惧或者狂热密切相关，J.L.善于利用这类市场情形来回补头寸。

我想提醒一点，那就是这个机会并非在我事先的估计之中。正如我之前提及的那样，就我 30 年的交易经验而言，这类突发事件往往会与市场最小阻力方向一致，对于我的头寸

而言无疑是有利的。同时，还需要铭记一点，在做多的时候，不要奢求获利了结卖在最高点，这是不现实的，等到股价回落之后反弹无力再回补多头。

我在 1916 年净赚了 300 万美元左右，先是在牛市中一路做多，然后在熊市中做空。前面我已经强调过，不要成为死多头或者死空头，重要的是站在趋势的一边。

当年冬季，我来到了南方棕榈滩，这是我常来度假的地方，因为我热爱在大海上垂钓。当时我正做空股票和小麦，两者都处于丰厚的盈利状态。一切顺利，我将一切烦恼抛到九霄云外，享受着当下的快乐。除非我离开美国去欧洲，否则很难抛开股票市场和商品市场。当时，在 Adirondacks 和我的住所以及经纪行之间都架设了专线。

在棕榈滩的时候，我会定期去开户经纪行在当地的分行。我发现棉花处于强势，正在上涨趋势中，但是我对这个品种并无兴趣。大概在 1917 年，传言威尔逊总统努力推动和平，提出了许多方案。这些消息大多来自于华盛顿，一些是报纸上的新闻报道，一些则是棕榈滩友人的私下聊天。由于这些消息的驱动，某一天我发现许多市场都表现出乐观的迹象。因为大众普遍预期和平在即，所以股票和小麦的价格应该下跌，而棉花应该上涨。虽然我已经持有了股票和小麦的空头，但是在棉花上我却并未进行任何操作。

当天下午 2：20，我手上没有任何棉花的头寸，但是到了 2：25，我意识到战争或许要结束了，而和平要降临了，于是进场做多了 1.5 万包棉花，这就是底仓。我准备采取我已成形的交易策略，顺势逐步加仓，此前我已对此有所介绍。

当日下午收盘之后，德国宣布进行无限制潜艇战，后市会怎样，只能等到次日开盘才能完全知晓。当天晚上美国钢铁巨头之一在 Gridley 俱乐部宣布以低于当日收盘价 5 个点的价格不设数量限制地卖出 US Steel 这只股票。当晚参会的还有匹兹堡的几位百万富翁，不过却并没有人响应这位钢铁巨头的卖出意向，因为他们都知道次日肯定会大幅低开，这个价格并不划算。

果不其然的是次日早上开盘，股票和商品市场都暴跌。某些股票低开了 8 个点，对我而言则是回补空头的最好时机。恰如我之前强调的那样，**在熊市中如果出现了恐慌性暴跌，那么正是一个回补空头的好时机。**特别是如果你的空头头寸比较大，想要降低滑移价差和最小化离场的负面影响，那么这种情况则几乎是唯一的机会。比如，我光是在 US Steel 上的空头头寸就有 5 万股，另外还做空了其他股票。所以，当出现这种离场机会时，我毫不犹豫回补了空头，总共获利 150 万美元，这种机会怎么能够轻易放弃。

我在棉花上的空头头寸共计 1.5 万包，都是前一日收盘前半个小时建立的头寸。次日开盘棉花就下跌了 500 点，巨大的跌幅导致我隔夜就亏了 37.5 万美元。虽然在小麦和股票市场上应该利用恐慌性暴跌回补空头，但是在棉花上应该如何操作我就没有头绪了。我需要权衡各种因素，如果真的做错了，那么我会毫不犹豫地止损离场，不过当日我却并不愿意就此认赔出场。再后来，我想不应该让交易打扰了自己在南方度假和垂钓的美好时光，与其被套在棉花市场上，不如痛快来个了断。毕竟我在股市和小麦上已经赚了大笔的利润，在棉花上认赔出场无非将 150 万美元的利润算作 100 万美元多一点而已，不过是会计账目上的把戏，不需要太过在意。

意外事件加上重仓，很容易导致账户大亏。综观 J.L.的交易，不少时候他还是喜欢重仓的，因为他不少交易都是一两日波动就带来的丰厚利润或者巨大的亏损。但是，他真正赚大钱的交易却是严格按照试探—加码这个公式展开的。他在棉花上的操作其实仓位还是比较重的，否则不会一日下跌就将此前小麦和股票上带来的利润折损近 1/3。况且，股票和小麦的空头头寸持有时间不短，其实还享受了这次普遍暴跌的好处，由此可见他的棉花头寸并不轻。

倘若我此前没有做多棉花，那么就能增加 50 万美元的利润。这次经历表明，即使你仓位不重，在短时间也可能**产生巨大的亏损**。我在股票和小麦上建立的空头头寸占了总持仓的较大比例，而且站在正确的一边，此后又从突发消息中进一步获利，而德国宣布无限制潜艇战这件事情初看起来**似乎是利多的，**不利于我的头寸，但是市场却是沿着阻力最小路径前进的，而这一点对于交易者而言具有最大的价值。虽然德国的战争宣言出乎市场意料，但是价格仍旧沿着我预判的方向发展。倘若市场按照我此前的预判发展，也就是战争结束，那么三个市场上的预判都将正确，股市和小麦会下跌，而棉花则会上涨。现在却变成了无论是战争持续还是结束，股市和小麦都下跌了，所以算得上是意外之喜。在棉花的交易上，我太过依赖单一的预判，那就是威尔逊的和平建议将取得成功，但其实并没有，德国的战争宣言导致我的棉花头寸亏损。

此前，欧洲开战促进了美国的经济，因为当时美国处于中立状态，因此股市走高。但是，德国宣布无限制潜艇战之后，其实也就妨碍了美国的中立地位，美国将被牵涉进战争中，这个时候美国经济就有被拖累的预期，股市就会下跌。只不过，此前大家形成了简单的预期，那就是欧洲战争持续，美国经济就得益，美国股市就上涨，如果战争停止，美国经济就要往下走。因此，德国宣布无限制潜艇战表明战争还将持续，初看起来是利多美国股市的，但实际上性质发生了很大变化，美国被拖进来了，不再是坐收渔翁之利的一方。

1917 年，当我返回纽约的时候，我偿还了全部的债务，超过 100 万美元。无债一身轻，其实我几个月之前便可以偿还这些债务，只是当时我的交易非常顺手，正可以趁机扩大战果。另外，不管是从我的角度出发，还是从债权人的角度出发，我都应该尽全力抓住 1915~1916 年的机会。他们一开始就没有打算拿到这笔钱，所以我多交易几个月并未引起他

们的担心。我也不愿意像挤牙膏似的分批偿还债务，我想一次还清所有的欠账。因此，只要市况允许，我便动用最大的资源来进行交易。

除了偿还本金之外，我还想要支付利息，不过那些承诺放弃债务的人们却婉拒了我的提议。我先偿还了那些慷慨的债权人，最后才搭理那位只欠了他 800 美元，却弄得我心烦意乱无法交易的债权人。我让他先等着，直到看着我已经偿付完了所有债权人之后才拿到他的 800 美元。我希望他能够宽容一点，下次碰到相同的情况可以体谅一下对方。

我又重返巅峰了。

在偿还了所有债务之后，我将一笔钱当作年金存了起来。我打定主意，以后再也**不要让交易影响生计了，否则生计也会干扰交易。**既不能让生活没有着落，也不能让交易没有本金。因此，从我结婚以后，我就为我的妻子建立了信托，儿子出生之后，我也为他建立了信托。

我这样做的原因有两个：一是担心股市说不准哪天会把我口袋里的钱全部拿走，二是担心人因为冲动而将所有到手的钱挥霍一空。通过年金和信托，我让妻儿老小得到了足够的生活保障，从此不再受到我交易的影响。

我知道的人里面，不止一个人曾经采取了类似的措施，等到他需要钱的时候，他哄骗妻子签字拿到这笔钱，结果就是亏掉了所有的钱。现在，我要补上这个漏洞，信托完全排除了我的影响。无论我采取什么手段想要拿到这笔钱，无论我的妻子是否自愿放弃这笔钱，都不可能实现，这笔资产绝对安全。我可不想在这上面有任何闪失！

第十五章

最大的玩家：政府

在投机行当中，那些未曾预判到的情况或者说根本不可能被预判到的情况是最大的不利因素之一。尽管如此，**即便是最谨慎的商业人士也需要去主动承担某些特定的风险，除非甘于平凡。**其实，一般的商业活动中面临的潜在风险并不比我们行走在街上或者是乘坐火车出行时更大。当因为意外因素而承受亏损时，我并不怨天尤人，因为这就好比那些不期而至的风暴一样，你用不着太过在意。人从落地一刻开始，到入土之时，所经历的一切与一场赌博无异。对于不能主导和提前预判的一切，我可以坦然处之，不过，在我的投机生涯当中，却有那么几次并非由于不可预知的因素导致，因为当时我持有了正常的头寸，但却由于阴暗处的对手采用了卑鄙的手段夺走了我的利润。

聪明而富于洞察力的商人时刻警惕着骗子们的卑劣手段，因而得以自保。我除了在对赌经纪行被欺骗了少数几次之外，并没有遇到过明目张胆的欺骗。毕竟，对赌经纪行要想经营得好，也需要诚实守信，这才是最佳的经营之道。要想挣大钱，必须诚实守信，靠欺骗是**无法挣到大钱的。**如果某个地方你需要时刻对合作伙伴保持警惕，对卑劣行径防不胜防，那么这绝不是一个适合做生意的好地方，无论生意到底是什么。对于那些利用别人善良和同情心的骗子，高贵的人士就无法应对了。无论如何，商业要讲求公平。我可以向你描述

挣到大钱往往是一个持续的过程，也就是所谓的无限博弈，在这种博弈当中，任何一次如果你欺骗了对方，那么对方都有机会报复你。投机行业几乎找不到寿星，为什么呢？原因在于一个持续的无限博弈过程当中，对手总能等到某个机会翻盘，而且对手也有这个动机去努力寻找和利用这样的机会。除非你能完全消灭对手，否则博弈将继续下去，但是在投机市场上对手永远是无法被消灭的。

客观来说，J.L.恰恰说反了。他几次崛起几次衰落，这不正是无限博弈的表现吗？曾经有一位前辈告诉我投机就是一场永不落幕的足球赛，只要你在场上，那么结果永不确定。J.L.认为自己没有和任何人起过冲突，但他难道没有和对赌经纪行的人有过冲突？他难道没有被 Williamson 利用？在合作的最后阶段他在内心已经和对方处于冲突状态了。投机就是博弈，你挣的钱恰好是别人亏损的钱，别人也在绞尽脑汁想要从你口袋里掏钱，这里面没有冲突？况且 J.L.还曾经被逼仓过，控盘的人不肯放过他，还是靠他用了金蝉脱壳的方法才得以全身而退。当然，这是我的个人观点，以前批注在原版书的旁边，现在放到这里以供参考。伟大的投机客与任何对手盘都没有私仇，但并不意味着这里是双赢之地！

一些自己的亲身经历，在这些经历当中我之所以被欺骗和利用，原因在于我恪守高尚的原则，信守承诺，因此成了这些高贵信条的受害者。我不应该太过于拘泥，以至于被人利用，况且这样死板地奉行道德教条并未产生预期中的实际效果。

小说家、传教士和妇女们总是喜欢添油加醋地将股票交易所描述为骗子们你争我夺的地方，华尔街就是信奉丛林法则的地方。这样的说法颇具戏剧化，但却引人误解。我从不认为自己从事的这门生意是永不停止的斗争和比赛，因为我没有和谁发生过冲突，也没有和某个群体**发生过冲突**。我与他们只是在市场观点上存在差别，剧作家笔下关于生意场上的对立并非人与人之间的势不两立，而是对商业前景的不同预期。我竭力从实际出发，立足于事实，根据事实采取行动，而这也是 Bernard M. Baruch 造就财富传奇的成功秘诀。某些时候，我未能看到事实的全貌，或者未能及时看到事实的全貌，又或者是没有基于逻辑进行思考。一旦出现这种情况，我就必然亏钱，判断错误就要付出相应的代价，简而言之就是亏钱。

凡是理智的人都知道错了就要承受代价，错了却想要逃避惩罚，这是异想天开。不过，当我正确的时候，一定要赚到足够的钱。除非交易所突然改变规则，否则正确的时候基本都能赚到钱。我对那些危害投机事业健康进行的因素抱有极高的警觉，我要时刻提醒自己：除非兑现利润，否则来不得半点松懈。

大宗商品的价格自从欧洲爆发战争以来持续走高，这是意料之中的事情。毕竟，以往的战争都引发了通货膨胀，所以这是能够被预判到的情况。随着战争旷日持久，大宗商品也全线上涨。回到 1915 年，那时我正在忙着重振旗鼓，股票市场当时处于牛市中，我当然要利用好这一机会。当时的情况下，最大的机会在股票市场，而且我也把握住了，运气不赖。

到 1917 年 7 月的时候，我不仅能够偿还所有负债，而且还有盈余，这意味着我能够在参与股票市场的同时，参与商

品市场。多年来，我养成了一个习惯，那就是**同时关注所有市场**。当时，大宗商品的价格水平已经远远超过了战前，有着100%~400%不等的涨幅。不过，咖啡例外，几乎没有什么显著的涨幅。为什么会这样呢？异常是有原因的。战争在欧洲爆发意味着咖啡在欧洲的市场受到极大的影响，大量的咖啡通过海运来到了美国，这导致**美国的咖啡供应过剩，这样就极大地压制了咖啡的价格水平**。当我注意到咖啡价格的异常时，它比战前价格还低。如果咖啡是因为战争降低了需求的话，那么随着德国和奥地利的潜艇战越来越活跃，势必影响到大西洋的海运，而这必然导致可供咖啡运输的货船越来越少，那么出口到美国的咖啡数目就会显著下降，假定美国需求不变，随着库存被消耗，那么美国的咖啡**价格必然显著上涨**。

相对于其他商品，咖啡并非必需品，在战争中由于收入下降，而必需品的价格上涨，必然导致对非必需品的采购意愿和能力下降。

J.L.也是供求分析的大师！

用不着福尔摩斯的水平也能推断出这一结论来。现在为什么没几个人看好咖啡呢？我回答不了这个问题。不过，我决定做多，这不是一次赌博似的投机，而更算得上是一次投资。需要耐心持仓才能带来相符的收益，不过我坚定地认为这是一次潜在收益丰厚的操作。总而言之，这更像是一次投资银行家的稳健操作，而不是赌徒的冒险。

我在1917年冬季开始进场买入咖啡看涨期权，不过当时市况清淡，并未如我预期那样上涨。而我则一直持有这些头寸长达9个月，在合约快要到期之前我卖出了所有的期权合约。这笔交易让我备受煎熬，机会成本太大了，不过我仍旧坚信市场观点是正确无疑的。但是从选择进场来讲，我犯了错误。我坚信咖啡必然和其他大宗商品一样上涨，于是在卖出所有咖啡看涨期权之后，我又重新入场买了3倍于此前数额的咖啡期权，为了持有足够长的时间，我购买的是延迟期权，这样我可以持有最长的期限。

这次我的时机选择并不离谱，建立起3倍头寸之后，咖啡便开始上涨了。突然间，大众似乎意识到咖啡市场就要发生剧烈变化，而从盘口来看似乎我的这笔投资将有非常好的

回报。

这些期权合约的卖方是一些咖啡烘烤商，他们往往是一些德裔企业或者是他们的子公司，他们从巴西进口咖啡，信心满满地认为可以如期运到美国。但是，这次不同了，他们找不到充足的货船来运输这些咖啡，只能将咖啡放在美国之外的仓库内等待运输，同时他们却卖出大量咖啡看涨期权，相当于是做空咖啡价格。

我想你应该还记得，此前我开始看空咖啡价格的时候，价格仍旧处于大战前的水平，而我第一次做多的时候持有了大半年却承受了不少的损失。犯错了就要受到惩罚，而市场的惩罚就是赔钱。做对了则会得到市场的奖赏。显然这次我做对了，而且持有了一大笔头寸，自然应该赚一大笔钱。因为我持有几十万包咖啡合约，因此价格即使上涨一点，我也能够挣到一大笔利润。至于具体的持仓数目，我没有兴致去讨论，因为数目太大说出来也没几个人会相信，反而会认为你是在吹牛。事实上，**我在交易中都给自己留有充分的后备资金，不要做超出自己能力的事情，我总是给自己一些缓冲空间。**在这次咖啡操作当中，我是比较稳健的。而我之所以敢于买入咖啡看涨期权，是因为没有什么利空因素被我发现，形势一片大好。我曾经在咖啡上死守了大半年，天道酬勤，我的努力和睿智现在要得到回报了。我预期的回报很快就会到来，无须什么额外的技巧，趋势之下一切昭然若揭。

J.L.这句话言过其实了，他重仓的次数也并不少见，人性难悖啊！

我心里想着几百万美元的利润就要进入自己的口袋了，然而现实是残酷的。虽然咖啡基本面并没有太大的变化，行情也没有转而下跌，囤积在外的咖啡并未涌入美国，但是丰厚的利润就是没有出现。到底怎么回事，起初无人知晓，此前估计谁也没碰上过这等鬼事，自然我也未能对此做出预判和提防。不过，从此之后我在自己的投机注意事项中新增了这一项。到底是怎么回事呢？原来那些卖给我看涨期权的家伙们为了摆脱自己的困境，跑到美国政府那里祈求援助，并且真的获得了政府的支持，这无疑是一种卑劣的做法。

在战争期间，美国政府为了防止囤积居奇导致物价上涨制定了各种法律和采取了各种措施，你们应该对这类法律和措施有所耳闻。这些人打着公众利益的旗号跑到战时工业委员会物价管制小组那里，声称应该打击投机客，以便保证美国公众享用早餐的权益。而我就是这类投机客当中的一员，他们声称我与其他投机客一道已经或者将要垄断美国的咖啡市场，这就是在发国难财，如果我的阴谋得逞，那么美国民众将因为投机客的贪婪而支付高昂的咖啡价格。这帮家伙此前在找不到足够货船的情况下向我卖出大量的看涨期权，现在却又声称自己是为了美国大众的利益，而我作为投机客出于贪婪想要从亿万美国民众那里榨取不义之财。他们声称自己不是赌徒，而是贸易商，他们愿意与政府一道维护咖啡市场的秩序，打击各类**投机倒把的行为。**

这样我就陷入了他们制造的困境之中，对于物价管制小组是否认真履行其职责我不想说得太多，但是我还是想表达一下自己的观点，那就是物价管制小组并没有全面而深入地了解咖啡市场面临的问题，他们为咖啡豆设定了最高限价，同时对现在所有咖啡合约设定了最后期限。这就意味着咖啡交易所将关门停业，而对我而言则只能选择了结所有合约，预期中数百万的利润就这样见不着踪影了。我和大众一样，反对囤积居奇，抬高生活必需品的价格，不过在其他商品已经比战前涨了250%~400%的情况下，咖啡豆的价格却低于战前的平均水平。咖啡豆在谁的手里并不关键，战争导致了整体物价水平的上涨，咖啡价格终究也会跟随上涨。咖啡价格的上涨是由于供求出了问题，进口出现了问题，并不是因为道德败坏的投机客在操纵价格。而美国在咖啡的进口上之所以出现问题，原因在于德国的无限制潜艇战导致货船数量急剧下降，进而影响了咖啡的运输。咖啡价格甚至还没有来得及上涨就出现了物价管制委员会的干预。

物价管制委员会对咖啡价格的干预导致咖啡交易所的关闭，这是一个错误的政策举措。倘若他们不进行干预，那么

哪里有利益，哪里就有矛盾，J.L.低估了咖啡商们自救的可能性和必然性。以前，郑州白糖也会出现糖商借助交易所和政府之力的情况，所以博弈无死角。不要寄希望于对手不会采取某些手段，而要寄望于自己将对手一切可能性的反应都找出来。无恃其不来，恃吾有以待也；无恃其不攻，恃吾有所不可攻也。这样才能稳操胜券，立于不败之地。

咖啡价格必然会按照我此前的预期一路上涨，这与垄断没有任何关系。通过价格上涨，可以重新带动供给的增加。我曾经听 Bernard M. Barunch 谈到过，那就是物价管制委员会其实明白这一原理，所以最高限价定高无可厚非，这样可以避免因为物价管制导致价格远远低于均衡价格，进而阻碍供给的增加。此后，当咖啡交易所恢复营业的时候，咖啡价格涨到了 23 美分，民众不得不接受如此的高价，这是供给跟不上导致的。而之所以出现这样的情况，完全是此前那帮贸易商为了挽救自己在期权上的败局造成的，他们故意说服物价管制委员会制定了一个很低的最高限价，这就抑制了供给及时增加的积极性。现在，由于货船数量减少，货运费用上升，咖啡价格也不得不上涨。

我坚持认为自己在咖啡上的交易算得上是自己所有商品交易中最具理性的一笔。这次交易与其定义为投机，不如定义为投资。这笔交易持续了超过一年的时间，其中如果说有什么赌运气的成分，那就是这些咖啡贸易商了，他们自称是为了大众的利益，出于爱国的立场。他们在巴西有大量咖啡，他们算定美国的咖啡价格只会下跌，因此他们在纽约卖出大量咖啡看涨期权，而我就是他们的对手盘。物价管制小组为咖啡设定了一个较低的最高限价，要知道这是一个唯一没有显著上涨的商品，这一举措无疑将价格的合理上涨扼杀在了摇篮中，结果便是抑制了供给增加的积极性，最终大众承受了**一个要高得多的价格**。另外，未经加工的咖啡豆的价格一直在 9 美分附近震荡，而烘烤后的咖啡豆则与其他商品一起上涨，这意味着只有那些负责咖啡豆加工烘烤的商人们能够从中获利。而我参与的是未加工咖啡豆的交易，如果它每磅能够上涨 2~3 美分，那么我就有了几百万美元的利润。如果真的这样，那么价格的上涨将增加咖啡豆的供给，自然大众也不会一直承受高价格的咖啡了。

如果物价管制委员会没有干预咖啡的价格，那么咖啡价格将因为运输问题而上涨，而这最终会刺激贸易商想办法改善运力，这样就会让有效供给增加，价格在高位停留的时间会缩短。其实，生产者和贸易商们一般是天然的空头，他们要锁定价格，当价格大涨时他们会在期权市场上损失一部分钱，但是除非他们卖出的看涨期权远远超过了现货的数量，否则只不过算是套保而已。我推测，这些贸易商可能是因为卖出了远远超过套保所需要的看涨期权，所以变成了纯粹的空头投机力量，以至于非常反对价格上涨。另外，通过放开烘烤加工过的咖啡豆价格，这些贸易加工商从现货上又赚到了钱。他们的手法是通过说服物价管制委员会限制未加工咖啡豆的价格和交易所的合约期限，这样就抑制了咖啡看涨期权的价格，而另外他们加工烘烤之后出售的咖啡豆却不受价格管制。

事过无悔，在投机行业，后悔没有任何价值和意义。不过，这笔交易却发人深省，给我带来了不少启发。这笔交易基于严密的推理和思考，我非常确定价格将上涨，挣几百万美元是铁板钉钉的事情，但结果却什么钱都没有挣到。

此前也曾遇到过两次交易所突然更改规则的情况，两次都遭受了亏损。在那两个例子当中，尽管我的仓位管理是恰当的，但是分析却没有咖啡交易这么透彻。投机当中没有100%的确定性，“黑天鹅”也是我们需要考虑的一个因素。

咖啡交易结束之后，我在其他商品上的操作非常漂亮，而在股票市场上则因为做空而饱受媒体的诟病。华尔街的从业者和媒体记者都习惯于让我当替罪羊，当价格暴跌时他们总习惯归咎于是我干的。他们总宣扬做空就是卖国，而根本不管我到底有没有做空。他们这样宣扬的目的不过是为了让公众对行情波动原因的好奇心得到满足而已，让公众的不满情绪能够找到宣泄的对象。

我已经强调了不知道多少次了，**任何操纵都无法完全控制股价**。逻辑十分简单，也许只需要花费半分钟时间你就会想明白。如果某个股票炒家凭借自己的实力将股价打压到真实价值水平之下很远，那么其他炒家就会获得一个低价买入的机会，他们肯定会利用这次机会大举买入。倘若没有资金买入，那是因为大势不好，他们缺乏这样的资金能力来买入。人们喜欢说打压股价，而且将其诅咒为犯罪一样的行为，其实他们没有想过**将一只股票打压到显著低于其价值的做法多么愚蠢**，那不是为别人创造了盈利的巨大空间吗？我认为那些被大众定义为恶意打压股价的实例中，99%都属于合理的下跌，只不过市场情绪起了点推波助澜的作用而已。这些下跌都不是职业投机客和主力能够完全主导的，无论他们实力多么强大。

要完全控制一只股票，必须收集绝大多数筹码，真要这样做，那么出货就会变得非常困难，除非借助于外力比如题材和大盘，否则主力几乎不可能出货。

将股票暴跌都归结为与人民为敌的空头，无非是找了一只替罪羊而已，这样的说辞很容易迎合大众的口味和需要，而这势必导致他们更加盲目和缺乏承担责任的勇气。投机客遭受亏损之后，往往从经济上和财经媒体那里得到“空头恶意打压”的“止痛膏药”。这里有两种意见：一种是为了麻痹

你，让你认识不到事情的本质，不敢去承担自己的责任；另一种则让你更好地认清基本情况和市场走势。当市场下跌的时候，起着麻痹作用的意见会告诉你这是恶意做空力量导致的，而让你认清形势的意见则会告诉你下跌是有内在合理原因的，你应该找出真正的原因并且跟随趋势做空。但是，如果这只股票的下跌确实没有任何合理原因，而不过是某个主力打压的结果，那么你就不能做空了，因为一旦主力停止打压，股价**立马就会反弹**。因此，区分两种性质的意见非常重要。

盘口解读能力对此很有帮助。大笔成交情况，价量配合是关键。

去伪存真：消息至上主义的罪与罚

大众津津乐道于消息，他们不仅到处打听消息，而且还不怕累地到处传播消息。之所以这样做，除了贪婪，还有虚荣心在作祟。那些所谓的聪明人热衷于打听内幕消息，这不禁让人发笑。而那些传播消息的人则毫不关心消息的可信度，毕竟那些打听消息的人也不关心消息的质量，而只是想要打听多一点消息而已。这次打听到的某则消息如果灵验的话，那么非常好，如果不灵验，没关系，打听下一则消息好了。此刻让我想起经纪行里面经常见到的情形，最初有一位消息的制造者和传播者，他痴迷于消息的魔力，他认为传播和打听消息是投机行业的精髓所在，是一件善事。消息的传播好比一场接力比赛，又好像一条没有终点的商业广告推广链条。奉行消息至上主义的人，认为只要消息传播的方式巧妙，谁会拒绝消息呢？因此，这类人会努力完善和提高其传播消息的手段。

我每日都会从形形色色的人那里获得数不胜数的消息，我现在举一个 Borneo Tin 的例子。你应该还记得这只股票的发行日期，那是在股市最狂热的时候。股票发行者们听取了一位睿智的投资银行家的建议，准备在公开市场上发售该股并且立即开始二级市场的交易，而不是让承销商们按部就班地缓慢兜售，然后再上市交易。这无疑是一个绝妙的主意，不过发行者们本身却缺乏相应的销售推广经验。他们对于股市狂热期的发行前景难以评估。他们绝不是自由市场派，也就是说他们不去考虑让供求给出合理的发行价格，因此他们想要制定较高的发行价格，然后在此价格上吸引买家。不过，他们的价格实在是太高了，潜在的买家和敢于吃螃蟹的人对此都抱有疑虑。

因此，按照常理来讲，这样高的定价会导致股票停留在发行人手上卖不出去。但是，在疯狂的牛市氛围下，发行人的大胃口却算不上激进，甚至可以归为稳健的做法。只要利多消息和题材足够多，大众会争相踊跃地买入任何股票。理性投资的原则早被

当时，黄金作为通货，涌入美国之后导致美国面临流动性过剩的问题，由此导致资产价格重估，股票市场首当其冲。

弃之如敝屣了。在这种市况和氛围下，大家都想要挣快钱、轻松钱。欧洲的交战国在美国大量采购各种战争物资，由此导致**黄金不断涌入美国**。据说，Borneo Tin 的发行人在上市交易首日，冠冕堂皇地三度上调开盘价，说是为了“大众的福祉”。

曾经有人邀请我加入这只股票的发行人集团，我认真研究了之后决定不参与其中。面对市场机会的时候，我喜欢单枪匹马地操作。当 Borneo Tin 发行上市的时候，我对这个发行人集团掌握的资源，以及他们的动向，还有大众的心态和行为都有深入的研究和清晰的预判。基于这些扎实的功课，我在该股上市首日第一个小时内买进了 1 万股。发行人此后发现多头需求旺盛，如果兑现利润的话反而会追悔莫及。当我买进 1 万股时，发行人也发现即使把股价再度拉高 25~30 个点，仍旧供不应求，潜在利润实在丰厚，因此他们开始对我的盈利感到不快。于是他们停止了驱动股价进一步上涨，想要在此之前把我的头寸洗掉。虽然，他们想方设法地洗盘，但是我仍旧坚定持仓。后来，他们不得不放弃，因为他们不能一直干杀敌一万、自损八千的事情，过度打压可能会导致股价上升趋势坏掉，于是他们**重新拉升股价**。

拉升—洗盘—拉升，构成了一个向上的 N 字结构，这是一个典型的上涨趋势特征，无数投机巨擘提到过这一特征。

随着股价不断上涨，他们得陇望蜀，期望能够有几十亿美元的利润。当他们这样乐观的时候，Borneo Tin 涨到了 120 美元，于是我卖出了手中的 1 万股。我的卖出举动打断了该股的上涨趋势，发行人集团也放缓了拉升的幅度。此后，在新一波普涨行情中，他们努力营造出看多的氛围，并且趁机抛出了一部分筹码，不过这个时候价格已经高得离谱了，最后，他们强拉硬拽将股票拉升到了 150 美元。此时，**牛市已到了尾声，于是他们不得不在下跌过程中匆忙减仓，将股票卖给那些抢反弹的人**。这些人存在某种偏见，他们认为如果某只股票此前达到了 150 美元，而现在跌到了 130 美元，那就相当便宜了，如果跌到 120 美元则相当于打了大折扣了。发行人坐庄时先拉升股票价格一小波，然后散播利好消息到各家经纪行，但是由于处于大势下跌的背景下，这样做的**效**

J.L.在对手盘充足的时候离场，而发行人坐庄却忽略了这点，毕竟他们没有经验。

果并不如意。牛市逝去，此时就算使出浑身解数也难有效果，“韭菜”已经被收割了，在下跌过程中哪里有充足的对手盘呢？但是 Borneo Tin 发行人却没有或者不愿意看到这个现实。

主力要找到充足的对手盘主要依靠大盘和题材，而在这个例子中，光是靠题材无济于事。熊市中，光靠题材做庄风险也很高。

此刻我正与妻子在棕榈滩度假，某日我在 Gridley 的俱乐部小赚了一笔，回家途中拿出一张 500 美元的支票交给妻子。相当巧合的是，当天晚上妻子在一个晚宴上碰到了 Borneo Tin 的董事长，我称呼他为 Wisenstein 先生，他是该股发行集团的管理者。很久之后我才知道，这位董事长先生为了跟我妻子在晚上邻座费尽了心思。

这位董事长对我妻子刻意展示了一副友善的形象，他们交流得轻松愉快，临别时他故作神秘地对我妻子说道：“Livingston 太太，我打算破例做一件事情，基于我们的交情我乐意效劳，你应该知道我所指的是什么。”说到这里的时候，他故意停顿了一下，用眼神和表情示意我妻子明白他说的话，同时希望我妻子能够认真对待他将要给出的信息。当然，我妻子从他的表情读出了明显的含义，于是她回答道：“是的。”

“好吧，Livingston 太太，能够结识你和你的先生实在是件非常愉快的事情，这是我的肺腑之言，希望以后能够经常与你们见面交流。下面我要告诉你们一条内幕消息，其价值怎么强调都不为过。”接着，他附耳低语，“倘若你吃进 Borneo Tin 的股票，那么肯定会大赚一笔。”

“你确信？”我妻子问道。

“在我离开酒店来到这里之前，收到了好几份电报，其中的内容好几天之后才会对公众公布。我现在全力吃进这只股票，有多少就买多少。倘若你能够在明天开盘的时候买入，那么你的成本价就与我的差不多了。我担保这只股票肯定会上涨。我只将这个消息告诉你了。”

我妻子表达了谢意，但是坦诚自己对股票投机并不了解。这位董事长却让她不用想太多，不用思考其他任何的因素，只需要按照自己的建议去买入即可。为了确保我妻子能完全

听明白他的意见，他继续强调道："你只要买入 Borneo Tin 即可，能够买多少就买多少，稳赚不赔。你要知道，我此前从未向任何人推荐过任何一只股票。不过，这次我破例了，因为我对这只股票太有把握了，价格肯定不会在 200 美元这里打转，而是会继续上涨。我愿意帮你们赚些钱，况且我也没有能力吃进所有的筹码，这个机会太大，很多人都能从中分得一杯羹。当然，你们是我的朋友，所以我希望你们能够从中挣到好处，而不是其他人。我之所以将这则内幕消息告诉你，是因为我相信你不会走漏风声。相信我，**Livingston 太太，买入 Borneo Tin。**"

这位董事长为了给自己这帮人找到足够的对手盘真是绞尽脑汁，想要让 J.L.来当接盘侠。但是他忽略了一点，J.L.的市场经验比他们这帮人还要丰富，因此对这点把戏肯定会有很强的免疫能力。

他的言辞恳切让我妻子信以为真，所以她开始盘算着我给的那 500 美元可以押在这只股票上。这 500 美元不过是我在俱乐部没花什么力气赚到的，对我妻子而言是一笔额外收入，并不在我给她的零花钱之内，因此，在我妻子看来，这笔钱可以作为一笔赌注，亏了也没有什么，何况这位先生信誓旦旦地担保肯定能够挣钱。如果能够自己挣到一笔钱，那不是很好吗？这些想法是我妻子后来才告诉我的。

就在第二天开盘之前，她来到了 Harding 经纪行的营业部，然后对经理说："Haley 先生，我想买进一只股票，但是不用平时的账户操作，因为我不想在最终挣到钱之前让我先生知道任何情况。你能帮我吗？"

Haley 经理说道："好的，我可以给你开立一个特别账户，你想要买入哪只股票吗？多少股？"

她递给他 500 美元作为保证金，告诉他："请你记住，我可不希望亏掉的资金超过 500 美元，也就是我不想到头来倒欠经纪行钱。另外，我不希望我老公知道这件事情，你现在就按照开盘价帮我买入 Borneo Tin 吧！能买多少买多少。"

Haley 接过 500 美元，并且保证不会对任何人提及这件事，在开盘的时候替她买入了 100 股的 Borneo Tin，大概成交价位在 108 美元。当日，该股交易活跃，收盘时上涨了 3 美元。我妻子很满意自己的操作，但是还是忍住了到我这里邀功的冲动。

而恰恰在那时，我对大盘和大势的看空观点越来越明确。Borneo Tin 的股价显著上涨，这引起了我的关注。在大势走弱的情况下，任何股票的上涨都显得不合时宜，更不用说像这只股票这样放肆上涨。于是，在该日我就决定做空该股，从 1 万股开始。除非 Borneo Tin 上涨 5~6 美元，否则我的看空观点就是正确的，而事实上该股只不过上涨了 3 美元而已。

次日，我在开盘的时候加码了 2000 股空头，临到收盘的时候又加码了 2000 股空头，这个时候该股已经跌到了 102 美元。

第三日，Harding 经纪行棕榈滩营业部的经理 Haley 正等着我妻子到访，因为她往往会在 11 点左右顺路走到经纪行看看市况如何，我的操作如何。

这次 Haley 将她拉到一旁说道："Livingston 太太，如果你想要继续持有 100 股 Borneo Tin，那么就必须追加保证金。"

"但是我没有多余的钱了。"

"我可以将这只股票转到你的常规账户中。"

"不，那样的话，**Larry 就会知道了。**"

在本书中，作者对 J.L.使用了化名 Larry Livingston。

"但是，账户的亏损已经有……"

"但是当初我曾经明确叮嘱你亏损不能超过 500 美元。"还未等经理说完，她就抢过话头。

"这我知道，我希望征得你的同意之后再操作，除非你想要继续持有，否则我将立即了结这笔头寸。"

"我刚买入的那天不是在上涨吗？真想不到现在跌得一塌糊涂。你想到过会这样吗？"

"没有，我也没有预料到情况会这样。"经纪行的人总是善于辞令。

"Haley 先生，这只股票到底怎么了？"

Haley 知道如果告诉她情况如何，那么势必就会把我的交易头寸泄露出来，这违反了职业道德。于是他艺术性地回答道："我没有听到这只股票任何消息，不过它确实在跌，**在创**

如果在没有公开消息的情况下，价量出现异动，那就是有你没有发现的消息在影响市场。所谓先知先觉的资金就是这样影响市场的。

新低！”他一边说一边用手指着行情报价板。

我妻子看着报价不断下跌，开始惊恐起来：“天哪，Haley先生，我不要亏掉500美元啊！我该怎么办呢？”

“我也不知道，Livingston太太。不过，倘若我是你的话，就会去问问Livingston的意见。”

“哦，不，他不希望我参与投机，他叫我不要自己操作。倘若我要投机股票的话，他会替我操作，此前我的任何交易他都一清二楚。现在的情况我不敢跟他讲。

“我认为这并没有什么大不了的，他是一位伟大的交易者，他对如何处理现在的情况非常在行。”见到我妻子大幅摇头，他补充了一句：“要不你就追加一两千美元保证金来保住你在Borneo Tin上的头寸！”

这席话好比最后通牒，让我妻子不得不下决心来请求我的帮助，但是在此之前她仍旧抱着最后一丝希望在营业部磨蹭了一会儿，看价格能不能企稳向上，但是行情仍旧越走越弱，最后她不得不坐到我旁边来，说有话要对我讲。我们进到了私人办公室，她将此番事情的来龙去脉和盘托出。听完后，我轻描淡写地说了一句话：“你这个傻妞啊！这个交易你别管了！”

她发誓不再参与其中，**我给了她500美元，她开心地走了，这时该股正处于100美元附近。**

J.L.所处的那个时代，女性的地位远不如现在。那个时候社会比较保守，女性工作比率远远低于男性，女性在财务上基本完全依靠男性。500美元在当时是一笔数目较大的钱财，按照购买力来估算的话，至少相当于现在的15万美元。所以，不要认为J.L.对妻子不够大方，也不要认为这是一笔小钱。

这件事到底怎么回事，我心里很清楚。Wisenstein这个人老奸巨猾，他预计我妻子定会将小道消息告诉我，而我则会研究这只股票，然而他会通过操纵股价引诱我入市，而我作为大手笔投机客至少会在该股上做多1万~2万股。

在我知道的传播小道消息的手法中，这个是最处心积虑的一类，他们精心谋划布局，然后再巧妙地安排传播过程。不过，这次小道消息的传播过程中出现了意外，这其实也是必然的。因为我妻子在当天收到一笔意外之财，也就是那500美元，她的风险追逐情绪高涨，她希望自己能够挣到一笔钱，遇上这位老兄的花言巧语自然就信以为真了。她知道我对业

余人士参与投资持批评态度，因此不敢将此事告诉我，Wisenstein 先生并没有搞清楚**我妻子的心理状态**。

另外，Wisenstein 将我当作是听信内幕的投机客，这点他也搞错了。我从不轻信任何消息，况且当时我对大盘和大势都持有空头观点。他认为通过当日拉升 3 美元肯定能够引诱我做多这只股票。但是，在我的判断当中，这样的上涨幅度恰恰说明该股的弱势，而且给了我反弹做空的机会。

当我听了妻子的一席话之后，更加坚定了我做空 Borneo Tin 的决心，于是此后每日开盘后和收盘前一段时间我都加码做空该股。最后，我看准时机将所有空头回补，大赚了一笔。

在我看来，用盲信消息来操作都是愚蠢的做法，我与那些盲从消息的人截然不同。我认为那些热衷于打听和传播消息的人，无疑是酒鬼。他们总是无法抵御诱惑，想要进入醉醺醺、飘飘然的状态，他们认为美好的东西就在酒瓶里。热衷于四处打听消息，当然会引来各种消息，这并不困难。让别人告诉你该怎么做，自己只需要照本宣科，这样就好比醉酒一样让人感到轻松快乐。这样的做法其实一开始就走岔了，最终肯定是无法让你在投机中获利的。一方面，急于致富的贪婪会蒙蔽你的理智，另一方面，懒惰的天性会导致你寄希望**于他人和外界。**

其实，并非业余人士才对消息趋之若鹜，那些华尔街的专业人士何尝不是如此呢？他们对我的成见根深蒂固，因为我从不传播什么消息，而这点让他们认为我是独占利润的恶意做空者，因为我从来不分享什么消息。如果我对一位普通交易者说："在你的账户上做空 5000 股 US Steel！"他会乐意照办。但是，倘若我对他讲述大盘和大势的看空观点和原因，那么他肯定会相当不耐烦，他可能还会埋怨我浪费他的宝贵时间来听一通毫无操作性的啰唆，与其谈论市况，不如直接告诉他应该操作哪只股票，这样的意见恐怕更有价值。我的高谈阔论比起那些乐于提供个股消息和意见的华尔街人士差远了，对大众毫无吸引力，这些人更愿意把千百万美元塞进

J.L.认为这位仁兄没有很好地琢磨清楚对方的心理，无论是自己的心理还是自己妻子的心理。没有琢磨透彻对手盘，你怎么能够取胜呢？

博弈当中，对手是永恒的，伙伴是暂时的。

自由是需要付出成本和代价的，思考也是如此，而大多数人不愿意付出这个代价和成本。所有的非理性从根源上来讲都是人的懒惰造成的。外界在变化，我们的应对方式也要因势利导，但是惰性却妨碍了这一点。按照别人的意见或者自己习惯去行动是最不费力的。按照别人的意见去行动，好比顺着一个外力去行动，自然省劲一些。而按照习惯去行动，就好比延续此前的直线匀速运动，也是省劲的。但是当需要自己思考时，需要改变自己的习惯时，就要费力得多。

陌生人的口袋里面，让别人**替他们思考**。

当行情不利于自己的头寸时，每个人都期望奇迹能够发生，这不过是一厢情愿的想法而已。而在行情火爆的时候，大家都期望行情涨到天上去，那些抱着不切实际期望的人被当作乐观主义者而备受追捧，成为大众争相模仿的榜样。其实，消息的接收者们往往就是这种抱着不切实际期望的乐观主义者。

我有个熟人是纽约证交所的会员，他认为我属于自私冷血和贪婪的那类人，因为我从来不给别人提供消息，也不给朋友交易方面的建议。早几年之前，某日他正和一个记者聊天，后者无意中提起他从某一可靠消息来源得知 G.O.H 这只股票将要上涨。于是，我这位熟人就立即做多了 1000 股，买入之后却干巴巴地看着价格暴跌，等到他受不了割肉时发现已经亏了 3500 美元。过了两天，他又一次碰到这位记者，这个时候他对亏损还心有余悸。

“你给我的消息到底是怎么回事？”他开始发泄自己的不满。

“什么消息？”记者似乎已经对此没有什么印象了。

“就是 G.O.H 的消息！你不是说你从可靠信息来源得知的吗？”

“的确如此，是该公司的一位董事告诉我的，他也是这家公司财务委员会的成员。”

“到底是谁呢？”这位老兄希望找出罪魁祸首来。

“如果你真想知道的话，那我就告诉你吧！其实就是你岳父，Westlake 先生。”记者回答道。

“我的上帝，你怎么不早告诉我这些？！你让我白白亏了 3500 美元！”我的这位熟人自己都不相信来自亲属的消息。自己人也未必靠得住，消息的可靠程度或许与关系的亲疏程度相反，越是不那么亲密的关系，可靠性或许越高。

Westlake 老先生是一位成功且富有的银行家，还是一位传播消息的高手。某日，John W. Gates 遇到了这位老先生，想要打听一些有价值的消息。

"如果你能够按照我说的去做，那么我就讲条消息给你听。倘若你只是想听着玩，那就算了，大家都省点精神吧。" Westlake 一来就提出了自己的要求。

"当然，我是真的想要操作。" Gates 愉快地下了保证。

"做空 Reading 肯定有 25 个点的利润，甚至更多利润。不管怎么说，25 个点的利润是绝对有的。" Westlake 老先生一副认真的模样。

"非常感谢你！" Gates 热情地与老先生握手道别，然后前往他开户的经纪行。

Westlake 对于 Reading 公司十分了解，在该股上面的操作非常娴熟，同公司内部人员也过往甚密，因此他对这只股票的走势非常了解，所有人都知道这一点。而现在，他建议 Gates 这个西部投机客做空这只股票，难道没有点道理吗？

但是，此后 Reading 一路上涨，在几周之内一共上涨了大约 100 点。某日，Westlake 在大街上迎面遇到了 Gates，不过他却假装没有看到，继续往前走。而 Gates 却追上他，满脸笑容地主动伸出手来，而老先生则毫无头绪地和他握了手。

"我要谢谢你，感谢你那天给了我那条关于 Reading 公司的消息。" Gates 说道。

"我并没有给你什么消息。" Westlake 皱着眉头否认，他其实有点担心了。

"我肯定你给过，这是一个非常不错的消息，我从中挣了 6 万美元！"

"你挣了 6 万美元？"

"不错，你还记得吗？你让我做空 Reading，而我反其道行之，做多了它。我只要和你的建议反向操作，必然挣钱，**Westlake 先生。**" Gates 略带几分自豪地说道。

Westlake 看着这位直爽而又个性的西部人说道："Gates，我要是有你一半的聪明，那要挣多少钱啊！"

某日，我遇到了 W.A.Rogers 先生，他是大名鼎鼎的漫画

有两类消息应该反向运用。第一类消息是主力故意放出来的消息。我讲两个实例，第一个实例是某个四川上市公司的市值管理者向我朋友放风说该股要涨到多少。第二个实例是某家南方上市公司的庄家一段时间内经常在某一茶楼开会和谋划，某日故意让服务员听到他们的计划。这两个实例中，股价的走势都与他们放出来的风声完全相反。一般而言，内幕人士放出来的话应该做反向理解，除非你是他的重要利益人，否则不可能跟你讲真话，反而可能利用你。第二类消息属于人尽皆知的消息，一种是媒体广泛传播的，另一种是某个普通人告诉你的所谓内幕消息，而且他并非一线人员，等消息传到他这里的时候，他都是 N 道贩子了。第一类消息需要反向利用是因为消息本身是为了误导你。第二类消息需要反向利用是因为消息已经被股价完全体现出来了，你按照这个操作可能就是最后一拨站岗的人了。

家，关于华尔街人物的系列漫画广受金融界的热捧。多年以来，他在《纽约先驱报》（*New York Herald*）上的漫画每日连载给许多人带来了欢乐。某日，他给我讲了一则轶事，这个故事发生在美西战争爆发前夕。那时候整个美国金融界都在讨论美西战争的事情。如果战争真的开始，那么由于欧洲的投资者卖出持有的美国股票，所以我们的股市将会下跌。如果战争打不起来，而股市已经下跌了不少，那么此前因为小道消息做空的投机客必然回补空头，那么股市将上涨，**这时候就是做多的机会。**

股市已经对战争预期进行了部分吸收。

某晚，他和一位经纪行朋友一起聊天娱乐，当他离开时就顺手从衣帽架上拿起自己的圆顶礼帽，当时他以为这是自己的帽子，毕竟戴上去也挺合适的。而他的那位经纪行朋友则拿了他的帽子，次日当他的朋友站在交易大厅的时候，正为到底该做空还是做多而犹豫不决，变得十分焦虑。他的朋友将所有的多空因素罗列出来，但是搞不清楚到底哪些因素是事实，哪些因素是编造的。处于举棋不定的状态时，焦虑让他的朋友感到很热，于是他的朋友摘下礼帽，映入眼帘的是礼帽里面三个金灿灿的字母“WAR”，这难道不正是上帝通过礼帽要告诉他的朋友消息吗？所以，他的朋友立即做空。此后，美西战争果然爆发，他的朋友在暴跌后回补空头，大赚了一笔。“此后，这顶礼帽我再也要不回来了！”Rogers 先生说道。

不过，我接下来要讲的这个消息的故事更加值得让人反思，这则故事与纽交所最出名的会员之一 J.T.Hood 有关。某日，一位场内交易者 Bert Walker 告诉他，自己帮了 Southern Pacific 公司一位重要董事的大忙，于是这位董事想要答谢自己，让自己重仓做多 Southern Pacific，因为董事会将采取行动将股价拉升至少 25 个点，虽然并非所有董事都赞同这一决定，但是因为这个董事在其中影响力很大，所以多数票通过这项决议是有把握的。

Bert Walker 认为这家公司董事会将通过提高股息率的方

式来推升股价，于是他将这个好消息告诉了自己的朋友Hood。两人各自做多了几千股的Southern Pacific。但是这只股票无论是在他们做多之前，还是做多之后都非常弱势，Hood自我安慰道：这样的走势或许是为了让内幕消息人士更加容易收集到廉价的足够筹码。

下下周的星期四收盘之后，该公司举行董事会会议，通过了股息方案，然而不及预期，周五开盘6分钟之内，该股下跌了6个点。

Bert Walker非常生气，于是他专程去兴师问罪，而董事则表示非常抱歉和内疚，说他后来忘记了曾经让Bert做多这回事，因此也忘记提醒Bert董事会里面占据主导地位的那派人已经改变主意了。为了补偿Bert的损失，这位董事告诉Bert另外一个消息。他说他的一些同僚为了买到更加便宜的筹码因此用了一些卑鄙的手段打压股价，而现在他们已经成功地拿到了低价的筹码，上涨已经没有什么障碍了。**他继续强调现在买入这只股票应该是稳赚不赔了，更加安全，更加赚钱。**

想起一句话："Fool me once，shame on you；fool me twice，shame on me"。大意是"被骗一次，其错在人；被骗两次，其错在己"。

Bert不仅原谅了他，而且还与他热情握手道别。回去后，Bert立即找到Hood，将这个好消息告诉了这位伙伴。他们两人准备大干一场，将此前的亏损弥补回来，并且大赚一笔，于是他们根据董事提供的消息再度做多了Southern Pacific。上次下跌之后，该股到现在为止又下跌了15点，看起来似乎是捡便宜货的机会，于是他们一共买进了5000股。

他们刚一进场，这只股票便开始继续下跌，而且明显是内部人在抛售，这两位场内交易者立马对情况进行了核实，于是平掉了他们5000股的多头。等头寸了结之后，Bert对Hood说："如果那个该死的骗子不是前天就去了佛罗里达的话，我一定让他皮开肉绽。我一定要教训他一顿，你跟我来！"

"去哪里？"Hood问道。

"去电报局。我要给这个骗子发一封电报，让他一辈子都记住！走吧！"

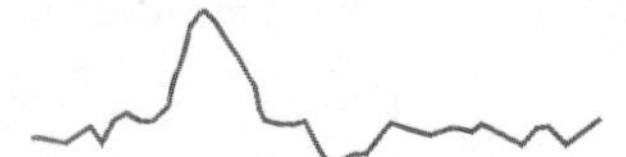

Hood 跟着 Bert 赶往电报局。他们在 5000 股上面亏了大钱，Bert 十分生气，于是他在电报局里面写了一封声讨对方“罪状”的电报，然后读给 Hood 听，最后补充道：“这篇电文可以让他清楚他在我心中算什么东西了。”

正当 Bert 想要将这份电报递给一旁等候的电报员时，Hood 拦住了 Bert：“不要冲动，Bert!”

“怎么?”

“我不想发这封电报!”Hood 劝说 Bert 放弃。

“为什么?”

“这样做会让他受到羞辱，变得十分愤怒!”

“要的不正是这个结果吗?”Bert 对 Hood 的行为十分不解。

但是，Hood 摇了摇头表示反对，他以严肃的口吻说道：“你要是把这封电报发出去，那么你就别想再从他那里得到任何内幕消息了!”

唉，一位专业的场内交易者竟然能够说出这种话来，我们还有什么理由去责备那些“菜鸟”交易者打听和盲从消息呢？大家之所以热衷于消息并非因为他们真的不聪明，而是因为他们被自己不切实际的期望蒙蔽了双眼。大财阀罗斯柴尔德（Rothschild）获得财富的秘诀对于投机行业也非常有用。某人曾经问他在股票市场上挣钱是不是非常困难，他回答道：不难，很容易!

“你这样说不过是因为你已经很有钱了。”提问的人反驳道。

“绝对不是，我早已发现一条简单易行的挣钱之路，并且一直在这条道路上前行。事实上，沿着这条路走下去挣钱是必然的。如果你想知道，我可以告诉你这个秘密。这个秘密其实是——我从不试图抄底，也从不试图卖在最高点。”

这里分明讲的是格雷厄姆与费雪在投资理念上的区别。在接下来的几段里面，J.L.其实谈到了他对投资的看法，准确地讲是关于正确投资的看法，从中可以发现他与费雪的观点非常接近，他强调管理层的诚实程度和经营水平，而不是简单地从会计上选择标的。

相比之下，投资者们则属于另外一类，他们中的绝大多数非常重视存货、销售收入等财务数据，因为这些数据与企业经营状况密切相关，但是**他们却往往忽略了管理者的因素。**很少有投资者因为某一出色的管理者而做多某家公司的股票。不过凡事皆有例外，我结识了一位出生在宾夕法尼亚州的德裔投资家，我认为他是我一生当中认识的投资者中最富有才智的一位，他跻身于华尔街名流，与 Russell Sage 是好友。

他是一位出色的投资者，也是一位坚持到底的怀疑主义者，因为他认为要自己提出问题，然后通过亲自观察来解答问题。他从不偷懒，从不用别人的观察代替自己的观察。我讲一个多年前他的事例来证明这一点。那时，他持有 Atchison Topeka & Santa Fe 铁路公司的股票，不过他听闻了一些有关这家公司管理不善的传闻。传闻说这家公司的总裁 Reinhart 先生铺张浪费，并非什么真正的有才之士，在公司管理上也是一个莽汉，与外在的名声完全不符，等到大众知道这一切的那一天，他就会声名狼藉。

对于这位来自于宾夕法尼亚州的德裔投资家而言，这类传闻的真伪是非常重要的，因为涉及手中大量头寸的前景，于是他匆忙赶到波士顿去拜访这位 Reinhart 先生，希望通过一些提问搞清楚事实究竟如何。他首先直接将传闻讲出来，**询问这位总裁先生情况是否属实。**

针对公司的管理和经营状况进行提问是费雪最重要的工具之一。

Reinhart 不仅强烈地否认了所有这些质疑和指控，而且还反复强调自己将会用数据来表明这些传闻都是恶意中伤和诽谤。在德裔投资家询问一些具体的信息之后，他给出了一些具体的数据以便证明该公司管理处于良好状态，财务上也很可靠。

而这位德裔投资家在告别这位总裁，回到纽约之后，立马清空了手上所有的 Atchison Topeka & Santa Fe 铁路公司的股票。

多年以后，他谈到了这一往事，解释了当初为什么卖出这只铁路股票。

“当时我发现当 Reinhart 先生给我写一些相关数据的时候，他随手从红木办公桌上的文件架上拿出一沓名贵的精致亚麻纸，这是一沓信签纸，抬头是双色印刷的公司名称。当他给我解释各个部门绩效状况，以及成本控制手段时，他随意写上几个数字之后就把一页这样昂贵的信签纸扔进垃圾桶了。随后，当他开始演示公司如何提高收入时也是如此，他丝毫没有意识到这是在浪费公司和股东的金钱。我认为，倘若公司总裁都是如此行事，那么他怎么可能真正地进行成本控制。事实表明传闻是正确的，董事长说的与做的并不相符，他的行为表明管理者确实铺张浪费，因此我清空了这只股票。

“过了几天，刚好我有机会去拜访 Delaware Lackawanna & Western 的总裁 Sam Sloan。他的办公室离整栋建筑入口处最近，办公室的门敞开着，据说他的办公室总是这样开着大门。只要有人走近这家公司的总部，就能看到这位公司的最高管理者坐在办公桌后面。任何人都可以走进去与他讨论业务。财经媒体的记者总是对我说采访 Sam Sloan 不用兜圈子，可以开门见山地提出自己的问题，他也会直接回答，绝不拐弯抹角。他不会因为照顾某些董事在股票市场上的个人利益而遮遮掩掩。

“当我走进他办公室的时候，他正忙着。初看起来我认为他是在拆阅信件，不过等我走近一看才发现到底是怎么回事。这是他的个人习惯，他在拆阅信件之后，会进行分类，然后将空信封放在一起。等他有空的时候，他会拆开这些空信封，这样就得到了两页空白的纸，然后他会分发给大家作为便签纸。这就是废物利用，他会将每一点资源都利用起来——他的空闲时间以及那些用过的信封。

“这让我想到，如果这家公司有这样的总裁，那么上行下效，必将带动整个公司的业绩大幅提高。而且，这家公司定期发放股息，资产质量很高，于是我大力买入这家公司的股票。此后，这家公司的市值不断翻倍，我累计获得的股息已经相当于当初投入的本金了，直到现在我仍旧持有这只股票。而 Atchison Topeka & Santa Fe 却在我拜访后几个月因经营不善被收购了，当时他还在名贵的信签纸上列出若干证明表明他并非铺张浪费的人。”

首先这是一个真实的故事，再者这个故事表明除非经过你对管理者的深入了解，否则你很难找到像 Delaware Lackawanna & Western 这样值得**投资的公司**。

客观来讲，如果当时 J.L. 能够将这个故事的精髓拿到自己的实践中去运用一番，可能他后来的命运完全就变了，也许他比巴菲特更伟大也说不定。J.L. 的思考总结能力是一流的，对投资和投机的本质他看得很清楚，不过他却没有静下心来哪怕拿一半精力和金钱到投资上来，而是次次在投机上“梭哈”。

第六感：异常背后必有重要的真相

我的一位挚友热衷于给别人讲一些关于我的投机故事，并且将其中的精彩操作归结为我的直觉。他总是添油加醋地渲染我的才智，他指出我之所以能够在股票上选择恰当的离场时机，主要是因为我有神秘莫测的第六感。早餐的时候，他最喜欢提到一则与猫相关的故事，当然我是其中的主角。他说当时有一只黑猫向我发出离场信号，而我得到这个信号之后心绪不宁，直到了结了所有股票多头头寸之后才感到踏实。而事实上，我的离场位置恰好在上涨行情的顶部，这就使得我的这位挚友更加坚定我是**靠着第六感在投机中取胜的。**

真正的情况是我当时正在华盛顿，想要说服几位国会的议员，让他们不要一味对交易者征收税负，因此我没有时间关注股票市场的动态。由于无暇顾及，因此我了结了所有头寸，而这个决定在外界看来显得很突然，所以我朋友就认为我是因为第六感而离场的，然后经常提起这桩事情。

不过，我也承认某些时候会因为无法抑制的冲动而采取特定的操作行动，这和做多还是做空毫无关系，当时就是想要离场，如果不这样就会感到惴惴不安。之所以会有这样的感觉，我认为还是因为有许多离场信号出现。也许这些信号中的每一个都不足以让我采取行动，但是这些信号一起出现的时候就会加重我想要离场的情绪，或许这就是所谓的盘感吧！前辈们认为 James R.Keene 有高超的盘感，而在之前的许

好的老师会告诉你何为盘感，差的老师则会将一切他不懂的东西归结为盘感。直觉与盘感都是有效思维和庞大经验升华后的产物，是一种副产品，并非我们可以直接追求的东西。不能将交易决策能力寄托于我们不能直接把握的因素之上，而应该踏实地按照科学的途径去系统和持续地提高基础能力。J.L.的盘感是长期实践和总结的产物，大家只能从实践和总结入手。盘感和直觉也往往是高手搪塞别人的一种说辞。因此，大谈天赋和盘感要么是自己也没有搞懂，要么是自己知道但是不愿意说。

多著名投机客也具有这样的盘感。坦率地讲，这些离场信号往往都会得到此后的行情验证，而且它们发出的时间恰好位于行情转折处，非常精确。不过，挚友讲到的这个关于我的故事与第六感其实并无关系，黑猫其实也没有参与进来。他逢人便讲我那天早上变得异常，不停地抱怨。真实的原因是我对国会议员们在交易征税上的态度感到失望。我没能够说服那些国会议员，他们持有与我相反的立场。我并不是想要他们完全放弃征收交易方面的税收，而是希望税收水平适当，恰当的税收应该兼顾公平和长远利益。我不希望政府当局做一些短视的事情，涸泽而渔**并非良策**。或许因为我的努力失败了，所以我显得烦躁易怒，也使得我对这个被不公平征税的行情感到失望。请耐心等我将整件事情的来龙去脉和盘托出。

J.L.这里与供给学派的主旨不谋而合。过高的税负将影响生产者的积极性，进而导致税基下降，反过来导致税收总收入下降。J.L.讲的适当的税负水平就是拉弗曲线的最高点，也就是税收收入最大的一点。如果再进一步增加税率，则会导致税收收入下降。

那时候牛市才刚刚启动，我当时看好钢铁和铜的市场前景，因此对这两个板块股票持有多头观点，开始进场建立多头头寸。刚开始我在 Utah Copper 上建立了 5000 股的多头头寸，但是表现不太符合预期，于是就此打住。当时，该股的价格在 114 美元附近，与此同时我还买进了 US Steel，首日我便建立了 2 万股多头头寸，因为它的走势符合我的预期。整个操作我都是按照此前**提及的建仓方式展开的**。

顺势加仓法！

US Steel 此后的表现仍旧符合我的判断，因此我加码做多，累计持有 7.2 万股的多头头寸。不过，我手中持有的 Utah Copper 仍旧停留在 5000 股的水平，因为它的表现并未如期一般强势，因此**我没有加码做多**。

为什么加码需要价格突破的时候展开？为什么不选择回撤加码？你可以实践几次，便知道其中的原委了。不动手，你是体会不到的。只提示一点：回撤加码不具有唯一性，而突破加码具有唯一性。因为不具有唯一性，因此可能导致仓位累积在震荡区间或者反转走势中。

此后，股市进入一轮超级牛市之中。而我此前预判股市临近上涨，大盘和大势对我持股是有利的。此后，当个股价格已经大幅上涨而我赚得盆满钵满时，盘口仍旧不断发出信号——上涨还未结束！而当我计划前往华盛顿的时候，虽然仍旧看多，但是却没有继续加码的想法了。既然市场处于有利于我头寸的趋势之中，那么我就没有必要时刻盯着报价板看，更没有必要盯着每个时刻的行情变化从中寻找离场信号。要知道，在离场信号出现之前，不出意外的话市场会先表现

出滞涨的迹象，或者是出现其他趋势转折向下的信号，这些都会提醒我做好离场准备。但是，现在没有这些信号，因此我才能够放心前往华盛顿去做个说客。

在这个过程中，行情加速上涨，而这表明牛市的尾声越来越近了。我没有能力预判牛市结束的具体日子，但是我却能够从出现的市场信号中解读出是否接近尾声，我保持对离场信号的**关注**，这不过是我的一个习惯而已。

不要去预测，而要等到市场告诉我们——在 J.L.的离场上，他非常推崇这条原则。

当时的情况似乎就是这样的，虽然我不能完全肯定，但是却在相当大的程度上推测当时的情况是这样的。当时，整个股市处于极高的位置，而我持有的头寸拥有相当大的浮动盈利，加上我说服国会议员们公平处理交易税的努力失败，这些因素叠加起来让我在潜意识当中产生了离场的念头。这些因素在潜意识当中经过一夜的发酵之后，次日开始发生作用。次日早上，当我分析市场走势时，我开始感到迷茫，当我到达办公室之后发现大多数股票没有创出新高，而此时我的浮动盈利相当巨大，现在市场成交量很大，对手盘充足，流动性很好，这样的形势便于兑现利润。倘若你是重仓，那么就应该盯着市场发出的离场信号，找准恰当的时机兑现利润，在兑现利润的过程中尽量减少损耗。经验告诉我，交易者总是能够找到恰当的机会来兑现他们的利润，而这个机会往往出现在行情末尾阶段，这可不是依靠盘感**或者第六感来完成的。**

大家应该还记得 J.L.从对赌经纪行当伙计开始就在坚持写交易日志，这对于他交易技能的持续提高和交易策略的不断完善是最为重要的。至于盘感和直觉，那是缥缈而不能依靠的东西，只能锦上添花。当你最需要它们的时候，他们往往消失不见甚至帮倒忙。

当然，那天早上我发现市场的交投活跃，对手盘充足，平仓了结非常容易，因此我就离场了。就决策而言，离场头寸是 50 股还是 5 万股对胆识的要求并未有太大差别，但是对于交投活跃程度的要求却相差甚远。你可以在交投不太活跃的市场上较为顺利地转让 50 股离场，价格并不会因为你的平仓而出现显著的波动。但是，如果你想要在某只股票上平仓 5 万股，那么情况就完全不同了。当时，我持有 7.2 万股的 US Steel，或许这样的规模市场仍旧能够消化，但是你要指望消化的过程中价格不出现显著波动，那肯定是不可能的，而这

样的波动必然引发潜在的损失。在这种情况下，未出场前你似乎有丰厚的账面利润，这些利润似乎与银行存款一样毫无悬念，但是真正到了离场的时候你才会发现少了很大一部分利润。

当时我账面上的浮动盈利是150万美元，我准备趁着这么好的市况将利润兑现。便于兑现这条理由并非我选择当时离场的最主要原因，更重要的因素是市场发出了离场信号，这才是我对离场操作感到满意的地方。当时的操作情况是这样的，我成功清仓了所有的7.2万股股票，成交均线只比当日最高价也就是这波涨势的最高价低1个点，这样的操作表明至少截至当时我的判断是正确的。但是，在同一日的同一个小时之内，我也清空了Utah Copper的5000股，不过在这个过程中价格却下跌了5个点。大家可以回想一下我最初的操作，当时两只股票我基本上是同时买进的，在US Steel上我从2万股加码到7.2万股，而Utah Copper我则只买了5000股，后来并未加码。前者的操作是明智的，后者的操作也是明智的。为什么我此前并未将不尽如人意的Utah Copper放弃掉呢？毕竟我还是对铜业股持多头观点，而且股市处于牛市当中，我认为即使不能从中捞一笔大利润，持有5000股也不会给我带来多大的损失。不过，这一决策**与所谓的第六感绝不相关。**

重要决策讲求的是完善而严密的逻辑，而不是看似神奇、实则缥缈的直觉。

培养一名股票交易者和培养一名医生的过程其实差不多。成为真正的医生之前学习者必须花费数年的时间来学习解剖学、生理学和药理学，以及其他相关的十几门课程。他们先从理论学习入手，然后再终身致力于实践。他们需要仔细观察和分析各种病理特征，还要掌握诊断技巧。治疗是否有效果取决于诊断的正确性，而诊断的正确性则依赖于观察的正确性。不过，我们需要铭记一点，那就是人类避免不了会犯错误，不确定性因素导致人类不可能**确定地达成目标**。人们经年累月地积累经验，不仅要从反思中找出正确措施，而且还要将其付诸实践。许多门外汉会认为那些医术高明的人是因为天赋和直觉，其实那并非缥缈因素的产物。首先，他们

索罗斯从哈耶克和卡尔·波普那里学到了人的认知能力有限这一命题，并且将其融合到自己的交易哲学中，并进而用这一哲学来指导交易实践。人的认知具有不完备性，J.L.也认识到了这一点，所以才需要不断总结，同时通过必要而严格的风险控制措施来弥补这一缺陷。

基于多年积累的经验和众多病例对当前的病症进行诊断，然后再基于诊断结果和自己的经验展开治疗过程。对于知识，你可以利用诸如索引卡片之类的工具进行消化和掌握，但是对于经验，却无法从一个人的头脑里移植到另外一个人的头脑里。拿交易来作为例子，虽然某人从道理上知道应该如何操作，但是由于缺乏足够的经验他仍旧没法快速进行操作，结果就仍旧是赔钱。

观察、实践、总结和统计，这些是所有成功交易者事业的基石。他不仅仅要认真而细致地观察，而且必须对各种情形下的结果进行记录和总结。他不能被非理性主导，也不能被不确定性因素所干扰进而采取冒险行动。无论他多么容易被非理性主导，也不管他对那些不确定因素有多么强烈的直觉判断，他都必须基于概率进行思维，然后基于概率**建立和管理仓位**。多年来积累的大量经验能够让交易者从先例当中寻找当前事态的各种可能性前景，从而采取一些有针对性的行动，对如预料一般展开的行情采取相应的措施，同时对"黑天鹅"**事件采取防范措施**。

"概率思维"在交易这个行当中，应该是J.L.最早清晰提出来的。

其实，这里J.L.已经提出了"情景规划"的概念。

即使拥有了出众的数学才能和敏锐的观察力，一个人仍旧可能在投机行业当中一败涂地，因为他可能还在经验和总结能力上有所欠缺。更深入地讲，聪明的交易者会持续保持对大盘和大势的研究，对任何可能影响大盘和大势的事件和因素进行密切跟踪，这就好比医生要紧跟科技的步伐一样。从事投机行业多年以后，这些习惯都会自然形成，从而让自己与时俱进。这样，他就逐渐形成了某些职业直觉和可贵的专业态度，这些都是他得以取胜的关键。这些也是职业交易者与业余交易者之间的差别所在。举例来讲，我就发现记录总结的能力与数学统计能力对我的交易助益甚多。毕竟，在华尔街打拼，良好的数学功底会让你更容易挣钱，具体而言，统计能力可以帮助我们更好地处理事实和数据，而这些可以帮助**我们挣钱**。

J.L.在这里强调了量化交易和大数据分析的重要性。在小册子上坚持记录行情数据，并且不断从中寻找统计规律，J.L.一踏入投机的大门就采取了一种更加接近科学的态度。

我这里提到要密切关注行情的发展以及对市场各方面因

素持有专业的态度，是为了让你不要认为交易成功与虚无缥缈的第六感或者盘感有什么直接的关系。当然，一个经验丰富的交易者可能会迅速采取行动，以至于他没有来得及详细列出相应的理由。但是，他的行动其实是建立在充分的事实基础上的，他多年努力形成的职业素养让他能够快速对这些事实进行逻辑推断，以至于看起来好像他只是靠着直觉在决策。他的结论都是基于逻辑得出的，这就好比磨坊不会接受添加了沙子的谷物一样，相同的是他也不会接受掺杂了谬论的观点，这就是我**定义和推崇的专业态度**。

交易首先是一门科学，等你完全掌握这门科学之后，在实践中它才能体现为艺术。如果一来你就想随心所欲地交易，那么注定会吃尽苦头。因为交易能否盈利取决于是否符合客观规律，这是一个客观的东西，而不像纯粹的艺术具有更多的主观性。

我坚持观察商品市场，这是多年来养成的一个习惯。当时权威报告显示冬小麦的收成情况与前一年基本一致，而春小麦的收成情况则要好于 1921 年。小麦的生长形势非常好，这表明丰收年是一个大概率事件。在基于统计学考虑收成数据的同时，我还考虑了煤矿工人和铁路工人罢工的影响。我不自觉地考虑一切可能影响商品市场走势的因素。我的思考让我意识到，铁路罢工已经影响到了全国的大宗商品运输，而这必然**影响到小麦的价格**。我的推理过程是这样的——由于铁路工人罢工，导致铁路运输中断，进而推迟冬小麦的运输时间。等到铁路运输恢复的时候，那么被推迟运输的冬小麦加上提前上市的春小麦势必在短时间内带来大量的供给。这是一个大概率的情景，如果这个情景出现，那么市场参与者们将看空小麦价格，他们那时的结论和我现在的结论将一致。到那个时候，小麦价格下降才能带来供求的重新平衡。有了这样的推论之后我需要进一步检验它，正如 Pat Hearne 常说到的那样："不下注你怎么知道输赢呢？"既然有了明确的看跌结论，那么应该马上做空。

J.L.在进行商品期货投机时，采用了"因素分析法"，他估量所有重要因素对商品价格的影响。

过往的经验让我明白市场的表现是最明显的指南，让市场告诉我们情况究竟是不是如所推断的那样，这就好比医生测量患者的体温和脉搏一样，也好比查看患者的眼球颜色和舌苔一样。

平时你在小麦市场上做多或者做空 100 万蒲式耳时，成交引发价格波动在 0.25 美分以内。而在测试市场时机这天，我做空了 25 万蒲式耳小麦，价格下跌了 0.25 美分，这个市场反应并不算异常，不足以确认也不足以否定我的推断，于是我再度做空了 25 万蒲式耳。这笔单子递到场内以后，撮合得相当慢，基本上是以 1 万~1.5 万蒲式耳这样的规模成交的，而不像通常情况下两三次就能成交完，同时价格也下跌了 25 美分。不成比例的下跌表明市场上做多的力量不足，至于具体的成交过程就没有必要详细去探究了。结论已经显而易见，接下来的唯一选择就是做空小麦。根据经验进行推理，然后再采取行动，时常也会被市场愚弄，但是如果你完全忽视经验和推理而鲁莽行事，那么你只能一败涂地。因此，我做空了 200 万蒲式耳小麦，价格继续下跌了一些。几个交易日过后，小麦开始了暴跌，下跌幅度为 6 美分。此后，价格继续下跌，偶尔会有小幅的反弹，但是整体处于下跌趋势中。

这一次操作小麦我并非根据什么直觉，也没有什么内幕消息牵连其中。我的这笔操作完全是基于我在商品投机上的职业素养，这是我多年积累的技能和态度。我把交易当做一项事业来做，因此花了大量精力和时间来进行研究。当行情告诉我判断正确时，我在这门事业上的职业素养要求我继续加码，而我按此操作，这就是取胜的全部秘诀。

我发现市场走势本身提供的信号比内幕消息更可靠，而投机这个行当可以让你凭着丰富的经验获得持续的收入。某些时候，个股的某些特征就是你可以用来决策的全部信息，你观察到这些信息，然后根据经验来判断大概率的未来走向。我来举一个经验方面的例子，也就是所谓的整体效应。大家都知道在一般情况下所有股票不会整齐划一地朝着同一个方向运动，但是如果处于牛市当中则同一板块的股票往往会一起上涨，而在熊市当中则往往会一起下跌，这在投机行业里面属于大家都熟知的东西。这种现象其实就是市场本身在提供信号，而经纪行对这些信号是非常熟悉的，他们会建议每一位**客户采取跟进行动**。具体而言，他们会建议客户交易那

这里讲的是跟风股策略，适合那些持续时间长的题材所主导的板块，否则跟风的风险很高。跟风股安全性弱于龙头股。

些同一个板块内走势滞后一点的个股，比如 US Steel 上涨了，那么 Crucible 或 Republic 就会跟风上涨。一个板块内的个股会出现群体运动，因为它们具有同样的行业背景和前景，在经济繁荣的阶段它们的业绩会同步向好。无数的经验表明，股票只具有比价效应，如果某些股票上涨，比如钢铁股 A 和钢铁股 B 上涨，如果钢铁股 C 还未上涨，那么大众便会买入钢铁股 C，因为大众倾向于认为 C 的价格与 A 和 B 会保持一个合理的比价。

牛市走弱，这是与大势和大盘背离，属于非常弱的股票，基本面往往有大问题。

倘若某只股票不符合市况，表现出异常，比如在牛市中不上涨，甚至走弱，那么我也不会做多**这只股票**。又或许我做多了某只股票，但是同板块的其他股票处于弱势，那么我也会离场。为什么这样操作呢？因为多年的经验表明股票存在板块效应，而交易者不应该与之对抗。我不能奢望完全确定性的机会，但是必须寻找大概率的机会。有一位资深经纪人告诉我："当一列火车以每小时 60 英里的速度疾驰而来的时候，我还会继续走在铁轨上吗？我当然会避让到一边，这是最自然合理的反应，君子不立于危墙之下，再自然不过的行为难道还需要自我夸赞一番？"

去年，当牛市行情一发冲天的时候我发现特定板块当中有只个股出现了背离，板块中其他个股都是上涨，而它却并未跟随。我说的是汽车板块，当时我在 Blackwood Motors 上面建立了大额多头，大家知道这家汽车公司的生意兴隆。这只股票每天上涨 1~3 个点，而参与做多的人越来越多，汽车板块受到大家的追捧，个股纷纷上涨。不过，这个板块当中的 Chester 却不为所动，显得较弱。它价格很低，成交并不活跃，与其他板块中股票形成明显的反差，于是公众纷纷打听是不是有什么内幕消息，认为它最终也会跟随板块一块上涨，因此很多人开始做多**这只股票**。

个股要与板块比较，要与大盘比较，要与龙头比较，比较才能带来有价值的信息。背离就是通过比较得出的一种有价值的信号。

虽然大众做多 Chester 这只股票，但是它的股价并未出现上涨，反倒是下跌了。照理说，在牛市的大背景下推高是非常容易的，况且汽车板块在 Blackwood Motors 的带领下整体上

涨，成了热门板块，同时我们还听到不少关于汽车行业的正面消息，比如对汽车的需求上升了、汽车**产量也在创新高等**。

从价格走势明显可以看出 Chester 这只股票的内幕坐庄者并未按照他们在牛市中通常的做法那样行动，他们行为异常有两种可能：第一种可能是他们想要在拉升该股之前尽可能收集到足够的筹码。不过如果你仔细分析下该股的成交量现状以及走势特点就会发现这一假设是不正确的。第二种可能则是，他们不愿意因为拉升股价而接下别人的抛盘。

在各种条件利好的背景下，他们却不愿意买进，那么我**为什么要买进呢**？我推论认为，不管其他汽车公司的前景有多么好，做空 Chester 可能是最好的选择。我长年累积的交易经验表明做多那些不跟随龙头股上涨的股票是极其危险的做法，必须十分谨慎。

如果你善于推理，那么很容易就会得出下列结论，那就是内幕人士不仅没有买入，实际上**还在卖出**。除此之外，还有一些额外的信号提醒我不要做多 Chester，虽然不能 100%确定，但是对我而言证据已经足够了。盘口再度确认了一切，这便是我进场做空该股的原因。此后不久，某日该股崩盘了。后来，我经过公开渠道得知公司内部的人确实在卖出，因为他们对该公司的悲观前景比大众更加了解。股价弱势的真正原因是在该股崩盘之后才被大众知晓的，这种情况屡见不鲜。不过，盘口的危险信号先于股价下跌出现，我寻找的是这种危险信号，而非等股价下跌之后才明白真正的原因。虽然，在事实公布之前我并不知道这家公司有什么问题，而且我也并非根据第六感做出判断，但是从异常之中我觉察到了问题。

此前一天，大家从报刊上得知了 Guiana Gold 走势异常波动的热门新闻。这只股票曾经在场外市场以每股 50 美元左右的价格交易，后来到证交所挂牌交易。上市之后，该股的价格在 35 美元左右波动，不久就开始下跌，跌破了 20 美元。

这波快速杀跌就是新闻中提到的异常波动，这引发了市场的广泛关注，不过我并不认为这是什么意料之外的大新闻，

Chester 这只股票有四个异常：第一个异常是大盘涨，它跌，这是与大盘背离；第二个异常是板块涨，它跌，这是与板块背离；第三个异常是大众认为它要补涨，它跌，这是技术面与心理面的背离；第四个异常是板块基本面向好，它跌，这是技术面与基本面的背离。异常和背离之后定然有值得我们去深究的真相。一般而言，“该涨不涨必跌”。接下来的一段文字当中 J.L.展示了他的分析功底，提出了两个假设，并对这两个假设进行了推论和检验，这是非常精彩的一段论述，如果你仔细琢磨的话可以学到很多东西。

对这家公司最了解的人都不愿意做多这家公司，你能想到什么？

你知道 J.L.是怎么得出这一推论的吗？前面提到了，大众在牛市和看好汽车板块的背景下看多并且做多这只股票，但是该股不涨反跌。谁在买？大众在买。谁在卖？这个卖家是相当有实力的，否则不能够在牛市中让一只热门板块的股票下跌。

相反我认为这次下跌其实是可以预判到的。如果你稍微花点工夫去查询一下材料，便可以知道这家公司的历史沿革。这家公司为大众所熟知，谈到这家公司大家会这样介绍：六七个大资本家和一家著名投行共同组建了这家辛迪加形式的企业，其中一个资本家是Belle Isle Exploration公司的老板，他投了超过1000万美元的资金到这家企业，从中得到了一些债券和25万股的股票。Guiana Gold总股本是100万股，这只股票号称是高分红股票，受到大众的广泛关注。Belle Isle Exploration公司的老板认为最好能够变现自己手头25万股的Guiana Gold股票，他拜访了一些银行家。这些银行家们打算在市场上卖出这些股票，另外也顺便将自己手头的持股一块儿卖出。最初，他们的计划是让一位职业操盘手来完成这笔抛售，而操盘手则要从高于36美元的卖出差价中提取1/3作为利润。据悉，他们当时已经完成了协议起草，但在正式签署时变卦，银行家们决定自己直接来操作卖出，这样可以省下给操盘手的利润提成。于是，这些银行家们牵头建立起一个内部人士构成的股票运作组织，银行家们从Belle Isle Exploration公司的老板手上以36美元的价格接手了25万股Guiana Gold，不过他们对组织内其他人宣称是按照41美元接手的，这就意味着其他人被这帮银行家先赚了5美元的利润，至于他们是否知情就无从考证了。

> J.L.的人生巅峰是1929年。在20世纪初的三十年里，由于既有的技术和经济体系处于疲弱阶段，而新技术处于萌芽阶段，使得传统经济缺乏盈利机会，流动性过剩开始追逐新技术和新概念，同时各类资产也受到追捧，这就是J.L.人生处于上升期的经济大背景。在流动性过剩的年代里，投机比投资能够更快地让人致富。1934年是一个重要的分水岭，这一年发生了三件事情：第一件事情是J.L.最后一次破产，一代投机之王最终归零，虽然还有一些信托资产，但是远逊于顶峰时期，此后一蹶不振；第二件事情是格雷厄姆出版了《证券分析》，这是反思之作，也是价值投资的开山之作；第三件事情是罗斯福让曾经的大庄家约瑟夫·肯尼迪担任美国“证监会”（SEC）首任主席，严厉打击各种操纵违法行为。1934年之前是J.L.叱咤风云的时代，1934年之后J.L.已经无人问津了。虽然他出版了一本自己亲自撰写的小册子，并且不久之后自杀，但是没有几个人再去关注这个人，直到很多年以后。为什么1934年会是J.L.的转折年？大家可以综合上述三个事件去思考背后的历史大逻辑，这比简单地照搬本书的观点和技巧更为有用。战胜不复，任何胜利都是有具体的前提条件的。

这帮银行家认为股票运作，也就是**坐庄**是一件十分容易上手的事情。牛市非常给力，而Guiana Gold所属的黄金板块也是龙头热门板块之一。Guiana Gold公司业务收入丰厚，利润惊人，并且经常派发股息，这些都是利多股票走势的因素。另外，这家公司的股东们都是些名流商贾，这些因素叠加在一起自然使得大众对这只股票趋之若骛。据说庄家向大众抛出了40万股Guiana Gold，而股价却一路上涨到了47美元。

此后，虽然黄金板块整体强势，但是Guiana Gold却开始走弱，它下跌了10美元。如果这是庄家派发筹码导致的，那么下跌是自然而然的事情。不过，华尔街的某些传闻却开始指出这家公司的经营状况和资产质量并不能支撑这么高的收益预期。在利空的打压下，股价自然走低。不过，在人们得知这些利空传闻之前，我已经从股价走势本身得到了警告信号，并且准备对市场的多空状况进行测试。这只股票当时的走势特征与 Chester 非常相似，于是我进场做空，股价随之下挫，我又加码做空，价格进一步走低。我做空后这只股票的表现与 Chester 也是差不多的，我的经验当中差不多有十几只股票也是这样的表现。盘口明确地提醒我存在异常，股价异常走弱背后的原因导致内部人不愿意买进，他们清楚地知道内情。但是，那些不明所以的大众却还在拼命买入，因为该股此前曾经涨到过 45 美元以上，而现在跌到 35 美元以下就显得“比较便宜”了，况且股息仍旧在派发，在大众看来这只股票是被低估了。

此时新闻传来了，新闻确认 Guiana Gold 公司没有勘探到金矿，而只是钻到了毫无价值的岩石，这就是当初那些内部人卖出而不买入的原因。而我在大众之前就得到了相关的“信息”，其实我经常**先知先觉**。新闻来得太晚，而我在很久之前就根据盘口提供的“信息”做空了。其中的道理很简单，我是一个交易者，在分析股票的时候会观察主力资金进出的情况，而这些资金往往与内幕人士有关。为什么内部人不利用下跌的机会捡便宜呢？这个问题我没有必要深究。不过从股价的弱势显然可以得知他们在最初制定卖出计划时并不打算先主动拉升，这一点已经表明他们不愿意买入这只股票，而这是做空的最好理由。大众已经买入了差不多 50 万股 Guiana Gold，在高位买入的那帮无知多头现在想要止损，而另一帮无知的多头却打算在股价下跌这么多之后“捡便宜货”，这就是现在**市场上换手双方的情况。**

价量出现异常，而市场上没有任何消息，这表明有内幕人士在行动，而消息还未传出来，这个时候基本面是滞后的。还有一种情况是利多不涨，或者利空不跌，那么这也是一种异常，不一定是有内幕消息不为人知，而可能是因为利多或利空此前已经充分兑现了，具体可以参考《题材投机》的“六种题材生命力类型”。

如果按照期货市场的思维来理解这只股票的交易情况，那么现在的情况就是“多换”，也就是说新多头换老多头出来，而空头们并未改变立场。

我啰啰嗦嗦地讲了这么多，并非在那里嘲笑大众因为无知做多 Guiana Gold 而遭受损失，也并非是炫耀自己如何明智地做空 Guiana Gold 而获得了收益，真正的目的是为了强调研究市场群体行为与心理的重要性，也强调充分准备对于交易

成功的必要性。**如果你没有充分地进行研究，而是匆忙地入市，那么无论你资本有多雄厚，你都难以获胜，而如果你不愿意从中吸取教训，则永远不能成功。**另外，盘口的警告信号并非只在股票市场上出现，在商品市场上它也起着重要的提醒作用。

我来举一个例子说明，也就是我在棉花市场上的一段有意思的经历。当时我看空股市，而且已经建立起了适当规模的空头头寸，同时我也做空了 5 万包的棉花。我的股票空头头寸处于盈利状态，而对于棉花头寸却并未给予太多关注。等我回过头来查看棉花头寸的盈利状况时，却发现 5 万包棉花空头头寸已经导致了 25 万美元的浮动亏损。因为我在股票市场上的操作获利丰厚，因此我也没有将注意力转移到棉花市场上，我总是安慰自己等到棉花价格回落的时候就平掉这些空头头寸。有几次棉花价格确实出现了小幅回落，当我下定决心准备了结空头的时候，价格又上涨了，而且创出新高。就这样，我一等再等，将注意力拉回到股票上。当我兑现股票市场上的丰厚盈利后，我便前往温泉城度假。

了结股票头寸意味着我现在真正有时间和精力来处理棉花的空头头寸，这笔交易让我处于不利的位置。确实有好几次行情似乎开始转向对我有利的状态，甚至立即兑现的话还能获得利润。我对行情的仔细观察表明，只要出现大笔做空，那么市场便会出现显著的下跌，但是一到抛压消失，价格就会立即上涨，**并且创出新高。**

这种盘口特征在现在的期货和股票市场也能经常见到，也就是大笔卖单或者空单成交时，价格显著走低，但是成交完成后价格会快速攀升，这表明趋势是向上的。这其实是别人帮你做了盘面多空力量的测试，J.L.有时候会亲自去测试。

在我到达温泉城几天之后，我在棉花上的浮动亏损已经高达 100 万美元了，而且当时市场仍旧处于上涨趋势，潜在亏损难以估计。我对自己此前的操作过程和未来的操作倾向认真思考了一遍，我明白**自己肯定犯错了！**明白自己做错了就要改正错误，两者是紧密一体的。于是，我立即回补空头，亏损了 100 万美元左右。

J.L.是一个复盘高手，这点是毫无疑问的。他身体力行地坚持复盘，几十年如一日。如果说他有什么终极秘诀的话，那就是复盘莫属了。

第二天早上，我可以毫无牵挂地沉浸在打高尔夫的乐趣中了。我的棉花交易做错了，我也为错误付出了相应的代价，

市场学费的缴纳收据就在我的衣服口袋里面。我的心平静了下来，再也不用为棉花的走势牵肠挂肚了。在回酒店吃午餐的路上我顺便在经纪行逛了一下，看了一下行情报价，棉花跌了 50 点。这点下跌幅度很正常，但是有一个异常的地方引起了我的注意，那就是这次下跌之后它并没有习惯性地上涨，这与它此前数周的**表现不符**。此前，它下跌后的习惯性上涨表明阻力最小路径是向上的，但是当时我忽略了这一点，因此交了 100 万美元的市场学费。

J.L.再次从异常入手，找到有价值的线索和交易机会。

不管怎样，此前我接受巨大亏损出场的理由现在不复存在了，因为市场没有按照惯例快速收复失地，所以我做空了 1 万包棉花，测试下市场的反应。市场快速下跌了 50 点，我等待了一会儿，市场并未上涨。这时候我的肚子已经饿得“咕咕”叫了，于是我到餐厅点好了午餐，不过服务员还没有上菜，于是我匆忙回到经纪行。回到经纪行后我发现棉花价格仍旧没有涨回来，于是我加码做空 1 万包。不久之后，价格又跌了 40 点，市场走势表明我的交易是正确的。这样我就放心了，于是回到餐厅安心就餐，之后又回到经纪行。当天棉花都没有出现上涨，当天晚上我离开了温泉城。

当初我曾经贸然做空棉花，这是错误的行为，又为了享受高尔夫的乐趣而匆忙平仓，这似乎也冒失了一点。现在，我在棉花上的做空交易不得不从头开始。做空第一笔 1 万包棉花之后，市场的疲弱反应让我加码做空了第二笔 1 万包。为什么我现在敢于做空了呢？因为市场并未像以前一样在下跌后快速回升。

当我到达华盛顿后，来到我的经纪公司在那里的分行，这个分行是我的故交 Tucker 在管理。我在华盛顿停留期间，棉花价格继续下跌。之前做空棉花是错误的，而现在做空棉花是正确的，所以现在我的信心更足了。何不乘胜追击？于是我又加码了 4 万包空头，市场马上下跌了 75 点，这表明市场上的多头力量太弱了。当日，收盘价比我加码做空时要低。以前那些做多的力量都消失了，虽然我不知道会跌到什么价

位才能重新吸引多头强势回归，但是我对自己的空头头寸十分有信心。第二天早上，我离开华盛顿开车回到纽约，胜券在握，我没有必要急急忙忙地回去。

到达费城的时候，我来到了一家经纪行，棉花的大戏正式上演了——价格暴跌，一丝恐慌在市场上蔓延开来。我没有等回到纽约再处理头寸，我给经纪公司打了长途电话平掉空头头寸，成交回报表明这次盈利已经抵补了上次的亏损。平仓后我开车继续前往纽约，路上也没有必要再看行情了。

那些当时和我一起在温泉城度假的朋友们直到现在还在提及我当时从餐馆急匆匆赶到经纪行加码 1 万包做空棉花的故事。不过，这次精彩操作并非什么第六感或者灵机一动，做空的念头来自于我对市场的仔细观察和对时机的把握。此前做空的失败无论多么大，都无法阻止我认真观察得出的操作计划，这是一次真正的机会，不能错失掉。多年经验培养出的潜意识一直在工作着，并且在关键时刻给出了结论。我在华盛顿的加码做空也是根据观察得出的结论，多年的经验告诉我阻力最小路径已经转而向下了。

之前我在棉花市场上亏了 100 万美元，事过无悔，犯错了没有必要一直自我埋怨，当我在费城兑现巨大利润时也并没有得意忘形。排除一切干扰，专注于交易，这就是我能够力挽狂澜的原因。我能反败为胜，主要得益于我的丰富经验和交易记录，这并非什么自我吹嘘，事实而已。

第十八章

挟趋势与庄家斗法

华尔街上的事件一再重演，你应该还记得此前我讲的一次经历，当时 Stratton 操纵玉米市场进行逼空，而我利用一则传闻回补空头头寸全身而退。类似的经历我在股票市场上也经历过一次，与当时的做法几乎一样。这次经历是这样的，我在 Tropical Trading 上操作，多空都有做过，这只股票属于股性活跃的那类，是那些风险偏好较强的投机客们的最爱之一。财经媒体经常抨击这家公司的内部人士，说他们只在乎股价的波动，而不是创造业绩鼓励大众参与长期投资。前几天有一位我认识很久的聪明经纪商就断言在 Erie 上坐庄的 Daniel Drew 和在 US Sugar 上坐庄的 H.O. Havemeyer 都比不上 Mulligan 董事长这帮人在 Tropical Trading 上的手法，操控获利的伎俩层出不穷。有好几次，他们都是通过或明或暗的计谋诱导大众做空，然后再逐步逼空，让空头吃不完兜着走。他们在操控股价上展现出的凶狠和残暴可以碾压和粉碎一切对手盘。

市场上不少场内交易者对此非常反感，他们会说这些内部人士操控的行情都是些阴谋诡计。我认为讲这些话的人多半都是被逼空而吃了苦头的人。既然他们经常被算计，他们知道对手抽老千，那他们为何还要去参与一场本来就注定要输的游戏呢？不讲别的原因，其中有一个原因应该是他们都有多动症，而 Tropical Trading 的股性活跃，适合他们闲不住的特点。这只股票从不沉闷，用不着什么消息来推动，如果需要等待消息才有行情，那可是一段漫长的等待。而这只股票则省去了这些烦恼，它的交投活跃，流通盘大，这意味着对于短线而言机会很多。而当大众做空的头寸足够大时，内部人组成的庄家就会收割"韭菜"。毕竟，什么情况下都可能有人上当受骗，这可怪不得别人。

现在回到我的故事上，那时我正在佛罗里达度假以躲避严寒来袭，享受着垂钓带来的乐趣，市场被我抛到了一边，只在偶尔翻阅报纸的时候例外。某天早上，半个星

期投递一次的报纸来了，我瞟了一眼股票行情版，当时 Tropical Trading 的成交价格是155 美元，我记得上一次看到该股的价格是 140 美元。我认为股市正在步入熊市，应该等待做空的时机，不应该急着入市，因此我选择了度假垂钓，远离市场。我明白，当时机真正出现的时候，市场会发出信号，那时我会回到华尔街。而在市场发出信号之前，不管我做什么，或者闲着什么也不干，都不会对市场的自然发展有丝毫的影响。

这天早上报纸上的报价表明 Tropical Trading 的强劲走势与大盘的弱势出现了背离，我觉得是时候将看空的观点转为做空的行动了，而对象正是这只股票。我认为这帮内部人构成的庄家在拉升这只股票的时候完全不顾大盘和大势，要知道在某些大背景下即便是平时擅长的操控也应该暂停了。在我评估走势的时候，异常的表现往往表明行情并非看起来那样乐观，大势不好的时候推升股价纯粹是莽夫的错误行为。天下大势，顺之则昌，逆之则亡，股票市场上犯错不可能不受惩罚。

浏览完报纸之后，我接着去垂钓，不过脑海中不断浮现出 Tropical Trading 庄家们的种种伎俩，这帮人定会失败，因为他们完全不顾大势，这就好比不带降落伞从高楼上跳下来一样，肯定摔成一摊肉泥。想着想着我无法继续钓鱼了，索性不钓了，给我的经纪人发了一封电报，让他按照市价做空 2000 股 Tropical Trading。指令下达之后，我才接着钓鱼，心情平复自然收获甚丰。

当天下午快递员送来了回复电文，经纪人向我报告说替我做空的 2000 股成交价在153 美元。我是顺势做空的，行情发展如我所料。不过，我再也静不下心来垂钓了，我无法隔离行情的影响，为什么呢？因为我仔细思考了所有的因素之后认为这家公司应该与其他股票一起下跌，而不是因为内部人操控而逆势上涨。深思熟虑的结论让我不得不采取进一步的行动，于是我放弃了钓鱼回到棕榈滩，在那里通过电报专线与纽约联系。

刚到棕榈滩，我发现这伙庄家仍旧执迷不悟，于是我加码 2000 股做空。成交回报拿了之后，我又加码了 2000 股空单。股价如预期一般下跌，我一做空，它就听话地下跌，形势一片大好，于是我便准备出去逛逛。不过，我却总觉得做空的力度不够，因此心中总有欠缺，于是返回经纪行，增加了 2000 股空头头寸。

当我恰如其分地做空这只股票时，才能感到高兴。现在，我建立了共计 1 万股的空头头寸。此后，我决定回到纽约以便更好地分析和操作，毕竟事业比钓鱼更加重要，后者可以另找时间，而事业此刻却非照顾不可。

到了纽约之后我查看了一下 Tropical Trading 的经营情况和前景，了解到的事实进一步证实了我的观点，那就是这帮人是在逆势而为，大盘不支持拉升，公司基本面也

不支持拉升，这种鲁莽行为**必然会尝尽苦头。**

虽然这只股票的拉升不合时宜，也缺乏基本面配合，但是上涨本身还是引发了一些跟风盘，而这就进一步蒙蔽了庄家的双眼，让他们认为自己的操作是明智的，接着的操作**有过之而无不及。**因此，我继续加码做空，按照我的交易策略不断试探加码，最终累计了 3 万股的空头头寸，此时该股成交价在 133 美元附近。

主力运作个股需要借力，借力的来源第一是大盘，第二是题材或者业绩，第三才是利用股价走势本身吸引跟风。只靠股价走势吸引跟风的做法是“莽庄”，A 股历史上那些“莽庄”谁有好下场？

对手盘越是不理性，则提供的机会越大。

有人提醒我 Tropical Trading 的庄家对于他们的每一位对手都非常了解，他们知道每一位空头的身份背景和持仓规模，所有的细节他们都了如指掌。这是一帮出色的操盘手，他们有许多优势，和他们作对往往没有好的下场。不过，行情下跌是事实，而趋势是最强大的朋友，**我怕什么呢？**

格局重于对手！

股价从 153 美元跌到 133 美元的过程中，空头头寸有所增加，但是大众们却试图抄底，他们总是被这样的古怪念头所蛊惑：此前这只股票在 153 美元，而现在低了 20 美元，红利还是那么高，业务和管理者照旧，难道不是捡便宜的大**好时机吗？**

我经常提到利用对手的非理性，那么对手非理性具体有些什么类型呢？这里提到了一种典型的情况，那就是下跌中想要捡便宜，上涨中觉得贵。

大众的跟风盘支持了庄家维持股价的行动，庄家也清楚场内交易者持有大量空头头寸，这不是一个逼空的良机吗？于是，庄家快速将行情拉升到 150 美元，许多空头肯定是被吓坏了，他们手忙脚乱地回补空头，不过我却淡然处之。我没有惶恐的理由，纵然庄家或许知道有一位手持了 3 万空头头寸的对手仍旧鉴定持仓，我也没必要害怕什么。我在 153 美元开始做空一直持仓到 133 美元都没有任何平仓动作，这样做的理由现在仍旧存在，而且更加合理。庄家或许想要通过拉升价格来促使我平仓，但是缺乏说得通的理由**支持股价上涨。**我没有必要心怀畏惧，也不需要匆忙行事，只是耐心等待趋势的力量。一个投机客想要成功就必须要对正确的判断保持信心和耐心。已故的纽约棉花交易所前董事长 Dickson G.Watts 写过一本名为《投机艺术》(Speculation as a Fine Art) 的书，他曾经说过：**对于投机者而言，所谓的勇气就是坚定**

没有题材和业绩的配合，没有大盘的配合，强拉硬拽，一群莽夫！

去执行自己的判断。我从不惧怕犯错，除非市场表明我是错误的，否则我也绝不会认为自己是错误的。如果不能将自己这么多年的心血和经历转化成赚钱的能力，我肯定不会甘心的。不具统计意义偶尔出现的特征并不能表明我的头寸是否正确，只有那些具有典型意义的走势特征才能表明我的头寸正确与否。**我的成功依靠的是理性与知识，如果铩羽而归肯定是我没有遵循基于理性和知识建立起来的规则。**

Tropical Trading 股价从 133 美元反弹到 150 美元，但是并没有出现任何离场信号，因此不足为惧。现在如预期一般股价重回跌势，庄家也无可奈何，股价跌破了 140 美元。在庄家做多以支持股价的同时，市场上出现了不少利多传闻，比如业绩惊人，股息将大幅**提高等**。除此之外，还有一些其他传闻，比如某位空头持有巨大的仓位，而有人想要制造超级大逼空行动围猎空头，因为某一位空头的规模实在是太大了，成了很好的猎物。消息众说纷纭，难以一一叙述，在利好传播的同时股价上涨了 10 美元。

庄家开始意识到问题所在，仅靠暴力拉升解决不了问题，因此开始散播一些利多消息，企图影响盘面。

我认为庄家对我手中的空头头寸没有严重的威胁，不过当价格反弹到 149 美元的时候，我准备反击了，不能任凭这些空穴来风的利好消息影响了大家的认识。但是，如果我直接去说服或者劝慰大众以及做空场内交易者肯定是无济于事的，因为他们更加相信**价格走势的最终表现**。一位自己持有 3 万空头头寸的投机客怎么能够说服别人相信价格应该下跌呢？眼见为实，耳听为虚，这是大众的座右铭。因此，我决定采取对付 Stratton 逼空玉米市场的策略，当时我通过做空燕麦而引导大众做空玉米，进而让自己的空头头寸**全身而退**。这回可以利用上次的成功经验如法炮制。

三根 K 线彻底改变三观！

避实而击虚，直接与对方对抗，对方实力很强大难以取胜，所以通过燕麦上出奇招而借力于大众从而取胜。

庄家通过拉升 Tropical Trading 的股价来逼迫空头回补，我并不愿意与其正面对抗。我现在手头有 3 万股空头，占流通股相当大的比例，明智的操作不应该超过这个比率，我可不想持有过量的空头以至于成为对方更加容易绞杀的对象，而第二波反弹其实就是一次绞杀空头的行动。当 Tropical

Trading股价上涨到149美元的时候，我在Equatorial Commercial Corporation上做空了1万股，之所以选择做空这只股票是因为公司是持有较多的Tropical Trading股份。

Equatorial Commercial Corporation是一只交投并不活跃的个股，我的做空举动让它大幅下跌，这与我预期的一致。大众此前受到利好传闻的影响自然为Tropical Trading的上涨基础确实难以找到反驳的理由，但是如果现在发现Equatorial Commercial Corporation却在大幅下跌，那么他们就会认为Tropical Trading上涨不过是一种欺骗人的伎俩。于是，大众纷纷卖出Tropical Trading，而庄家也发现形势不对，他们肯定不愿意接下所有的抛盘，一旦庄家开始撒手不管，那么股价便开始下跌。交易者和某些自营经纪公司开始做空Equatorial Commercial Corporation，而我则趁机回补了那1万股空头，稍微赚了些钱，这并非我的本来目的，我的意图是间接打压Tropical Trading的股价。

Tropical Trading的庄家和他们的公关人士不断在华尔街制造利好消息，想要拉升股价，而我则趁机做空Equatorial Commercial Corporation，而引发Tropical Trading股价下跌，我则趁机回补Equatorial Commercial Corporation的空头。这样三番五次之后，庄家渐渐支撑不了了，最终Tropical Trading跌到了125美元。不过这个时候空头的规模实在是太大了，空头缺乏进一步加码做空的能力，因此庄家能够推动行情回升20~25美元。毕竟，空头因为规模过大缺乏进一步做空能力的时候，庄家趁机拉升价格是有**足够合理性的**。不过，我并不愿意丢掉自己的空头头寸。在Equatorial Commercial Corporation没有来得及跟随Tropical Trading一起上涨之前，我便做空了大量的Equatorial Commercial Corporation股票，并且取得了令人满意的结果。虽然Tropical Trading上涨了，而且伴随着一些利好的传言，但是因为Equatorial Commercial Corporation并不跟涨，所以使得大众相当怀疑其上涨的可靠性。

基本面主导的格局仍旧向下，但是从对手的角度来讲，下跌缺乏进一步的动能，因为空头无法进一步加码做空了。

现在，整个股市都已经处于非常弱势的状态。我此前曾经讲过，当时我在佛罗里达垂钓的时候，因为觉得市场步入熊市而做空了 Tropical Trading，同时做空了一些其他股票，不过 Tropical Trading 是我最看重的一笔交易。刚开始这只股票由于内部人士组成的庄家力挺而处于强势，此后因为基本面不支持而不得不下跌，庄家也无法阻挡下跌趋势，该股当时跌到了 120 美元以下，这是几年来头一遭跌到这个价位，此后跌破了 110 美元和 100 美元，当然我仍旧坚定地持仓。某日，整个股市都相当弱势，Tropical Trading 的股价在这种大背景下跌破了 90 美元，而我利用市场恐慌崩盘的**机会回补了空头**。为什么我在这个时候平仓呢？还是以前提到过的那条理由，因为我现在能够利用充裕的市场流行性和足够的对手盘来兑现利润，这个时候想要做空和卖出的人远远大于想要做多和回补空头的人。或许大家会认为我在吹牛皮，但是不得不指出我其实是在这轮下跌的最低点位置回补了 3 万股的 Tropical Trading 空头头寸。当然，这并非我刻意追求的结果，我只是想将浮动盈利兑现的时候尽量减少些损失。

J.L.对于自己的出场点讲得相对不是那么全面和系统，不过这里提到的出场点类型大家可以自己归纳总结一番，这其实是我定义的“同位出场点”，而跟进止损点则属于“后位出场点”。在《外汇短线交易的 24 堂精品课》的最后几堂课里面对出场点类型和策略有全面的介绍，可以参考一下。

在上述过程当中，我坚定持有头寸，因为我清楚自己的判断是从实际出发得来的，是可靠的。我顺应了大势和大盘，也对个股的基本情况非常了解，而那些庄家们却忽略了大盘和基本情况，所以我认为他们肯定会失败。他们的做法并非创新之举，太多前车之鉴了，这样的莽撞之举难免以失败告终。下跌趋势中常常会出现反弹，我和其他人一样清楚这类情况，但是这并不会让我感到担心。与其为这些反弹所担忧，不如坚守正确的头寸，因为我明白在下跌趋势中坚定持有空头头寸，远比自作聪明地滚动操作（逢低回补逢高做空）更加有效。坚定持有空头头寸让我最终赚到了超过 100 万美元的利润，这项成就既不是依靠第六感，也不是依靠盘口解读技术，也不是依靠一**味地持仓**。我之所以对自己的判断充满信心，不是因为我智商高，也不是因为自我评价高，而是因为我的判断是基于系统的分析，而市场持续证明我的判断是

不是靠盘口，也不是靠技术分析，更不是靠简单地持仓，那是靠什么呢？这本书你看到这个地方了，对于 J.L.的交易哲学和方法已经有了非常深入的认识了，你应该可以回答这个问题了。倘若你脑海里一片空白，那么你真应该重新阅读下前面的章节。

正确的。知识就是力量，理性之光不会被任何谎言所遮盖，即便庄家想要通过盘口来制造谎言，也无法得逞。

在我平掉空头头寸之后不久，市场开始回升了。一年之后，Tropical Trading 的股价再度升到了 150 美元，然后在这个价位徘徊了好几周。大盘酝酿再度下跌的条件已经成熟，因为此前大盘一路上涨势、如破竹而现在处于滞涨的状态。之所以得出上述结论，是因为我亲自利用头寸进行了测试。现在，Tropical Trading 所处的板块整体经营环境已经变得非常恶劣，即便大盘继续向好，这个行业板块的股票也找不到什么基本面的利好因素了，况且现在大盘也**处于转势向下的阶段**。有了上述这些判断，我开始做空 Tropical Trading，计划头寸在 1 万股。当我做空之后，股价应声下跌，盘口显示没有任何承接力量存在。不过，突然间，做多力量出现了一些新的特征。

大盘不行，板块不行，个股也不行，三层次都不行。

我可以拍着胸脯说我能够一眼看出来主力是否进场做多，这不是我对自己的能力夸海口，我没有必要把自己**吹嘘成金融大师**。主力进场做多的盘口特征引起了我的深思，你要知道在大盘下跌的时候，他们却进场做多，其中必有深意。他们可不是慈善家，不会为散户抬轿子，而是为了通过维持场内股价而便于在场外抛售的狡诈投行家，他们也不是愚蠢到找不到正事干的傻孩子。尽管我和其他人都在做空，但是该股却不跌反涨，情况异常，于是我在 153 美元回补了自己的 1 万股空头头寸，然后在 156 美元反手做多，因为盘口表明了阻力最小路径是朝上的。虽然我对整个股市持有看空的观点，但是我并没有拘泥于一般的投机理论，因为在个股上必须考虑到特殊因素和情况。此后，Tropical Trading 一路狂飙，向上突破了 200 美元，这只股票是当年闻名的妖股。人们闲聊中和报纸媒体上都说我这次操作肯定亏了 800 万~900 万美元，我觉得这太**高估了我的资本实力**。事实上，我并没死守空头，而是在其上涨过程中坚持做多。而且由于我跑得稍微早了一点，因此实际盈利也少了一点。为什么跑早了呢？因为我认

股票盘口上主力的踪迹怎么看出来？大笔成交，大笔挂单和天量是要点。

这个世界看客多，侠客少，八卦别人的兴致如此高昂，只不过证明了他们内心深处的贫瘠。从今天起，做一个敢作敢为的人，而不是一个评头论足的人。努力成为理论和实践兼备的交易者，路已在脚下，前行才是王道！

为 Tropical Trading 的庄家会像我一样思考和行动，但实际上我错误评估了他们，毕竟我是做交易的，他们却是靠操纵股价获利的。我应该一切从实际出发，基于客观事实而不是以自己的主观臆断来行事。

股价操纵的惯用手法

我搞不清楚什么时候华尔街将操纵这个词用来描述那些正常的大额卖出行为，实际上这不过是正常的交易行为而已。而那些故意打压股票价格以便能够以更低成本吸纳筹码的行为，也被称为操纵。但实际上两者完全不是一回事，因为前者其实并没有采取卑鄙的手段来达到目的，不过要完全与违规行为划清界限也存在非常大的困难。在牛市狂热的背景下，倘若你打算大笔做多某只股票，那么，如何才能避免因为你的买进而导致成交价格显著上涨呢？要妥善解决这个问题存在很大的难度。怎样解决这个问题，需要考虑诸多因素，不能仅给出简单的解决之道，当然你可以含糊地说通过灵活而聪明**的操作可以达到这一目标**。如果让你在具体的操作上进行演示，那么你只能绕圈子回到最初的答案上，那就是考虑各种因素，你很难给出具有可操作性的答案了。

J.L.从事投机交易多年，始终从实际出发来总结和发展交易理论和哲学，他深深地明白只有具备可操作性的策略和思想才能得到实践和检验，也才能真正发挥作用和得到进一步的完善。在这个市场上存在太多似是而非、不可证伪的说法了，比如有位老兄强调他的交易哲学和策略是“快准狠”，就算他真的很厉害，但是他说的这三个字具体指的是什么，谁也不知道，更不用说去验证了。

我对投机这个事业的所有方面都非常感兴趣，因此我不仅从自己过去的经验中学习，也从别人那里吸取经验。但是，时移势易，现在要从经纪行营业厅收盘后的闲聊中学到股票投机之道越来越难了。因为旧时有效的绝大多数策略和诀窍现在要么不合时宜了，要么没有用处了，要么现在已经属于触犯法律的做法了。现在，证交所的法规和运行条件都发生了很大的变化，诸如 Daniel Drew 和 Jacob Little 半个世纪之前的传奇经历即便再翔实，现在也没有太大的实用价值了。我

们今日在市场上的操作并不再拘泥和效仿那些过时的老招数了，这就好比西点军校的学员们不可能根据古代的弓箭术来琢磨大炮的弹道学。

不过，研究人性能够极大地提高我们对市场和操作的认知。人性有很多普遍的特点，比如趋吉避凶而好逸恶劳，任由恐惧和贪婪摆布。普通人往往因为人性的这些特点而在金融投机当中付出巨大的代价。恐惧和贪婪是人性永恒不变的特点，投机者认真研究它们可以给投机生涯带来巨大的价值。纵然武器不断发生变化，但是计谋却没有多大花样，不仅战场上如此，投机博弈当中也是如此。我认为 Thomas F. Woodlock 的一句话对投机行业的总结一针见血——**股票成功投机的前提是未来人们将继续重复过去的错误！**

我们的盈利来自于抓住和利用了对手盘的非理性，而这些非理性类型长久以来基本不变，我们可以从行为金融学和投资心理学当中找到它们的准确定义和描述。主力会操纵股票的前提建立在对这些非理性类型的熟练掌握之上。对手常犯哪些错误？你对这个问题有多大程度的掌握，如果很浅，那就赶快恶补一下吧，找本行为金融学或者投资心理学的权威书籍看看。

经济景气的时候，大众热衷于参与股票市场，这时候市场情绪处于狂热的状态，这个时候探讨任何细枝末节的东西都没有太大的意义，因此执着于区分当下哪些行为是正常操作，哪些行为是非法操纵并无太大价值。这就好比下大雨的时候，竭力去区分同时落在街对面楼顶上的两滴雨有何不同，而毫无意义。"韭菜"们总是指望交上好运，因此牛市对他们就有非常大的吸引力，在狂热的氛围之中人性的贪婪被最大程度地激发出来。持有轻松挣快钱想法的人最终会因此而付出惨重的代价，没有人能够例外。当我风闻以前各种华尔街陷阱和伎俩的时候，总是认为 19 世纪六七十年代的人比 20 世纪初的人更容易上当受骗。但是，事实并非如此，现在你仍旧可以经常从报纸上看到庞氏骗局的新闻报道，看到对赌经纪行仍旧招摇撞骗的新闻报道，"韭菜"们被收割了一次又一次，大量的资金就这样消失在各种骗局和操纵之中。

我刚到纽约打拼那会儿，大众总是热议和抨击洗盘和对倒这类行为，因此这类行为属于证交所禁止的行为。不过，有些时候洗盘的行为太过野蛮和招摇，大家都看不过去了。庄家拉升前都会进行洗盘，而我此前提到的对赌经纪行暗算客户也会进行洗盘，他们往往会在极短的时间内将价格打压

2~3 个点，然后告诉小客户他们已经被止损了。一旦价格出现这种现象，经纪行就会拿出庄家和主力洗盘这套说辞来解释。而对倒则相对而言更加困难一些，因为涉及多家经纪行或者主力之间的协调问题，况且这类操作是违法行为。多年前，某一位知名的庄家操盘手本来准备进行对倒操作，后来准备取消操作，但是只取消了卖出指令，却忘记了取消买入指令，这使得另外一位不知情的交易者在发出买入指令之后导致行情几分钟之内飙升了 25 个点，不过此后行情快速回到原点。对倒的意图是制造成交活跃的假象以便吸引更多的参与者，但是操作起来并不可靠，并非什么高明的招数，即使那些你认为最聪明的经纪行也无法很好地对倒，他们担心会危及到自己的会员资格，况且现在印花税显著提高了，对倒会产生大量的成本，远高于以前。

辞典中关于“操纵”的定义还包括了逼空，现在的逼空可能是多头主力操纵引发的，也可能是大众争相**做多的结果**。例如，1901 年 5 月 9 日发生在 Northern Pacific 的事件肯定不属于操纵。在 Stutz 的多逼空事件中，参与各方都付出了极高的代价，有人不仅在金钱上付出了代价，在声誉上也遭受了不少损失。不过，这些事件其实都不属于恶意逼空。

历史表明，那些恶意逼空的庄家很少能够从中获利。Vanderbilt 两次在 Harlem 上控盘逼空都赚了不少钱，不过几百万美元的利润是他理所应得的，这些利润不过是那些企图欺骗他的国会议员、市议员以及赌徒们拱手奉上的。但是，**Jay Gould** 就没有那么幸运了，他在控盘 Northwestern 的时候就亏了不少钱。S.V.White 控盘 Lackawanna 进行逼空的时候赚了百万美元，而 Jim Keene 在控盘 Hannibal 和 St.Joe 进行逼空的时候则亏损了百万美元。控盘逼空的主力能否挣到钱取决于他能否低买高卖，只有空头头寸的规模足够大才能实现这样的目标。

我对市场感到非常疑惑，为什么半个世纪之前的时代如此盛行逼空？当时的那帮主力都是头脑精明经验丰富的投机

题材的生命力强会导致主力和其他多头的共振买入。

Jay Gould，杰伊·古尔德 (1836–1892)，美国铁路公司总经理、投机者，靠肆无忌惮的掠夺而致富的强盗大亨。最初当勘测员，继而经营一家制革厂，1859 年起对小铁路的证券进行投机买卖，1867 年成为伊利铁路的一名董事。他和丹尼尔·德鲁 (Daniel Drew)、詹姆斯·菲斯克 (James Fisk) 联手以防止科尼利尔斯·范德比尔特 (C. Vanderbilt) 夺去他们对该铁路的控制，并向纽约州议员大量行贿以使虚股的发售得到法律认可。他和菲斯克又与特威德 (W. M. Tweed) 联手利用股票进一步投机获取暴利。1869 年他们企图垄断黄金市场，导致灾难性的黑色星期五恐慌。1872 年由于公众的强烈抗议，古尔德终于被迫放弃对伊利铁路的控制权，其时古尔德已拥有 2500 万美元的财富。1874 年他获得联合太平洋铁路公司的控制权，到 1881 年已拥有全美国铁路总长的 15%。其后他将联合太平洋铁路股票出售，转投资于圣路易西南部的一个铁路系统，到 1890 年拥有该地区铁路总长之半。此外，他在 1881 年取得西部联合电报公司的控制权，1879 年到 1883 年是纽约《世界报》的所有人，1886 年买下曼哈顿高架铁路。古尔德一向冷酷无情，没有朋友，直到去世。在当时，媒体对他的抨击不遗余力。在谈到美国近代金融历史时，古尔德总被认为是头号恶魔。他被媒体错误而残忍地扭曲了一辈子，直到去世也没有得到正名。

枭雄，他们是现实主义者，因此从来不会幻想对手会手下留情。即便他们聪明过人，并且十分谨慎，但是仍旧不能避免时常步入陷阱，这点令人感到惊讶。一位资深的老前辈告诉我，在19世纪六七十年代，每个操盘手都一个梦想，那就是能够漂亮地逼空一次。大多数时候，这不过是一种盲目自负的表现而已，而在另外一些时候则是为了一雪前耻。在当时，如果某人被大家认为是成功控盘逼空了某只股票的操盘手，这无疑是对他头脑和勇气的最佳赞美，这个人就会成为业界的翘楚。当然，他会觉得自己完全配得上这些殊荣，实在是实至名归。这些潜在的荣耀导致操盘手们不遗余力地尝试逼空，他们追逐的并不仅仅是大把金钱这么简单，而且还有头上的光环，他们都患上了自负综合征，任凭驱使。

那个时代的大亨们热衷于相互倾轧，毫无底线。我之前提到过，我曾经不止一次借助于计谋才避免了被逼空的厄运，全身而退并不是因为我有什么玄妙的盘感，而是因为当某只股票不适合做空的时候我能够识别出来。我之所以能够识别出来是因为普通的试盘告诉了我某些信息，而这种试盘方法在以前也肯定有人在使用。Daniel Drew 经常进行逼空操作，在 Erie 上那些空头被迫以更高的价格回补其头寸。而 Daniel Drew 本人则在 Erie 上遭到了 Vanderbilt 的逼空操作，当时 Daniel Drew 希望对方能够放他一马，但是 Vanderbilt 却引用了 Daniel Drew 这位大空头自己的格言——卖掉自己并不拥有的东西，要么买到这样东西，要么蹲监狱！

现在华尔街上的那些人已经淡忘了那些曾经叱咤风云的大亨们，其中有一位可是巨擘，他的名气主要来自于他的口头禅：**做高股价！**

原文是“Watering Stock”，Watering 有高估的意思。另外，“Watered stock”则被称为掺水股，也就是股价过高的股票。我将“Watering Stock”翻译为“做高股价”。结合上下文，其实就是拉高股价逼空。

这位巨擘名叫 Addison G. Jerome，在1863年的春天他被大众认为是公开市场之王。这位巨擘提到的所有市场消息都被大众当作真金白银一样对待，据称他是一位伟大的交易者，赚取了几百万美元的利润，挥金如土，金融界他有众多的粉丝。但是，当 Henry Keep 在 Old Southern 上逼空时，他的几

百万美元利润被洗劫一空。顺便提一句，这位 Henry Keep 是 Rosewell P. Flower 州长的小舅子。

传统的逼空操作中，最关键的一点是不让那些热衷于做空的对手发现你在逐步控盘。这些做空者往往是你的同行，而非愿意成为猎物的散户。引诱这些同行做空的套路与今天其实类似。如 Vanderbilt 在 Harlem 上逼空的这个例子中，做空者主要是那些毫无原则的政客们，他们做空的原因据说是因为这只股票的绝对价格看起来太高了。之所以被认为太高是因为这只股票创出了历史新高，他们认为当时的价格已经高得不能买进了，于是做空成了他们认为的不二之选。这样的理由现在也可以经常听到，因为普通人关心的是股票的价格而非价值。时过境迁，前辈们告诉我，那时候如果某人生活窘迫，大家就会认为他是做空 Harlem 导致的。

多年之前，我刚好有机会与 Jay Gould 的经纪商之一闲聊，他坦诚地说道 Gould 先生不仅是一位傲视群雄的天才，而且其精彩的逼空操纵号称神来之笔，前无古人后无来者。Daniel Drew 曾经恐惧地说道："他的手指着谁，谁就得死！"这个人指的就是 Jay Gould。Jay Gould 是一位金融界的魔法师，否则怎么会有如此高的成就。多年以后，他与时俱进的适应能力活灵活现地出现在我眼前，让我大为叹服。他的攻防之道转换自如，他更擅长的是资本运作，而非股票投机。他介入股票进行控股，追求的是投资价值，而非简单地操纵价格趋势反转。很早他就洞悉了铁路的长远投资价值，而不是简单地在交易所内操纵价格。不过，他要完成宏伟布局离不开股票市场，只有股票市场才能以最快速、最容易的方式满足他对资本的渴求，他需要从股票市场上获得千百万美元以便实现更大的蓝图。这就好像 Collis P. Huntington 老先生的境况，他总是缺乏足够的资本来完成宏图大业，虽然银行已经提供了一些贷款，但是他总是觉得还差个两三千万美元。有眼光，但是没有资本，那么只能干瞪眼。有眼光，也有资本，那就意味着成就，而成就意味着权力，权力意味着财富，财富意味着更多的成就，这样循环下去，前途不可限量。

当时，操纵在那个时代并非大亨们的特权，一些大户也参与其中。我还记得某个资深经纪商给我讲过的一个有关市场投机氛围的故事，这个故事发生在 19 世纪 60 年代。他说："我个人对华尔街最早的记忆源自第一次踏足这个地方时，当时我父亲要到那里办一些事情，而我因为种种原因随同前往。当时我们沿着百老汇大街前行，在华尔街那个街口拐进去。我们俩正在华尔街上走着，快要抵达 Broad 大街和 Nassau 大街的时候，在拐角处，也就是现在 Banker's Trust 大楼那里，一大群人跟着**两人往前走**。最前面的一个人往东走，一副泰然处之漫不经心的样子，后面跟着的那个人满脸通红，

这是两个华尔街炙手可热的头面人物，其他人要么是看热闹，要么是表达敬意。在华尔街，向尊敬的同行抛报价纸带也是历史上常见的表达敬意的方式。

一手挥舞着帽子，一手挥舞着拳头，他声嘶力竭地大喊——Shylock！Shylock！金钱值几何？Shylock！Shylock！与此同时，街道两旁的窗户内都伸出不少脑袋来，那个年代还没有摩天大楼，而那些从两旁两三层楼窗户伸出来的脑袋似乎都要掉到地上来了。我父亲向周围打听到底怎么回事，路人讲了什么我没有听清楚。我用力拉住父亲的手，生怕拥挤的人群把我们冲散了。脸色吓人的人从四面街区涌进来，人越来越多，我感到紧张。我们俩费了好大的劲才从人群中挤出来。父亲告诉我这个高喊 Shylock 的人是纽约庄家的最大操盘手，他在华尔街上输赢的资金数量大得惊人，只有一人可以与之匹敌，那就是 Jacob Little。我还记得 Jacob Little 这个名字，因为一个大男人叫 Little（小）这样的名字太过滑稽了。而那位名为 Shylock 的人则负责控制场内资金，他是个瘦高个，面色苍白，他通过提前融入资金的方式让其他交易者无法融到资金，这样就控制证交所内的资金来源。他们办好融入资金的手续，但却并不动用这些资金，这属于某种市场操纵。”

那个时代，操纵市场的头面人物广受追捧，老头讲的故事确实如此。但是，一切都是过去的历史了，今天完全不同了。

坐庄的原则与方法

我从来没有和那些华尔街热论的大操盘手们直接接触，他们不是幕后的大老板，而是市场的直接参与者。这些人都是我的前辈，我刚到纽约打拼的时候，James R.Keene 是他们当中最为杰出的一位，当时他正处于市场王者的至高地位。而我在那个时候只不过是无名小辈而已，当时的愿望不过是在一家声誉良好的合法经纪行找到此前在家乡对赌经纪行的成功感觉而已。当时的 Keene 正忙着操纵 US Steel 这只股票，这是他坐庄的经典案例之一。我当时对所谓的股票操纵其实并无多少经验，准确地讲是一张白纸，对于操纵的意义毫不了解，并且也不明白掌握这一**技能的必要性**。如果说我对操纵股价有什么看法的话，无疑在我眼里它不过是巧加包装的骗术而已，和我在对赌经纪行里面遇到的那些伎俩相差无二，而且更加粗暴和卑劣。后来再听到有关市场操纵和坐庄的话题其实大部分都是充斥着臆断和困惑，其中缺乏理性分析的成分，更多的是妄断和猜测。

你可以不去操纵市场，也最好不要去操纵市场，但是却不能不对那些操纵市场的手法和主力有清晰的认识，因为他们也是你必须要深入研究的对手盘。

有不止一位认识 Keene 的人告诉我，他是华尔街历史上最伟大的操盘手。这么多人赞美他，这表明事实不虚，毕竟华尔街历史上曾经涌现出不少出色的操盘手，但是到现在他们的名字大都被人遗忘了，毕竟这些人曾经叱咤风云一时，一度是金融**市场的王者**。行情成就了他们，在金融市场的大舞台上一展身手。但是，行情没有永远青睐他们，因此荣耀

A 股市场的每次大起大落都必然伴随着庄家和大操盘手的兴衰起落，投机这个行当要么是一将功成万骨枯，自己成了别人的垫脚石，要么是最终成为公众的敌人而被非市场手段击败。努力而聪明的人可能踩着非理性的对手盘而跻身伟大投机客的行列，同时还要克制自己的欲望和善待大众，这样才能永葆生命力。但是，很难有人在伟大之后还懂得节制，德隆系和泽熙系也没能做到，知易行难，特别是那些一路走向伟大的人。

难以永远驻留在他们身上。不管怎样，Keene 都是那个时代最伟大的操盘手，他身披光环的日子真是让人激动不已，希望那一天能够永远驻留。

他基于自己对市场的了解和身为操盘手的专业素养来获取利润，由于处于破产境地，因此他选择了为 Havemeyer 兄弟工作，否则他会选择用自己的账户单干，因为他从来都是单枪匹马的大手笔玩家。Havemeyer 兄弟要求他为 Sugar 这只股票造市，他成功地完成了任务，让该股交投活跃，成了热门股票，要卖出这只股票非常容易。此后，不断有人邀请他主持联合坐庄。据传，他主持联合坐庄的时候，从不会要求或者接受任何管理费，而是和其他参与联合坐庄的人一同按照比例提成。联合坐庄的事情完全由他主持，时不时会有传闻说他或者合作方背信弃义，比如他和 Whitney-Ryan 系之间的恩怨过节就是一个例子。操盘手很容易被合作者误会，因为合作者们往往缺乏操盘手的洞察力，并没有某些做法是必须的，对此我有深刻的个人经验。

1901 年春季在 US Steel 上的成功坐庄是 Keene 最华丽的职业篇章，遗憾的是他并没有留下相关的准确记录。根据我的分析，Keene 当时并未就此事与 J.P.Morgan 当面交谈。Morgan 的公司通过 Talbot J. Taylor 和 Co 这家经纪行参与市场交易，而 Keene 本人也将这家经纪行作为自己坐庄的大本营。据说，Talbot J. Taylor 是 Keene 的女婿。我确信 Keene 从工作中得到的乐趣是他获得的回报之一。当年春季，广为人知的是他为行情添了一把火，自己也从中赚取了几百万美元的利润。他曾经告诉我的一位朋友，几周之内在公开市场他曾经替股票承销团卖出了 75 万多股股票。这项成就实在不凡，因为当时有两项不利的因素：第一个不利因素是这家公司的股票属于初次公开发行，此前并未取得市场的认可和检验，况且这家公司的总市值都超过了美国国债的总额；第二个不利因素是在这个市场上，其他人也在同一时间发售了几十上百万股的股票，比如 D.G.Reid，W.B.Leeds 以及 Moore 兄弟，

整体供给量太大是一项负面因素，但是关键还要看市况如何。在 A 股市场中，牛市进行中供给量增加并不能阻挡行情的发展，但是到了某种程度之后巨量 IPO 往往也会成为终结牛市的导火索，但却未必是关键因素。市况的关键决定因素是整体业绩、基准利率和风险溢价，还有流动性。

Henry Phipps，H.C.Frick 还有其他钢铁业的巨头。

不过，总体市况对 Keene 的操作是有利的，因为当时不仅经济形势喜人，而且大众普遍抱有乐观的预期，以及**宽松的流动性**，这些因素为他的成功提供了有利的条件。当时股市处于热火朝天的大牛市当中，经济景气度也非常高，大众情绪积极乐观，这些都是前所未有的有利条件。即便如此，因为融资数量庞大，导致股市难以消化这批股票，进而引发了大恐慌，US Steel 的普通股股价在 1902 年的时候为 55 美元，到了 1903 年则跌到了 10 美元，1904 年则进一步跌到了 8.875 美元。

这句话里面的信息量很大很关键，经济形势与整体业绩有关，这是股票贴现模型的分子项，大众预期与风险溢价相关，而流动性与基准利率相关，后面这两个因素构成了贴现模型的分母项。如果看股票市场的大势，A 股曾经的第一策略师程定华先生的法宝之一就是这个公式。这里 J.L.分析了 Keene 操作时的有利大势，而他分析的这三个要素恰好是股息贴现模型里面的三个变量，他是领先了一个时代的人。稍微补充说明一下：股息贴现模型是股票估值的一种模型，是收入资本化法运用于普通股价值分析中的模型。以适当的贴现率将股票未来预计将派发的股息折算为现值，以评估股票的价值。大家可以找本简单的股票估值理论书看一下这个公式本身。

我们无法对 Keene 当时的坐庄操作进行分析，因为他没有留下任何著作，也找不到任何详细的历史资料。不过，如果能够研究一下他在 Amalgamated Copper 上的操作手法，那会有不少收获。H.H.Rogers 和 William Rockefeller 曾经想要在市场上将手头多余的股票卖出去，但是没能成功，于是他们委托 Keene 来处理这件事，Keene 接受了这一任务。不要忘记一点，那就是 Keene 曾经是华尔街最聪明和能干的商业巨头之一，而 William Rockefeller 则是整个标准石油公司当中最具胆识的投机客。他们俩不仅拥有巨大的资源和声望，而且也在股票市场中纵横多年，实战经验丰富。不过，他们仍旧不得不求助于 Keene。我强调这一点的原因在于术业有专攻，华尔街某些事务你只能交给专业人才去完成。此前，这只股票的大股东们为了出售部分股份费尽了心思去谋划，他们都是杰出的资本巨头，但是事情的进展难遂人愿，除非他们愿意打个大折扣或者采取折损声誉的做法。

Keene 接受这项任务之后马上开始布局，当时股市正处于牛市当中，他择机在 100 美元附近卖出了 22 万股 Amalgamated Copper，等他将委托的持仓减持完毕之后，大众还在继续买入这只股票，股价继续上扬了 10 个点。当委托人看到大众抢筹积极性很高时，开始改变主意了，虽然刚刚减持成功但是他们转而看多了。据说，H.H.Rogers 建议 Keene 进场做多

交易有一些必然遵守的基本原则，这些原则并非来自于交易者个人的特点或者是市场的具体走势，而是来自于客观的规律。但是，行情千差万变，交易者又不能拘泥于具体的招式，有招式必有前提，忽略这一前提就必然招致恶果。因此，交易是原则与策略的统一，前者是相对不变的，比如凯利公式，而后者是绝对变化的。

Amalgamated Copper，这当然不太可能是让 Keene 给自己手头还有的股份接盘，Rogers 也是明白人，怎么会将 Keene 当作傻子呢？Keene 按照自己一贯的策略和手法操作，他总是在大幅上涨后的回落中出货。当然，他也并不拘泥于陈规，会根据具体情况和需要采取具体的措施。股市如战场，因此需要区分原则和具体做法上的差别，在恪守原则的同时要因敌制胜。

Keene 的心腹之一是垂钓高手，他在前几天告诉我，Keene 自己在坐庄运作 Amalgamated Copper 期间有一回竟然发现手头没有新增哪怕一股这只股票。虽然为了拉升股价而买入了一些股票，但是现在这些拉升中买入的股票都卖光了。在抛光后的次日，他可能会买入几千股，第三日则抛出，这样就进行了滚动操作，而账面上始终将新增股票维持在零的水平附近。此后，他便待在市场外观察行情的变化，看看市场自然交易的力量能否将趋势维持下去。等到时机成熟的时候，他会开始将委托卖出的股票在下跌途中抛出去，因为大众倾向于在大幅上涨后的回落中抢反弹，而做空者也习惯于在回落后回补空头，而这正是 Keene 出货的好时机。

这位 Keene 的心腹告诉我，委托任务完成之时，股票兑现成了 2000 万~2500 万美元的现金，Rogers 派人送来了 20 万美元的支票。这让人很容易想到另外一则故事，某个富婆在大都会剧院里面遗失了一条价值 10 万美元的珍珠项链，剧院的清洁女工捡到了这条项链并且物归原主，而这位富婆却只给了 50 美分作为感谢。Keene 将这张支票退了回去，并且礼貌地附上了一张便条，上面写道他自己并非是股票经纪商，不过非常高兴为他们服务。Rogers 他们收到退回的支票后又寄来一封信，说他们非常高兴以后有机会再度合作。此后不久，Rogers 好意地透露了一则内幕消息给 Keene，让他在 130 美元附近做多 Amalgamated Copper。

James R.Keene 是一位出色的操盘手，他的私人秘书曾经告诉我，当行情演变对 Keene 先生的头寸有利时，他会变得急躁起来，这时候他喜欢讲一些颇具讥讽意味的格言警句，这些句子会在听者脑海里留下深深的烙印，所谓余音绕梁三日不绝。当他处于浮亏状态的时候，反而显得怡然自得，淡定从容，平易近人。

全球那些成功的投机客都具有一些共同的思维特质，而Keene显然属于这个群体中最顶尖的那部分人。很显然，他从不与行情走势争辩，也不受任何惶恐的负面情绪的干扰和摆布，但是他并非麻痹大意，他是那种发现犯错之后能够立即改正的人。

从他所处那个时代迄今为止，证交所的规则已经有了太大的改变，管理和法规越发严格，股票买卖和收益都会被征收名目繁多的税种，所有这些变化使得今日的股票交易与过去完全不同了。在Keene手中运用得出神入化的招数现在已经不再有效，同时华尔街的职业操守也比以前有了更大的提高，这是监管使然也是大众道德的进步。尽管如此，但是无论站在哪个时代背景来评论Keene，他都是一位了不起的股票操盘手！他对投机这项事业全然了解，而他能够登峰造极也是有时代允诺的背景，各方面的条件许可了**他可以如此操作**。当然，他的某些才华也超越了时代的局限性，如果他在1922年接受了那些重大的委托，那么他也会如同在1901年或者1876年取得一样的成功。1876年，他从加利福尼亚来到纽约，两年后赚取了900万美元的财富。某些人总是走在芸芸众生的前面，他们天生就是独步天下的领袖，不管时代背景和普罗大众发生了多大的变化，他们仍旧能够领袖群雄。

实际上，变化并非如我们想象的那般彻底，虽然交易的回报没有过去那么高，毕竟现在的做法也并无太大的首创性，自然也就无法获得更高的收益了。在某些方面，交易操作的难度更低，而另外一些方面，操作的难度则要比Keene所处的时代更高了。

广告推销无疑是一门艺术，而运作股票则是另外一门以行情走势为媒介的广告推销艺术。盘口走势传达了坐庄者希望大众看到的故事，这些故事越是显得真实可信，则鼓动性

在J.L.之前其实有很多伟大的交易者，在J.L.之后也有很多伟大的交易者，他们并未像J.L.这样因为一部小说体的回忆录而流芳百世，但是他们当中不乏有人成就在J.L.之上，至少可以与之匹敌。正如索罗斯并非真正打败英格兰银行的人一样，J.L.也并非唯一独步天下的投机之王，历史为撰写者所刻画，其中当然会有夸张和选择性描述。参与做空英镑的力量太多，索罗斯不过是其中一小股而已，经由媒体渲染而出名，好像整个做空交易都是他一人策划发起一般。同样，J.L.也是整个美国狂野资本市场史中的一个缩影，其中有太多叱咤风云、气吞山河的人物，最大的盈利规模与J.L.不分伯仲，对此J.L.心知肚明，因此他总是不遗余力地向这些人学习。所谓能者为师，方能成就出众。

越强，进而广告效果也就越好。比如，坐庄操作者今天想要让股票看起来强势，那么就必须真的让其看起来显得强势。要想达到这一目标，交易者必须根据坚实可靠的客观规律来操作，Keene 正是依照这一点而成为了伟大的操盘手，一位伟大的操盘手必然在恪守原则上完美无瑕。

“操纵”这个词现在臭名昭著，因此我们最好是换个说法。倘若“操纵”的目的仅仅是为了大额卖出股票，而且其中并没有欺诈的成分，那么这一过程就并没有什么违反道德和法律的因素，自然也就没有太多不可告人的神秘之处。股票运作者肯定需要从投机客当中寻找接盘力量，这些人都希望在资本市场获取暴利，当然也需要承担比普通商业活动更高的风险。倘若他们对此心知肚明，那么在未能如愿以偿的时候便怨天尤人，这着实让我没有好感，自然也无法博得我的任何同情。获利的时候，他们自夸自赞，认为这一切都是自己聪明才智所赐，亏钱的时候，他们将一切归罪于庄家和骗子，此时他们便宣称自己的失败是因为有人作梗。盈亏的真实原因并非像他们信口雌黄的那样。

股票运作的目的通常是为了造市，也就是在任何时候都有足够的流动性来完成股票的大额交易。不过，如果大盘和大势不佳，那么联合做市商会发现如果不进行大幅折价，那么几乎不可能完成大额的卖出任务。在这种困境下，他们或许会聘请某位职业操盘手来完成卖出任务，此时职业素养和专业技能能够帮助任务有序地完成，而不是匆忙地大败退。

你应该注意到了我讲的股票运作与以前那些做法的不同，我讲的股票运作并非是通过故意打压市场以便在低位拿到足够多的廉价筹码，进而达到恶意控盘的目的，这类恶意坐庄的做法现在已经越来越少了。

据传 Jay Gould 为了控盘 Western Union，因此计划买入该公司的大部分股份。而 Washington E.Connor 则想利用这则传闻从中渔利，虽然他已经绝迹于证交所场内交易多年，但是这一次他突然来到场内，跑到交易 Western Union 股票的席位上下指令买入。场内交易者对此不以为然，他们嘲笑这位老兄过于天真，以至于显得十分愚蠢，他们大方地将 Connor 想要买进的股票头寸卖给他。在他们看来，Connor 的这套伎俩太肤浅了，他认为只要表现得好像是替 Jay Gould 买入 Western Union，就能吸引跟风盘将这只股票的价格推高。这样的做法算得上是操纵吗？我的回答是：既可以说是，也可以说不是！

上面我已经说过了，在大多数情况下运作的目的是为了以最高的价格将筹码派发给大众。这个操作不是简单地卖出，而是涉及如何制造足够多的对手盘能够高位派发筹码的问题。倘若某只股票的持有者数量为1000，那么无论站在哪个角度来看，这都远比持有者只有1人更有利于运作和派发。因此，坐庄的人仅仅想要卖出一个好的价钱是不够的，还需要让持仓结构合理，这样才便于高效地派发筹码兑现利润。

如果缺乏足够的接盘力量，那么股票价格拉升到非常高的价位就**毫无意义**。只要某个经验欠缺的操盘手在高位出货失败，那么资深操盘手必然凭着自己的丰富经验摆出一副教育的口吻：你可以将牛牵到河边去，但是它不喝水你也没办法。这些人都是市场经验丰富的老滑头，所以你不能不认真对待他们的直言不讳。实际上，有一条坐庄运作法则你必须记住，Keene和其他更早的前辈将此条法则铭记于心。这条规则就是：通过运作将股票价格拉升到高位，然后在回落时将股票卖给想要抄底或者是抢反弹**的跟风大众。**

吕梁当年坐庄失败就是忽略了这一条，当时他的坐庄合伙方曾经说道：把股价拉那么高，但是兑现不了有什么意义呢？

最好还是有大盘和题材的配合，只靠价格走势来引诱跟风盘还是不够的。

对于这个问题，我想从头讲起。假设某个股票承销团或者是庄家持有大量股票，想要以尽可能高的价格卖出去，这是一只计划在纽交所挂牌上市的股票，卖出该股的最佳选择是公开市场，而潜在的买家是大众投资者。最初，卖方自己负责卖出手中的股票，但是并未成功，于是他们意识到需要找专业人士来完成这项工作，自己并不具备相关的专业素养和技能。他们曾经听说过几个这方面的专业人士，于是想在这些人当中寻找担此重任的操盘手，这就好比生病需要找医生，工业领域需要寻找专业工程师一样。

假设他们认为我是适合的人选，那么他们会对我进行彻底的调查，然后会安排一场面谈，在约定的时间到办公室拜访我。当然，需要我对要运作的股票比较了解，对相关背景也有所了解。毕竟，操盘这个行当要求我们知道有关的一切，而我就在这个行当谋生。这些来访者透露他们的合作意向，并且请求我接受这项委托。

接下来，轮到我发言了，我会询问一切想要掌握的信息，并且让对方澄清要达到的目标和要我完成的任务。我会对股

票进行估值，并且预判市场对这只股票的接受程度，另外还会研判大盘和大势，这些信息有助于我评估运作这只股票的成功概率有多大。

倘若上述评估的结果不错，那么我便会接受委托，同时会提出我的条件，如果他接受我提出的报酬要求和其他条件，那么我便接手这项委托，开始着手运作。

通常，我会要求获得股票的大额买入期权，为了双方公平起见，这些买入期权的获得是逐步的，沿着价格阶段分布，这也是对我运作绩效的持续考核。具体来讲，买入期权的执行价会从当前市价开始，然后梯级上升，比如我总共可以获得 10 万股的买入期权，而目前市价是 40 美元。假定我获得第一笔几千股的买入期权是按照 35 美元，下一笔则在 37 美元，接下来则是 40 美元，45 美元，50 美元，直到 75 美元或者 80 美元。

倘若我的运作能够如期展现效果，那么股价必然会上升，而且在高价区域仍会有不少买盘介入，这样就为我抛售股票创造了足够多的对手盘。只要价格能够按预期一样走高，那么自然我就能够获得期权奖励，这样我和客户就实现了双赢，这对双方都公平。客户为我的操作付出相应的酬劳，那么他们也应该得到相应的回报，我的劳动和收益是成比例的。当然，也有不走运的时候，这种情况较少，那就是运作结果不如预期，甚至是亏损的，对于这种情况我会在接受委托之前就做好预判，如果前景不好我也不会接受委托。今天我就遇到一两笔委托没有获利，当然有具体的原因导致结果如此，但是那些都属于另外的经历了，以后有机会或许可以讲一下。

现在回到正题，操盘手如果想让手中的股票形成上涨趋势，首先要做的就是广而告之，让大家形成股票即将上涨的普遍预期。听起来似乎都是废话，不过你最好静下来仔细思考一番，或许这样你就能发现这种说法还是有一定道理的。其实，要让大家对你的“广告”具有信心，最好的办法便是让行情自己讲话，让价格保持强势，让成交量处于活跃状态，这是华尔街最好的公关，也是最有效的广告媒体。我用不着费尽力气去发布各种文字材料，也用不着通知媒体报道该股的估值，更不用去说服财经评论员看好这只股票，或者是让别人跟风买进，这些手段都不是最重要的，重要的是让这只股票的换手率大增，交易活跃才是关键所在。只要这只股票交投活跃，那么必然会引起大众的关注，这意味着更多的资金将参与其中，而无须我费力讨好市场。

高换手率是场内交易者选择股票的唯一要求，不管什么类型的股票，只要流动性不错，那么他们就乐于参与其中，交投活跃使得他们大手笔买卖，对行情的影响力非常巨大。这些场内交易者属于坐庄操盘手依赖的第一批跟风买家，在行情上涨过程中他们一路追随庄家的操作，此时他们是庄家重要的盟友。Keene 本人就习惯于雇用那些

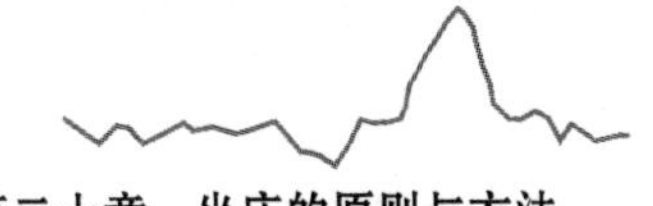

场内最活跃的交易者，这样他们就可以掩护庄家的真正行踪，同时他们还是最佳的消息制造者和散布者。Keene 在这点上非常明白他们的价值，因此他经常给予这些合作的场内交易者激励期权，倘若他们能够发挥协作能力将股价推进到制定目标之上，那么他们便可以行权获得奖励，这使得这些场内交易者能为 Keene 效力。我在自己的运作中总是会把握好分寸，利用场内交易者主要是为了制造出成交活跃的景象，我的操作不会逾越这个目的。这些场内交易者的目标非常明确，他们的要求并不高，他们买入股票的原因无非是想有点利润，利润无须太多，但是一定要尽快落袋为安。

其实，交投活跃在野蛮资本市场是可以通过纯粹地制造高换手率达到的，不过现在的资本市场各路资金都更聪明了，所以单纯靠对倒吸引人气的法律风险很高，实际效果也较差。高成交量在现在的 A 股市场更像是助燃剂，而非引爆点。

我提升股票交投活跃程度的目的是为了吸引投机客们的跟风盘，原因此前已经提过。我买入这只股票，然后卖出这只股票，场内交易者们也是如此操作。大众会跟风场内交易者，而非庄家操盘手，这样多头的力量就会逐渐超过空头的力量。公众急切想要买入，而我为了平衡这种需求也为了达到自己的目的而卖给他们。倘若市场的需求足够强，那么这时市场能够吃进的筹码就远远超过了我当初为了拉升股价积累的筹码。当市场情绪达到阶段极致的时候，我会反手做空，这个时候卖出的股票数目**甚至超过了我持有的股票数目**。我这样做其实是有保障的，因为除了上涨过程中行权获得的股票之外，如果做空之后价格继续上涨，那么我会获得新的股份，这样可以回补亏损的空头。如果大众不再跟风买**入时，滞涨出现了，而我持仓等待下跌开始。**

因为此前股价上涨，因此 J.L.按照期权激励约定会获得一些委托人的股份，这些股份就是他自己持有的股份。在某些市场阶段性亢奋点，J.L.会卖出自己的这些头寸，这样相当于兑现了利润，同时他还会做空，这些做空的头寸其实得到了还未行权的期权契约的保护。如果价格继续上涨，那么 J.L.按照此前的约定又会获得一些新的股份，他可以利用这些股份来回补自己的空头，所以他不怕市场逼空。

假设这时运作的个股出现了滞涨，当日表现相当疲软。此后，如果整个股市也非常疲软，那么某位见微知著的交易者或许会发现我运作的这只股票没有什么买盘，于是他进场做空这只股票，而他的伙伴则跟风做空，于是股价就下跌了。等到股价下跌到一定的幅度，我会出手维持股价，回补自己的空头头寸，倘若这只股票还被某些人看好的话，那么它就会受到支撑。这种情况下我可以在不显著增加自己筹码的前提下维持该股的上涨趋势，我逢高做空、逢低回补的操作并

J.L.在坐庄过程中的上涨阶段，跟随市场的节奏进行高抛低吸滚动操作，这样可以降低整体持仓成本。

阶段性高位做空或者卖出满足追涨者的需求，阶段性低位买入或者回补空头，满足杀跌者的需求，别问我是谁，我是股市活雷锋！

不会导致我的资本减少。股价跌到低位的时候，我回补了高位做空的头寸，这样相当于满足了那些抛售者的需求，正如在高位做空满足那些急需看多人的需求一样。**当股票回调的时候，要让大众看到这只股票存在支撑，市场还是看好这只股票的，这样才能避免职业交易者做空，也避免筹码过度松动。**当某只股票特别弱势，在下跌趋势中，支撑会被跌破，职业交易者会持续做空，持股的人也将变得恐慌，这就进一步加速了下跌。我在低位回补空头，这样就稳定了股价，这就是我所谓的护盘行动。

当股价持续上涨的时候，我也会在这个过程中减仓卖出，但是其数量就不会破坏上涨趋势，这也是我护盘计划中的一部分。上涨过程中合理卖出，而不损害上涨趋势，这样可以稳定那些谨慎的投机客，他们的熟练程度远远超过了那些偏好超短线交易的场内交易者。此外，我还会在股价回落的时候提供支撑，上面已经提到了这个步骤，这是复盘举措。一般而言，我会在头寸有利润的时候开始卖出减仓，即便没有利润我也会这样做，这样就为回调时的护盘提供了弹药。我运作股票不仅仅是要拉升股价或者帮助客户卖出股票，同时还要为自己考虑通过期权行权挣钱。因此，我不需要额外的融资服务，我靠着自己的成功行动赚取利润。

不过，上面讲的股票运作过程并非死板机械的，我从不固守某一套手法，而是根据时机决策，随时变化。

如果想要派发筹码，操盘手就应该将股价尽可能地拉高再派发。反复强调这一点的原因在于这是操盘手需要重视的一项基本原则，因为大众在这种前提下才有承接筹码的意愿。某些时候，某只股票好比烂泥扶不上墙，无论大盘如何，无论利好如何，就是涨不起来，这个时候你应该做空或者卖出，当你这样操作的时候，股价自然会下跌，并且跌幅会超过你的预期。不过，跌到一定幅度的时候，当空头力量完全释放之后，这只股票经过充分换筹和休养生息又可以慢慢涨回来。只要我买进的股票如预期一般上涨，那么就表明我的操作是

正确的，如有必要我会加码买进而用不着担心。任何股票出现这一特征，我都会买进，这就是我定义的阻力最小路径，你应该还记得我之前讲过的这一理论吧？当阻力最小路径确立之后，我便顺势而为。我不会为了操作而操作某只股票，只有当它符合我作为一个职业交易者的判断之后，我才会介入。

当我做多某只股票时，它并未上涨，那么我便停止做多，**转而做空**。如果我操作的某只股票有这种表现，那么我会一以贯之地做空。另外，你拉高之后的派发主要是在此后的回落过程中展开的，在回落过程中很多人想要抄底真让人感到诧异。

如何定义“上涨”？这关系到操作是否转向，J.L.在他自己的小册子当中采用了一个定量标准来定义趋势和修正走势，但是这并非一劳永逸的方法。

允许我多唠叨几句，在股票投机过程中，我绝不会忘记自己的身份。不管怎样，一名投机客与一名坐庄操盘手所面临的问题其实是一样的。如果操盘手不能驱动某只股票的价格按照预期计划运行，那么一切坐庄谋划只能落空，对于追随趋势的投机客而言何尝不是如此。如果行情没有按照应有的方式展开，那么就应该放弃，不要与行情争辩，不要奢望行情眷顾你，懂得放弃的必要性在这个时候非常重要，况且这时候的退出成本是最低的。

成功的坐庄与失败的坐庄

缺乏细节和重点的抽象空论很难给人以任何启迪和触动，对此我非常清楚。因此，换种方式，以具体的例子来说明可以取得更好的效果。下面我就叙述一个我亲自参与的操作，期间我将一只股票的价格抬高了30点以上，但是却并未花费太大的资金来直接拉升，达到这一目标只不过累积了7000股，但是却引发了足以承接庞大抛盘的买盘。

我操作的这只股票是Imperial Steel，发行方的商业信誉良好，推广也做得不错，公众都知道这是一只价值型股票，值得投资。总股本中的30%作为公众流通股对外发售，几家华尔街的承销商负责了此次公开发行，但是这只股票上市以来二级市场的股价走势显得较为沉闷。只有少数时候会有人表示对这只股票感兴趣，这个时候承销商便会极力地称赞这家公司的业绩前景。承销商的褒奖之词并非虚夸，推广效果看似不错，但是对于大众的兴趣起不到很大的提振作用，因此这只股票始终处于缺乏吸引力的状态。就投资者而言，这只股票盈利前景的确定性和可持续性并非完全清晰。上述这些因素导致了这只股票走势相当沉闷，缺乏精彩表现。这只股票像绅士一般表现得彬彬有礼，每次公司管理层如实地发布良好的业绩报告之后，股价都并**未出现预期中的涨势**。不过，股价也并未出现下跌。

业绩前景不错，这是可供利用的题材，如果大盘因素也配合的话，那么这只股票只欠缺好的操盘手来运作了。

Imperial Steel就处于不受追捧、备受市场冷落的状态。

某些股票不下跌，原因是没有人做空它，之所以没人做空它，是因为没有人愿意做空那些筹码过于集中的股票。当管理层或者控股股东大量持有股票时，做空者很容易被逼空，因为对方手中筹码太多足以控制盘面，做空最终只能任凭内部人摆布。同样的道理，这类股票也**缺乏买家**。Imperial Steel 就是这类股票，对于投资者而言似乎其投资属性不够确定，因此只能归类为投机股票，而对于投机者而言，这只股票换手率太低，活跃度太差，参与之后便容易陷入被动长期持股的境地，做投机变成了投资。这就好比某人总是舍不得扔掉那些无用的东西，搬到哪里就带到哪里，结果成本远远超过了购买这些东西的支出，这就是在这类沉闷股票上投机的后果。当真正的机会来临时，投机客的资本却被套在了这类股票上。

筹码过度集中在少数对手盘手里对于投机客而言是相当不利的，如果投机客做空，那么能够控盘的对手就可以采取逼空的操作。如果投机客买入，那么相当于帮对方抬轿子，最终投机客自己的多头头寸可能遭受对手卖出的挤压。A 股的庄家也有类似的考虑，特别是做题材投机的游资庄家，他们不会选择那些已经有庄家的个股，因为面临相同的困境。不过，这里需要注意的一点是我们讨论的都是能够流通的股份，操作时期内不能流通的股份对坐庄的人和投机者都没有任何危险，反而帮助其锁定了筹码。无论是股市还是期货市场，一旦大多数筹码或者头寸都集中到你手里，那么你就处于被动的状态了，因为你的能力范围往往是明确的，别人只要有能力组织起突破这一范围的进攻，那么你必败无疑。

某天，Imperial Steel 最大的股东代表本人和合伙人来拜访我，他们希望我能够让这只股票活跃起来，便于他们在更高的价位减持手头 70%的股份，这比现在在公开市场上直接抛售得到的价格要好。然后，他们希望知道我接受委托的条件。

我回答说几天之内会给他们答复。送客之后我开始着手研究这只股票的基本面情况，我请了一些专业人士对这家公司的各个部门进行了全面而彻底的研究，包括生产部门、销售部门和财务部门等，最终获得了独立的研究报告。我并非要刻意找出公司的优势和劣势，而是要搞清楚事实，事实怎样对我而言非常重要。

独立研究报告表明这家公司非常具有价值，公司的经营和盈利前景表明以现价买入这家公司是有利可图的，当然投资者需要耐心持有一段时间。在当前的大盘和大势背景下，这只股票相对于其他股票上涨是合理的，这个上涨过程不过是对未来盈利的贴现而言，也就是价格对未来盈利**前景的体现**。整个分析下来的结论就是接受这个看不出有任何不妥地方的项目。

价格是对预期的反映和体现，J.L.很早就提出了这个观点。

我把自己的想法告诉了秘书，告诉他我开出的条件，他

在我的办公室打电话和对方协商了具体的细节。我的报酬不要求对方以现金支付，而是给我 10 万股 Imperial Steel 的激励期权，当价格触及 70 美元到 100 美元的数档时我获得这些股票。在某些人看来，这是一笔不菲的酬劳，但是这些人应该明白如果没有我的努力，这些内部持股人自己肯定不能按照 70 美元的价格卖出哪怕 10 万股，甚至 5 万股也不行，因为这只股票现在没有什么人气。那些业绩和前景良好的利好并未带来人气，至少功效不显著。另外，我只有让这些委托人挣了钱之后，我才能将酬劳兑现，我的条件并不离谱，**相反是相当公平的收费。**

J.L.其实设立了一个坐庄绩效期权。

首先弄清楚这只股票是否有价值，同时搞清楚大盘和大势是否有利，有了这些有利条件之后，我认为自己能够运作得很好。我的委托人在听取了我的意见之后，备受鼓舞，他们马上答应了我的条件，整个协商是在友好愉快的氛围中完成的。

达成协议之后，我立即着手彻底保障自己的权益，委托人控制着 70%的流通股份，我让他们将这些股份放在一个信托协议的名下，而不是直接以他们的交易账户或者我的交易**账户进行操作**。这样一来，我就控制了 70%的流通股份，而剩下 30%的股份属于分散持股，这部分是我要分析和管理的对手筹码。当然，经验丰富的投机者不会奢望零风险的项目，而且这些不受我控制的 30%的股份也不可能一下子被抛出来，这就好比投了人寿保险的投保人不可能同时去世一样。股票市场的风险也存在概率上的规律，这就好比保险精算师的寿命期望统计表一样。

J.L.的操作是有道理的，如果以对方的账户进行操作，那么自己的成果很可能无法得到保障，而且操作也会有遭到干扰的可能性。如果转到自己账户上操作，那么对方也不可能同意，况且存在其他法律和金融风险。

现在我已经对股票运作中可能出现的各类风险做了充分的准备，接下来便可以着手项目本身的运作了，直接目标是推动股价上升让我获得的期权能够行权，另外还要让市场能够承受我兑现 10 万股利润时的抛盘。

我首先要做的事情就是搞清楚股票上涨过程中的抛盘到底有多少，这项数据可以通过我的经纪商来查明，花费不了

J.L.开始琢磨对手盘了，特别是那些短线抛盘。

多大力气就可以确定有多少股票计划在稍高于市价的**点位卖出**。场内交易者是否会将自己交易指令记录簿上的数据告诉我的经纪商，这点我没有把握。当前的市价是70美元，想要在这个价位卖出1000股都难以成功。没有任何迹象显示在这个价位存在哪怕少许的做多力量。由于不能直接得到场内交易者的数据，我只能从自己经纪商的数据开始调查，不过这样的抽样调查已经足以向我表明股票的抛盘大小，同时也确认了潜在做多力量很小。

我悄无声息地在70美元及稍高价位将那些抛盘接下来，当然这些都是我的经纪商在具体执行我的计划。这些抛盘都是一些散户的筹码，而我的委托人在协议之前和信托建立时已经取消了一些卖出指令。

运作股票的时候我不需要吃进太多的筹码，如果股价涨势可靠，这一预期自然会带来市场上的跟风买盘，当然也会促使部分持股者落袋为安。

我没有散布任何有关Imperial Steel的消息，这毫无必要。我需要做的是尽可能通过最佳的传播媒介和方式来激发市场人气，倒不是说在什么情况都不应该使用散布利好消息这类手段，毕竟为那些新上市的股票大做广告宣传其投资价值也是必须的。这就好比为新上市的服饰、鞋子还有汽车做广告一样，可以帮助大众得到准确、及时、可靠的信息。不过，就我而言行情走势已经实现了广而告之的作用。我前面已经提到过，那就是各大媒体总是想要找出行情走势背后的理由，这是新闻，因为报纸杂志的读者们想要知道究竟发生了什么，想要知道原因，而媒体要想生存和发展就必须满足这些需求。因此，即便坐庄的操盘手对此袖手旁观，媒体记者也会制造出一些新闻和传言来，他们会有模有样地对公司的基本面展开长篇大论。任何时候，只要有媒体记者或者某位熟人向我打听某只股票的消息，如果我确实对此有研究，那么我就会和盘托出，毫无保留。不过，我从不主动给出任何股票相关的操作建议，也从不给别人任何内幕消息。但这并不意味着操作中忽视引导大众的预期，我认为最佳的消息散布者是行情本身，通过盘口走势我们可以引导**大众的预期和情绪**。

当我将那些在70美元和稍高于这一价位的不坚定筹码纳入囊中之后，这时的抛压就消失了，盘面的交投形势就告诉了大家Imperial Steel股价运行的阻力最小路径，那就是往上。那些善于观察盘面的场内交易者会很快发现这一点，一旦他们发现这点之后他们会立即买进，虽然上涨幅度并未明确，但是盘面的特征已经让他们对上涨十拿九稳了，行情是最好的利好因素散布者。当然，我会满足这些场内交易者的买入需求。我将此前买入的那些不坚定筹码卖给场内交易者，这个过程必须相当谨慎，仅限于卖出场内交易者需要的量，而不是一味卖出，但是也不能让行情过快上涨。倘若在运作刚开始的阶段，我就一股脑地将自己行权所得的10万股卖掉一半，那肯定会让整个运作搞砸。我现在要做的是吸引人气和造市，以便能够最终顺利出货。

虽然我卖出的量基本等于场内交易者想要买入的量，但是毕竟市场失去了我的买入力量，因此当场内交易者停止买进，甚至转而落袋为安的时候，股价就会停止继续上涨，而对此失望的多头们便开始了结头寸，无论是场内交易者还是其他多头这个时候可能都会卖出。不过，我对这一轮回调已经有所准备，当回调开始的时候，我会入市做多，稳定股价。而我此前的卖出则为现在的买入提供了充足的弹药，我现在用手头的资金买回了此前上涨中卖给对手的筹码。此前，我就知道那些买入的筹码会被卖出，因此我做好了准备，在回调的时候稳定股价，等到股价企稳，跟风卖盘就会减少，新的卖出指令就不再出现了。

我进入了新一轮的操作，我会买进那些急于兑现盈利的短线抛盘，这些抛盘数量不是很大，股价这个时候进入了第二波的上涨，起点要高于70美元。在此前回调的过程中，许多持股者会后悔自己没有及时出场，而现在在股价比最高点低了3~4美元。他们不愿意在这种情形下卖出。这些人总是发

借助于股价走势而非散布利好来运作股价，J.L.这样说的时候其实漏掉了他的一些前提。第一，这只股票的运作是在牛市中，因此利用了大盘和大势。第二，这只股票本身基本面还是不错的，因此股价涨上来后，媒体可能会挖掘和散布利好，而J.L.其实知道这点，坐享其成罢了。切不可认为，通过简单地拉升股价，忽略大盘和题材就可以吸引到足够的跟风盘，这是“莽庄”的愚蠢做法。

暂一旦股价涨回来，肯定马上卖出。不过，当市场情况发生变化的时候，他们的想法往往也会发生变化，未必能坚守初心。而那些谨慎胆小的短线投机客则会在稍有盈利的情况下兑现利润，他们奉行落袋为安的原则。

通过价格的N结构来提高对手盘的平均持仓成本。在滚动操作中，庄家总是在比对手平均卖出价格更高的价位卖出，而在比对手平均成本更低的价位买入。

此后，**我重复上述操作，滚动操作，买进，卖出，再买进，再卖出，但是每轮操作都要让股价创出新高。**

有时候，当你吃进所有的卖出挂单后，股价一路飙升，这就是最为精彩的广告了。因为这会引发媒体和大众的热议，然后吸引职业交易者和普通投机客的参与，我认为后者其实占了相当大的比例。在Imperial Steel上我就是这样运作的，不过当这种飙升行情出现的时候，我会卖出部分筹码来满足这些做多的需求，这样我就总能将上涨速率控制在恰当的范围之内。通过在股价下跌的时候买入，在股价上涨的时候卖出，我不仅拉升了股价，而且制造了人气极高的交易标的，这就是造市，这必然增加Imperial Steel的市场规模。

我开始运作这只股票之后，交投活跃，买入和卖出这只股票都非常容易。具体来讲就是，买入和卖出任何数量的这只股票都不会引发价格的大幅波动。大众曾经认为这只股票交投太少，做多的话可能在顶部出不了，做空的话可能在底部出不来，现在则没有这种担心的必要了。职业交易者和散户们都预期这只股票将继续热络下去，行情一旦活跃起来**好多问题就好解决了**。在我滚动操作了千百万股之后，这时股票的价格终于站上了100美元的大关。一旦某只股票突破100美元的关口，那么就会引起整个股市的广范关注，这个时候人人都想买进它。原因是现在大家都知道这是一只好股票，它一直处于折价交易的状态。为什么现在被认为是好股票呢？因为行情在持续上涨，从70美元涨到100美元都行的话，那么为什么不能从100美元涨到130美元呢？许多人都有这样的惯性思考方式。

如何制造出足够多的对手盘，这是庄家的最大工作。如果想要拿到足够的筹码，那就需要在低位制造足够多的对手盘。当然，J.L.这个例子当中没有这样的需要。如果想要拿到足够的利润，那么就需要在高位制造出足够多的对手盘，这就需要不断吸引人气，同时花费最小的力气推升股价，这是J.L.在Imperial Steel上的主要工作。

将股价从70美元推高到100美元的过程中我只买入了7000股Imperial Steel，平均成交价为85美元，这意味着每股

有 15 美元的利润。当然，总利润比这个多很多，尽管都是账面上的利润，但是要兑现它们并不困难，现在的交投非常活跃，有足够的买盘来承接我的卖盘。如果逐步推进，稳健运作，还可以将这只股票推进到更高的价位。除此之外，我有总数为 10 万股的激励期权，触发价格分布在从 70 美元到 100 美元的点位上，当价格触及这些点位的时候，我就能获得相应的股份。

但是，由于形势一片大好，所以我卖出自己获得股份的计划出现了变故。我不得不承认这是一个精彩至极的股票运作案例，操作过程合理，成功是必然的。这家公司的资产确实具有投资价值，股价处于高位也是合乎估值法则的，并不算高。之所以原计划出现变故，是因为内部人中的一位大股东，具体讲是一家资本雄厚的银行，想要完全控制这家上市公司。对于一家投资银行而言，控制一家前景看好、业务稳健的成长性企业，比如 Imperial Steel 这样的公司是非常有利的做法。这家公司向我开价想要买入我手中持有的那 10 万股，我的巨大账面利润可以安全轻松地兑现，我当然乐意，落袋为安嘛!

在我兑现之前，我已经知道这家投行请了不少专业人士来彻底评估 Imperial Steel 的资产和经营情况。很显然，他们的研报结论非常正面，因此他们决定购入我持有的那部分股份。而我则保留了几千股作为长期投资，毕竟我对这家公司还是有信心的。

在我运作 Imperial Steel 的过程中，没有不符合法规的地方，也没有任何不符合交易原则的事情。当我买进的时候，股价上涨，这表明一切在轨道上。这只股票在运作过程中总是符合预期，并没有烂泥扶不上墙的表现。但是，有些股票或许会这样，当你买进的时候，它没有正面的反应，那么卖出便是最好的选择，**这才是真正可靠的消息。倘若某只股票真的有价值，而且大盘也向好，那么回调时买入总是好的买卖**，哪怕回调幅度只有 20 美元这么大，也是逢低买入的真正良机。当然，Imperial Steel 没有经历这么大幅度的回调，因此我没有被迫采取耗费大力气的护盘手段。

在我运作股票的过程中，我从未忽视和违背那些根本的交易原则。也许你觉得我啰唆，为何反复强调这些原则呢？为什么总要强调不要和盘口争辩，不要对行情走势发火。你或许会认为那些在华尔街赚了大钱的人，他们**相当理性而且自制**。其实，事实会让你吃惊，因为在我们这些最杰出的同行之中，不乏经常对着不如意的行情发火的人，那就像一个气急败坏的悍妇一样，他们觉得市场在藐视自己，于是无法控制自己的情绪，当然就会输掉自己的金钱。

坊间有不少关于我和 John Prentiss 闹矛盾的传闻，大众误以为我和他合作过程中出现了问题，其中一方上当受骗，亏了百万美元。其实，情况并非如传言那样，现在我

交易这个行当，违背交易原则是惯例，一直遵守交易规则是特例。

来给大家澄清一下。

我同 John Prentiss 是多年交往的挚友，他在不同时间给我提供了不少有价值的信息，而我也同样如此，或许他采纳了或许没有，不过如果他真的采纳了我的建议，那么会节省一大笔钱。

他在 Petroleum Products 公司的公开上市过程中扮演了重要的角色，这家公司的 IPO 在某种程度上是成功的，不过后来由于整个股市转熊，导致这只股票的后续变化不如预期。当股市向好时，Prentiss 开始在 Petroleum Products 上面展开联合坐庄。

我没办法向你描述他的操作手法，毕竟他也没有给我说过其中的过程，我也没有过问过。虽然他也是华尔街的资深人士，聪明能干，但是运作的结果不尽人意，联合坐庄的成员们发现很难在合适的价位抛售自己手中的股票。我估计 Prentiss 已经试过了所有他通晓的手段，否则他也不会来委托他人来操作。最后，他找到了我，客套一番之后他希望委托我来负责这次坐庄行动，目的是帮助委托人减持股份，当时联合坐庄者的持股有 10 万股多一点，而该股当时的成交价在 102~103 美元**这个区域。**

坐庄这个词现在不好听了，现在有了新词，比如市值管理，资本运作等。不管怎么说，始终是一个博弈游戏。

我当时觉得整件事情不太简单，于是婉拒了他的提议。不过，他一再坚持，并且提到了我们的交情，在此情形下最终我只好答应下来。我的天性使得我不愿意同某些企业牵扯到一起，因为我对这类企业不具有信心。不过，我却认为应该对朋友和熟人们承担一些责任，因此我对 Prentiss 承诺会努力把事情办好。不过我坦白对他讲，这个项目并没有太大把握，并且我举出了一**系列的不利因素。**Prentiss 听完之后只说了一句话，并不要求我要为委托人挣千百万美元的利润，而是他相信我来运作这个项目一定可以成功，并且取得让大家满意的结果。

J.L. 在 Imperial Steel 和 Petroleum Products 上截然不同的态度在于这两家公司的胜算不同。“夫未战而庙算胜者，得算多也；未战而庙算不胜者，得算少也。多算胜，少算不胜，而况于无算乎！吾以此观之，胜负见矣。”这句话是《孙子兵法》里面的，里面的“算”可以理解为有利条件，或者是胜算率。Imperial Steel 有利条件多，而 Petroleum Products 的有利条件少，运作前 J.L.对此有充分的估计。

我就这样不情愿地牵涉到一个胜算不高的项目中，我发现自己接手了一个处于窘境的项目，情况糟糕到这个地步很大程度上也是 Prentiss 自己接连失误造成的。现在，最大的不利因素是时机，因为股市处于上涨趋势的尾声。虽然，市场一度走好曾经鼓舞了 Prentiss，但那只不过是昙花一现而已，我最担忧的是来不及顺利完成出货，股市便已经掉头向下。现在管不了这么多了，因为我只能硬着头皮全力以赴来运作这个项目了。

我着手根据计划推升股价，并且有了一定的效果。我想如果能够将股价推升到 107 美元附近那就算不错了，而且我还能在这个过程中卖出一些股票。虽然卖出的股票不算多，但是我很满意自己并没有增加新的筹码。某些人并没有参与联合坐庄，因此他们总是趁着股价上涨出货，我成了他们的救星。倘若大盘和大势能够有利一点，那么我可以做得更好一些。但是，委托人并未更早找到我，所以情况就变得更糟糕了。因此，我现在能够做到的只是尽量减少委托人的损失而已，尽快离场是上策。

我派人将自己的看法坦诚地告诉 Prentiss，他听后立即表示反对。于是，我不得不对自己的观点详加解释："朋友，我能够体会你的感受，但是我对市场的节奏和趋势也非常清楚，你的股票缺乏跟风盘，只要看一下大众对我推升股票的反应就知道实际情况了。你应该认真听取一下我的意见，虽然你曾经尽全力增加 Petroleum Products 的吸引力，你给了这只股票所有的支持，但尽管如此它的表现仍旧**不尽如人意**。现在的问题不在个股，而在于大盘和大势。逆势而为是毫无意义的，勉强运作适得其反，最终肯定是要赔钱的。联合坐庄的操盘手是应该让自己运作的股票按计划上涨，但前提是有大众的买盘跟进，如果仅有自己在买，而大众缺乏买入的热情，那么继续推升这只股票就非明智之举了。正常的情况是当我买入 5000 股，大众也应该跟风买入 5000 股，坐庄的过程肯定是不能够完全自导自演的，众人拾柴火焰高。如果我总是唱单簧，那么最终股票都跑到我这里来了。在目前的整体市况下，卖出是唯一的出路，这是我们现在最明智的做法。"

多听不同意见和相反意见对于一个人的分析过程是最有价值的。讳疾忌医是我们的通病，治疗的药就是虚怀若谷，认真倾听那些不利于"自我"的建议和意见。

“你是说不计成本地出货？”Prentiss 显得很不高兴。

“是的，倘若我将联合坐庄所持的股份全部抛出，你就会很快看清楚形势，股价会很快跌破 100 美元的关口，同时……”我还未说完，他就开始迫不及待要反驳我了。

“天哪，不，决不能这样做！”他激动地大叫起来，他认为我完全是在让他自杀。

“朋友，推升股价最终是为了出货，这是坐庄的第一原则。大举出货不可能在推升过程中完成，而是在股价开始回落的过程中完成的。我现在没法将这只股票推升到 125 美元或者 130 美元这样的高度再出货，心有余而力不足。因此，我不得不从现在的价位开始出货，毕竟大势不好，所有的股票都会下跌，我们手头的这只股票也不例外。既然如此，我们应该抓紧时间出货，而不是等待别人把股价砸下来。不管怎样，最终股价难逃下跌的命运。”

我认为自己的话并非故意危言耸听，只不过是事实罢了，但是他却无比哀伤，根本难以接受这个事实。他不停地说不可能，绝不会发生，如果这样的话那么整个股票市场都将混乱起来，更会牵连到股票质押贷款的相关银行，整个金融体系都会崩盘，这样的事情不可能发生。

面对他的侥幸心理和执迷不悟，我不得不再次坦诚相告。我告诉他根据我的判断，Petroleum Products 将下跌 15~20 美元，这是不可避免的，因为大势走熊。我强调这只股票不可能独善其身，但是我的忠告丝毫没有发挥任何作用，他根本听不进去，坚决让我继续维护股价。

Prentiss 算得上是一位精明能干的商人，也是华尔街最出色的股票承销商，并且从华尔街挣到了千百万美元的利润，相较普通人他算得上是一位资深的专业人士了。尽管如此，当他面对刚开始的下跌趋势时，仍然对手中的个股还抱有奢望，执迷不悟地护盘。因为手中的头寸而忽略大势的变化，这显然不是什么明智的**做法**。这样的做法显然违背了我的意愿，因此我再度据理力争，不过仍旧没用，他依旧坚持要维

立场决定观点，头寸决定心态。

护股价。

当大势转熊，下跌正式开始之后，Petroleum Products 也随之下挫。这个时候我不仅不能减仓，反而拼命地买入，这是 Prentiss 亲自下的指令。

为什么他会这样做？唯一的解释是 Prentiss 不相信大势转熊了。而我对此非常确信，牛市已经结束了。当我首次萌生这样的观点时，便对市场进行了试盘以检验其正确与否。我不仅对 Petroleum Products 进行了试盘，也对其他股票进行了试盘。我还未等到熊市完全确立，就已经在做空了，当然是在其他股票上。

事情的发展正如我预料一般，Petroleum Products 上的联合坐庄一方面并没有减持股份，另一方面却在费力地护盘，吃进一切抛盘。最终，委托人不得不抛出股份，但是成交价远远低于我建议撤退时可以得到的价格。这样的结果是必然的，Prentiss 自食其果，但是他却并不这样认为。他认为我之所以提出卖出，是因为我做空了其他股票，而大盘还是处在上涨趋势，而我为了一己之私，通过卖出 Petroleum Products 可以带动整个石油板块下跌，进而导致大盘下跌，这样我就可以在空头头寸上获利。

这种看法和说法真是荒诞不经，我不是因为做空了个股才看空大势，而是因为看空大势才做空了个股。持仓方向与大势相反，肯定毫无利润可言。Petroleum Products 上及时撤退的判断是建立在我 20 多年来的交易经验之上的，是可行和明智的做法。Prentiss 只有经历更多，拥有更多的经验才可能同我一样见微知著，洞察大势。在当时的大势背景下，不撤退而幻想通过其他方式挽救败局，那无疑是抱薪救火。

我猜 Prentiss 和无数的散户都有一种错误的认识，认为操盘手无所不能，可以没有前提条件地达成目标。Keene 最精彩的一个操作是 1901 年春在 US Steel 上面的坐庄，他当时能够成功不是因为他有多高的智商，也不是因为他本人或者是同他合伙人组成的辛迪加集团有多么雄厚的资本。他的成功应

J.L.认为股票投机的第一要素是在有利的大盘和大势前提下操作。知天知地，胜乃不穷。

该归结为此前我提到的几个要素，主要是因为**大盘和大势向好，而大众情绪也有助于运作。**

倘若某个人做事的时候不顾常识和客观规律，那么下场必然不好。但是，股市中的“韭菜”可不能置身于局外，他们是参与者，必然会为自己的行为而承担相应的后果。Prentiss 对我的抱怨想必你已经略知一二了，这只股票的运作之所以持续陷入困境，主要原因在于我没有坚定自己的立场，让他干预，甚至直接插手了整个运作。

倘若并未恶意发布虚假信息，而只是目标单纯地卖出大量股票，那么这里面就没有什么猫腻，也谈不上欺骗和卑鄙。真正的操盘高手必然基于可靠的原则进行操作，而大众则重点关注那些过时的老做法，比如对倒等手法。我可以坦诚地告诉你，纯粹依靠欺骗和卑劣的手段来运作股票是有副作用的，可以说毫无价值。股票市场上抛售证券与柜台市场上销售证券面对的对手盘群体存在不同的特征，至于吸引买家的方法其实并未有太大的不同。J.P.Morgan 公司通过柜台向大众销售证券，而操盘手则通过二级市场向大众卖出证券。证券的参与者更像是投资者，而股票的参与者更像是投机者。投资者更加注重本金的安全性，**他们寻求长期的稳定回报，而投机者则想要短期内的暴利。**

不同的对手盘有不同的特点，水因地制流，兵因敌制胜。

操盘手需要吸引投机客来接盘，因为投机客的风险偏好更强，他们也愿意承担更高的风险。投机客追逐较高的利润，而这些只能从合理的机会中获得。我从来不盲目下注，或许我会重仓，或许我只持有 100 股，无论何种情况我都会基于全面而深入的分析采取行动。

我仍旧清晰地记得最初进入坐庄操盘行业的情形，这个工作就是接受委托后将股票运作到高位然后帮助委托人出货。每当想起当时的情形我就忍不住想笑，这段经历展示了华尔街专业人士对待坐庄操盘的态度。当时我刚好从此前的挫折中恢复过来，也就是 1915 年在 Bethlehem Steel 上的交易让我重回轨道。

当时我的交易比较顺手，算是运气不错吧。我只管自己的交易，对于媒体不感兴趣，因此既没有主动找到媒体宣传自己，也没有故意躲着媒体隐藏自己。但是，你要知道只要某个投机客或者操盘手经常有大手笔出现，无论绩效如何，华尔街的人必然会添油加醋地制造各种传言。而那些媒体记者则会根据这些传言做出各种报道，因此当时的我自然就被**他们盯上**了。比如某个媒体就报道说我曾经多次破产，而且曾经挣了巨额的财富。我听到这则报道之后感到非常吃惊，这些传言到底是从哪里来的呢？怎么散布开来的？我的经纪商朋友们不断将同一个故事带给我，虽然版本有些区别，情节却越来越丰富，当然也无从考证了。

媒体是金融博弈的参与者，参与这个博弈不得不同媒体打交道，不得不研究和分析媒体报道的动机和真相。

说这么多废话，现在我要回到正题了，也就是我如何开始受托操盘的。报纸上当时刊登了我主动偿还所有债务的报道，这无疑相当于一次绝佳的广告。报纸等媒体总是对我的大手笔操作还有巨大盈利大肆渲染，以至于我成了坊间热议的知名人物。在以前，一个操盘手如果能够建立 20 万股的头寸就能完全控盘，不过今非昔比了。虽然情况有些变化，但是大众仍旧像以前一样喜欢追逐龙头股。Keene 具有非凡的才智和超群的技巧，因此能够赚取巨额的利润，华尔街的证券承销商和投行因此非常青睐他。说白了，华尔街看重他是因为他有值得骄傲的成功操盘记录。

不过，现在 Keene 已经去了天堂，他曾经说过如果爱马 Sysonby 不在天堂等他，那么他就宁可不去天堂了。另外还有两三个曾经一度在股市独领风骚的操盘手在风光了几个月之后就过气了。我要专门讲一下那些来自于西部的土豪们，他们在 1901 年来到华尔街，通过持有钢铁板块的股票而发了大财，然后就一直待在华尔街发号施令。这些人主要依靠包装发行股票而起家，并非如 Keene 一样是**操盘手**。他们有钱多金，精明强悍，他们将自己公司或者是朋友公司的股份包装上市，因此他们实际上并非操盘手或者庄家，和 Keene 等并不一样。尽管他们并非操盘手，但是华尔街仍然对他们津津

一级市场比二级市场好挣钱，二级市场的投机和坐庄始终是在刀尖上跳舞的危险事业。

乐道，刮目相看，在专业人士和投机客群体当中也有不少粉丝。当他们停止业务时，华尔街似乎找不到什么可供谈论的话题了，至少报纸上看不到有关他们的信息。

你应该还记得1915年纽约证交所恢复交易之后掀起的大牛市吧，上涨的股票家数越来越多，协约国在美国大量采购各种物资，一轮繁荣景气上升周期开始了。对股票运作而言，那是简单至极的事情，很容易就可以为一只股票吸引到足够的人气，造市非常容易，只要有人委托你操盘，那么你就稳赚不赔，挣到百万美元的利润并非难事。股东们要么通过投资银行，要么通过柜台销售将公司股份成功销售出去，只要承销商的水平不是很差，大众都会乐意买入这些股份。

等到经济景气度下降和股市走弱，部分承销商们发现销售过程必须借助于专业人士的协助才行，大众已经因为股市走软而套牢，要让大众对新股产生兴趣存在挑战。繁华之后一地鸡毛，大众对任何股票的上涨都不抱希望了，并非他们变得理性了，而是因为狂热情绪已经消散，而悲观笼罩了整个市场。即使价格并非显著下跌，大众对未来也变得消极，只要市场继续这么沉闷，**那么人们就会一直消极下去，对于新股哪还有什么兴趣？**

A股的IPO和增发何尝不是这种景象。股市好的时候，IPO很容易，股市不好的时候，IPO就很难。虽有智慧，不如乘势！识时务者为俊杰！

在每一轮景气和繁荣时期，各种公司都急着上市，因为大众这个时候对股票也有很大的需求量。不过，还是有一些公司动作慢了一步，可能是因为它们对繁荣景气持续的时间过于乐观了，认为会持续下去很久，况且上市的利润实在丰厚，因此它们想要赶上末班车。一旦盲目乐观，那么股市转熊的迹象便会被忽视。比如，某只股票曾经在12美元或者15美元附近交易，那时无人问津，突然间它涨到了30美元，普通人倾向于认为已经涨到头了。但是，股价不管不顾继续上涨，突破60美元、70美元、75美元。等到大家拍着胸脯保证肯定涨不动了之后，股价继续上涨到80美元、85美元。常人绝不会深究股票的价值几何，只盯着价格的变化操心，他们并非冷静研判形势，而是受制于内心的情绪起伏。当股价

不顾怀疑和反对不断上涨之后，一直踏空的人开始按捺不住进场的冲动，他完全将顶部这一概念抛于脑后。某些交易者虽然非常理性不会追涨在顶部，但是他们在顶部出现的时候也难以及时获利平仓，虽然买在了低位但是仍旧没能躲过下跌，最终只不过是纸上富贵而已。**潮水来了的时候，大家都在挣钱，不过这是账面盈利而已，等到潮水退去的时候，大家还来不及落袋为安，最终不过是一枕黄粱而已。**

第二十二章

老 鼠 仓

某日，Jim Barnes 造访我，他不仅是我的经纪商之一，也是我的挚友。他来访的目的是为了让我帮他一个大忙，以前他从未这样开口请求我的帮助，因此我让他明确地告诉我需要什么帮助。我是真心实意地想要帮助这位朋友，也希望真的有能力可以帮到他。他告诉我他的公司是某只股票的主要承销商，负责较大比例股份的发行，因此发行事务的成败会极大地影响到他自己的利益。但是，现在情况有变，他们急切地想要卖出数额较大的一笔股份，Barnes 希望我能够接受委托帮助他完成这个任务。他口中的这只股票叫 Consolidated Stove。

很多因素的考量让我不要牵扯到这只股票的运作中，但是 Barnes 却希望我能够看在个人交情的份上帮他这个忙。他是一个友善之人，而且是我的挚友，作为朋友我有义务帮助他，况且他一再请求，这事与他利益攸关，让我更加无法回绝，因此最终我答应了他的请求，接下了这项任务。

我始终认为战争带来的经济繁荣与其他类型的经济繁荣存在显著的差别，那就是战时金融市场涌现出了一批有着初生牛犊不怕虎的精神的少壮派激进银行家。

欧洲战争带来的繁荣在北美大陆到处可见，原因显而易见。美国那些大牌银行和著名信托公司竭力在证券发行者和军火商之间牵线搭桥，这些银行家们一夜之间就搭上了暴富的列车。发财机会似乎遍地都是，某人只需要宣称自己的一个朋友在协约国物资采购委员会里面有熟人，即便还没有任何正式的采购合同，也可空口无凭地借到履行合同需要的资金，那时候，经常流传一些现在看来难以想象的事情，比如，某个本来位于社会底层的小职员一夜之间上位成了大公司的总裁，麻雀变凤凰干起了百万美元的大生意，而资金是从某个相信他的信托那里拆借来的。采购物资的合同不断被转手和倒卖，每一次转手都会给卖家带来利润。黄金从欧洲涌入美国，而美国的各家

银行则想方设法让黄金存入自家的账户。

上述这些做生意的套路让保守而谨慎的老商人们感到担心，不过在全民狂热的背景下也难以见到几个这样的保守资本家。保守的老银行家不适合这个狂热的时代，激进的年轻银行家们更加容易在此时上位，在后者的领导下银行不是正在赚大钱吗?

Jim Barnes 及其合伙人准备将三家知名的锅炉企业合并成一家新的企业，并且在证交所上市挂牌，向公众发行股票。他们在股票上的运作得到了马歇尔国民银行（Marshall National Bank）的年轻总裁的支持。在那个疯狂的时期，大众热衷于追捧那些能够包装上市的老牌资产。

在这个合并上市的过程中，他们遭遇了一些困难，这三家锅炉公司在经济景气的背景下首次给股东带来了红利，同时大股东们并不愿意放弃自己的控制权，况且这三只股票在场外的柜台交易市场的行情不错，大股东们想要减持的话非常方便，既然现状不错，为什么还要费力去合并上市呢？三家公司各自的总股本规模较小，所以难以吸引到足够的资金来参与制造大行情，而这正是 Barnes 想要入手创造机会的地方。他打的算盘是一旦三家公司合并则可以达到纽交所主板上市的标准，这样就可以通过公开上市赚取价差。这是华尔街经常玩的游戏，通过合并和分拆可以获得一个更好的价钱。比如，某只股票因为价格太高而成交清淡，显得疲弱，那么可以通过 1 股分拆为 4 股来增加流动性和吸引力，某些例子当中，你可以将新股的卖出价格标为 30 美元或者 35 美元，这样乘以 4，复权后的价格可以达到 120 美元或者 140 美元，也就是说相当于未分拆前的股价达到了 120 美元或者 140 美元，未分拆前股价要达到这个价格水平对某些股票来说几乎不可能。

A 股的高送转不就是类似的把戏吗?

在合并这件事情上，最终 Barnes 和他的合伙人们成功地说服了他们的一些朋友，后者持有大量的 Gray Stove 公司的股票，同样按照每 4 股新公司股票换 1 股 Gray Stove 股票的方式进行合并重组。Gray Stove 是一家行业龙头企业，很快 Midland Stove 公司和 Western Stove 公司也追随行业老大同意了按照 1∶1 的方式新股换旧股，这两家公司的股票在柜台市场上的交易价格在 25~30 美元，毕竟 Gray Stove 的名气要大得多，而且坚持分红，所以后者的柜台交易报价在 125 美元上下。

整个合并需要参与方买入那些想要变现的持股人手中的股票，也需要为后来的资本运作准备更多的资金，大概需要筹集几百万美元。为此，Barnes 造访了上述的那位银行家朋友，也就是马歇尔国民银行（Marshall National Bank）的年轻总裁，这家银行提供了 350 万美元的贷款，抵押品则是重组后公司的 10 万股股票。Barnes 为了这次运作成立了一家辛迪加模式的财团，他向总裁朋友保证，这家新公司的股票不会低于 50 美元，这也就意味着抵押品价值远远超过了贷款的数额，这是一种安全划算的交易。

但是，这个财团在发行股票上犯了一系列错误，第一个错误即是他们选择的时机不对，太晚了，因为市场对于新股发行的吸纳能力已经接近饱和了，作为专业人士他们应该觉察到这点。退一步来讲，就算他们没有觉察到这点，但是如果能够克制下自己的欲望，不像那些在狂热氛围中贪图高价发行暴利的同行，不重蹈覆辙的话，那还是能够赚到不少钱的。

说到这里，你也许觉得 Barnes 这帮人只不过是菜鸟而已。事实恰好相反，他们在华尔街都是狠角色，属于响当当的专业人士。他们对于华尔街的各种把握都再熟悉不过了，其中几人还是出色的股票交易者。但在目前这件事情上，他们却过高估计了大众的买入意愿。不管怎么说，大众能吸纳多少筹码需要经过实际运作的检验。除此之外，他们犯了一个错误，那就是他们认为股市上涨趋势还将持续一段时间，但事实上并非如此。我想他们可能是看到有如此多的暴富神话涌现以至于被市场的热情冲昏了头，以至于他们认为自己也可以从这个狂热中打捞一笔而不顾实际。毕竟，他们都是华尔街的闪耀之星，在职业交易者和经纪商那里有一大批粉丝，这些光环都让他们盲目乐观了。

合并重组的推广进展得不错，报纸媒体对于这一类资本游戏从来都是大张旗鼓地报道。合并前的三家企业是美国锅炉行业的市场占有者，它们的产品行销全球，名气很大。在媒体看来，这次合并无疑是一次爱国行动，它将提升美国产品在国际市场上的竞争力和占有率，因此报纸上充满了“美国制造占领全球”的夸赞字眼，大家都乐观地认为接下来攻占亚非拉市场易如反掌，形势一片大好。

诸多头面人物占据了合并后产生的新公司的董事职位，这些人在报纸读者当中都有很大的名气，而且董事们曾经承诺了一个较高的上市流通价格，这当然进一步激发了市场对这只股票的需求量。当新股募集阶段结束以后，按照每股 50 美元的价格，申购新股的需求超过了定额的 25%，简直超出了大佬们最初的预期，真是走运啊！发行人们最初想到的最好结果不过是能够按照发行价成功把定额销售完毕，此前他们还花了几周时间想要将合并前的老股票拉升到 75 美元甚至更高，以便让三只股票的平均价达到 50 美元，要达到这个目标意味着三只股票需要在原价格的基础上上涨差不多一倍，但是这个目标根本完成不了，因为正如其他行业一样，股票运作也需要专业的技能，那些放之四海而皆准的空泛原则是不能代替处理具体事项所需要的专业技能的。虽然此前的拉升并没有成功，但是现在重组后的 IPO **却大获成功**，这可乐坏了发行人，他们据此判断大众对自己的股票非常追捧，甚至愿意在任何价格买进任何数量。短暂乐观的形势让他们昏了头，他们竟然没有趁势满足所有的申购需求，这真是因为贪婪而蒙蔽了理性，就算他们想要暴富一笔，也应该看清楚形势，懂一点策略啊。

重组之前的拉升缺乏能够吸引公众的题材，而重组本身可以作为很好的题材来推动新股的发行并推高定价。

在我看来，发行人正确的做法应该是满足所有的申购需要，这样一来他们比计划就多卖出了 25%的股票，拿到这笔资金之后他们可以在必要的时候护盘而不需要另外筹集资金。这种做法毫无疑问可以让发行者处于积极主动的优势地位，我在运作股票的时候就会努力让自己处于占据**主动的位置**。他们原本可以让自己处于有利位置，从而避免股价下跌，呵护市场信心。因为不是说完成 IPO 之后，资本运作就完成了，其实还有更多工作需要去做，毕竟 IPO 只是卖出了一部分股份。

致人而不致于人！

他们认为自己的运作非常成功，不过事情没过多久就陷入了未曾预料到的困境中。我提到的那两大失误开始显现它们的“魅力”，首先是大众参与股市的兴趣下降了，不再热衷于追逐新的股票，大盘和大势已经在酝酿跌势。另外，这只股票的内部人士也表现得犹豫，没有果断维护股价，这对大众的跟风情绪起了负面影响，既然内部人都不愿意买，谁还

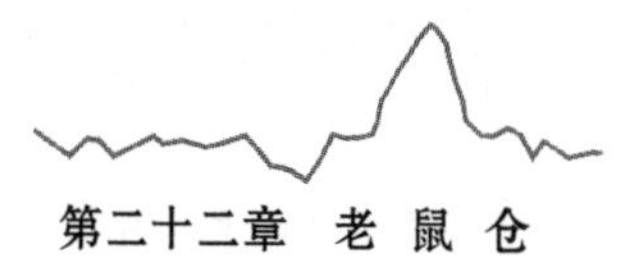

有信心买呢？较为有效的看跌信号之一是内部人买盘缺乏。

对这只股票的涨跌细节和盘面统计数据没有必要深究，当时的基本情况是股价与大盘波动一致，但是它一直未能超越上市价，也就是没能涨到 50 美元以上。为了将股价维持在 40 美元以上，Barnes 和合伙人们不得不入场干预，其实他们本应该在上市之初积极运作的，现在则有点迟了。最大的失误还是没有在申购时满足所有的需求，不恰当的贪婪导致了现在的窘境。

简单地讲新股票在纽交所挂牌上市了，但是上市首日之后股票一直处于下跌之中，一直跌到了 37 美元。这个价位其实是护盘行动在支撑，因为如果低于 35 美元的话，那么银行就会要求追加抵押物，那个时候对于 Barnes 来说就是灾难，因此，他必须将股价维护在 35 美元之上，这样才能避免那 10 万股抵押给银行的股票总值低于 350 万美元的贷款总额。如果银行觉得抵押物价值处于潜在危险之中，它们极可能抛售这些股票，那么股价将遭遇重创。大众现在对这只股票的价格也表现出了颇具讽刺意义的态度，在 50 美元的时候似乎需求大到难以满足，而现在跌到 37 美元了反而无人问津了。如果继续下跌至 27 美元，可能买家仍旧难以寻觅。

政府和大众逐渐对银行过度发放贷款的情况表示了担忧，少壮派激进银行家的好日子到头了，银行信贷业务已经处于后续乏力的状态，审慎主义逐渐抬头，保守的老银行家们**重新回到舞台中央**。信贷收缩如箭在弦，银行家与借款人往昔的亲密关系不再有效，朋友也会被要求偿还贷款，一切打高尔夫的交情也算不了什么了。

乔治·索罗斯在其《金融炼金术》中用了很大的篇幅描述信贷周期与资产价格盛衰周期的关系，J.L.讲的这则故事也与此周期相关。

在这种艰难的大背景下，即便借出方放出狠话也无济于事，而借入方也不好意思请求展期。情况的恶化让借贷双方都焦头烂额，比如和我朋友 Barnes 打交道的这位年轻银行总裁台面上还是礼貌如常，但是心里面却想着“希望上帝保佑，这笔贷款能够及早收回，不然我们就惨啦！”

形势千钧一发，潜在的危机让 Barnes 找到我，他迫切需

现在股价危如累卵，很容易让抵押物总值低于贷款总值，如果 Barnes 不动手解除这个危险，那么银行随时可能因为抵押物价值存在潜在风险或者不足而强行在市场上不顾成本地抛出。

要我的帮助，希望我能够帮助他处理掉 10 万股股票，然后偿还银行的 350 万美元贷款。他现在不指望从这只股票上赚大钱了，如果他的财团能够少受些损失，那就不错了。

要完成这个目标看起来胜算率不大，因为整个股市人气低迷，走势也疲弱，偶尔有鸡毛行情会导致大众兴奋一会儿，认为牛市回来了，其实不过痴人说梦而已。

我回复 Barnes 说，希望能先认真考虑一下，如果接受这项任务再告知我的条件和要求。此后，我当然下功夫来全面研究这只股票，不过我并未分析这家公司最近的年报，而是把大部分注意力集中在大盘和大势上。我发现利用这家公司的盈利预期作为题材来运作并不得力，因此放弃了这样的想法，而是直接通过盘口运作吸引买盘来承接自己的抛盘。我在这个问题上考虑了潜在的和显性的各种有利或不利因素，分析它们对我完成任务的影响。

类似于 SWOT 分析法，找出自己的优势和劣势，还有格局中的有利和不利因素。

筹码太过集中，也就是说少数股东持有了大部分股票，这给我的运作造成了极大的潜在危险。我来谈谈这些大股东的情况，第一位是 Clifton P. Kane 先生，他的公司是一家投行，同时经营经纪业务，是纽交所的会员，他持有 7 万股 Consolidated Stove。他和合伙人与 Barnes 是挚友，在这次合并重组过程中发挥了重要的作用，他们多年来一直致力于锅炉行业的资本运作，在这次资产重组当中他们也让自己的客户参与其中。第二位大股东则是前参议员 Samuel Gordon 先生，他在侄子的 Gordon Bros 公司担任特别合伙人，他持有 7 万股 Consolidated Stove。第三位大股东则是大名鼎鼎的 Joshua Wolff，他持有 6 万股 Consolidated Stove。仅这三个人就总共持有了 20 万股的 Consolidated Stove，他们算得上是华尔街的资深人士，他们可不需要任何人来告诉他们什么时候卖出股票。倘若我造市成功，让大众对这只股票产生兴趣，进而买入，那么他们很可能毫不客气地卖出，你能想象 20 万股一下子抛出来的情形吗？这对我的运作来说简直是灾难。牛市已经处于尾声，跌势随时可能开始，即便我运筹帷幄的水平再

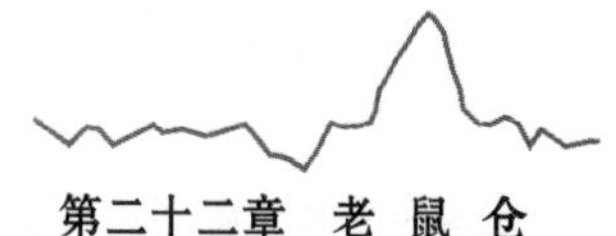

高，也无法对付这种失控的局面。Barnes 是因为自己无法处理这种情况才找到我的，这是一个烂摊子。当然，稍微有利一点的情况是报纸媒体上还未出现牛市结束的论调，无论是我，还是 Barnes，或者是提供贷款的银行都知道这个情况。

总而言之，我已经接受了 Barnes 的委托，因此无论如何要把事情办成，于是我派人找到 Kane、Gordon 和 Wolff 三人。要知道，他们手里的 20 万股可是高高悬在我头上的达摩克利斯之剑啊，对我的运作而言，为了稳妥起见应该消除这一隐患，最佳的办法是与他们达成某项双赢的协议。只要他们能够在我卖出 10 万股的时候不一哄而上地卖出，那么我也会投桃报李，在造市的时候努把力，为他们出货创造足够的接盘力量。在目前这种情况下，他们哪怕将手里的 20 万股随便卖出 1/10，那么 Consolidated Stove 的股价估计都会一泻千里。当然，他们也是行家，对此心知肚明，怎么敢以身犯险呢？我对他们的要求只不过是要慎重选择出货时机，明智点做对大家和自己都有利的事情，而不是去做一些看似自私自利但最终却会伤害大家和自己的事情。损人不利己的事情在华尔街和其他地方都绝不是值得采取的行动。我计划说服他们看清楚利害关系，自顾自地忙乱出货只会导致大家都出不了货，形势非常紧急。

我寄希望于自己的建议能够吸引他们达成协议，毕竟他们是华尔街的老滑头了，对于 Consolidated Stove 的买盘应该比谁都清楚，不会抱着那些不切实际的想法。Clifton P. Kane 先生经营的这家公司有经纪业务，多次担任联合坐庄的管理人，在 11 个城市都有经纪行分支，客户有几千人。

前面已经提过了，Samuel Gordon 先生持有 7 万股，他是一位富商，在大都会报纸上名声很大，众人知晓，因为他曾经被一位 16 岁的美容师起诉，告他毁约，这位美容师有一件价值 5000 美元被告 Gordon 赠予的貂皮大衣，还有 Gordon 写给她的 132 封信。他帮助自己的侄子步入了经纪商的行当，并且在侄子的经纪行担任特别合伙人。他本人曾经参与了几十个联合坐庄的项目，他此前持有一大批 Midland Stove 公司的股票，旧股换新股后获得了 10 万股 Consolidated Stove 的股票。他持有的规模实在太大，但此前他并没有盲从 Barnes 的乐观判断，因此上市之后持续卖出，卖出了 3 万股之后，市场渐渐消化不了了，于是他才作罢。后来他告诉一位朋友，要不是被一些同时持有该股的老朋友劝住，他还会卖出更多的股票，出于友情他**没有进一步抛售**。当然，主要的原因还是因为没有出货的客观有利形势了，卖不出去自然不卖了。

至于 Joshua Wolff，他是持股人当中名气最大的一个，20 多年来谁人不知，谁人不晓，他是大手笔的场内交易员，他在拉升和洗盘方面罕有对手，一两万股这样的大手笔在他看来无非如一般人手中的两三百股而已，华尔街上的一切对他而言无非是小菜

人世间，一个人未做某件坏事不是因为他有多高的道德情操，而是因为他没有能力。只有一个人有能力去做，但是却不做，这才叫道德和节制。很多人之所以不作恶，是因为他还没有能力，但是却往往被旁人误认为老实人。

当你觉得自己卑贱的时候，你会故作高雅，我们总是倾向于用外在的膏药贴住表面，以掩盖内在的伤疤，这是一种治标不治本的自我疗伤方式，永远无法治愈，却永远需要治疗。

一碟。我刚到华尔街闯荡的时候，就听闻了他的鼎鼎大名，他和一帮朋友都嗜赌成性，无论是在股市还是赛马场，他们都习惯不封顶的赌法。大众对他总是有很多风言风语，认为他不过是一个赌徒。但事实并非如此，因为他真算得上是行家中的行家，他在投机上自成一派，有着高于众人的操作水平。当然，他讨厌附庸风雅的作风，这让他成了不少搞笑段子和传闻中的主角。某则传闻讲到某次他出席一个晚宴，他讽刺为故作**高雅的时髦晚宴**，当时坐在他周围的几位宾客开始讨论文学话题，女主人分身乏术没有来得及为他解围。其中一位女士只听见他大口嚼着食物的声音，他坐在那里一言不发，于是她想要缓解氛围，想听一听这位金融巨子的高见，于是她问了一个更加不合对方胃口的问题："Wolff 先生，你对巴尔扎克怎么看?"

Wolff 礼貌地停止了用餐，咽下了口中的食物，他回答道"我从来没有交易过这只股票!"

这就是 Consolidated Stove 三个最大的个人股东，他们一起赶来见我，而我则告诉他们希望他们能够组成一个辛迪加类型的财团来管理他们手中的 Consolidated Stove 股票，他们向这个辛迪加注入资金，然后由我来运作这个财团，按照稍高于市价的水平行使他们给予的期权，买入他们的股票，然后我会努力造市。他们显然很感兴趣，马上问我需要注入多少资金。

我回答道："这只股票烂在你们手里已经很长一段时间了，大家毫无办法，不是吗？现在你们三位一共持有 20 万股，要想出货必须造市，否则谁也卖不出去，这点你们想必比谁都清楚。要想打破这个困境，需要足够的资金来运作股价，运作要求买入股票的话就买入，这才是出路所在。倘若缺乏足够的资金弹药，那么很可能功亏一篑，这个财团的构建也就毫无意义了。我建议你们组成一个辛迪加类型的财团，筹集 600 万美元注入其中，然后授予这个财团在 40 美元的时候买入你们 20 万股的期权，并且将这些股份委托给第三方托管，也就是信托托管。倘若运作顺利，那么你们就能把这些股票抛出去，还能挣点钱。”

我之前提到过，坊间有关于我成功操作的各种传言，我推测这三位大佬也受到了这些传言的影响，还有什么比成功经历本身更具说服力的东西呢？总之，在这帮人身上我并没有花费太多的口舌，他们自己心里对形势也非常了解，各自为政的做法只会恶化形势，我的建议对他们来说是一个好的出路。当他们准备离开的时候，都同意建立一个辛迪加财团。

他们回去后也没有花费太多的力气就说服了周围许多朋友加入其中，我猜测他们肯定将这个财团的盈利前景说得天花乱坠，远比我讲的乐观。从我知道的情况来推断，他们三位确实从心底里相信这个计划的前景，因此他们去游说别人的时候并非是为了欺骗别人。很快，这家财团就建立起来了。他们三人授权这家财团在40美元的时候从他们手上买走20万股，而我则负责将这20万股交给第三方信托持有的事项，这样我就锁定了这部分股份，在拉升股价的过程中不会遇到大笔的抛盘。我不得不谨慎从事，因为我亲眼看到过许多资本运作本来前景不错，但是因为联合坐庄的某一成员不遵守承诺而导致整个计划失败。华尔街的利益争斗从来都是不讲繁文缛节的，利害关系下只遵循丛林法则。例如，Second American Steel and Wire公司公开发行的时候，内部人相互倾轧，都违背约定偷偷出货，回过头来相互指责**对方不守信用**。其中，John W. Gates和他的朋友们是一派，而Saligmans家族和银行家同伴是另外一派，他们曾经达成过协定，但是并未实际遵守。这种情形让我想起了曾经在某家券商营业厅听到的一首诗，据说这首诗出自于John W. Gates本人之手，这首诗是这样的：

狼蛛跳上了蜈蚣的背，
放声大笑，残忍地高呼：
“我要毒死你这个祸害，
倘若我放过你，你便不会放过我！”

A股市场在20世纪90年代末到21世纪初头几年的时候也出现了不少这种情况，联合坐庄时各派别相互倾轧。撇开股市，在原油市场上的OPEC曾经也出现过不少成员国偷偷增产，违背减产和冻产协议的事情。

需要补充一句，那就是我绝没有暗指在华尔街的某位朋友处心积虑地想要在股票交易上陷害我。不过，常识和准则告诉我们凡事要以防万一，做好任何准备。

在 Kane、Gordon 和 Wolff 三位大佬同意建立辛迪加财团并且注入资金 600 万美元以后，我便悠闲起来等这笔资金到位。我已经对他们强调了时间紧迫，但是资金还是分成四五批才慢慢地到位，我搞不清楚**到底是怎么回事，因此我打电话催促他们。**

结合 J.L.后面的叙述可以知道，这帮人其实是在建老鼠仓，想要等 J.L.给他们抬轿子，所以他们哪里有更多的钱给 J.L.，都在偷偷摸摸加紧建仓。

电话打出去之后的那个下午，我收到了几张大额支票，加上此前的注资现在总共有 400 万美元了，他们保证剩下的钱会在一两天之内到账。现在，整个项目开始步入正轨了，看来他们确实打算在牛市结束之前有所行动。但是，即便是外在条件更理想一些，也不是一项容易的任务，大众现在对冷门股并不感兴趣。现在，400 万美元可以扭转乾坤，因为我有了充足的资源来运作以便勾起人们对这只股票的兴趣，这笔资金可以承接任何卖盘。既然情况紧急，那么就没有必要继续傻傻地等待剩下的 200 万美元到账。现在越早将股价推升到 50 美元，那么对财团的运作来说就越有利，这是显而易见的事情。

次日早上开盘的时候，出乎我的意料，Consolidated Stove 的成交异常活跃，要知道这只股票此前已经有数月时间处于沉闷的状态，股价一直压在 37 美元上，那是 Barnes 的防守位置，因为下方就是银行抵押贷款的 35 美元底线。在那段时间里，谁也别指望这只股票能够涨起来，让它涨起来比登天还难，这就好比让直布罗陀山飘过直布罗陀海峡一般。

好家伙，这个早上这只股票突然活跃起来，股价一下子涨到了 39 美元。在第一个小时内的成交量超过了前**六个月的总和**，整个股市都被这只股票带起来了，大众都在关注这只股票，当天在券商的营业厅里面不断有人提到这只股票。

成交量异常，谁在买？谁在卖？买的人怎么想的？卖的人怎么想的？异常背后必有重大真相等你发掘！

到底怎么回事，我并不完全清楚，不过这只股票上涨了对我来说是好事。通常情况下，如果某只股票出现了异常情况，用不着我去打听，场内经纪商朋友必然会及时通知我。他们认为我需要了解这些信息，他们会将这些信息电话告知我。这天我听到的所有消息都是内部人买入了 Consolidated Stove，真金白银的买入，而非虚晃一枪。买盘横扫了 37~39 美元的所有卖单，有人询问买家买入的缘由，但被拒绝了，因此场内的交易员们便推断这其中肯定有大动作。倘若某只股票因为内部人的买入而上涨，但是内部人却生怕别人知道原因而不愿意张扬，那么擅长盘口解读的这些专业人士就会推测公司极有可能要发布什么重大利好公告了。

我没有轻举妄动，只是仔细观察盘面，抱着疑问跟踪行情的走势。第二天，买盘进一步增加，而且更加激进。此前，挂在 37 美元以上的卖单都无法成交，现在一下子吃掉了，新的卖单根本无法阻挡上涨势头。自然，股票价格继续上涨，突破了 40 美元，接着触及了 42 美元。

在股价达到 42 美元的时候，我感觉到现在是卖出 Barnes 委托那 10 万股的时机了，当然我这样做会打压股价，不过只要全部成交价在 37 美元以上，就是划算的。我知道股票能够以什么价位成交，根据此前几个月的交托状况，我对成交情况有了大概的预判。那就抓住机会吧，我谨慎地向市场抛出自己手中的筹码，一共卖出了 3 万股，不过行情并未就此止步，而是继续上涨。

当日下午，有人给我讲了这波蹊跷上涨的原因，大致的来龙去脉是这样的，前一日收盘之后到次日开盘之前，某人在场内交易商之间散布了一个小道消息，内容是我看好 Consolidated Stove 这只股票，而且计划按照我惯有的做法将价格一步拉高 15 美元到 20 美元。对此我只能付之一笑，其实这样说的人哪有认真研究过我的交易记录。散布这个小道消息的幕后主使应该是 Wolff，前一日上涨是他买入引起的，而那些他的亲密跟随者则跟风买入，现在他放出消息来，显然是为了让别人给他抬轿子。

其实，应该是两个信托，一个是受 Barnes 委托的 10 万股，另外一个则是 Kane、Gordon 和 Wolff 三人委托的 20 万股。

其实，这只股票上的抛压比预计中的要少，毕竟我已经

通过信托的方式锁定了**30万股**，如果没有这一步那么抛压确实会非常重。现在的状况表明，拉升这只股票并不太难。还是Flower说得对，每当有人指责他操纵那几只他擅长交易的股票，比如Chicago Gas，Federal Steel以及B.R.T等，这个时候他总是调侃道："要让股价上涨，不买入怎么行呢？"的确如此，场内交易者也是这样做的，股价的表现也屡试不爽。Consolidated Stove上涨了，那么谁在买入呢？

Larry Livingston是J.L.在本书中的假名。

接下来的一个早上，我从晨报上读到了"**Larry Livingston**即将大举做多Consolidated Stove"这类报道，不少读者应该同我一样看到了大量这样的报道。另外，不少经纪商也通过电报把类似的消息分发到了各地数百家营业厅。这些报纸的文章具体说法不一，其中一篇文章说我已经组成了一个财团联合坐庄，想要教训一下那些空头。另一篇文章则暗示这家公司近期将要发布派息公告，第三篇文章则提醒读者，当我看好某只股票的时候会采取大手笔操作，而这会导致行情剧烈波动。还有一篇文章则抨击这家公司此前为了让内幕人士逢低吸纳筹码故意低估资产。总之，所有这些报道都表达了同一个主题，那就是这只股票的上涨才刚开始。

在开盘之前我赶到办公室查看各种信件和材料，当时我就意识到整个华尔街都已经被Consolidated Stove的利多消息所笼罩。我桌上的电话不停地响，接电话的秘书都被问到同一个问题，已经接了不下100个这样的电话了，这个问题是：Consolidated Stove果真要上涨了吗？现在真相大白了，Kane、Gordon和Wolff三人，加上Barnes他们努力散布利多消息的成果太显著了。

我此前可没有想到会有这么庞大的跟风盘出现，这个阵势实在太吓人了，这天早上开盘买入指令从全国各地的营业厅如雪片涌来，三日前乏人问津的冷门股现在成了大热门了，买单都是几千股一笔。不要忘记，大众这么疯狂的原因在于媒体给我一个投机大师的称号，而这点让他们认为大好机会胜券在握。好风凭借力，送我上青云，我不得不感谢这几位想象力丰富、文笔具有煽动性的记者。

一切都很顺利，行情上涨的第三天，我继续抛出手中的筹码，此后两天仍是持续卖出。现在，我终于可以放松一下了，大出一口气，因为 Barnes 委托给我的 10 万股已经全部顺利出货了。现在可以清偿 350 万美元的银行贷款了，这下 Barnes 也可以松一口气了。倘若衡量操盘水平的高低是看能否以最小成本实现目标的话，那么我在 Consolidated Stove 上的操作绝对算得上是我最成功的案例。简直精彩极了，在整个运作过程中我根本不需要买入哪怕一只股票，我无须为了此后的卖出而先行买入股票拉高。我甚至没有利用回落杀跌卖出，而是随着股票持续上涨而持续卖出，我真有仿佛置身于天堂般美好的感觉啊！我都不用动哪怕一根手指头，买盘就蜂拥而至。说点题外话，我曾经听 Flower 的一个朋友说起过，Flower 在 B.R.T 上进行联合坐庄操作的案例称得上是引导股价上涨的经典，运作中一共卖出了 5 万股，且总体是盈利的，更有意思的是 Flower 所在的经纪行从中获取了 25 万**股的交易手续费**。另外，W.P.Hamilton 曾经说过 James R.Keene 为了派发 22 万股的 Amalgamated Copper，不得不交易了至少 70 万股，这会产生多大一笔手续费啊！回过头来对比一下我的手续费支出，为了卖出 Barnes 的 10 万股，我的手续费仅限于这 10 万股本身，省了不少钱啊！

J.L.这里讲的两个例子其实都是在夸赞自己，因为这两个例子当中，操盘手为了抛出自己手中的持股，不得不自己费力买入拉升，反复买卖最终才完成出货，使得实际交易量远远大于需要卖出的头寸数量。

现在我已经完成了朋友 Barnes 的重托，但是那三位大佬承诺的资金并未完全到位，而我自己对继续操作的兴趣下降了，因此不打算买入那些已经抛出去的股票。此刻，我更宁愿远离市场，享受一段短暂的假期。当时的具体情况我已经记不太清楚了，对此后这只股票什么时候开始下跌的也没什么印象了，反正我此后就没有管这只股票了。某日，整个股市都显得非常弱势，而某位大多头显得不耐烦大肆抛售 Consolidated Stove 股票，股价跌到了 40 美元以下，这是当初我和三位大佬成立财团运作股价达成协议时商定的买入期权价位。现在，这只股票又成了冷门股，没人对这只股票感兴

趣。我之前就提到过，大盘和大势不看好的时候上天给了我机会，让我奇迹般地将Barnes委托的10万股顺利卖出，根本不需要像那些消息发布者宣称的那样，我需要拉升20~30美元。我为什么不感谢这些发布者呢？多亏他们鼎力相助！

这只股票现在没有任何强大买盘支撑的迹象，因此习惯性下跌成了规律，最终引发了某日的暴跌，股价触及32美元，这是该股上市以来的最低价。此前，Barnes为了防止抵押品价值低于贷款总值所以极力在37美元支持股价，现在完全跌破了这一点位。

此后有一天我正在研究行情表现，门童说Wolff求见，我说让他进来，他怒气冲冲地闯了进来，他的身材并不伟岸，但是显然他的怒气让他整个人像打了气一样。我站在报价机旁边，他冲到了我旁边，大声质问道："你究竟在搞什么鬼？"

"Wolff先生，请坐。"我礼貌地说道，并且自己先坐了下来，以便让他也能平复一下自己的情绪。

"不坐！我不要什么椅子，我只想搞清楚究竟怎么回事！"

"什么怎么回事？"

"你对这只股票做了什么？"

"我对哪只股票做了什么？"

"那只股票！那只！"

我的反问让他勃然大怒："Consolidated Stove！你别装蒜，你到底做了什么？"

"我什么都没做！怎么回事？"我回答道。

他瞪着我看了5秒钟，然后情绪彻底失控了："你自己好好看看！看看股价！"

他整个人都陷入了狂怒之中，无法自拔，于是我转身查看了Consolidated Stove的行情。

"现在报价是31.25美元。"我说道。

"对！31.25美元，我现在还有一大把这只股票呢！"

"我知道你持有6万股，而且有相当长的时间了，因为你最初买入的是Gray Stove……"我还未讲完，他抢过话头继续说道："我自己买了很多，其中有些成交价在40美元高位，现在还在我手里！"

他愤怒地看着我，恨不得活剥了我，我赶忙解释道："我没有让你买进啊！"

"你没有什么？"

"我可没有叫你大笔买进Consolidated Stove这只股票啊！"

"我不是说你叫我买进，但是你不是说要拉升它的股价吗？"

"我为什么要拉升它的股价？"

他瞪着我，气得说不出话来了，好不容易才缓过来："我们不是凑了钱给你拉升股价吗?”

“是的，可我连一股都没有买入啊!”

这句话一下子把火点燃了：“你手里有 400 多万美元的现金，你却连一股都没有买？你什么都没买?”

“是的，我一股都没有买进!”

说到这个份上，他已经气昏了头，讲话也结巴了，好不容易吐出来了最后一句话：“你到底在搞什么鬼?”

那一刻我能够猜到他心里正在罗织我的各种罪名，想要把我鞭挞一番，从他的眼里就能看出来。我不得不回敬他：“你的意思是让我在 50 美元以上为你 40 美元以下买入的筹码接盘，Wolff?”

“不，不是！你有 400 万美元的现金来推高股价不是吗?”

“是的，可我压根没有动那笔钱，况且你们成立辛迪加财团时注入的 400 万美元，我可一分钱没亏。”

“听我讲，Livingston……”

不过，我根本不想听他继续胡搅蛮缠下去：“你听好了，Wolff！你们三个人总共持有的 20 万股已经在信托被锁定起来了，所以当我拉升股价的时候，不会有太多抛盘出来。而我拉升股价的目的第一是造市，为这只股票创造巨大的人气和买盘，再者是为了你们的辛迪加财团在 40 美元行权的期权创造利润。不过你太贪婪了，虽然你 6 万股的股票烂在手里好几个月了，但是在 40 美元的价位出手却并不满足，而且你也不满足于辛迪加财团在超过 40 美元以上获得的收益，你私下在 40 美元吃进了更多的股票，想的是让我为你抬轿子，因为你认为我会这样做。因此，你在我买进之前买进，然后在我出货之前出货，而我很可能在最后成为你的对手盘。据我猜测，你曾经估计我会将股价拉升到 60 美元，而你则在低位买进了 1 万股准备在高位卖给我，同时你还准备了备胎，你在北美广泛散布各种利好消息，以便让这些人成为你高位出货的接盘侠。你这样做的时候，毫不顾忌对我操作的负面影响。你将我的操作计划透露给亲朋好友，而你的亲朋好友又把消息透露给他们的亲朋好友，这样第三圈、第四圈的人都知道，等我要进场的时候却发现已经有几千个拿着老鼠仓的精明投机客等着我来抬轿子了。你是聪明反被聪明误，Wolff。我甚至没有开始拉升的时候，Consolidated Stove 已经涨得太过分了，你不知道我有多么喜出望外，这伙人想要把股票在 50~60 美元的价格卖给我，所以他们在 40 美元附近狂买，而我则恰好利用他们提供的时机在 40 美元附近把我朋友委托的 10 万股卖给这伙人了。我十分感激这伙人，难道我不应该放着 400 万天下武功，唯快不破，J.L.比这帮人更快！他们没有看到J.L.的真正行动和意图，而J.L.则看清楚了他们的底牌，正如一代太极宗师王宗岳所说："人不知我，我独知人，英雄所向无敌，盖皆由此而及也！"

美元的资金不动吗？难不成我要成为韭菜，让他们来收割吗？你们提供的那笔资金确实是用来购买股票的，不过是有前提的，只有在我认为应该的时候才会买进。而当时的情况根本不允许我购买哪怕一股 Consolidated Stove！"

Wolff 毕竟也是华尔街的资深大腕了，遇到关键利益问题的时候他当然能够很快恢复理智，避免愤怒情绪带来的负面影响。他听了我的这番话之后，逐渐冷静下来，马上换了一副腔调："你帮我瞧瞧，Larry 老弟，我们现在该怎么办？"

"随你们，怎么乐意怎么做。"

"哎呀，老弟，帮帮忙吧！站在你的角度我们应该怎么处理呢？"

"倘若是我，你知道我会怎么处理吗？"

"怎么处理？"

"全部卖掉！"

他盯了我一会儿，无言以对，转身离开了我的办公室。

不久之后，Gordon 也跑来找我了，刚开始他也是怒火中烧，埋怨指责我，Kane 也加入了这个讨伐我的行列。似乎他们都忘了当初的情况，那时候股票只能烂在手里，他们只记得给了我几百万美元，此后股价一度涨到了 44 美元附近，而我没有帮助他们卖出任何股票。现在这只股票在 30 美元附近交投，行情沉闷，他们埋怨我没能帮助他们在高位出货。

当然，不久之后，他们都冷静下来，变得更加理性。辛迪加财团的钱一分没少，他们面临的还是老问题，那就是如何卖掉股票。过了一两天，他们又来了，恳求我的帮助。Gordon 态度特别坚决，请我出马相助。最终他们按照我的要求，将他们的股票放入一个统一的信托当中，按照 25.5 美元计算成本。我的服务费则是卖出价与这个成本的差价的一半。当时，该股的市价为 30 美元左右。

现在还是要靠我帮助他们卖出股票，我仔细分析了当时的大盘和大势，以及 Consolidated Stove 的表现，得出的结论是只有一条可行之道，那就是在股价下跌的过程中把筹码卖给那些抄底和抢反弹的人。如果要股价上涨，那么必须有大量的买盘。而在股价下跌的过程中，我可以将股票卖给那些鲁莽抄底的人，因为他们有一种倾向那就是如果某只股票从最高点下跌了 15~20 个点，那么比起以前显得很便宜，特别是顶部就在最近不久之前出现。在他们看来，跌这么多股价应该见底了就要回升或者反弹了。Consolidated Stove 曾经触及 44 美元，而现在只有 30 美元，这相当便宜了。

果然，我的这招像以前一样很有效果。这些捡便宜货抄底的家伙给我提供了足够多的对手盘，而我得以顺利出货。虽然我努力帮助他们卖出了股票，但是这三位大佬可没对我有多少感激之情。他们逢人就说我的不是，指责我辜负了他们的期望，他们的朋友把这些情况都告诉了我。

实际上，倘若不是 Wolff 到处散布利好消息，我根本没有机会卖出那 10 万股股票。倘若我按照计划机械地行事，那么后来就会极其被动，以至于不得不接受任何报价。我曾经反复强调当时的大盘和大势正步入熊市，在这种情况下不可太注重价格，应该及时撤退为上。但是，他们抱有幻想，不相信我的看法，认为我没有努力让他们的筹码出在高位，一直埋怨我。我知道怒火不能解决任何问题，市场教育让我明白一个道理，那就是如果你不能控制自己的情绪，那么只能走向绝境。在这样的大势下，什么情绪都不能解决问题。在这里我想讲述一个特别的故事。某天，我的妻子去造访别人推荐的某个女裁缝，她手艺出色，服务周到。在我妻子造访了几次之后，她觉得不再生疏，于是对我妻子直言道："我希望 Livingston 先生快点拉升 Consolidated Stove，我们有这只股票，因为别人告诉我们说你先生要拉升这只股票我们才买入的，因为你先生大名鼎鼎，所以我们认为这桩交易稳赚不赔。"

我想说的是，这些无辜的人们因为听信某些小道消息而损失金钱让我寝食难安，这就是我从来不给别人任何消息的原因。如果这位裁缝需要找到一个罪魁祸首的话，那么肯定应该**埋怨 Wolff 先生**。

股市很凶险，交易要谨慎！凶险来自于别人随时算计着如何从你钱包里捞钱！

消息传播动力学（1）

股票投机永远不会消失，因为这并非大众所愿。无论怎么宣扬其风险，也无法阻止大众参与其中。同样，在投机中不管你经验多么丰富，才智多么卓越也无法避免判断错误。**百密一疏是难免的情况，再周密的计划也可能中途出岔子，因为市场存在各种未被预料到的情况或者是根本无法预期到的情况。**风险因素可能是大自然的各种灾变，比如极端天气状况，也可能来自于贪婪、骄傲和恐惧等。除了上述这些因素之外，你还需要提防那些欺诈行为，因为这类行为在投机行业中相当普遍，难以防范。

回溯既往，25 年前的华尔街到现在已经发生了很大的变化，我不得不承认这些变化大多是良性的，比如对赌经纪行基本绝迹了，不过仍旧存在一些猫腻不少的经纪行，它们总是伺机而动，无论男女老少只要抱着暴利心理盲目踏入这个行当都会被它们欺骗和压榨。纽交所非常称职，它严厉打击各类证券诈骗，督促会员恪守交易所的规章制度。这些年不少积极正确的进步举措和法规得到了强有力的实施，当然还需要进一步的完善。毕竟，**主导华尔街的并非是什么高尚的道德之风，而是利害相关的务实主义，**而这也正是不少歪风邪气久治不愈的病根所在。

投机想要盈利本来就是难如登天的事情，而现在难度一天比一天大。单就股票数量来说，今非昔比。不久之前，交易者对证交所上市的每只股票都能直呼其名，对它们的基本情况都有相当的了解。回望 1901 年，J.P.Morgan 将许多经营历史不足两年的小型钢铁厂整合到一家更大的钢铁厂以 US Steel 的名义挂牌上市，那个时候纽交所正式挂牌的股票只有 275 只，还有约 100 只股票处于非正式挂牌状态，这些非正式挂牌的股票的基本情况对于大众而言并不明了，而且交投清淡，流通股比例较小，或者属于第三方担保分红付息，总体而言对投机者们完全**缺乏吸引力。**因为这些股票的成交量实在是太小了，绝大多数可能一年都成不了一股。相形之下，现在正式在纽交所挂

成交量很大对于投机资金而言是非常重要的一个前提条件，这意味着行情规模可能比较大，同时进出场容易，能够承受的投机资金规模较大，整体而言就是投机机会很大。

牌的股票大概有 900 只，最近比较活跃的就有差不多 600 只。同时，以前的板块和行业数目较少，容易追踪和分析，交易者需要关注的基本面信息相对要少很多。而现在，板块和行业众多，每个行业都有上市公司作为代表，要及时掌握相关的基本面消息需要花费更多的精力和时间。总之，投机想要取得好成绩的难度越来越高了。

交易是零和博弈，特点就是有人要输，市场总会找出让大多数人输的办法，这就好比黑客总会寻找系统的漏洞一样，Bug 是永远不会被完全消灭的。

做投机的人不少，但是赚钱的人却不多，只要大众参与其中，那么亏损就不可避免。投机的敌人很多，比如愚昧、贪婪、恐惧和幻想。即便制定再完备的法规和条款也无法根除人类天性中**不适合交易的特点**。黑天鹅事件能够让最完备的计划破产，同样这些不可预测的因素也超乎了理性的经济学家和感性的人道主义者的掌控（除了不可预知的因素之外），故意引导大众犯错的虚假信息也是导致普遍亏损的罪魁祸首之一，它们与那些中立客观的基本面消息完全不同，它们经过伪装，让交易者们毫无免疫能力。

在投机圈子外围是占市场参与者比例最大的一个群体，这些外围人士热衷于追逐各种小道消息和传闻，这类信息有些是口传传播的，有些是经由报纸媒体传播的，或明或暗形式多样。除去那些用心险恶的消息之外，普通的建议也会让你饱尝败绩，比如某位终生挚友出于帮你发财的目的向你透露了自己的投资标的，他可是志虑忠纯，但是按其操作的结果就是亏钱，你能怪谁呢？而那些恶意传播的消息则更让人身处危险，这就好比想要从贩卖假酒和假金条的骗子那里购买真品一样南辕北辙。华尔街的传闻绝不是上了保险的发财之道，大众不要痴心妄想地认为可以从中得到稳赚不赔的机会。证券承销商、庄家和联合坐庄的财团无所不用其极，想尽各种办法，穷尽各种伎俩来完成筹码派发，而报纸媒体上的种种利好则**是他们的大杀器**。

最佳的派发利器是大盘牛气冲天和个股的利好题材。

他们经常采用权威的口吻来传播利好消息，你随便打开某一日的财经报纸，都会发现上面的文章经常引用半官方的信息来源，其中涉及的角色往往具有某种权威性，比如“×

首席……”，“×某重要董事会成员”，“×高官”或者是“政府人士”等，读者会理所当然地**信以为真**。比如，今天的报刊里面我随便挑一个例子出来，有条报道写道：“一位知名的银行家表示目前认为市场将下跌言之尚早。”

著名的社会心理学家Robert B. Cialdini认为“权威性”会显著增加影响力和说服力，还有可信度。要知道庄家可都是社会心理学的实践行家啊！

真的有知名银行家这样说过吗？如果真有这么一位知名银行家，那么他这样说的动机是什么呢？为什么不列出其姓名呢，他不允许吗？为什么不允许？他怕公布了自己的名字之后影响**其可信度吗**？

J.L.很注重“动机审查”，高手都是经常提问、善于提问的人。

我再举一个例子，这是关于另外一家公司的新闻报道，这家公司的股票最近一个星期交投十分活跃。这则报道援引了一位“重要董事会成员”的话。如果真有这么一位董事出来讲话，那么到底是谁呢？这家公司有十几位董事。显然，不列出名字要么是根本没有董事出来讲这个话，要么是讲了这话的董事以后也可以在负面影响**出现后卸责**。

美国股市也是经过很长时间才逐步规范的，相比之下A股市场其实发展和完善得更快，当然还有很长的路要走，但是我们应该对此抱有积极乐观的态度，选择了远方，便只能风雨兼程。交易的赢家是极少数坚持下来的人，是不断在黑暗中寻找光明的人。选择了交易，便是选择了少有人走的路。

投机的对象有很多，股票投机者除了研究投机的共性之外，还应该研究华尔街股票投机的独特之处。投机者不仅要掌握赚钱的要点，还要避免亏钱的要点。有所为，有所不为，两者同等重要。实际上，有投机的地方必然有程度或轻或重的操作，股票的上涨往往离不开主力的介入，而主力参与其中的唯一目的就是在更高的价位卖出手中的筹码。不过，营业厅的散户会简单地认为只要知道股票上涨的内幕消息，对此穷追不舍，那么无论谁，包括主力在内都不可能骗到自己。主力十分狡猾，他们总会给上涨编造一个冠冕堂皇的理由，或真或假，或虚或实，题材和故事必然有利于手中筹码的派发。我坚持认为倘若禁止刊登任何来源不明的匿名消息和评论则可让公众上当的可能性减少很多，当然我这里讲的信息和评论属于利多性质的，它们会促进散户买入或者持有某只股票。

那些以所谓匿名内部人士等权威名义发布文章的人绝大多数都在推销一些看法或者数据，以便诱导大众采取他们预期的行动，这些信息和观点往往是靠不住的，且具有误导性。

J.L.谈到了市场的有效性，即市场在中长期其实是有效的，其对股票的估值体现在股价上，而未来收益的预期则被贴现到现在的股价中。

散户们因为受到这些貌似权威说法的影响，年复一年地亏损。比如，某上市公司的主要业务处于萧条状态，而其股票成交稀疏，股价并不活跃，股价停留在这一水平其实代表了市场对其合理价值的**正确评估**。倘若某只股票真的被低估，那么必然存在机会驱使聪明的资金抄底，那么股价就会回升到正常的价值。倘若某只股价真的被高估，那么必然驱使聪明资金卖出或者做空，那么股价就会回归到正常价值。如果这只股票没有什么负面因素，也没有什么正面因素，那么就乏人问津，股价只会沉闷地横盘震荡。

而现在这家公司的业务似乎已经有了起色，形势正变得有利起来，业绩转折点似乎来到了。那么，谁会最先知道这一点呢？是内部人士还是普通大众呢？普通大众当然不能先知先觉了。那么接下来会发生什么？商业形势好转，那么公司的业绩也将逐渐好起来，那么公司便有能力派息或者增加派息数量，总而言之这将推动股票价格上涨。

这里所谓的“信息阶流”，在信息传播的世界里面也存在阶段划分和阶级划分。信息的传播也存在一个生态金字塔，首先是少部分人知道，而普罗大众则是最终的知情人。信息传播的动力学机制是什么呢？那就是是否对我有利，这是最主要的机制之一。

假设经营环境保持改善的势头，那么管理层和董事会会及时将这些进展告诉给散户们吗？董事长会对中小股东们开诚布公吗？有没有哪位仁慈善良的董事长会对那些财经报纸媒体的读者和听众们拿出一份签了自己名字的声明呢？真有实质利好的时候，有没有哪位内部人士会按照惯例匿名地公之于众？这下肯定就不会那么大方好意了，谁也不会透露半点风声，报纸等新闻媒体对此事**更是难有涉及。**

真正有价值的信息在大众那里你是听不到的，同时那些及时知道这些有价值信息的内部人士肯定会守口如瓶防意如城，现在正偷偷入市，能够捡到真正便宜的股票他们是不会袖手旁观的。随着他们隐秘地进行买入，股价开始上涨了。财经记者们知道内部人对上涨的原因应该有真正的了解，于是向他们询问缘由。这些习惯于匿名发声的内部人士出乎意料地一致，宣称毫不知情，没有任何内情和消息可以提供。甚至他们似乎会声称当前的价格波动太不理性了，投机者的非理性行为引发了波动，这些市场行为他们并不知道缘由也无所谓。

股价继续上涨，持股的人当然很开心了，因为他们早早地已经入场，把能够买到的筹码都弄到了手。这个时候，华尔街突然出现了诸多与这只股票**相关的利好消息**，新闻媒体也发出了“权威者”的声音，声称这家公司已经走出低谷现在业绩蒸蒸日上。比如此前对记者说毫不知情的某位董事，现在却通过媒体以匿名的形势宣称这家公司有充分的业绩基础和良好预期让持股人放心。

传播广度越大，危险程度越高。人多的地方，捡不到钱。

事态进一步发展，利好满天飞，群情激昂，普罗大众纷纷入市，股价进一步上涨。不久，匿名董事的预言成了现实，公司恢复了派息，或者是派息力度加大。利好越来越多，股票涨势越来越凶。当某位重要董事被问及公司经营状况时毫不避讳地说公司的业绩将越来越好。而某位地位极高的内部人士在回答难缠财经记者的提问时承认公司业绩状况已经超乎预期。与这家公司有密切业务来往的投行家在别人央求下透露这家公司的销售业绩增长率创造了行业之最，即便现在没有新的订单，公司也需要加班加点才能完成此前的订单，几个月能否完成则完全无法估计。某位财会委员会的委员在一份重要声明中强调公司业绩非常优秀，股价上涨远远跟不上业绩增加的速度，稍微懂点财务的人从公司年报中都可以发现每股净资产已经远远超过了股票价格，因此大众对于股价显著上涨的吃惊之情反而让人感到吃惊。这些看似坦诚的“肺腑之言”和“长篇大论”之后没有一个人愿意透露自己的鼎鼎大名。

只要公司业绩保持增长，没有任何减弱的迹象，内部人没有觉察到任何潜在危险，那么他们便会继续持有成本廉价的股票。既然没有任何可以打压股价的不利因素，为什么要卖出股票呢？不过，一旦公司基本面见顶，这帮人会怎么样？他们会立即通过或明或暗的方式将即将来临的危险告诉大众吗？基本不可能。股价趋势转熊，他们不会提醒你风险来临。正如此前他们在公司经营见底的时候，偷偷地吸筹，现在也会在公司经营见顶的时候，偷偷地抛售。由于他们的抛售，

找一个替罪羊，或者虚拟一个替罪羊，转移大众的焦点和愤怒指向，这类手法在人类众多的博弈领域都屡屡出现。这样的事情之所以出现，还是因为大众为情绪而非理性所主导。

股价自然会大幅下跌。这个时候内部人会宣称是**大空头打压的结果**，公司的一切经营正常，大众对这类解释非常熟悉，他们接受了这类解释，认为是可恶的空头在捣乱。股价持续下跌一段时间之后，在某个日子股价暴跌，散户们急切地想知道到底是什么原因导致了股价暴跌，这个时候除非某人出来解释一下，否则大众就会担心更坏的情况出现。于是某家新闻媒体就会刊登如下字句："我们邀请了这家公司一位重要的董事来解释股价持续下跌的原因，他的回答是今天的暴跌是因为空头打压，公司经营状况并未恶化，实际情况是好于从前，只要今后不出意外，那么公司就在下一次派息会议上提供派息率。空头们显得过于激进，他们导致了股价下跌，他们想要洗出那些不坚定的多头。"新闻媒体时不时地会添油加醋来佐证自己的结论，说是从某个可靠的来源得到这些信息，表明下跌过程中有不少内部人的买盘涌入，空头已经跳入一个陷阱之中。次日，市场进入了整理状态。

大众不仅是因为盲目相信利多买进股票而遭受损失，也因为受到蛊惑继续持股不卖出而遭受损失。对于那些内部人士而言，当他们准备出货的时候，他们最佳的选择就是劝说公众继续买入，次优选择则是劝阻公众卖出。当大众听到内部人士建议继续持股的讲话之后，他们会想些什么呢？他们应该相信什么呢？他们肯定会认为这只股票不该下跌，是空头在捣乱，一旦他们停止捣乱，内部人就会毫不手软地发动逼空式上涨，迫使空头回补头寸。倘若股价下跌真的是由空头引发的，那么公众相信的这些观点还能自圆其说，不过某些时候事态发展确实会在某种程度上迎合这种判断。

利多不涨，趋势向下，阻力最小路径向下。

但是绝大多数情况下，尽管新闻媒体的观点斩钉截铁地承诺多头将要推动逼空式的上涨，但是股票往往不为所动，**继续下跌**。下跌是必然的，因为内部人一直在大举出货，买盘难以有效承接。

这个已经被内部人士抛售的股票现在成了职业交易者手中的烫手山芋，唯恐避之不及，不想让它在手里多停留哪怕一分钟。股价继续下跌，似乎深不见底，内部人对行情前景预期暗淡，他们清楚地知道这对公司利润会产生负面的持续影响，在这种情况下买入自家股票来支撑股价是极不明智的做法，要进场也要等到下一个业绩的向上拐点出现才行。那时，及时知道内情的人会再度秘密买入。

多年以来，我在股票市场久经考验，对于股票交易和股票市场我有深度了解，我敢保证在我的记忆当中，好像没有哪一次股票的持续下跌是单纯因为空头做空引发的。所谓的空头恶意打压其实都是审时度势的行为，同样也不能将股票下跌归结为内部人的买卖行为变化，不单单是他们停止买入或者大举卖出就可以导致股价持续下跌，而是因为基本形势发生了根本变化。在基本形势发生恶化时，人人争先恐后地卖出，卖出的力量显著大于买入的力量，那么股价就会暴跌，持股的散户就会付出沉重的代价。

大家应该彻底明白一个真相：**股价长期下跌的根源从来不是空头一厢情愿地打压。当某只股票持续下跌时，你可以确定的是肯定存在什么问题，要么是股票供求的问题，要么是公司本身的问题**。倘若股价下跌不合理导致价格显著低于价值，那么必然会吸引买盘，股价就会企稳回升。其实，空头挣大钱的最佳机会是在股价显著高估的时候采取做空行动，不过这个时机出现时内部人是不会坦白透露实情的，而你则可以**重仓下注做空**。

价值和价格的关系，J.L.从自己市场操作的角度进行了诠释，他并不是一个简单的炒家或者投机客，他将价值、价格、预期、资金等因素引入到了股票分析之中，可谓开风气之先。一般的投机客重视价格、预期和资金三个因素，但是J.L.却从不忽视价值这个因素，这就是大师级人物与一般投机客的区别。

说到这里，我讲一个自认为最经典的案例，也就是 New Haven 的例子。今天的人对事情的整个经过大都耳熟能详，但是当时可能只有几个人知道内情。这只股票在 1902 年的卖出价为 255 美元，这家上市公司涉及的是新英格兰地区最重要的铁路投资项目。当地的老百姓认为持有多少这只股票意味着在本地的地位和身份有多高。倘若某人宣称这家公司将破产，当然不会被投入监狱，但是会被关进精神病院，和精神病患者共处围墙之内。不过，当 Morgan 先生委派了一位鲁莽大胆的新总裁任职以后，这家公司就开始步入衰落阶段了。

开始的时候，大众并未预期到新政策会导致公司陷入困境，但是随着公司不断地大举购入价格虚高的各类资产，公司的财务负担日益沉重，少数有识之士开始意识到新任总裁Mellen的政策存在问题。比如，某人付出200万美元买入一套货车资产，转手就以1000万美元的价格卖给New Haven公司。这使得有一两个向来心直口快的人批评管理层做法鲁莽铺张，暗示即便New Haven财力雄厚，也不应该这样浪费金钱，不过这样的批评在当时的氛围下显得很不给管理层面子，也被大众认为是毫无根据的批评。

同我此前说的一样，内幕人士仍旧是最早觉察到问题的那批人，他们对公司的真实经营状况越来越担心，于是减持了股份。由于他们的抛售和放弃护盘，新英格兰铁路板块的股票开始下跌。大众习惯性地提出了疑问，要求知道为什么股价下跌了。于是，重要的内部人士出来安抚市场，宣称公司经营一切正常，股价下跌是因为空头打压引发的，因此大众继续持有New Haven在内的新英格兰铁路板块股票。为什么不持有呢？内幕人士都出来宣称一切正常了，只不过是空头捣乱而已，派息不也是正常进行中吗？

不愿亏损导致不愿认清现实，进而导致不愿意接受那些提出异议的人。最有价值的信息应该是与你意见相左的人提出来的证据和逻辑！

不过，内部人士逼空的行动并未出现，股价反而继续下跌并且创出新低。内部人的抛售行为加剧了，遮羞布都不要了。波士顿一帮具有良知的人士要求这家公司澄清股价下跌的真正原因，反而被扣上了**妖言惑众的大帽子**，对于那些原本抱着从这只股票上保本获利想法的投资者而言现在的下跌无疑是一场噩梦，本金损失惨重。

这只股票从255美元持续下跌到12美元，史上罕见的股价大崩盘，这可绝不是什么空头恶意打压可以做到的。空头既非肇事者，也非推动者，而是内部人不断抛售导致的，在他们逐渐被迫吐露实情之前，就在逢高卖出，卖出的价格远远高于他们澄清之时。什么价格是合理的，是250美元、200美元、150美元、100美元、50美元甚至25美元都不是关键，因为这些价格都高于其实际价值，内部人非常清楚这点，而大众却毫不知情。倘若大众在忙着买卖这只股票的时候对自己的不利处境抱着些许清醒，那么还有一点胜算。当然，只有那些与这家公司关系密切的人才能掌握内情。

这只股票上演了一出跳水大戏，过去20年都未曾见过。这只股票的下跌绝不是因为空头的打压，相反正是因为大众盲信了这种解释才导致自己的损失日益扩大。盲信空头打压的观点导致这些人死扛，他们幻想空头住手之后，股价就会回升，而那时他们就有机会以更好的价格卖出，这种一厢情愿的想法妨碍了他们如实地观察本已糟糕的市场表现。大众总是将股价的糟糕表现归罪于某些所谓的“大空头”，以前我经常听到大众怪罪Keene，而在更早以前则经常怪罪Charley Woerishoffer和Addison Cammack等，而现在我经常成为股价下跌的“罪魁祸首”遭受大众**的指责**。

怨天尤人是最轻松的放弃之道，于事毫无补救作用。不如意的事情就是你要做的功课，也是你进步的垫脚石。

另外一个例子也让我记忆犹新，就是Intervale Oil的案例。这次股票的上涨是因为联合坐庄，股价上涨过程中也吸引了一些跟风盘。庄家将股价拉升到了50美元，然后在这个价位抛售，股价快速下挫。显著下跌时，人们习惯性地想要得到某种解释。为什么这只股票会下跌？大家都满怀疑问，想要得到解释的人太多，这个问题自然成了新闻关注的焦点。一家通讯社电话采访了对Intervale Oil走势有相当多数据分析的几家券商，因为从常识来讲他们应该对下跌缘由有更加接近内部人士的了解。当通讯社想要将股价下跌缘由公之于众的时候，那些接受采访的券商和联合坐庄成员们是怎么回答的呢？他们宣称Larry Livingston **正在打压股价！**更离谱的是他们还宣称不会让我得逞。话虽如此，其实他们继续抛售毫不顾忌。当时股价在12美元附近交投，这个价格远远高于他们的成本价，所以他们一直可以抛售到10美元，甚至更低。

宣称某个玩家在主导行情，要么是别有用心，要么是忽略了本质。即便是内部人和庄家进行持续抛售那也是因为公司经营前景出了问题，格局已变，内部人和庄家顺势而为罢了。忽略了格局，强行控制股价的庄家也难逃身败名裂的结局，看看A股每轮牛市结束后一片狼藉时，那些曾经“叱咤风云”、好不得意的莽庄的下场吧。

内部人在下跌趋势中继续卖出是理性合理的，但是对于那些处于信息圈外围的大众而言，他们在35美元或者40美元买入这只股票，现在却处于困境和被动之中。这些外围人士听信了别有用心的新闻报道，于是继续持股，等待着内部

人将外围人“一网打尽”。

在牛市格局下，特别是繁荣阶段，大众初期会在账面上赚钱，但最终却以亏损出场，原因在于未能及时退出，在股市中停留太久。而那些空头打压的宣传让他们信以为真，于是坚定持股。那些匿名发声的权威人士提出了种种解释，这些解释却是大众最应该警惕的**陷阱和诱饵**。

“动机审查”是你阅读任何消息和观点时需要恪守的一项原则。

消息传播动力学（2）

人们总是盼望有人告诉自己应该怎么做，正是这一想法让提供消息和接受消息的做法泛滥。券商应该为自己的客户提供中肯的建议，既可以是书面通知，也可以是口头提醒，这些都是合情合理的。不过，在这个过程中，券商不应该被当前的经济形势所蒙蔽，因此股票市场领先于经济形势 6~9 个月。今天的上涨不能构成券商建议客户继续做多的理由，只有在全面预判未来 6~9 个月商业形势还能让上市公司保持派息水平的前提下，才能建议买进。倘若你尽力前瞻，那么就可以看清楚未来的经济形势，而这些潜在的形势终将取代现在的情况，而今天判断股票价格的依据将不复存在。交易者应该保持前瞻视野，但是券商们和经纪行却更关心他们现在的佣金和手续费收入，因此他们撰写和提供的市场评论则不可避免地具有**倾向性和误导性**。他们依靠手续费等作为收入，不可避免地会将公众引导到庄家的陷阱之中，从而成为他们的“接盘侠”。

利益决定行为！

经纪行的这类做法见惯不惊了，当内部人士找到经纪行的老板，直截了当地说道：“我想请你替我的股票造市，帮我卖出 5 万股！”

经纪行老板进一步问清情况，假定这只股票目前报价为 50 元，而这位内部人士则对他讲：“给你 5000 股买入期权，执行价为 45 美元，每多 1 美元增加 5000 股，总共 5 万股期

权，同时我会给你 5 万股卖出期权，执行价则按照市价计算。”

经纪行老板要挣到这笔钱并不难，前提是他能够吸引到一些跟风盘来为自己抬轿子和接盘。当然，内部人士选择联合坐庄伙伴的时候也是有考虑的，在全国各地遍布分支的经纪行，其电报通信网络发达，相互联系，便于散布利好消息，很容易吸引到大批的跟风盘。另外，这家经纪行获得了卖出期权，这样相当于在找不到足够多散户来接盘的时候，还可以把股票抛回给内部人士，这相当于买了保险一般，风险降低不少。倘若他能够吸引到足够多的跟风买盘，那么就能找高位兑现大额利润，另外，因为造市成功经纪行本身还有大把的佣金和手续费收入。

当然，这只是消除了卖不出去的风险，但是如果市价低于其此前执行均价，那么经纪商选择执行卖出期权也是要亏本的。

说到这里，我想起了华尔街一位内部人士的精彩大手笔，这位老兄在华尔街名气不小。他往往想拜访大型经纪行或者券商中的顶级客户经理。但某些时候他也会屈尊去拜访其中一位级别最低的合伙人，通常他是这样进行开场白的：“你好朋友，多谢你以前对我业务的关照，现在为了表示对你过去帮助的感谢我提供一个机会让你发一笔财。现在我们正在筹建一家新公司，将原来一家公司的资产注入其中，并购价格要超过目前报价很多。现在，我愿意按照每股 65 美元价格转让给你 500 股的 Bantam Shops，股票现在的报价是 72 美元。”

这位表现得“感恩戴德”的内部人士分别对几家大型经纪公司的十几个顶级客户经理做了同样的陈述。对于这些客户经理而言，他们接受上述条件的股票转让相当于已经到手了一笔横财，接下来他们会怎么做呢？当然是希望股价继续能上涨了，涨得越高越好，这样他们就能从转让的股份中挣到更多的利润。如何让股价继续上涨呢？自然就是大力向自己的男女客户推销，逢人便推荐这只股票。那位“重情义”的内部人士难道不知道这一点吗？他当然非常清楚，他知道这十几个客户经理会帮他造市成功，然后他就能以更高的价格将自己手里的大量筹码**倒给这些跟风者**。

影响力心理学和营销学里面经常提到意见领袖这个概念，也有学者称之为社群中枢，其实这位内部人士明白要想影响潜在的人群来跟风，最好就是先影响与这群人关系密切的客户经理。坐庄和造市与广告学有没有关系？与营销有没有关系？与社会心理学有没有关系？关系很密切，而且操作性极强。

还有一些股票推销手段也应该被明令禁止。比如，交易所应该禁止为了促进股票销售，允许大众在场外以部分融资的方式购买公开上市公司股份。要知道，能够在交易所上市意味着得到了官方的认可，对自由市场原则的捍卫加上价格波动带来的丰富机会吸引了交易者参与其中。倘若允许大众在场外以部分保证金的形式买卖交易所挂牌的股票，那么就会严重损害官方和交易所的信誉，违背自由市场原则。

还有一种常见的股票推销手段是股份分拆，通过增加股份数量降低每股价格的伎俩来提升大众的买入热情。这一伎俩让懒得思考的大众亏损巨大，但是没有人因此被投入监狱，因为分拆是合法的，不过是更换了一下股权登记的字迹颜色而已。

上市公司无法像变魔术一样，将 1 只老股票拆分成 2 股或者 4 股，甚至 10 股新股票。这样做的目的是为了让股票更加容易流通，因为价格越便宜，则散户参与的门槛就越低。这就好比商品采取更小分量和更小包装，将此前 1 磅一大袋的老包装改成了 1/4 磅重的新包装，价格则变为 25 美分，或者 27.30 美分。

为什么大众不探究这只股票通过分拆来推广的原因呢？这就是华尔街这些"披着羊皮的狼"的坐庄把戏之一。聪明的交易者从不盲信自己的对手，这种把戏本身就应该成为一种值得足够重视的警告，但是散户视而不见，自然亏损连连。

第三种出现在庄家吸筹阶段，倘若有人故意制造和散布某个企业的利空消息，那么就是在故意打压其价格，引诱大众卖出，而自己则趁机低价买入，这种行为也应该**遭到打击**。打击恶意造谣的相关法律本来是战时为了惩罚那些散布金融系统危机言论的人，为的是避免挤兑风险和恐慌蔓延。这样的法律也应该应用于股票市场，保护大众的利益，避免在显著低于价值时卖出，换而言之就是惩罚那些恶意制造和散布利空消息的人。

那么，对于那些恶意制造和散布利多消息以便在高位将筹码倒给大众的人又该如何处理呢？大众在此情况下的利益

股票有两重属性，第一重属性是价值，第二重属性是筹码。价值和筹码，二元统一对立，巴菲特对此也很了解，估值和成长性是看价值，而市场其实是看筹码。巴菲特从来只谈股票的价值属性，对于筹码属性谈之甚少。2009 年之前，迷信巴菲特单纯价值论的 A 股基金经理们莫不折戟，而那些同时注重股票筹码属性的价值信徒却笑傲江湖！

又应该如何保护呢？没有任何针对这种情况的惩罚和保护措施。大众因为这些蛊惑而在高位追买，因此损失的金钱远远超过了空头打压带来的损失。

倘若通过一项法律来惩处“制造和散布利多假消息的行为”，如同现行法律惩处制造和散布利空假消息的行为，那么我认为将会保护大众的权益，避免巨大的损失。

当然，承销商、庄家以及内部人士则会说谁要自己听信了那些传闻和消息，那么亏损了自己应该负责，而不是责备别人。按照他们那种说法，如果某个人因为自己的愚蠢而染上毒瘾，那么他就没有资格再获得法律和大众的保护了。

相反，我认为交易所应该承担起保护投资者的责任，保护大众免受不公平交易的伤害，对于交易所而言也是生死存亡的重大事项，交易所如果听之任之，那么大众就会远离它。如果某个人想要对大众说出上市公司的内情或者内部消息，那么交易所应该让他签字发表，这样做不是要保证他们的观点是正确的，而是要让他们承担起相应的责任，这样他们才能谨言慎行。

对于交易大众来讲，苦练内功是最为重要的，应该牢记并恪守交易的基本原则。当某只股票持续上涨的时候，并不需要事无巨细地探讨它上涨的原因，因为既然它持续上涨，那么必然有持续买入的力量。只要这只股票保持上涨态势，不时发生小幅的正常回调，那么就应该**追随上涨趋势**。相反，如果某只股票在长期上涨之后转而下跌，中间偶尔有小幅的反弹，那么显然阻力最小路径**已经向下了**。既然已经下跌，你还需要纠结于下跌的细节吗？这只股票下跌或许有着很好的根据，但是这根据往往只有极少数几个人才知道，他们要么不说，要么坚持认为这只股票现在并不贵。交易的游戏就是这样的参与方式，大众应该清醒地认识到知者不言的道理，掌握事实和内情的人不会和盘托出，因为这样做对他们不利或者说**没有好处**。

向上N字结构系列出现，趋势向上！

向下N字结构系列出现，趋势向下！

投机的游戏是零和游戏，每个参与者唯一的朋友就是格局，就是趋势！联合坐庄的这些人其实也互为对手！

许多所谓权威人士的言论其实是无中生有的，缺乏事实根据，甚至根本就没有什么权威人士接受采访，完全是杜撰出来的，因为杜撰者在其中有巨大的利害关系。在运作股票上涨的特定阶段，庄家确实需要职业交易者的帮助来助推股价，在这种情况下他们或许会故意向职业投资者透露买入的时机，但是可以肯定的是他们绝不会透露卖出的时机，因为在卖出的时候职业投资者与散户一样都是庄家的对手盘。庄家需要找到足够多的对手盘才能在高位全身而退，所以在这个时候大众最容易得到的消息往往是忽悠你高位接盘的。总而言之，在这个游戏当中内部人士的话无论在哪个阶段都不能轻信。大公司的最高管理者们或许会利用内幕信息操作，但是他们通常并不撒谎，而是选择保持沉默，偷偷从中获利。

下面这几句话我已经重复强调多次了，不过最后再说一遍并不为过。作为股票操盘手多年，我坚定地认为没有人能够一直战胜市场，他所能做的只是在某个情形下在某只**股票上获利而已**。无论某位交易者经验多么丰富，亏损也是不可避免的，因为投机不是结果完全确定的行为。另外，华尔街专业人士都明白轻信和盲从小道消息以及媒体传闻将比天灾人祸的黑天鹅事件更容易让你在交易中落败。在任何领域都没有一劳永逸的做法，也没有平坦的前行之路，无论是在华尔街还是其他什么地方都是如此，那么何苦还要给自己徒增阻碍呢？

选择易胜的格局！引用一段孙武的原话："古之所谓善战者，胜于易胜者也。故善战者之胜也，无智名，无勇功。故其战胜不忒。不忒者，其所措必胜，胜已败者也。故善战者，立于不败之地，而不失敌之败也。是故胜兵先胜而后求战，败兵先战而后求胜。"

J.L.最值得回味的交易名言

● 我根据规则来操作，而不是基于对股票的偏好，也不是基于某些死板的观点。

● 任何人都不可能天天找到充足的理由去交易，或者说人类还没有能力足以每时每刻都处于理性的交易之中。

● 大家可以深思一番，我们为了赢得这场比赛花费了多少心血和努力。

● 只有大的波动才能为你带来大的利润。

● 从小我就善于独立观察，提出问题和独立思考，善于自己总结。只有经过这一过程，才能够领悟到事物的本质。

● 解读盘口是这个游戏的重要组成部分，时机抉择和坚定持仓也是重要的方面，不过我最大的发现却是交易者务必研究和评估总体情况，并且对驱动因素进行权衡，以把握行情发展。

● 倘若交易者只在有浮动盈利的时候才会下重注，而亏损的时候都停留在小额试探性阶段上，那么怎么会不赚大钱呢？

● 成功和利润只不过是正确行事的副产品，一旦过程正确利润不请自来，无须担忧。

● 如果你想要从股票市场中挣钱来支付账单，那么这往往会导致亏损，这就是交易亏损最普遍的原因。

● 生意就是生意，永远不要掺杂其他的感情因素，我的生意是投机，那么投机的时候就应该自始至终将自己的判断置于实践的前沿。

● 如果你翻阅关于市场情绪的最新报道，就会发现今天的股票投机者与历史上的表现没有任何差别。投机的本质没有改变过，人性也没有改变过。

● 即便是最谨慎的商业人士也需要去主动承担某些特定的风险，除非甘于平凡。

● 我在交易中都给自己留有充分的后备资金，不要做超出自己能力的事情，我总是给自己一些缓冲空间。

● 如果你没有充分地进行研究，而是匆忙地入市，那么无论你的资本有多雄厚，你都难以获胜，而如果你不愿意从中吸取教训则永远不能成功。

● 对于投机者而言，所谓的勇气就是坚定去执行自己的判断。

● 股票成功投机的前提是未来人们将继续重复过去的错误！

● 倘若某只股票真的有价值，而且大盘也向好，那么回调时买入总是好的买卖。

● 潮水来了的时候，大家都在挣钱，不过这是账面盈利而已，等到潮水退去的时候，大家还来不及落袋为安，最终不过是一枕黄粱而已。

● 百密一疏是难免的情况，再周密的计划也可能中途出岔子，因为市场存在各种未被预料到的情况或者是根本无法预期到的情况。

● 股价长期下跌的根源从来不是空头一厢情愿地打压。当某只股票持续下跌时，你可以确定的是肯定存在什么问题，要么是股票供求的问题，要么是公司本身的问题。

流动性分析：人民币的近端供给和美元的远端供给

利率就像是投资上的地心引力一样。

——沃伦·巴菲特

传统的金融教育课程遗漏了什么？心理学和流动性理论。

——罗素·纳皮尔

每次泡沫的基本面因素都不一样，但是流动性驱动是相同的。

——戈登·佩尔

牛熊转换的背后是资金的转换、市场情绪的转换、市场估值水平的理性回归，反映的是经济深层次的矛盾变化。

——李晓伟

股市持续上涨的充分必要条件就是资金不断加速流入。流动性环境对股票市场具有很大的影响，早在第一课中我们就已经谈到了这点，不过在本课中我们将专门而深入地介绍这一点。

股票市场与经济周期并不完全同步，有两个原因，第一个原因是上市公司成分与经济运行中的公司成分不符，这是中国 2005 年之前的情况。第二个原因就是流动性，这是本课要谈到的重要问题。过去 40 年，美国 GDP 增长不到 3 倍，而道琼斯指数却上涨超过了 16 倍，其中最为重要的原因是货币供应的加速扩张导致大量流动性涌入股市不断推高美股价格。美国 1975 年和 2009 年的股票市场走势非常相似，都是因为极端宽松的货币政策导致了股市大幅上涨（见附图 2–1）。

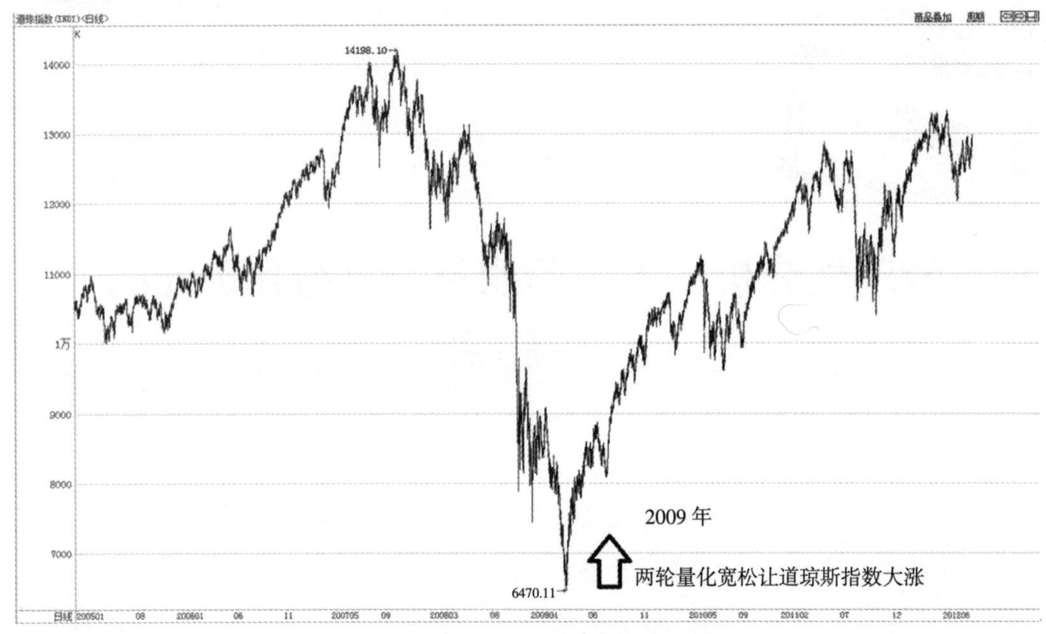

附图 2–1　2009 年量化宽松导致美股暴涨

理论和历史表明货币供应量的增加会导致对股票的需求增加，随着货币供应量增加而对货币的需求大体不变，这样就会导致人们调整自己的资产负债表，进而将多余的货币投入到其他资产上，而股市就是这些资产中最为重要的一种。中国 A 股是新兴市场，交易者对于公司的业绩更为漠视，因此货币供应量的变化对股市的影响非常大。每次流动性由偏紧转向宽松的时候，都会带来 A 股市场的大幅上涨，资金面对 A 股市场影响显著。

不少股票短线交易者对 A 股市场的大盘走势非常迷惑，看不清楚其最本质影响因素，主要还是流动性，因为**流动性决定了 A 股市场的估值中枢。流动性充裕，风险偏好就强**，利率也低，相应的 E/P 就低，反过来 P/E（市盈率）就高；**流动性缺乏，风险偏好就弱**，利率也高，相应的 E/P 就高，反过来 P/E 就低。这是流动性引发风险偏好的变化，进而影响市盈率。

流动性还能引发各经济主体的资产负债表变化，而这会导致整个经济的资产重置行为，进而引发资产价格的大幅波动。流动性宽裕，企业债务负担较轻，现金流充足，投资冲动十足，上市公司业绩表现不错。流动性宽裕，商业银行放贷条件宽松，放贷冲动十足，消费和投资贷款大量增加，刺激了经济的活跃。流动性宽裕，居民消费贷款和放贷相对容易，有调整现金资产的需要，这时候对理财产品和股票的需要增加。

当流动性紧缩的时候，一切就反过来了。所以，流动性还能引发资产负债表的变化，这与风险偏好变化一起最终将导致包括股票在内的资产市场波动。

流动性对大盘的影响是第一位的，业绩对大盘的影响是第二位的，搞清楚这个才能判断清楚大盘。货币政策对大盘影响直接而显著，如果流动性宽裕，而股市没有巨大的政策性利空（比如以前的国有股减持而不支付对价的政策预期等），那么资金的一部分就会先进入股市，赚钱效应带动更多的资金进入股市，这样股市就会出现牛市。2008~2009年超级宽松的流动性就是2009年牛市的助产士，M2从50万亿美元到75万亿美元，流动性太宽松了，超过了美联储的操作。

回顾1990年到2010年的五次A股大牛市，每一次都伴随着流动性的超级宽松和资金涌入股票市场。第一次大牛市从1991年持续到1993年，上证指数从100点上涨到1558点。开户人数从零增加到几百万，股票只有几十只。第二次大牛市从1996年持续到1997年5月，上证指数从512点上涨到1510点。开户数量从几百万户增加到2000多万户，银行利率大幅下降，储蓄资金大量进入股市。当市场表现较好的时候就会有较多的储蓄资金进入股市，如果市场较差，那么资金就会流出股市。居民储蓄的变化与股市的变化有一定关系，居民储蓄往往是股市的助推器，习惯于火上浇油，而不是雪中送炭。**储蓄分流具有很强的波动性，市场的走势往往引导着储蓄资金的流动，这类资金的特点就是"追涨杀跌"，资金流入缺乏长期性和持久性，应该算得上是典型的"热钱"。**这类资金要么直接进入股市，要么通过公募基金进入股市，由于这类资金习惯于"追逐过去"，所以市场好的时候，基金理财产品也热门，基金非常容易发行的时候，往往也就是股市见顶的时候，因为这表明资金宽裕得不能更宽裕了。而当市场真正底部出现的时候，基金理财产品却遭受冷遇。基金的仓位与股市的顶底也有明确的关系，这个可以从本书第十课的内容掌握。只有随着养老金和保险资金大规模入市才能从根本上改变这种"追涨杀跌"的非理性本质。储蓄资金的进出可以从中登公司的官方网站上的证券开户数目推断出来，同时还应该结合人民银行的金融数据，特别是有关商业银行储蓄变化的数据。一般而言，**当银行定期存款增速和规模达到顶峰时，股市的底部往往也就出现了。**随着股市的活跃，资金就会持续从银行搬家到股市。

第三次大牛市从1999年持续到2001年，从1000点上涨到了2245点。亚洲金融危机之后，信贷非常宽松，社会闲散资金多。开户人数从2000多万增加到6000多万。第四次大牛市从2005年6月持续到2007年10月，上证指数从998点上涨到6124点。基金规模爆炸性增长，投资者开户数上涨到1.3亿户，大量的外汇占款使得国内流动性异常宽松。第五次大牛市从2008年11月持续到2009年8月，上证指数从1664点上

涨到 3478 点。管理层采取了超级宽松的货币政策，使得股票市场大幅上涨，特别是中小盘股票。从这几次牛市的发展可以看到流动性和资金大规模流动对行情的决定性影响。

散户知道这些吗？估计当故事听听罢了。本书的读者可不能这样一笑置之，因为流动性是大盘最显而易见的影响因素，你完全可以通过查看 M1 和 M2 的走势，以及央行的货币政策来跟踪流动性的变化。做大事要选格局，股票交易要风生水起，也要选格局，**最大的格局就是流动性。没有好的局，高手绝不出手！**善战者，胜于易胜者也！诸葛亮就不是一个善战者，此点与司马懿相比相差甚远。大智者选择容易下的棋局，而聪明者则力图走好一局别人选择的棋。人挪活，为什么能活，**换一个地方，人生的格局就换了一下。**巴菲特善于选局，终成大器！

流动性和业绩是看大势的关键，做个股短线要看题材，但是**只有业绩持续向好的题材才有生命力**，主力才敢大干一场，否则做上去了没有对手盘。某些短线题材，缺乏实质性支持的题材我们也会用点小资金做着玩，但主要火力还要配置在有业绩支持的题材个股上。当然，个股的选择上你持股的期限不同对这两个因素的排序也不同。但是，**流动性的谷底增加了股票投资者的购买力**，或者降低了持股成本，给足了安全空间。

牛市可以分为业绩驱动型和资金驱动型，任何牛市都是这两种类型的复合型，只不过某一型占比更高而已。2005 年 6 月到 2007 年的大牛市就是业绩驱动型和资金流动型混合型，因此爆发力十足，而 2009 年的牛市则主要是资金驱动型，当然也有业绩驱动的因素。**业绩驱动为主的牛市持续时间更长，上涨空间更大，而资金驱动为主的牛市爆发性更强，小盘股表现更好。**

央行的货币政策和市场上实际的流动性变化是股票市场大方向的决定因素之一，**而流动性变化具有趋势性，这种趋势性会持续一年以上，因此股票市场的趋势也会持续一年以上。**关注流动性环境可以帮助我们做好股票短线交易的策略，**在流动性充裕的环境中，持股时间应该更长，以主题行情和波段操作为主；而在流动性短缺的环境中则应该缩短持股时间，以短期热点和题材的操作为主。**

流动性的变化可以从两个角度进行理解，第一个角度是利率的角度，第二个角度是货币供应量的角度。首先，再温习一下利率与股市的关系，如果利率较高，那么在每股收益既定的情况下，每股价格就需要下降，只有这样用市盈率倒数（E/P）表示的股市收益率才能接近固定收益产品。相反情况下，如果利率水平较低，那么在每股收益既定的情况下，每股价格就可以上升。也就是说利率作为一个基准收益率对股票市

场的资金起着分流的作用。其次，利率也影响上市公司的整体业绩，特别是那些资产负债率较高的公司，比如航空股和钢铁股。当利率上升时，只要有负债的公司都会或多或少地受到负面影响，导致经营绩效下降。不过，利率主要对资产的收益率产生影响，进而引导资金的流向，真正决定有多少资金在资产之间流动的因素还是货币供应量。当然，利率体系是多层次的，我们需要关注的不仅是央行能够直接控制的利率指标，对于民间借贷这类非官方利率也要密切关注，因为后面这种指标往往更明确地表现出了市场上真实的流动性状况。

我们一般会观察温州的民间借贷利率，因为江浙一带的民间资本是股票市场和期货市场的重要力量，最厉害的股票短线高手主要聚集在宁波一带，或者是从宁波走出来的，而最厉害的期货短线高手则主要聚集在杭州一带，或者是从杭州走出来的。既然中国最厉害的股期高手都集中在沪宁杭一带，而上海作为亚太的金融中心之一，这使得我们不得不关注长三角地区的民间资本状况，而温州民间借贷利率的数据也容易被取得。如果温州出现民间借贷利率高企的情况，则表明市场流动性存在问题，一般而言在流动性大肆放松后如果开始收紧则会出现高利贷。所以，高利贷的出现反映了官方流动性开始收紧对温州过度扩展资本的影响。

我国影响流动性的货币政策工具主要为公开市场业务，存款准备金，中央银行贷款（再贴现），利率政策等。我们逐一了解一下，首先是公开市场业务。在多数发达国家，公开市场操作是中央银行吞吐基础货币，调节市场流动性的主要货币政策工具，通过中央银行与指定交易商进行有价证券和外汇交易，实现货币政策调控目标。中国公开市场操作包括人民币操作和外汇操作两部分。外汇公开市场操作 1994 年 3 月启动，人民币公开市场操作 1998 年 5 月 26 日恢复交易，规模逐步扩大。1999 年以来，公开市场操作已成为中国人民银行货币政策日常操作的重要工具，对于调控货币供应量、调节商业银行流动性水平、引导货币市场利率走势发挥了积极的作用。

中国人民银行从 1998 年开始建立公开市场业务一级交易商制度，选择了一批能够承担大额债券交易的商业银行作为公开市场业务的交易对象，目前公开市场业务一级交易商共包括 40 家商业银行。这些交易商可以运用国债、政策性金融债券等作为交易工具与中国人民银行开展公开市场业务。

从交易品种看，**中国人民银行公开市场业务债券交易主要包括回购交易、现券交易和发行中央银行票据。**其中回购交易分为正回购和逆回购两种，正回购为中国人民银行向一级交易商卖出有价证券，并约定在未来特定日期买回有价证券的交易行为。**正回购为央行从市场收回流动性的操作，正回购到期则为央行向市场投放流动性的操**

作。逆回购为中国人民银行向一级交易商购买有价证券，并约定在未来特定日期将有价证券卖给一级交易商的交易行为，**逆回购为央行向市场上投放流动性的操作，逆回购到期则为央行从市场收回流动性的操作**。

现券交易分为现券买断和现券卖断两种，前者为央行直接从二级市场买入债券，一次性地投放基础货币；后者为央行直接卖出持有债券，一次性地回笼基础货币。

从 2002 年开始，中央银行票据（简称央票）成为了我国公开市场操作的主要工具。中央银行票据即中国人民银行发行的短期债券，**央行通过发行央行票据可以回笼基础货币，央行票据到期则体现为投放基础货币**。央票主要有三个月，六个月，一年和三年期，债券市场的分析师往往对这个市场有较为理性和高效的判断，而股票市场关心央票发行的人较少。因此，**为了做好股票交易我们也必须关注央票的发行情况，听听债券分析师的意见和看法**。总体而言，固定收益分析师的报告较为客观和理性，这点比股票分析师要强很多。

那么，央票与 A 股市场到底有怎样的关系呢？**中国货币政策调整前夕往往会在央票上有所动作**。而货币政策的变化对于流动性有很大影响，自然就对股市的变化有很大的影响。具体而言，央票上的动作有些什么指示意义呢？央票发行的品种、规模和频率都具有重要的指示意义。先谈谈央票发行品种的指示意义，一般而言**半年期的央票是利率政策出现阶段性变化的信号**，也就是加息周期中是否即将出现新的一次加息或者降息周期中是否即将出现新的一次降息的信号。而**一年期央票和三年期央票则涉及更加强烈的信号，这两种央票的发行与否往往涉及利率调整周期结束或者开始的信号**。另外，一年期央票发行的利率往往反映了政策面信号的变化。

这里补充一下，我们经常用到的一个分析框架（这个框架主要用来分析债券市场的趋势性变化，而这种趋势性变化会影响股票市场）：**银行间市场 7 天回购利率反映了市场资金面的变化，一年期央票发行利率反映了政策面的变化，10 年期国债利率的变化更多反映了经济基本面的变化。一般而言，基本面先于政策面发生变化，而政策面先于资金面发生变化。通过这三个指标我们可以较为有效地判断出货币政策、债券市场和金融流动性的变化。**

存款准备金是指金融机构为保证客户提取存款和资金清算需要而准备的资金，金融机构按规定向中央银行缴纳的存款准备金占其存款总额的比例就是存款准备金率。存款准备金制度是在中央银行体制下建立起来的，世界上美国最早以法律形式规定商业银行向中央银行缴存存款准备金。存款准备金制度的初始作用是保证存款的支付和清算，之后才逐渐演变成为货币政策工具，**中央银行通过调整存款准备金率，影响金**

融机构的信贷资金供应能力，从而间接调控货币供应量。

存款准备金本来是用于保证支付安全的，在中国却成了对抗热钱的一种工具。**存款准备金率提高的话意味着市面上流通的资金量下降了，相应地流入股市的资金量也因此下降了。**一般股票市场上的参与者都会相对孤立地来看待存款准备金率的变化，调低存准率被简单地视为利多，而调高存准率则被简单地视为利空。其实，调存准率本身对市场的影响是简单的，降低存准率有利于增强市场流动性，而提高存准率则有利于减弱市场流动性。但是，我们不能忽略了经济周期这个大前提，**在经济下滑的时候，下调存准率只是进一步确认了经济下滑的速度，因此熊市中调低存准率往往只是高开低走，或者直接就是低开低走。**而在牛市中，经济往往是向上的，这时候存准率上调只不过确认了经济上升的速度，因此**牛市中上调存准率往往只是低开高走，或者直接就是高开高走。**前两次调存准率的力量并不足以扭转市场的趋势，往往**要多次调整存准率之后市场趋势才会接近尾声，**这点是我们做股票的投机客要注意的，不要简单地将存准率调整与多空走势画等号，**更需要注意的是调存准率确认了经济处于什么阶段，只有衰退阶段才会不断调低存准率，只有繁荣和滞胀阶段才会不断调升存准率。所以，我们要关心的往往是第一次上调和下调存款准备金率，**这往往意味着进入到经济周期的新阶段，流动性也进入到一个反向时期。我们来看一个具体的例子，2010 年 1 月 12 日中国人民银行宣布决定从 1 月 18 日起上调存款准备金率 0.5 个百分点。这是第一次上调存款准备金率，也就是说此前存款准备金率一直是下调的，现在流动性步入一个反向阶段——收紧阶段（见附图 2-2）。既然流动性转而收紧，那意味着可以流入股市的资金有越来越少的趋势。2010 年 1 月 13 日股市低开 77 点，收盘下跌 101 点。附表 2-1 显示了 2007 年以来存款准备金率调整对股市的短期影响。

附表 2-1　2007 年以来存款准备金率调整对股市的短期影响

公布日	大型金融机构			中小金融机构			股市
	调整前（%）	调整后（%）	幅度（%）	调整前（%）	调整后（%）	幅度（%）	沪指（%）
2012 年 2 月 18 日	21	20.5	-0.50	17.50	17.00	-0.50	0.30
2011 年 11 月 30 日	21.50	21	-0.50	18	17.50	-0.50	2.29
2011 年 6 月 14 日	21	21.50	0.50	17.50	18	0.50	-0.95
2011 年 5 月 12 日	20.50	21	0.50	17.00	17.50	0.50	0.95
2011 年 4 月 17 日	20	20.50	0.50	16.50	17.00	0.50	0.22
2011 年 3 月 18 日	19.50	20.00	0.50	16.00	16.50	0.50	0.08
2011 年 2 月 18 日	19.00	19.50	0.50	15.50	16.00	0.50	1.12
2011 年 1 月 14 日	18.50	19.00	0.50	15.00	15.50	0.50	-3.03

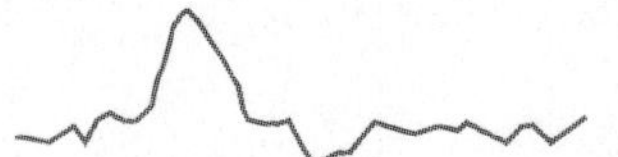

续表

公布日	大型金融机构			中小金融机构			股市
	调整前（%）	调整后（%）	幅度（%）	调整前（%）	调整后（%）	幅度（%）	沪指（%）
2010年12月10日	18.00	18.50	0.50	14.50	15.00	0.50	2.88
2010年11月19日	17.50	18.00	0.50	14.00	14.50	0.50	−0.15
2010年11月10日	17.00	17.50	0.50	13.50	14.00	0.50	1.04
2010年5月2日	16.50	17.00	0.50	13.50	13.50	0.00	−1.23
2010年2月12日	16.00	16.50	0.50	13.50	13.50	0.00	−0.49
2010年1月12日	15.50	16.00	0.50	13.50	13.50	0.00	−3.09
2008年12月22日	16.00	15.50	−0.50	14.00	13.50	−0.50	−4.55
2008年11月26日	17.00	16.00	−1.00	16.00	14.00	−2.00	−2.44
2008年10月8日	17.50	17.00	−0.50	16.50	16.00	−0.50	−0.84
2008年9月15日	17.50	17.50	0.00	17.50	16.50	−1.00	−4.47
2008年6月7日	16.50	17.50	1.00	16.50	17.50	1.00	−7.73
2008年5月12日	16.00	16.50	0.50	16.00	16.50	0.50	−1.84
2008年4月16日	15.50	16.00	0.50	15.50	16.00	0.50	−2.09
2008年3月18日	15.00	15.50	0.50	15.00	15.50	0.50	2.53
2008年1月16日	14.50	15.00	0.50	14.50	15.00	0.50	−2.63
2007年12月8日	13.50	14.50	1.00	13.50	14.50	1.00	1.38
2007年11月10日	13.00	13.50	0.50	13.00	13.50	0.50	−2.40
2007年10月13日	12.50	13.00	0.50	12.50	13.00	0.50	2.15
2007年9月6日	12.00	12.50	0.50	12.00	12.50	0.50	−2.16
2007年7月30日	11.50	12.00	0.50	11.50	12.00	0.50	0.68
2007年5月18日	11.00	11.50	0.50	11.00	11.50	0.50	1.04
2007年4月29日	10.50	11.00	0.50	10.50	11.00	0.50	2.16
2007年4月5日	10.00	10.50	0.50	10.00	10.50	0.50	0.13
2007年2月16日	9.50	10.00	0.50	9.50	10.00	0.50	1.41
2007年1月5日	9.00	9.50	0.50	9.00	9.50	0.50	2.49

附图 2-2　存准率上升周期开启

中央银行贷款再贴现是中央银行对金融机构持有的未到期已贴现商业汇票予以贴现的行为。在我国，中央银行通过适时调整再贴现总量及利率，明确再贴现票据选择，达到吞吐基础货币和实施金融宏观调控的目的，同时发挥调整信贷结构的功能。自1986 年人民银行在上海等中心城市开始试办再贴现业务以来，再贴现业务经历了试点、推广到规范发展的过程。

1986 年，针对当时经济运行中企业之间严重的货款拖欠问题，人民银行下发了《中国人民银行再贴现试行办法》，决定在北京、上海等十个城市对专业银行试办再贴现业务。这是自人民银行独立行使中央银行职能以来，首次进行的再贴现实践。

1994 年下半年，为改变一些重点行业的企业货款拖欠、资金周转困难和部分农副产品调销不畅的状况，中国人民银行对"五行业、四品种"（煤炭、电力、冶金、化工、铁道和棉花、生猪、食糖、烟叶）领域专门安排 100 亿元再贴现限额，推动上述领域商业汇票业务的发展。

1995 年末，人民银行规范再贴现业务操作，开始把再贴现作为货币政策工具体系的组成部分，并注重通过再贴现传递货币政策信号，并根据金融宏观调控和结构调整的需要，不定期公布再贴现优先支持的行业、企业和产品目录。

1998 年以来，为适应金融宏观调控由直接调控转向间接调控，加强再贴现传导货币政策的效果，规范票据市场的发展，人民银行出台了一系列完善商业汇票和再贴现

管理的政策。改革再贴现、贴现利率生成机制，使再贴现利率成为中央银行独立的基准利率，为再贴现利率发挥传导货币政策的信号作用创造了条件。

2008 年以来，为有效发挥再贴现促进结构调整、引导资金流向的作用，人民银行进一步完善再贴现管理。

再贴现规模总体较小，因此对于流动性的影响并不显著，自然对于股市的影响也就比较小。对于当前的 A 股短线交易者而言，关心再贴现的意义不大，应该将关注的重心放在存准率和利率的变化上。但是，随着金融市场的逐步发展和完善，再贴现市场也可能随着规模的扩大对整个经济的流动性产生重要影响，如果出现了这种格局，那么作为一个股票交易者就必须对再贴现率的变动密切关注了。

利率政策是我国货币政策的重要组成部分，也是货币政策实施的主要手段之一。中国人民银行采用的利率工具主要有：调整中央银行基准利率，调整金融机构法定存贷款利率，制定金融机构存贷款利率的浮动范围，制定相关政策对各类利率结构和档次进行调整等。近年来，中国人民银行加强了对利率工具的运用。利率调整逐年频繁，利率调控方式更为灵活，调控机制日趋完善。随着利率市场化改革的逐步推进，作为货币政策主要手段之一的利率政策将逐步从对利率的直接调控向间接调控转化。利率作为重要的经济杠杆，在国家宏观调控体系中将发挥更加重要的作用。

利率变化与股市趋势密切相关，但是却不像大众认为的那样是简单的多空关系。一般大众认为降息增强了市场流动性，所以降息对股市是利好的，而加息则减弱了市场流动性，所以加息对于股市是利空的。这种判断忽略了降息和加息的背景，降息往往出现于经济衰退阶段，因此降息提供了流动性可能只是弥补了因为经济衰退导致的惜贷情况，甚至可能还存在缺口。而加息往往出现于经济繁荣和滞胀时期，因此加息可能只是提供了资金借贷的成本，但却不足以抵消实体经济对资金的强烈需求。**一旦步入加息周期，意味着经济进入上升趋势，因此前几次加息往往确认了经济上行趋势，因此加息后股市继续上扬。**在连续加息之后，经济增长趋缓，这时候股价往往就转入震荡筑顶阶段。**一旦步入减息周期，意味着经济进入下行趋势，因此前几次减息往往确认了经济下行趋势，减息后股市继续下跌。**只有连续多次降息之后，股市才会震荡筑底。因此，每次熊市的时候，总有不少“经济专家”和散户将降息简单地等同于股市转牛，或者是每次牛市的时候，同样有不少“专家学者”和散户将加息简单等同于股市转熊。市场的主力非常喜欢媒体和散户的这种倾向，因为正是散户的这种倾向让他们频繁进出股市，这样就提高了个股的换手率，进而提供了散户持仓的平均成本，这样便于主力高位派发。

一般我们要注意两种情况下的利率调整，**第一种情况是多次降息后第一次加息或者是多次加息后第一次降息，这往往表明进入了加息或者降息周期，这时候往往是加息为利好，降息为利空。第二种情况是加息周期中的第四次加息或者降息周期中的第四次降息，这时候就不能简单地将加息看成利多，降息看成利空了，这时候需要看整体流动性和经济是否有见底预期。**基准利率调整前后股市涨跌与大势没有关系，只能作为一种历史参考（见附表 2-2）。

附表 2-2　基准利率调整和 A 股涨跌

数据上调时间	存款基准利率			贷款基准利率			消息公布次日指数涨跌	
	调整前（%）	调整后（%）	调整幅度（%）	调整前（%）	调整后（%）	调整幅度（%）	上海股票市场（%）	深圳股票市场（%）
2011 年 7 月 7 日	3.25	3.50	0.25	6.31	6.56	0.25	-0.58	-0.26
2011 年 4 月 6 日	3.00	3.25	0.25	6.06	6.31	0.25	0.22	1.18
2011 年 2 月 9 日	2.75	3.00	0.25	5.81	6.06	0.25	-0.89	-1.53
2010 年 12 月 26 日	2.50	2.75	0.25	5.56	5.81	0.25	-1.90	-2.02
2010 年 10 月 20 日	2.25	2.50	0.25	5.31	5.56	0.25	0.07	1.23
2008 年 12 月 23 日	2.52	2.25	-0.27	5.58	5.31	-0.27	-4.55	-4.69
2008 年 11 月 27 日	3.60	2.52	-1.08	6.66	5.58	-1.08	1.05	2.29
2008 年 10 月 30 日	3.87	3.60	-0.27	6.93	6.66	-0.27	2.55	1.91
2008 年 10 月 9 日	4.14	3.87	-0.27	7.20	6.93	-0.27	-0.84	-2.40
2008 年 9 月 16 日	4.14	4.14	0.00	7.47	7.20	-0.27	-4.47	-0.89
2007 年 12 月 21 日	3.87	4.14	0.27	7.29	7.47	0.18	1.15	1.10
2007 年 9 月 15 日	3.60	3.87	0.27	7.02	7.29	0.27	2.06	1.54
2007 年 8 月 22 日	3.33	3.60	0.27	6.84	7.02	0.18	0.50	2.80
2007 年 7 月 21 日	3.06	3.33	0.27	6.57	6.84	0.27	3.81	5.38
2007 年 5 月 19 日	2.79	3.06	0.27	6.39	6.57	0.18	1.04	2.54
2007 年 3 月 18 日	2.52	2.79	0.27	6.12	6.39	0.27	2.87	1.59
2006 年 8 月 19 日	2.25	2.52	0.27	5.85	6.12	0.27	0.20	0.20
2006 年 4 月 28 日	2.25	2.25	0.00	5.58	5.85	0.27	1.66	0.21
2004 年 10 月 29 日	1.98	2.25	0.27	5.31	5.58	0.27	-1.58	-2.31
2002 年 2 月 21 日	2.25	1.98	-0.27	5.85	5.31	-0.54	1.57	1.40

虽然货币政策工具有很多种，但是我们主要还是关注货币政策作用的关键变量，也就是对股票市场会产生影响的货币变量。根据股票交易的心得我们认为 **M1 同比增速，同业拆借利率，银行间 7 天回购利率，央行票据回购和逆回购，10 年期国债收益率是比较重要的货币变量。**其中，M1 同比增速反映了流动性情况，与 A 股市场直接相关，而同业拆借利率和银行间 7 天回购利率则反映了资金面因素的短期变化，央行票据回购和逆回购反映了货币当局的政策面变化，10 年期国债收益率则反映了整个经济

的增长和通胀情况。

我们先来看 M1 同比增速与 A 股大势的关系。货币供应量的变化与股市的变化基本同步，有时候甚至是稍微领先的。货币供应量的度量指标通常为 M1 和 M2。招商证券的研究员罗毅先生通过研究发现，如果当 M1 增速接近 10%时投资深圳成指，增速超过 20%时卖出，1996 年至 2009 年 7 月累计收益率达到惊人的 9400%（见附图 2-3）。

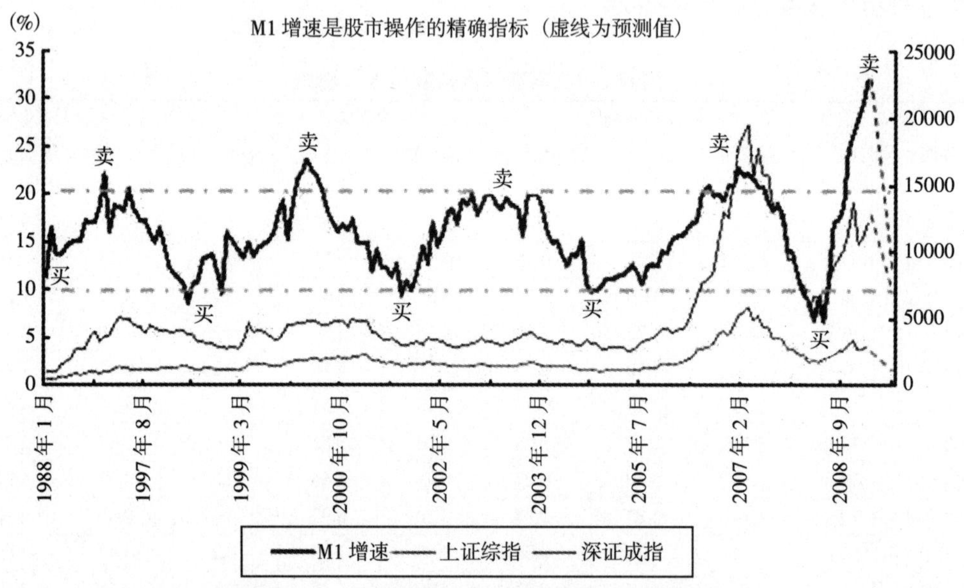

附图 2-3　完全根据 M1 同比增速进行 A 股买卖

资料来源：招商证券研发中心。

为了帮助读者更好地理解本课的内容，先对 M0，M1 和 M2 进行一下解释：

M0＝流通中现金（即在银行体系以外流通的现金）。

M1＝M0＋非金融性公司的活期存款。

M2＝M1＋非金融性公司的定期存款＋储蓄存款＋其他存款。

M1 反映着经济中的现实购买力；M2 不仅反映现实的购买力，还反映潜在的购买力。若 M1 增速较快，则消费和终端市场活跃；若 M2 增速较快，则储蓄和中间市场活跃。中央银行和各商业银行可以据此判定货币政策。在 M1 和 M2 两者当中，M1 与物价关系更加密切。当 M1 同比增速低于 10%的时候，通货紧缩非常显著，这就促使政府将 M1 从底部拉上去；当 M1 同比增速高于 20%的时候，通货膨胀非常显著，这就促使政府将 M1 从顶部打压下去（见附图 2-4）。相关统计结果表明，M1 与物价和资产价格相关性很高（见附图 2-5），而 M2 则与储蓄相关性很高，与物价没有显著相关性（见附图 2-6）。物价和资产价格与储蓄存在负相关性，这是通过简单的推理就可以得到

的结论。1980年到2006年，M1增长率与一年期存款利率的相关系数为18.42%，具有非常弱的正相关性，但是M2与一年期存款利率的相关系数高达72.82%。这意味着利率提高导致的储蓄增加会大幅提升M2的增速，但是却对M1没有什么影响。所以，M1同比增速与证券资产和房地产的价格密切相关，见附图2-7和附图2-8。

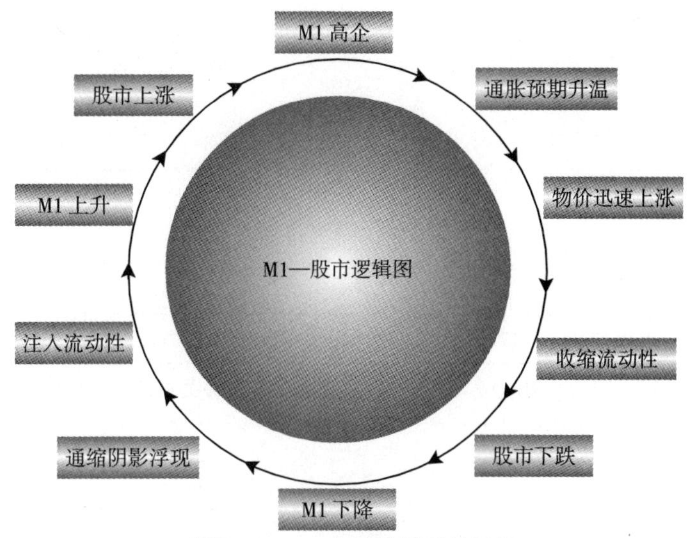

附图 2-4　M1 与股市涨跌的逻辑

资料来源：罗毅，招商证券研发中心。

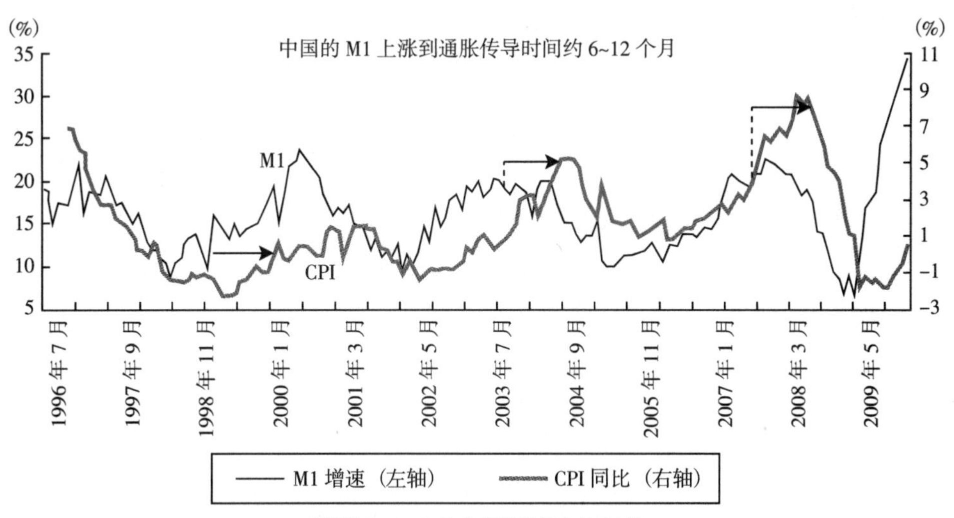

附图 2-5　M1 与通胀率密切相关

资料来源：罗毅，招商证券研发中心，Wind。

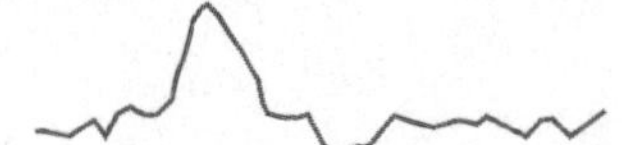

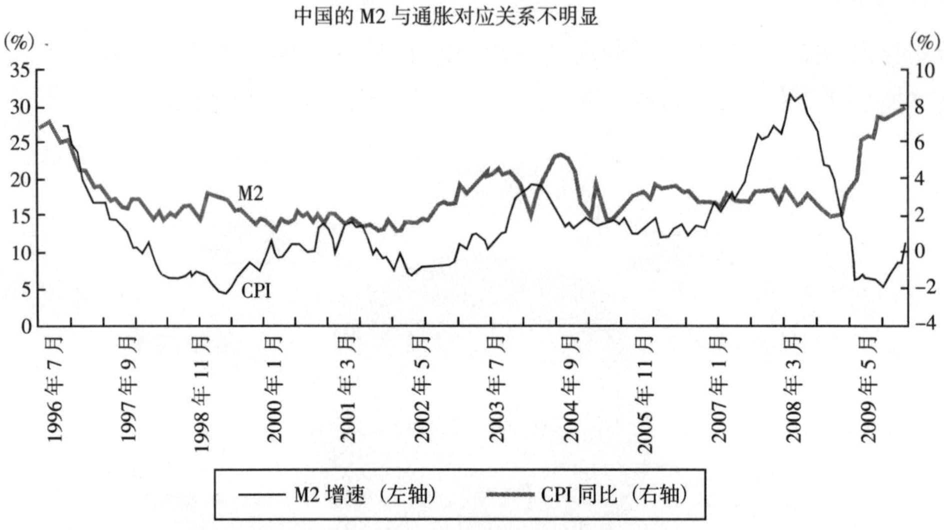

附图 2-6 M2 与通胀率没有显著关系

资料来源：罗毅，招商证券研发中心，Wind。

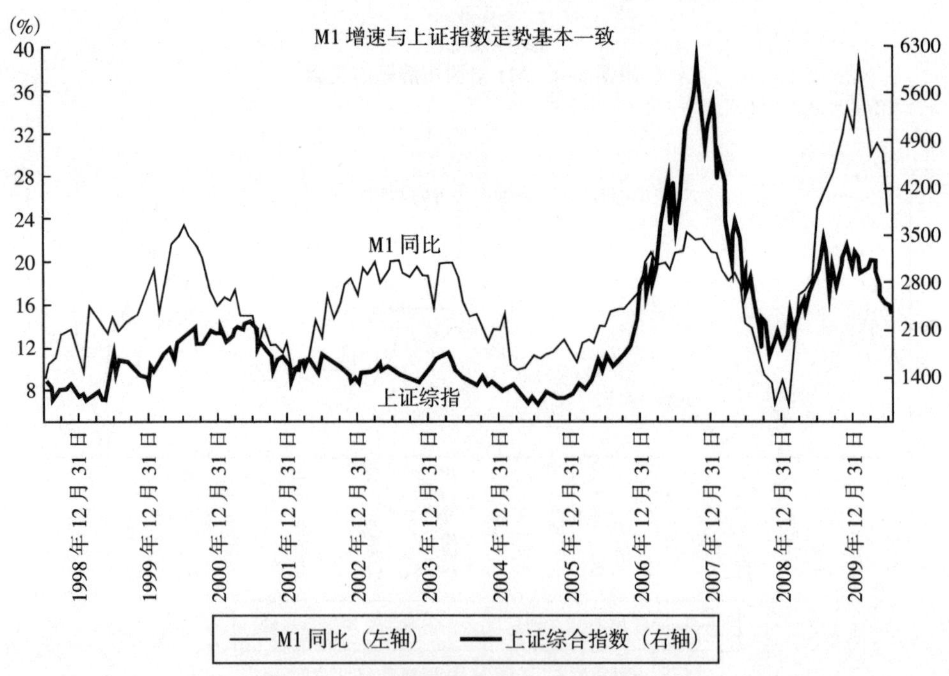

附图 2-7 M1 同比增速与上证指数基本同步

资料来源：Wind，民生证券研究所。

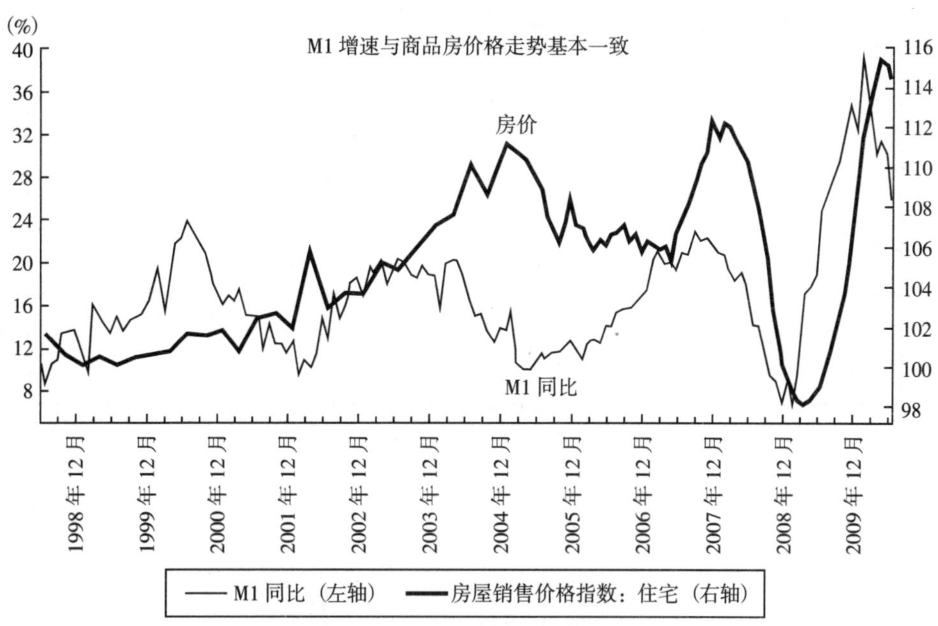

附图 2-8　M1 同比增速与房价基本同步

资料来源：Wind，民生证券研究所。

我们已经知道了 M1 与 A 股走势之间的显著相关性，那么到哪里可以查询到 M1 同比增速呢？怎样才能看到股指和 M1 的叠加走势呢？我们推荐 http：//www.value500.com，这个黄页网站提供了 M1 同比增速与上证指数、深综指以及深成指的叠加走势（见附图 2-9~附图 2-11），另外还提供了 M1 与 M1-M2 的叠加走势（见附图 2-12）。M1-M2 是 M1 同比增速减去 M2 同比增速，这时指数与 M1 同比的走势是一致的，两者与股指呈正相关性，与资产价格呈正相关性。有些研究报告可能将 M1-M2 误写为 M2-M1，这是要注意的。

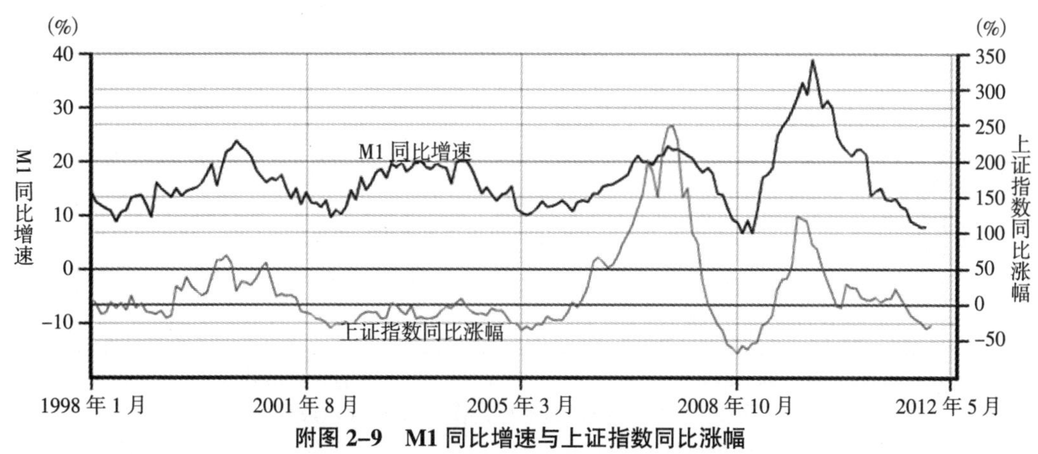

附图 2-9　M1 同比增速与上证指数同比涨幅

资料来源：http：//www.value500.com.

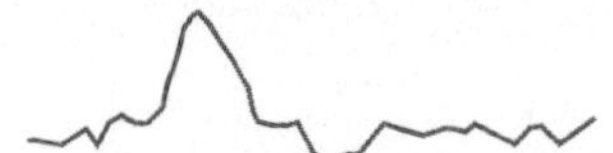

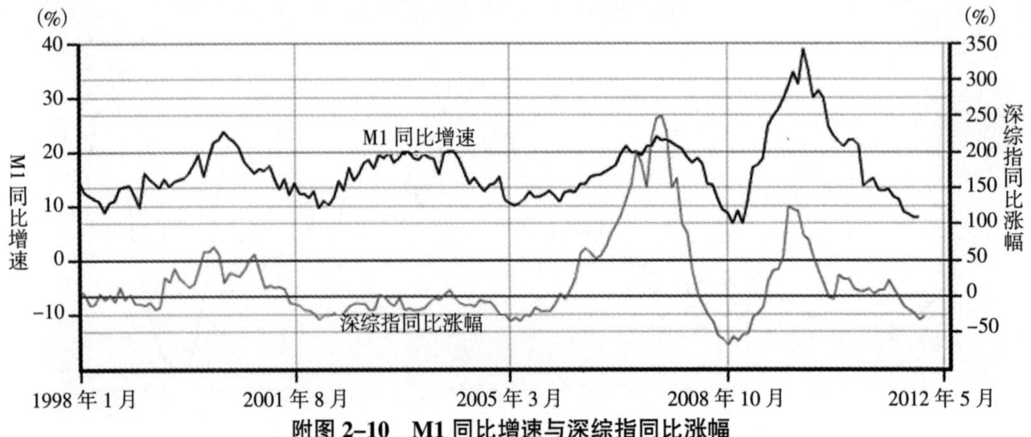

附图 2-10　M1 同比增速与深综指同比涨幅

资料来源：http：//www.value500.com.

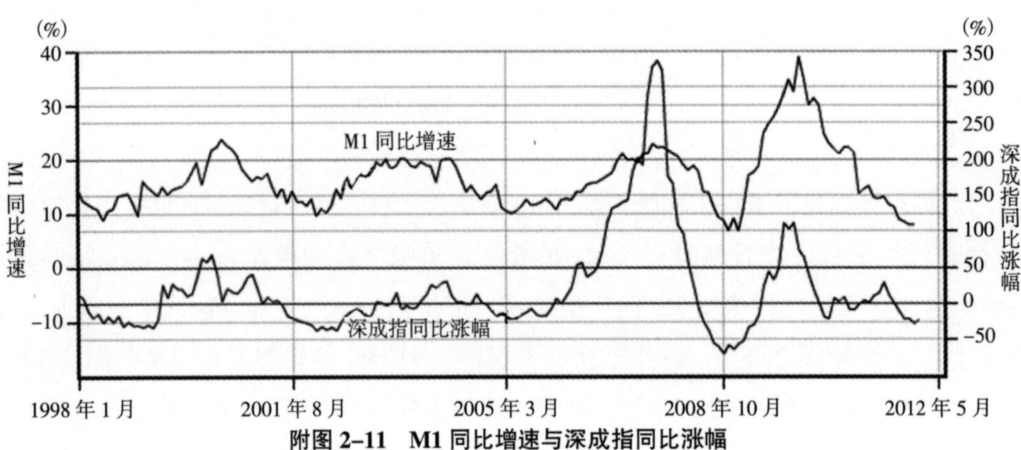

附图 2-11　M1 同比增速与深成指同比涨幅

资料来源：http：//www.value500.com.

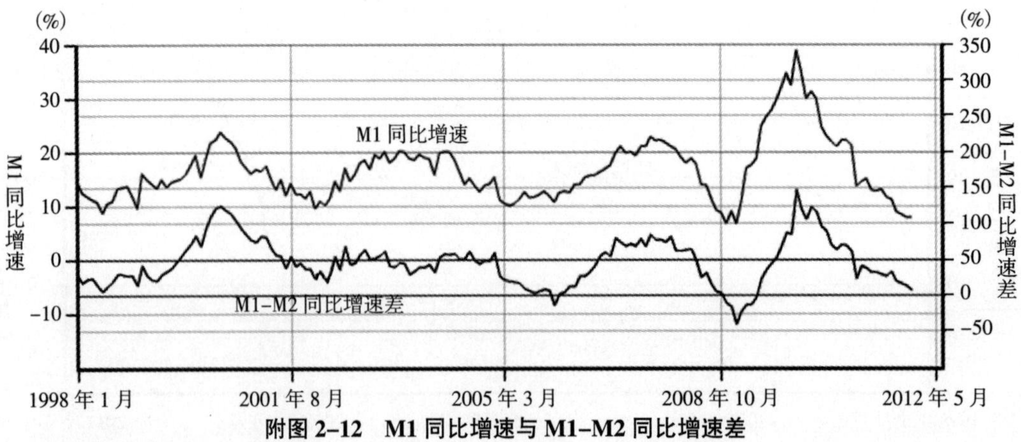

附图 2-12　M1 同比增速与 M1-M2 同比增速差

资料来源：http：//www.value500.com.

接着，我们介绍同业拆借利率与A股大盘的关系。因为准备金是保证银行偿债能力的重要条件，所以国家对银行准备金有一个法定的最低额，就是法定准备金。当一家银行不能达到这个法定准备金的时候，就必须想办法进行周转。其中向另一家准备金有盈余的银行借入资金就是一种方法，这种业务行为就叫银行拆借，即同业拆借。

银行间拆借利率就是各银行间进行短期的相互借贷所适用的利率，通常是隔夜拆借或者1~7天拆借，它是发达货币市场上最基本和最核心的利率，许多其他利率都要直接或间接地受到银行间拆借利率变动的影响，甚至其变动的国际影响也很剧烈，所以银行间拆借利率通常可以作为一国利率市场化程度的重要参考。

全球最著名的同业拆借利率有伦敦同业拆借利率和美国联邦基准利率，两国的存贷款利率均是根据此利率自行确定的。联邦基准利率是指美国同业拆借市场的利率，最主要是指隔夜拆借利率。它不仅直接反映货币市场最短期的价格变化，是美国经济最敏感的利率，而且还是美联储的政策性利率指标。

银行拆借使金融机构在不用保持大量超额准备金的前提下，满足存款支付及汇兑、清算的需要。在现代金融制度体系中，金融机构为了实现较高利润和收益，必然要扩大资产规模，但同时会面临准备金减少、可用资金不足的问题，甚至出现暂时性支付困难。但准备金过多、可用资金闲置过多又使金融机构利润减少，收益降低。金融机构需要在不影响支付的前提下，尽可能地降低准备金水平，以扩大能获取高收益的资产规模，使利润最大化。同业拆借市场使准备金多余的金融机构可以及时拆出资金，保证获得较高收益，准备金不足的金融机构可以及时借入资金保证支付，有利于金融机构实现其经营目标。同业拆借市场还是中央银行实施货币政策，进行金融宏观调控的重要场所。同业拆借市场的交易价格即同业拆借市场利率，是资金市场上短期资金供求状况的反映。中央银行根据其利率水平，了解市场资金的松紧状况，运用货币政策工具进行金融宏观调控，调节银根松紧和货币供应量，实现货币政策目标。

目前全球直接管制存贷款利率的央行极少，绝大多数是以货币市场尤其是拆借市场的利率作为目标利率，比如美联储就以隔夜拆借利率为政策利率。由于拆借利率在最前端，央行在确定目标利率后，会通过其他货币政策工具如公开市场操作等将拆借市场的利率维持在目标利率附近，此时各家商业银行就会根据拆借市场的资金拆借成本（拆借利率）来确定最终的贷款利率，即零售市场的利率，然后企业和居民依据此利率进行借贷行为。

银行同业拆借利率已成为金融市场、货币政策乃至全社会经济活动关注的重要指标。随着拆借市场的放开，**拆借利率越来越真实地反映市场资金的供求状况，**成为金

融市场最有影响力指标之一，**A 股与同业拆借利率走势密切相关**（见附图 2-13）。中央银行制定货币政策时要考虑它，投资者买进、卖出有价证券时要考虑它，保险公司确定保费时也要考虑它。同业拆借已成为商业银行短期资金管理的首选方式。商业银行在短期资金短缺或宽松时，首先考虑的是在同业拆借市场上融入或融出资金，改变了以往资金依赖中国人民银行的做法，积极在同业拆借市场运作。同业拆借市场的发展，为商业银行的流动性管理和商业化经营提供了良好的外部条件，加快了商业银行商业化的进程，提高了商业银行资金的营运效益。

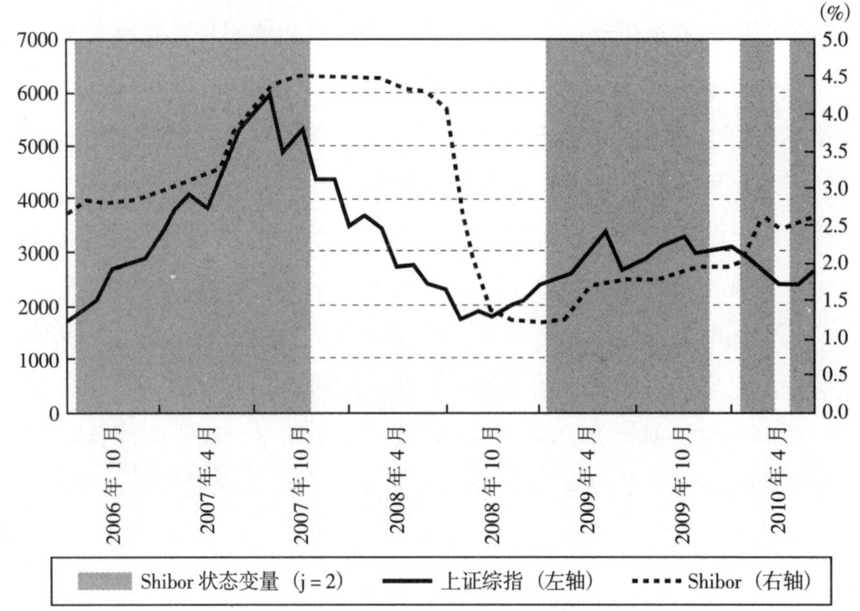

附图 2-13 上证综指与同业拆借利率（Shibor）密切相关

资料来源：Wind，长江证券研究部。

股市上涨最重要、最直接的必要条件就是"资金充裕"，资金面往往决定了股票市场的方向和深度，"资金"是股票市场上涨的助推器，研究市场中的资金面可以帮助判断大盘未来走势与方向。通过观察，研究银行同业拆借利率的变化，一定程度上可以反映目前市场资金面紧张与否。一般来说，**拆借利率越高，说明市场缺钱；拆借利率越低，说明市场不缺钱。**

国内的同业拆借利率是 Shibor。Shibor 全称是上海银行间同业拆借利率（Shanghai Interbank Offered Rate），被称为中国的 Libor（London Interbank Offered Rate，伦敦同业拆借利率），其形成方式是每个交易日全国银行间同业拆借中心根据各报价行的报价，剔除最高、最低各两家报价，对其余报价进行算术平均计算后，得出每一期限品种的

Shibor，并于 11：30 对外发布。

Shibor 报价银行团现由 16 家商业银行组成，首批 16 家报价行名单中包括工、农、中、建 4 家国有商业银行，交行、招商、光大、中信、兴业、浦发 6 家全国性股份制银行，北京银行、上海银行、南京商行 3 家城市商业银行和德意志上海、汇丰上海、渣打上海 3 家外资银行，此 16 家银行是公开市场一级交易商或外汇市场做市商，在中国货币市场上人民币交易相对活跃、信息披露比较充分的银行。中国人民银行成立 Shibor 工作小组，依据《上海银行间同业拆借利率（Shibor）实施准则》确定和调整报价银行团成员、监督和管理 Shibor 运行、规范报价行与指定发布人行为。Shibor 是单利、无担保、批发性利率。目前对社会公布的 Shibor 品种包括隔夜、1 周、2 周、1 个月、3 个月、6 个月、9 个月及 1 年（如附图 2-14~附图 2-16 所示）。

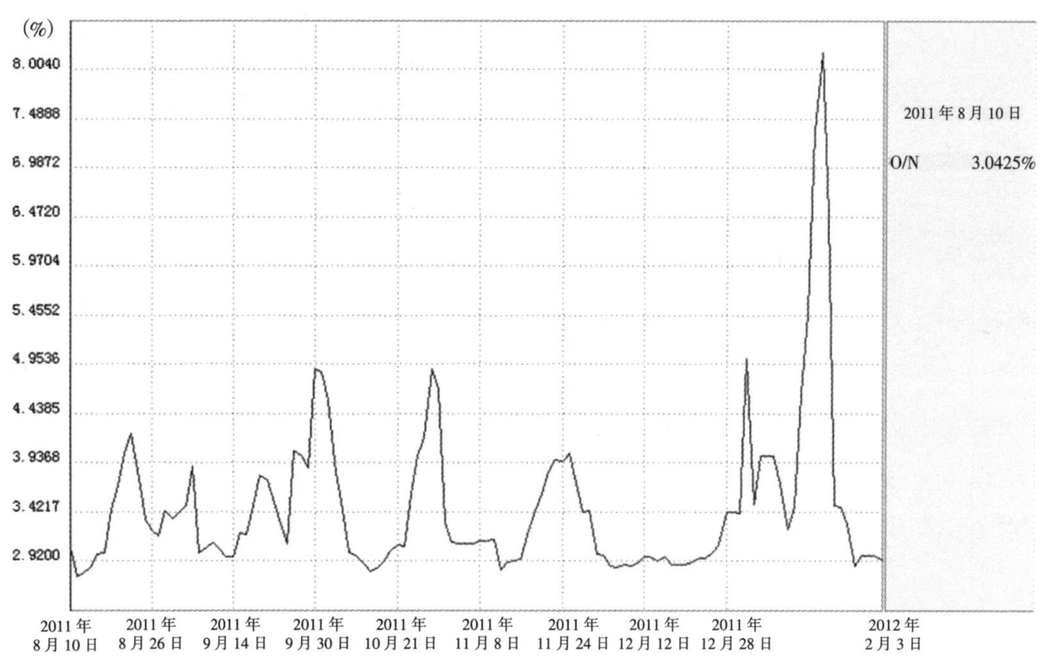

附图 2-14　Shibor 隔夜拆借利率走势

资料来源：http://www.shibor.org.

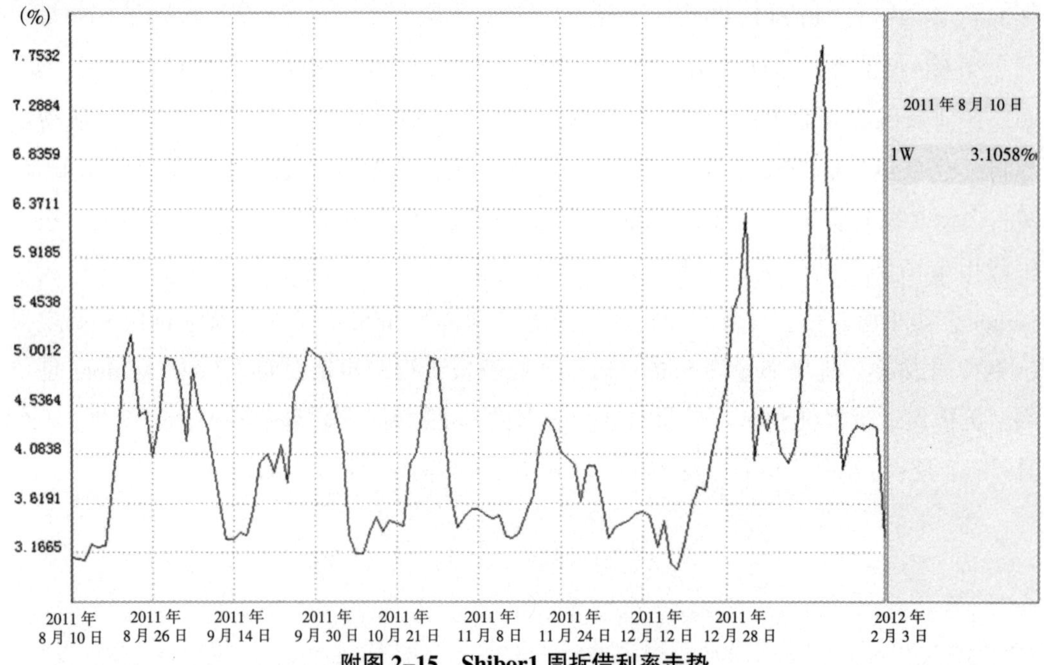

附图 2-15 Shibor1 周拆借利率走势

资料来源：http://www.shibor.org.

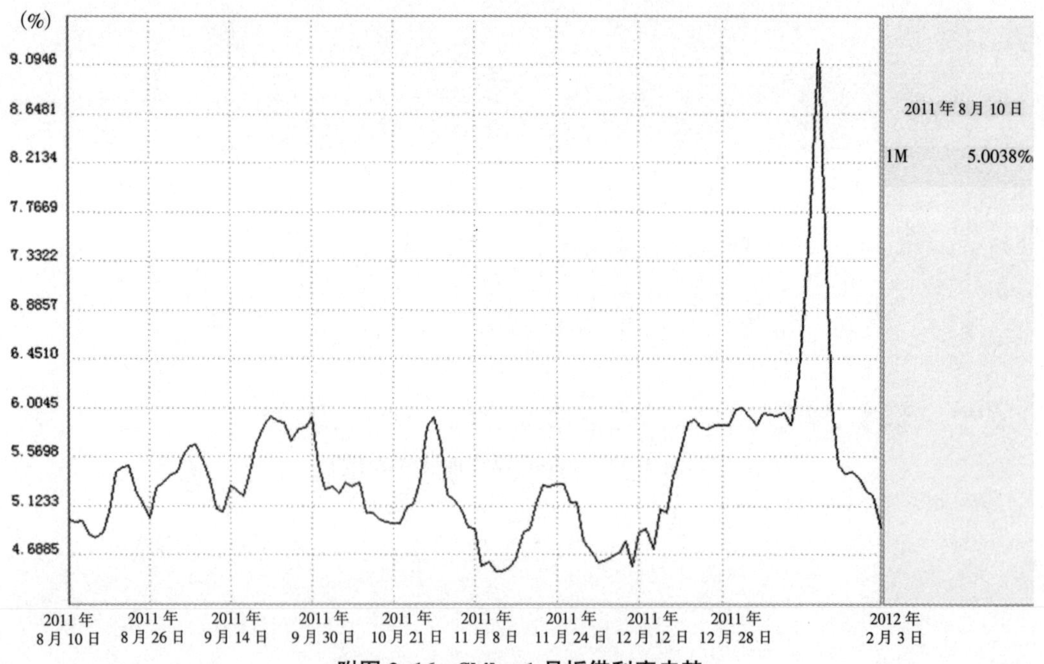

附图 2-16 Shibor1 月拆借利率走势

资料来源：http://www.shibor.org.

简单而言，**银行间的拆借利率能真实地反映市场资金的供求状况**。中央银行根据其利率水平，了解市场资金的松紧状况，运用货币政策工具进行金融宏观调控，调节银根松紧和货币供应量，实现货币政策目标。所以**通过观察和研究银行间拆借利率的变化就可以知道目前市场资金的供求状况，同时也可以判断国家未来的货币政策**。因此，跟踪 Shibor 走势对于判断股票市场当下及未来趋势具有深远的影响。

我们来看一个简单的例子，全国银行间同业拆借中心 5 月 30 日公布的数据显示，上海银行间同业拆借利率（Shibor）除 1 年期品种外全线回落。其中，隔夜利率继上周五狂泻 201.71 个基点后，昨天再跌 28.62 个基点，至 2.55%；而跌幅最大的 1 周利率大跌 119.5 个基点，至 3.2008%的两周新低。次日，也就是 5 月 31 日，股市在熊市大幅上涨（见附图 2–17 和附图 2–18）。

银行间 7 天回购利率与同业拆借利率都反映短期资金供求状况。银行间债券回购利率和上海银行间同业拆借利率（Shibor）是当前货币市场具有指导意义的两种短期利率，分别反映了银行间债券市场和银行间同业拆借市场的短期融资成本。这两种利率的差额过大会引起市场投机者在两个市场间进行投机套利活动，进而使两种利率趋于一致。同业拆借利率 Shibor 可以从 http：//www.shibor.org 上面查询，而 7 天回购利率则可以从 http：//www.chinamoney.com.cn 上面查询（见附图 2–19）。

附图 2–17　同业拆借利率下降引起股市反弹（1）

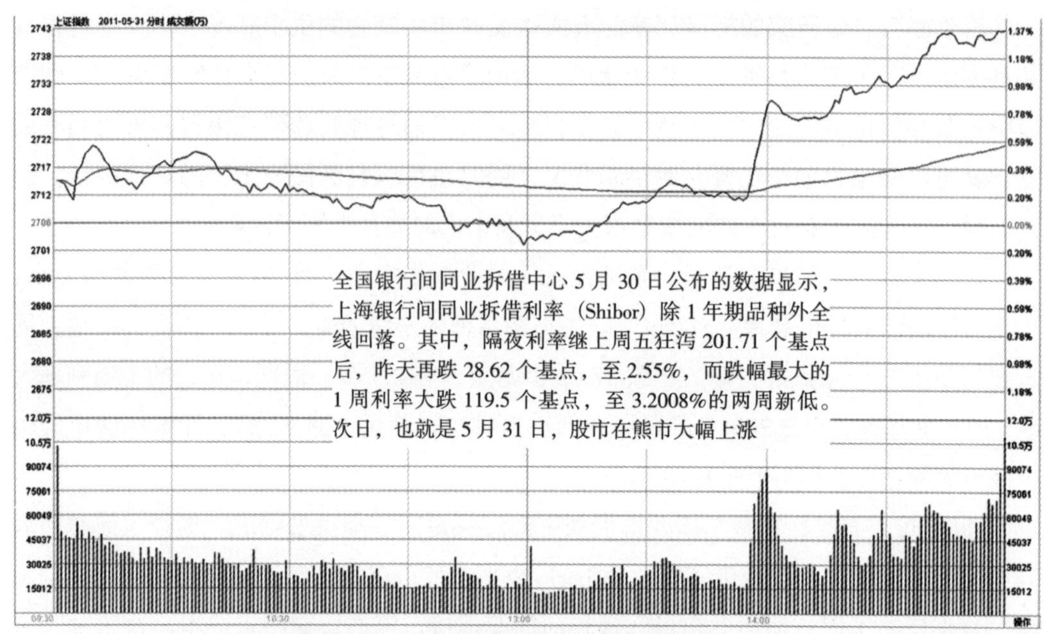

附图 2–18 同业拆借利率下降引起股市反弹（2）

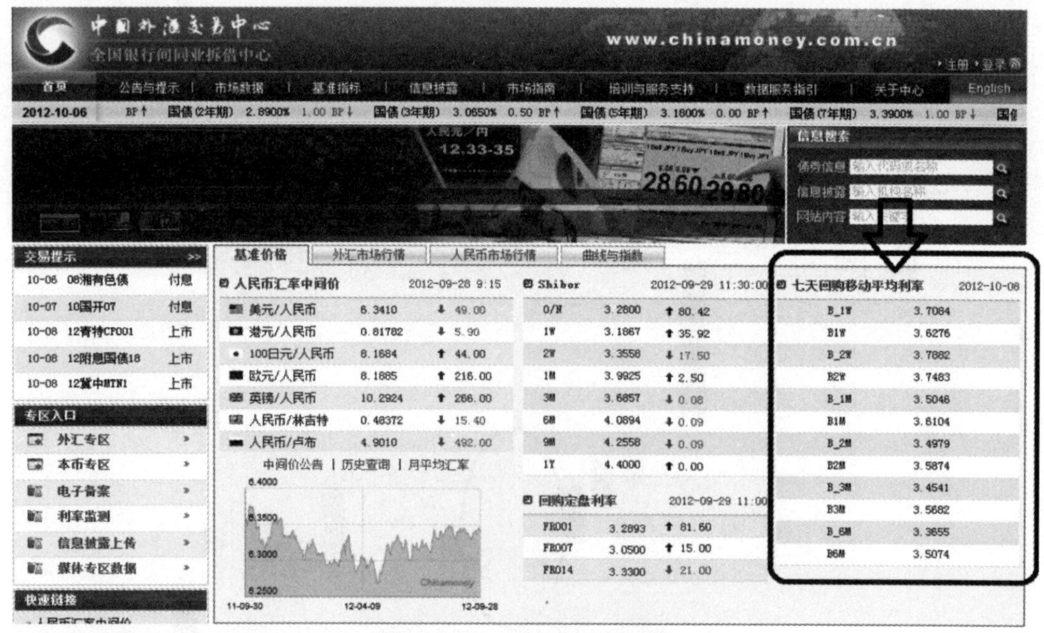

附图 2–19 7 天回购利率查询

资料来源：中国外汇交易中心官网。

央行票据的回购和逆回购是我们需要关注的一个流动性改变信号。央行票据即中央银行票据，是中央银行为调节商业银行超额准备金而向商业银行发行的短期债务凭

证，其实质是中央银行债券。之所以叫"中央银行票据"，是为了突出其短期性特点。从已发行的央行票据来看，期限最短的3个月，最长的也只有1年。但央行票据与金融市场各发债主体发行的债券具有根本的区别：各发债主体发行的债券是一种筹集资金的手段，其目的是为了筹集资金，即增加可用资金；而中央银行发行的央行票据是中央银行调节基础货币的一种货币政策工具，目的是减少商业银行可贷资金量。商业银行在支付认购央行票据的款项后，其直接结果就是可贷资金量的减少。

央行票据的回购交易分为正回购和逆回购两种。**央票正回购为央行从市场收回流动性的操作，央票正回购到期则为央行向市场投放流动性的操作。央票逆回购为央行向市场上投放流动性的操作，央票逆回购到期则为央行从市场收回流动性的操作。**央票发行和回购，大家可以从网址 http：//www.bond.xinhua08.com/和 http：//www.bond.xinhua08.com/focus/yzyp/查询。

10年期国债的走势在整个债券市场中对整个宏观大势的反映最为准确。10年期国债的走势能够对经济增长率和通胀率，甚至风险水平做出很好的预示，因此10年期国债的走势对于A股大势也有很好的预示作用。根据历史经验来看，10年期国债收益率的大底（低于2.75%水平）往往预示着上证指数进入了底部（见附图2-20）。

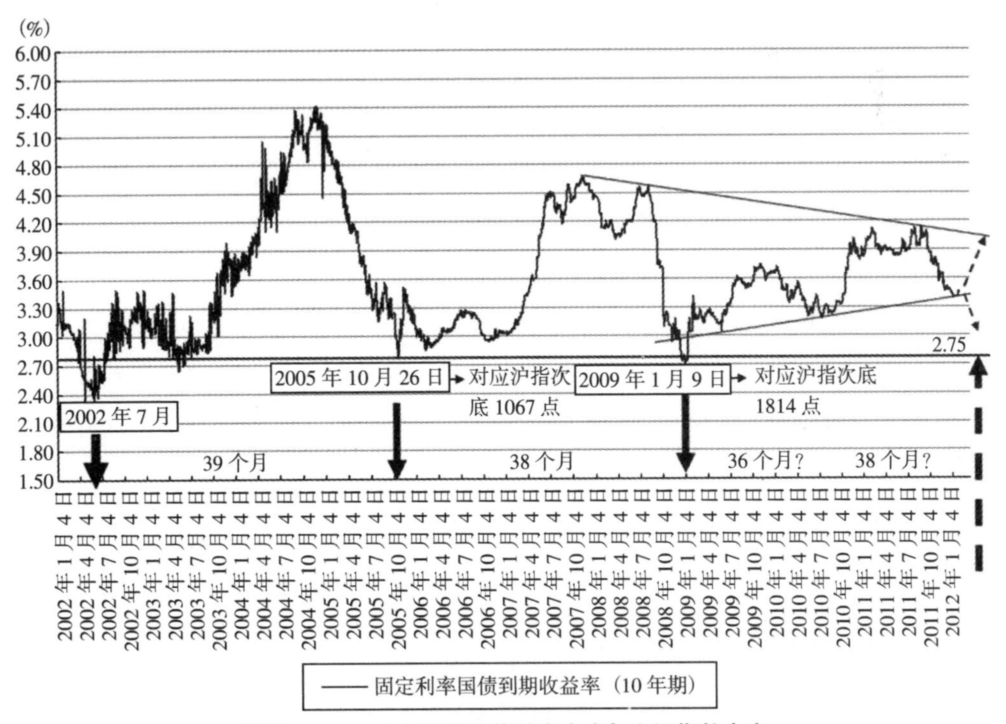

附图2-20　10年期国债收益率大底与上证指数大底

资料来源：哈克制图。

为什么10年期国债利率的低点会对应着股市的低点呢？10年期国债利率最低点往往处于经济衰退阶段，这个时候股市往往也位于底部。另外，10年期国债利率最低的时候，E/P往往却是最高的时候。因为E/P中，P的变动往往大于E的变动，P股价代表市场心理，而E每股收益则代表基本面，心理的波动往往放大了基本面的变动。所以，在经济繁荣的时候，E增大的幅度往往小于P增大的幅度，E/P就较小，在经济衰退的时候，E减小的幅度小于P减小的幅度，E/P就较大。简单而言，就是经济繁荣的时候，P/E市盈率高，经济衰退的时候，P/E市盈率低。在经济衰退的时候，10年期国债收益率筑底，而股票收益率E/P却见顶，这样就使得“股票收益率/10年期国债收益率”达到最大值，这个最大值表明股市与债市的收益率差达到了理想的高度，能够吸引资金持续流入股市，所以股指的底部往往对应于这个收益率比值的高点（见附图2–21）。

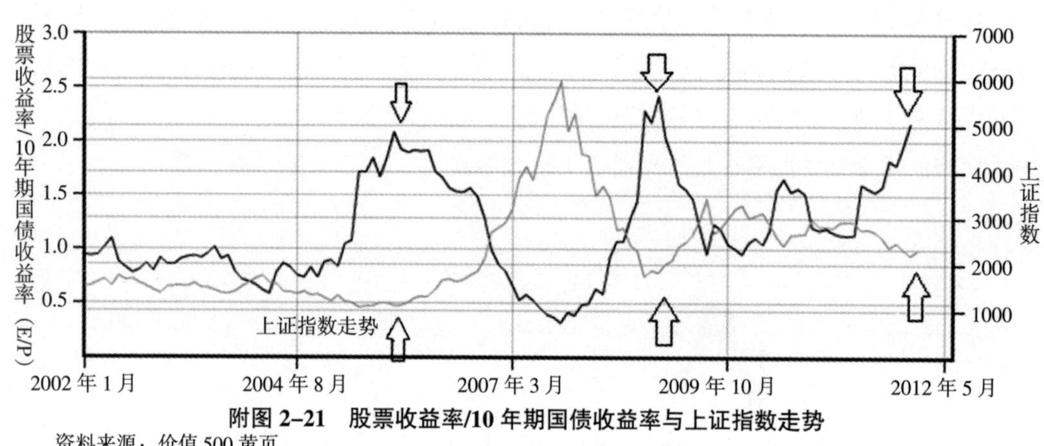

附图2–21　股票收益率/10年期国债收益率与上证指数走势

资料来源：价值500黄页。

另外，收益率曲线的等价指标是10年期国债与1年期国债的收益率差。这个差值达到最大的时候，预示着金融市场对未来经济最乐观的时候，这个差值达到最小的时候，预示着金融市场对未来经济最悲观的时候，所以这个指标要领先于股指的走势（见附图2–22）。

A股市场直接受到国内货币政策的影响，而国内货币政策则显著地受到美联储货币政策的影响。我们将中国人民银行的货币政策导致的流动性变化看成是近端货币供给，将美联储的货币政策导致的流动性变化看成是远端货币供给。接下来，我们将详细介绍美联储和美元对于全球金融市场，特别是A股市场的影响，甚至还包括这些受美元影响的全球金融市场与A股市场的相关性。从中我们可以发现美元的走势其实是全球资本流动的一个风向标，**做A股不能不分析美元指数的走势**。由于人民币事实上

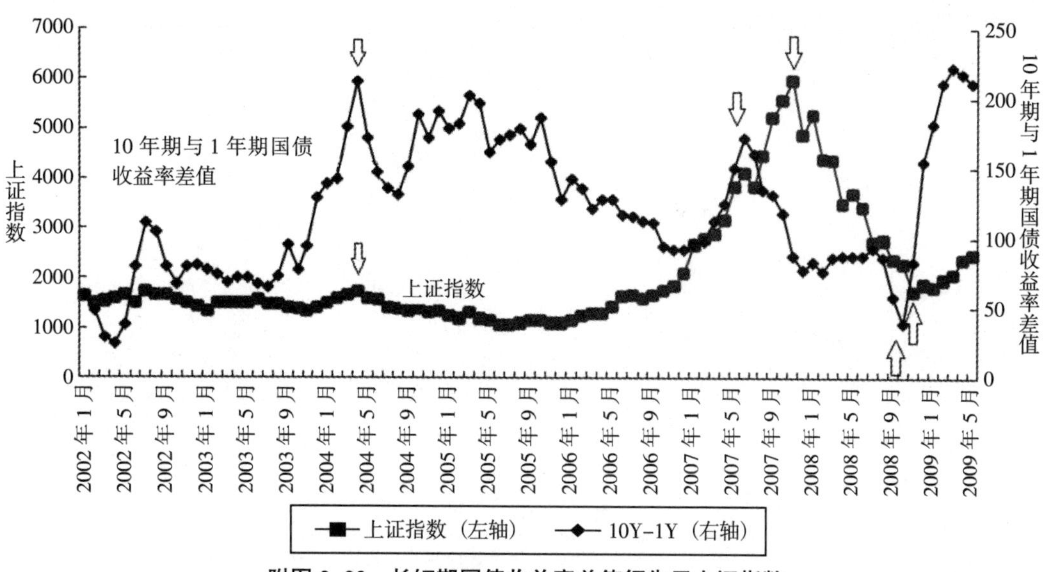

附图 2–22　长短期国债收益率差值领先于上证指数

资料来源：CEIC，申万研究。

盯住美元，所以美元对其他货币的贬值将带动人民币兑其他货币的贬值，这样就会促进中国总体的出口，相反的情况是美元兑其他货币的升值将带动人民币兑其他货币的升值，这样会打击中国总体的出口。所以，美元兑其他主要货币升值（比如欧元），也就是美元指数上涨，将使得中国出口下降，股指会下跌；美元兑其他主要货币贬值，也就是美元指数下跌，将使得中国出口上升，股指会上涨（见附图 2–23）。另外，美元指数和人民币兑美元汇率的变化，加上中国经济自身的变化和钉住汇率制度会导致外汇储备的变化，而外汇储备的变化进一步导致国内货币供给量的变化，进而引起股指的变化。外汇储备增加如果没有采取对冲措施将导致国内货币供应量增加，股指倾向于上扬；外汇储备减少如果没有采取对冲措施将导致国内货币供应量减少，股市倾向于下跌（见附图 2–24），所以外汇储备通过引起国内货币供给量变化导致了股指的变化。不过，我们主要介绍美联储货币政策以及美元指数对 A 股市场的影响，所以外汇储备变化对 A 股市场的影响没有必要详细介绍。

职业交易员都明白一个道理——**"不要与美联储对抗！"**全球任何资产交易者都不能忽略美联储的政策动向，最极端的说法是：你可以不关心自己所在国央行的政策，但是却不能忽略美联储的动向。关注美联储，你可以玩转铜等大宗商品，你可以玩转中国香港的房地产，你也可以玩转其他任何非美资产。**美联储在美国拥有至高无上的影响力，在全球资产上也是如此。**曾经预言了东南亚经济危机的经济学泰斗保罗·克鲁格曼指出："你可以不同意美联储主席的意见，但是你几乎不能怀疑他对经济和金融市

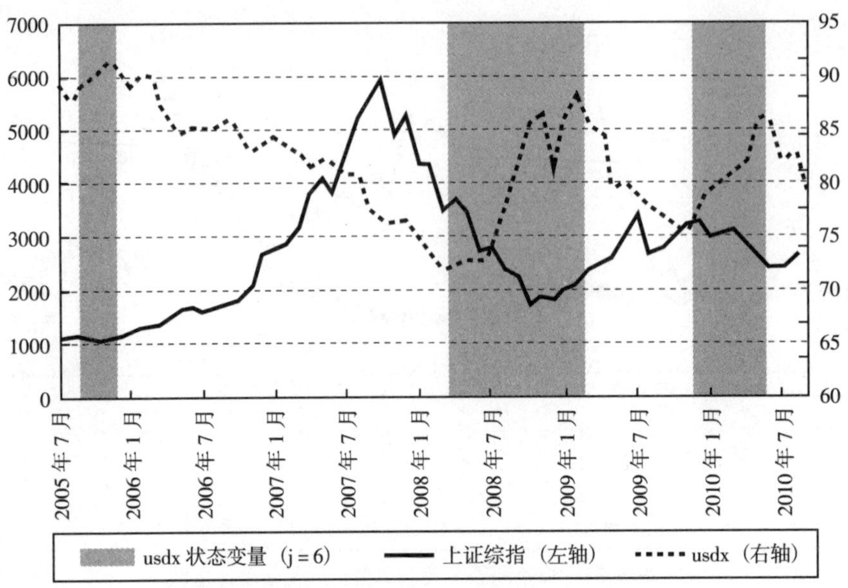

附图 2–23 上证综指和美元指数（USDX）

资料来源：Wind，长江证券研究部。

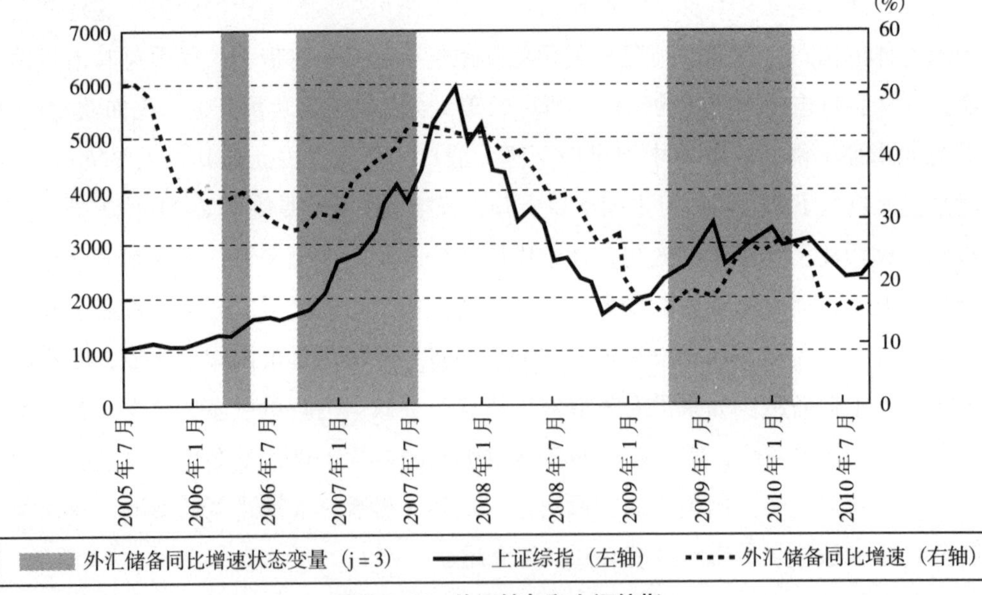

附图 2–24 外汇储备和上证综指

资料来源：Wind，长江证券研究部。

场的巨大影响力……”

美联储通常使用两种货币政策工具调控，第一种是公开市场业务。当美联储想要增加货币供应量，维持或提升流动性水平时，通过在公开市场买入债券（一般是政府证券），这样流动中的货币就增加了；相反，如果美联储想要减少货币供应量，就在公

开市场中卖出债券，这样就将经济中流通的货币挤了出来。第二种是贴现率和联邦基金利率。公开市场业务操作一度是美联储最为重要的货币政策工具，不过随着格林斯潘进入美联储，贴现率和联邦基金利率开始作为重要工具使用。这里所谓的贴现率是指商业银行向美联储借款时收取的利息，联邦基金利率则是指银行之间相互提供贷款时收取利息的利率。提高贴现率和联邦基金利率会减少货币供应量，相反则会增加货币供应量。

在抑制通货膨胀方面，货币政策效果显著，但是在经济衰退方面货币政策未必一定有效，特别是严重衰退或者二次衰退。因为在经济衰退的时候，央行注入大量流动性资金到市场，但是商业银行因为风险可能不愿意放贷，而企业和个人也因为修复资产负债表不愿意借款。比如，20 世纪 30 年代大萧条期间就出现过这种情况，这与货币主义的观点大相径庭。货币政策可以用来稳定物价水平，但是却对经济的中长期增长无能为力，**货币政策就像一根绳子，你可以拉但是却不能推绳子。**在经济衰退时，观察财政政策的调整，经济接近充分就业时，观察货币政策的调整。那么，美联储的政策是如何影响全球资金流动的呢？**美联储放松货币之后，资金将涌向大宗商品和新兴市场的股票，以及高息货币，因为流动性增加，将提高全球的风险偏好，同时让各经济主体产生对自己的资产负债表进行调整的需要，这些会促使全球所有类别的资产价格进行持续的显著调整，包括 A 股市场。**

美联储采取行动的影响将通过美元指数的走势体现出来，因此美联储采取紧缩的货币政策，则美元指数上扬，其他非美资产往往下跌。如果美联储采取宽松的货币政策，则美元指数下跌，其他非美资产往往上涨。当然这是一般情况，因为市场除了考虑资产收益还可能考虑风险，在极端风险厌恶情况下，宽松货币政策下的美元也可能走强。具体到 A 股而言，美元指数上扬，往往是利空的，美元指数下跌则往往是利多的。之所以有这样的效应，有两个显著的原因：第一个原因是我们之前提到的出口竞争力问题，由于事实上人民币盯住美元，所以美元指数的强弱关系着我们出口竞争力，出口状况的好坏影响上市公司的业绩；第二个原因则是资本流动的问题，美联储政策宽松导致大量美元供给，引起美元指数走跌，而这些新增的大量美元倾向于流入高风险高收益资产，比如 A 股这类新兴市场的股市，这将增加 A 股市场的资金量。

美联储政策变动直接体现于美元指数变化，而 A 股与美元指数变化高度相关。因此，我们接下来就要深入了解美元指数，看看它的构成，历史变化规律及它对其他主要金融市场的影响，以及这些主要金融市场与 A 股市场的关系。

美元指数与 CRB 指数，道琼斯指数，BDI 指数，美国 10 年期国债收益率被合称为

反映全球经济风向标的五大指数。美元指数类似于显示美国股票综合状态的道琼斯工业平均数，美元指数显示的是美元的综合值。

美元指数是综合反映美元在国际外汇市场的汇率情况的指标，用来衡量美元对一揽子货币的汇率变化程度。它通过计算美元和对选定的一揽子货币的综合变化率，来衡量美元的强弱程度，从而间接反映美国的出口竞争能力和进口成本的变动情况。美元指数是参照 1973 年 3 月 6 种货币对美元汇率变化的几何平均加权值来计算的，并以 100.00 点为基准来衡量其价值，如 105.50 点的报价，是指从 1973 年 3 月以来其价值上升了 5.50%。1973 年 3 月被选作参照点，是因为当时是外汇市场转折的历史性时刻，从那时起主要的贸易国容许本国货币自由地与另一国货币进行浮动报价。美元指数最初推出时是由 10 个外汇品种构成，分别是德国马克、法国法郎、荷兰盾、意大利里拉、比利时法郎、日元、英镑、加拿大元、瑞典克朗和瑞士法郎。1999 年欧元推出后，前五者均为欧元区货币，因此，美元指数在 2000 年也做了相应调整，以欧元代替这五种货币。所以，现在的美元指数是由 6 种货币构成（见附图 2-25）。

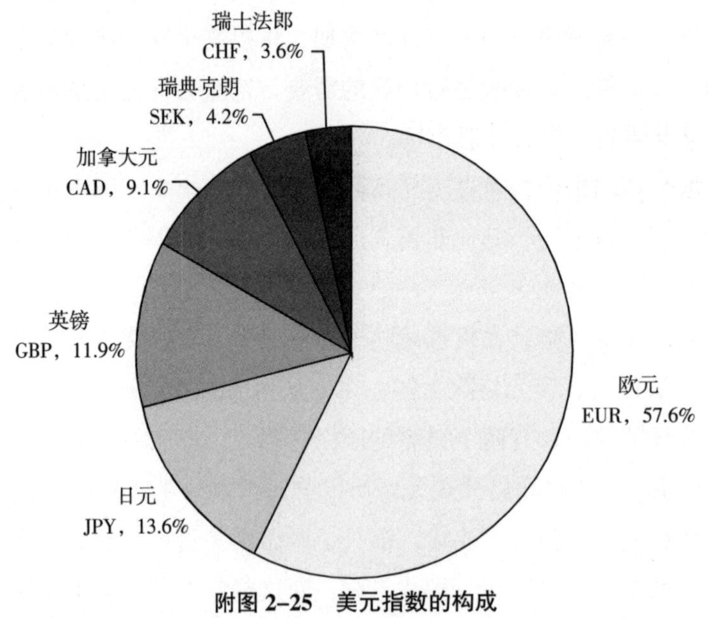

附图 2-25　美元指数的构成

如果美元指数下跌，说明美元对其他的主要货币贬值。美元指数是每周 7 天，每天 24 小时被连续计算。影响美元指数强弱的指标或者标准有以下几个：第一，6 种参考货币自身的强弱情况，例如，欧元、英镑整体偏弱的话，会出现变现表现为美元走强，产生货币之间的利差交易。第二，美国的整体经济形势和公布的经济数据偏好或

者美国经济运行良好，增长强劲会促使美元走强。第三，各国之间出于对通货膨胀的担忧而产生的加息、提高准备金等收缩货币投放量的行为促进了美元的走强等。第四，非美国本土金融危机产生的避险需求会导致资金涌入美国国债，进而让美元走强。

接着，我们介绍下美元指数历史走势，这里主要参考了向松祚先生和巴利·艾森格林先生关于美元走势的详细论述，从中获得一些规律以便指导对未来的认识。我们可以将一个世纪以来的美元周期，大致分为三个大阶段，而第三个大阶段则可以细分为五个小的阶段。

第一大阶段从 1914 年到 1955 年，在这一时期美元与黄金挂钩，与黄金依固定价格固定，主要经济体为获得美元作为支付手段，将大量黄金输入美国，美元因此迅速成为全球处于支配地位的货币。1914 年美联储创立并成为世界最强大的中央银行，接着两次世界大战摧毁金本位制，美国之外所有国家的经济全面崩溃，美国成为全球最强大的经济体和最大的债权国，其经常项目和资本项目都处于大额顺差的境地，全球75%的黄金储备流入美国。“二战”后经济的复苏增加了世界各国对美元需求，美元相对世界其他主要货币处于长期升值趋势。随着布雷顿森林体系的建立，最终确立美元作为全球货币体系的主导角色。

第二大阶段从 1956 年到 1970 年，在这一时期美元依然按照固定价格与黄金挂钩，其他国家可以将美元兑换为黄金。为了与苏联争夺全球霸权，美国必须维持庞大的军事开支。朝鲜战争、越南战争和国内规模巨大的福利计划，让美国财政开支急剧增长，这些导致财政赤字、经常项目收支和资本项目收支赤字开始显现，美国黄金储备急剧下降。同时，宽松的货币政策引发严重通货膨胀，金汇兑美元本位制岌岌可危，美元相对其他货币开始出现持续贬值趋势。再加上美国、西欧和日本之间的贸易和金融摩擦不断，布雷顿森林体系处于风雨飘摇之中。

第三大阶段从 1971 年到现在，美元指数正式创立和运行的阶段，纯粹的美元本位制和浮动汇率体系正式登上人类历史舞台（见附图 2–26）。

在第三大阶段中，美国经常项目赤字持续扩大，美国成为全球主要债务国。为了防止美国的黄金储备进一步减少，尼克松违背布雷顿森林协议，放弃固定汇率国际货币体系。美元与黄金完全脱钩，全球主要货币之间实施浮动汇率，美元发行不再有任何外部约束。基辛格密谋沙特阿拉伯等国支持石油以美元结算，加上此后石油危机的影响，导致“石油美元”爆炸性增长。美联储成为事实上的全球中央银行，**美元周期成为左右全球经济波动最重大力量，**“美元本位制”正式登上世界历史舞台。全球美元储备资产呈几何级数增加，世界平均通货膨胀超过以往一切时代。全球和区域金融危

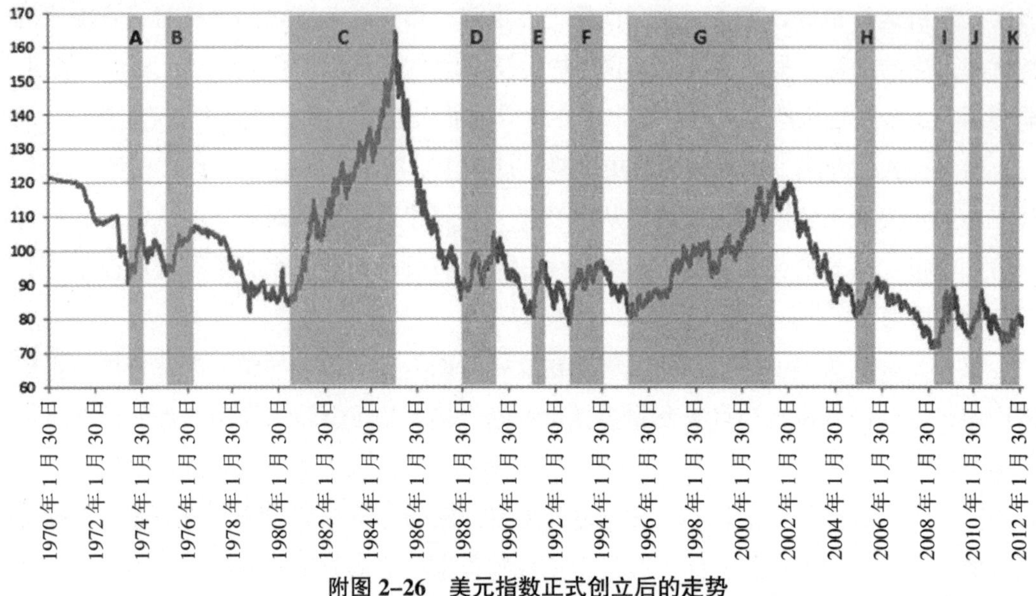

附图 2–26　美元指数正式创立后的走势

机的发生频率超过了人类历史上所有的时期。“广场协议”的签订导致日元持续升值，引发日本经济的巨大泡沫，为此后泡沫的破灭埋下伏笔。法国和德国为对抗美元霸权和推进欧洲一体化进程，决定采纳单一货币，这导致了欧元的诞生。

在第三个大阶段中，美元相对世界主要货币总体呈持续贬值趋势，但是为了避免全球对美元的信心下降，同时为了对抗通货膨胀，美元会阶段性出现升值。在美国宣布退出布雷顿森林体系后，美元指数所呈现的走势可以划分为五个小阶段的升值与贬值周期。其中 20 世纪 80 年代中期，为美指历史走势中持续最长的贬值周期（10 年）。除了这个为期 10 年的周期外，其余周期的持续性基本在 4~6 年。

第一个小阶段从 1971 年到 1979 年，美元处于弱势周期。尼克松宣布不遵守布雷顿森林体系的时候，美元相对其他主要货币一次性贬值的幅度高达 15%。从此美元进入总体持续贬值的趋势，到 1979 年美元相对其他主要货币的贬值幅度超过了 30%。因为新货币大量进入流通领域与美元的贬值在时间上是基本一致的，因此可以推断该阶段的贬值主要是美联储实行较为宽松的货币政策造成的。除了美国之外，此阶段的其他主要发达国家经济体在摆脱布雷顿森林体系束缚后，其货币供应量也开始进入急速增长的历史阶段，触发石油、贵金属以及基础原材料价格飞涨，全球经济处于高通货膨胀阶段。与此同时，石油危机和美元纸币本位制，共同制造了规模庞大的“石油美元”。巨量石油美元滚滚流入拉美国家，掀起一波又一波的对外借债高潮和虚假繁荣，埋下了拉美债务危机之祸根。

第二个小阶段从1980年到1985年，美元处于强势周期。1979年7月，保罗·沃尔克临危授命，以铁腕手段遏制通货膨胀，他将联邦基金利率提高到前所未有之高度，于1981年居然达到惊人的、前所未有的16%。猛烈的紧缩措施很快见效，美元结束近10年的持续弱势，开始逆转为强势美元周期。

除了加息之外，里根领导下的美国政府在经济政策上所倡导的减税政策（此政策与供给学派关系密切），刺激美国经济强劲增长，也是推动美元进入强势周期的另外一项重要力量。正是以货币紧缩和减税为基础，美元才得以终结了持续了近十年的弱势状态，进而进入了美元强势周期。美元进入强势周期后，美元汇率于1981年的统计上显示，其与上一年度比较直接持续升值近10%，并以此为基础逐年上升，这样的状态一直持续到1985年。此期间内，美元名义汇率以及实际汇率分别比1980年升值44%与36%。

由于美联储大幅加息和美元升值导致拉美各国债务负担大幅增加，从而引发1982年拉美债务危机全面爆发。这次债务危机使得处于发达水平的阿根廷等拉美国家再度沦为了发展中国家。

同时，军事开支大幅增加和美元升值导致出口下降等众多因素，造成了美国在政府预算方面和经常账方面的巨额赤字，但是巨额的“双赤字”在一开始并没有导致美元贬值。

第三个小阶段从1986年到1995年，美元处于弱势周期。经历了上一轮美元持续升值周期后，美国经常账方面与政府财政方面的双赤字再次成为了美国强迫日元与德国马克升值的借口。美国国内的贸易保护主义、遏制日本全球扩张、扰乱日本金融体系和货币政策、迫使日本开放国内市场等战略考虑导致了“广场协议”。1985年9月签署的著名的五国集团“广场协议”，协议中要求其他主要经济体货币汇率相对美元要进一步有序升值。之后，美联储的公开市场操作部门多次直接干预外汇市场，抛售美元，同时买入日元和马克，直接形成美元相对日元与马克的大幅贬值。一年之内，美元相对日元之贬值幅度就超过20%。1986年美元名义和实际汇率比1985年大幅度贬值17.5%与17.3%。这也就标志着美元重新进入了一个贬值波动周期。直至1995年，美元名义利率比1985年贬值了36%，实际汇率的贬值幅度更是达到了惊人的43%。

同时，美国央行利率从1989年3月的9.9%开始一路走跌至1992年12月的2.9%，美元指数从高点103处一路下跌至80以下。

日元兑美元急剧升值是导致日本经济从此陷入长期持续低迷的主要原因之一，另外一个原因则是老龄化。此期间，日元相对美元而形成的大幅度升值直接导致了日本

股市跌幅超过 70%，地产跌幅超过 50%。

在这个强势美元向弱势美元转换的阶段中，美国本身的金融市场也受到了巨大的冲击。由于美元利率下调与贬值，大量的资本从美国金融市场外逃，并最终导致了美国股市 1987 年 10 月 19 日的暴跌。

第四个小阶段从 1996 年到 2001 年，美元处于强势周期。1996 年是美元再次进入一个新的升值周期的临界点，美元名义汇率与实际汇率分别比 1995 年升值 4%与 2%，并于此后进入加速升值周期。时间到了 2002 年后，美元的名义汇率与实际汇率分别比 1995 年大幅升值达 28%与 31.5%。伴随着美元加息的过程，全球各主要经济体也一同进入了加息通道。

此阶段内，美国方面尽管其经常账项目赤字仍然持续增加，但克林顿政府所致力于改善财政赤字的经济政策取得了明显的效果，从 1998 年到 2000 年实现连续三年的财政盈余。美国信息科技革命在这个阶段出现，美国本土投资吸引力的急剧升高吸引了全球资本流入美国，这也是支撑着此轮美元强势周期的主要条件。同时，财政部长鲁宾极力倡导强势美元政策，认为强势美元政策最符合美国的长远利益。在弱势美元向强势美元转换的过程中，整个亚洲的金融和经济体系遭遇到十分强烈的冲击。在 1996 年以前，弱势美元和日本低利率政策导致大量热钱涌入亚洲新兴市场国家，进而推高了东南亚新兴经济体为主的股票和房产市场。而从 1997 年到 1998 年，由于弱势美元政策向强势美元政策的过渡，大量国际资金回流美国本土市场，参与科技股为主的股市投机。热钱迅速离开东南亚为主的亚洲各国，导致这些国家的资产价格泡沫骤然破裂，这就是著名的亚洲金融危机产生的主要原因。

第五个小阶段从 2002 年至 2012 年，美元处于弱势周期。2000 年下半年后，随着经济泡沫的破灭，美联储为了避免美国经济陷入持续严重的衰退期，所做的应对就是不断地降低基准利率，美元的加息周期逆转为减息周期。2001 年发生了“9·11”事件后，美联储更是连续地进行了 13 次的减息，这使得联邦基金利率达到了历史低位。2000 年互联网泡沫的破灭和 2001 年的“9·11”恐怖袭击，打击了投资者对美国经济和美元的信心，资金开始大规模流出美国，流入世界其他地区。以格林斯潘为首的美联储为避免美国经济陷入持续严重衰退，不断降低基准利率。低利率导致金融体系的流动性急剧增加，同时房地产市场的信贷迅速扩张，并由此触发了美国房地产非理性的迅速爆炸式发展。另外，对外反恐战争的巨大开支导致美国的财政赤字不断增加。

2003 年美元名义汇率和实际汇率分别大幅度贬值 12%与 10%，并于此后呈现出持续贬值的趋势。到 2007 年美元名义汇率与实际汇率对比 2002 年相对贬值 25.7%与

25.3%。

2004 年下半年开始，美国开始逐步进入加息周期，而此轮加息直接造成了资产泡沫的破灭，导致了 2008 年的次贷危机，进而引发全球信用市场动荡和欧洲主权债务危机。次贷危机之后，美联储主席本·伯南克一味通过增发货币来解决低增长的问题，导致国际大宗商品价格飙升，但是就业并未显著提高。

2012 年下半年到 2013 年初，弱势美元周期很可能逆转，因为形势越来越像当年里根上台之前美国经济的状况。

从上面阶段划分和介绍可以发现美元指数走势存在一些规律。美国所一直宣扬的自由市场与不干预汇率波动的舆论口径实际上是不存在的，美元指数走势一定是受美国货币政策尤其是利率政策的直接影响。美国利率政策是影响美元指数的重要因素，美联储对于美元这个世界本位币的利率政策的调整实际就是有意图的根据本国利益所需的一种操纵行为。美国会根据自身形势的实际所需而不断地进行利率政策的调整，并最终通过利率调整来影响美元指数走势。美联储利率最高时超过 16%，最低时接近于零，与其他主要经济体相比，美国的利率波动区间或是说利率调整空间明显很大。

美元指数上涨和下跌呈现明显的周期性特征，但这个特征并没有准确的数字上的界定。**美元指数周期的临界点一般出现在美国利率大幅度调整的一年以后，**而在美元指数上涨周期或下跌周期内，利率可能会出现阶段性双向波动。美联储利率的波动与美元指数不同步，美元指数滞后于重大利率调整 1~2 年。美国的低利率时期一般均出现在美元指数下降（贬值）周期或即将进入下降（贬值）周期的时期，美元指数一般在高利率时期后出现上升（升值）。无论美元指数是处在上涨周期还是下跌周期，美国都存在经常项目的持续巨额赤字，在美元指数上升过程中其经常项目赤字占 GDP 的比重会持续增加。

美元汇率的重大调整往往导致全球性或者区域性资产价格转势，同时也导致泡沫和危机交替出现。可以去看下非美资产和美国资产在美元汇率（美元指数）转势前后的表现，简单一点就是看中国香港房地产是如何受美元指数走势影响的，可以说李嘉诚就是抓住了美元周期对中国香港房地产的影响才积累了不少的财富。当然，落实到美元对 A 股市场的影响则是更有意义的事情。从 2004 年 12 月以来，美元指数每一个上涨波段对应的都是沪指的下跌，每一个下跌波段对应的都是沪指的上涨，只有 2008 年 7 月到 2009 年 3 月，美元指数和沪指同步上涨（见附图 2-27）。这是因为 A 股受益于四万亿元的刺激政策在 2008 年 10 月筑底后，趋势性下跌行情已经反转，而海外金融市场风险仍未消退，美元的上涨行使的还是其避险功能，直到 2009 年 3 月，美国股

市开始反弹，美元的上涨才暂时中止。

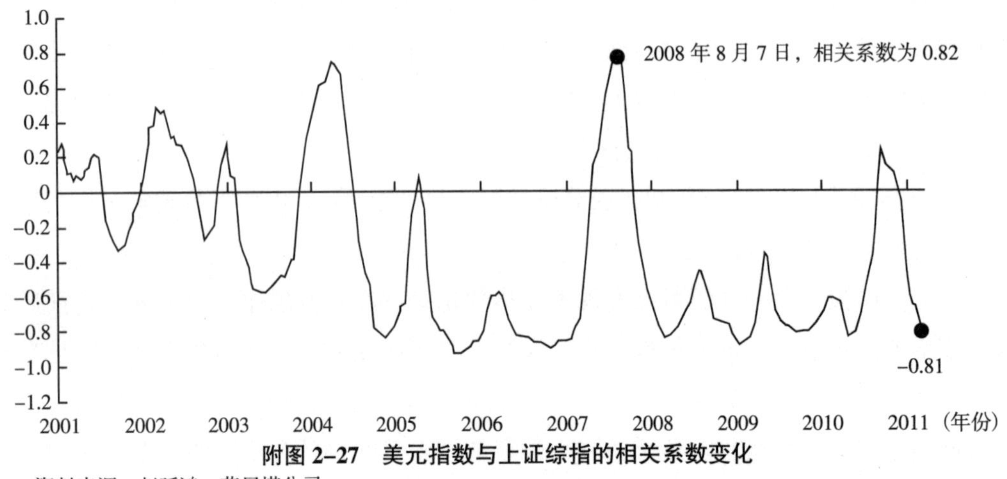

附图 2–27　美元指数与上证综指的相关系数变化

资料来源：赵延鸿，莫尼塔公司。

一般情况下，美元指数与非美资产是负相关的，哪些是非美资产，即除了美国国债和美国股票之外的资产，比如欧洲股市，东南亚的房地产，国际大宗商品，A 股市场，中国香港的房地产等。有时候资金流入美国国债，美元指数会上扬，这是避险情绪，在这种情况下美国的股市和非美资产都是下跌的；另外一些时间，资金流入美国股市，这是因为美国经济好，投资机会多，美元指数也会上扬，但这是风险喜好情绪导致的，在这种情况下美国股市上涨，而非美资产大部分都会下跌。所以，A 股市场大盘的走势与非美资产存在很大的正相关性，与美元指数则存在很大的负相关性。美元指数的走势反映了美国货币政策的走向，对于 A 股来说这是一个流动性的远端供给，其重要性并不亚于中国人民银行的近端供给。下面，我们就来逐一呈现美元指数、上证指数和主要非美资产三者之间的关系。

随着国内资本市场逐步对外开放，上证指数与美元指数的相关度越来越高，见附图 2–28。可以发现美元指数与上证指数基本上是反向的，因此我们做 A 股，判断大盘指数趋势的时候，可以参考下美元的走势，推断下美元的趋势，然后相互验证，这样就提高了判断 A 股指数大势的能力。

由于全球采取美元本位，这就与黄金等贵金属形成了竞争关系，所以美元指数与黄金和白银走势往往是相反的，因此上证指数与伦敦黄金和白银的走势基本就是一致的（见附图 2–29 和附图 2–30），但在某些时候 A 股会因为国内因素而出现不一致。我们对 A 股走势迷惑的时候，可以同时参考伦敦黄金和白银的走势。

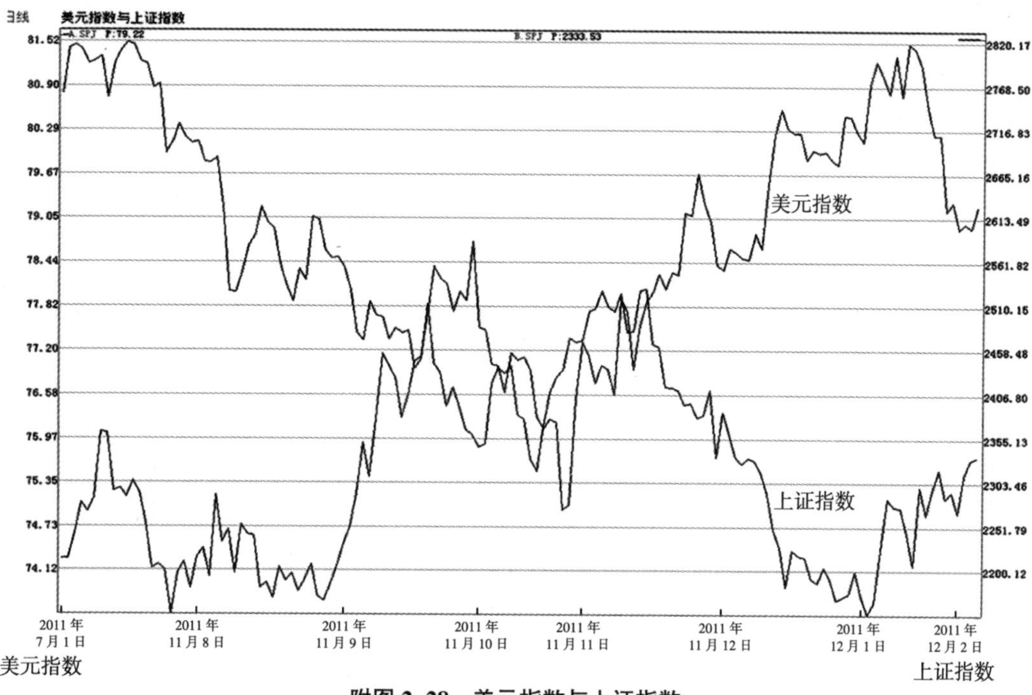

附图 2-28 美元指数与上证指数

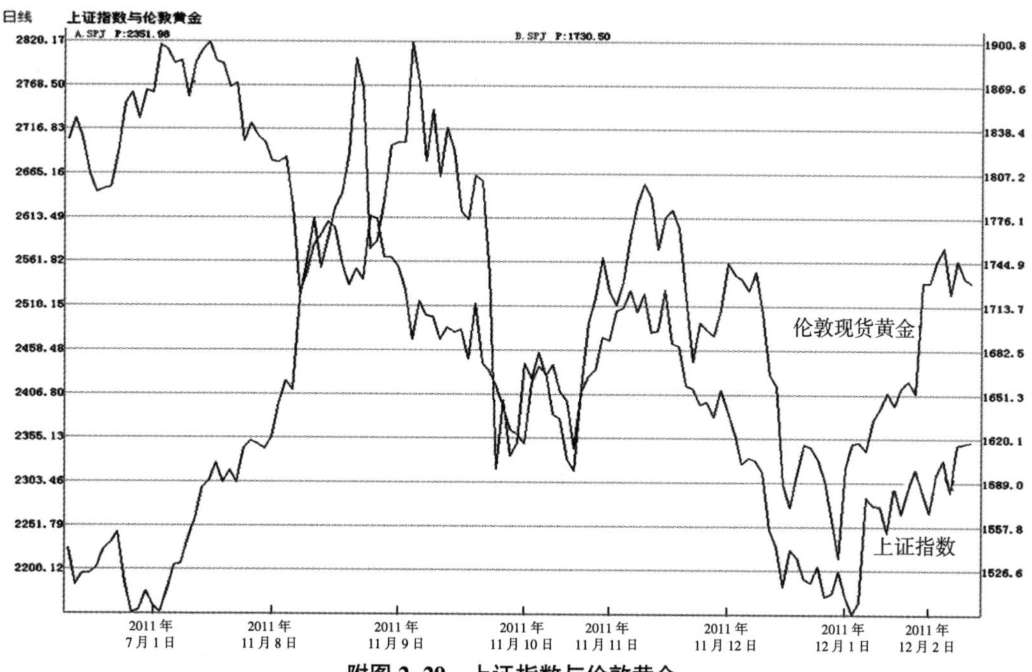

附图 2-29 上证指数与伦敦黄金

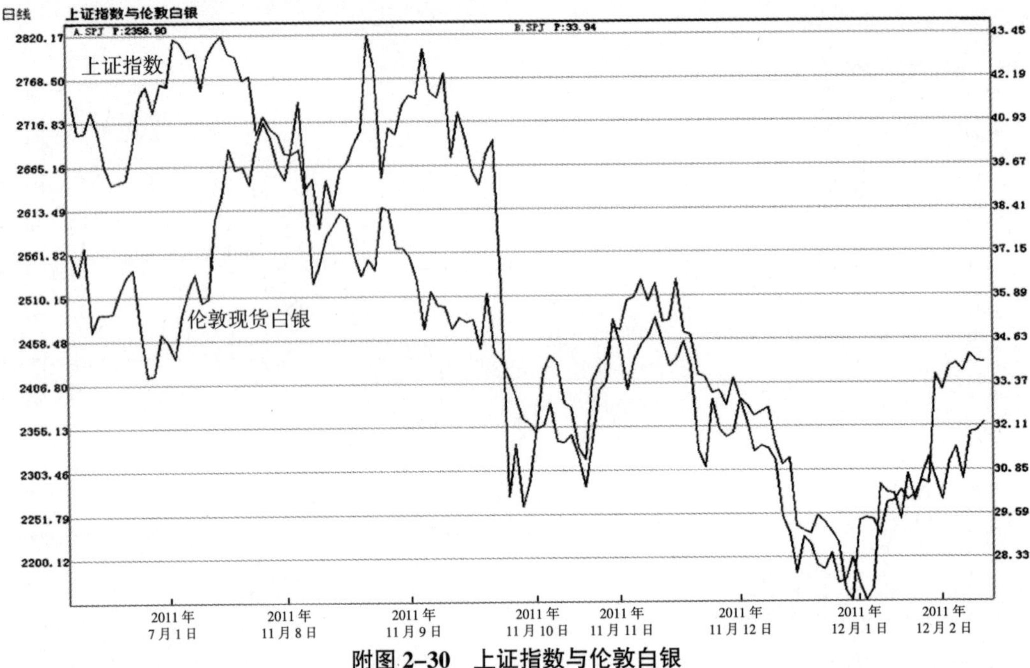

附图 2-30　上证指数与伦敦白银

如果说贵金属主要在货币层面与美元指数竞争，那么大宗商品中的原油和铜则是因为以美元标价而与美元指数反向运行。另外，由于中国大陆在 2000 年以后对原油和铜的需求大幅增加使得上证指数与原油和铜的正相关性越来越高（见附图 2-31 和附图 2-32）。由于原油还要受到地缘政治的影响，所以与上证指数的正相关性要弱于铜。在

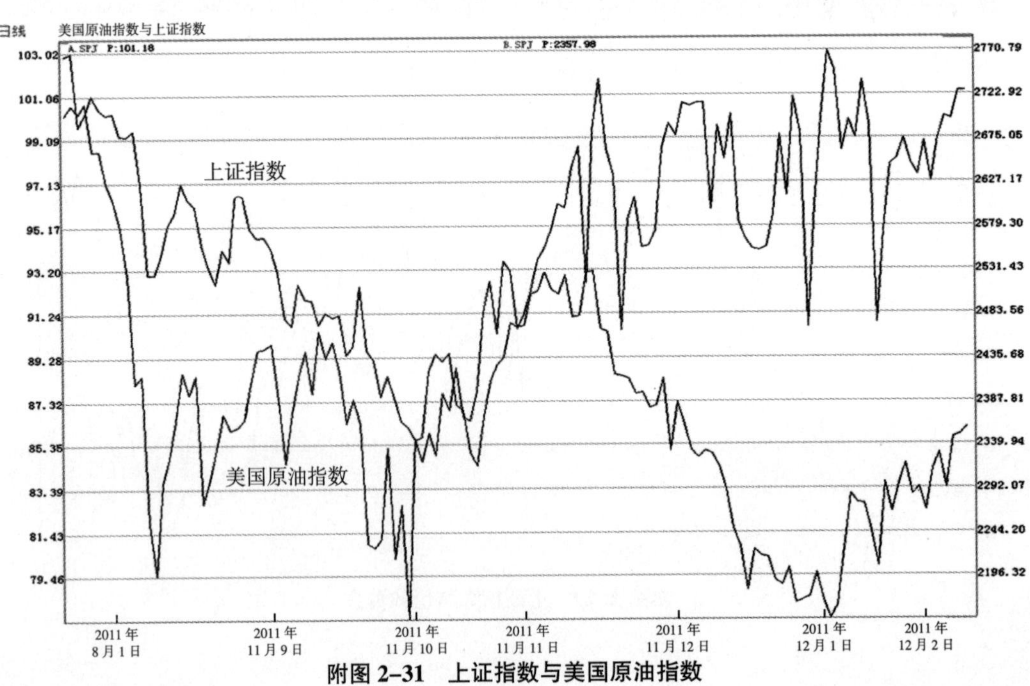

附图 2-31　上证指数与美国原油指数

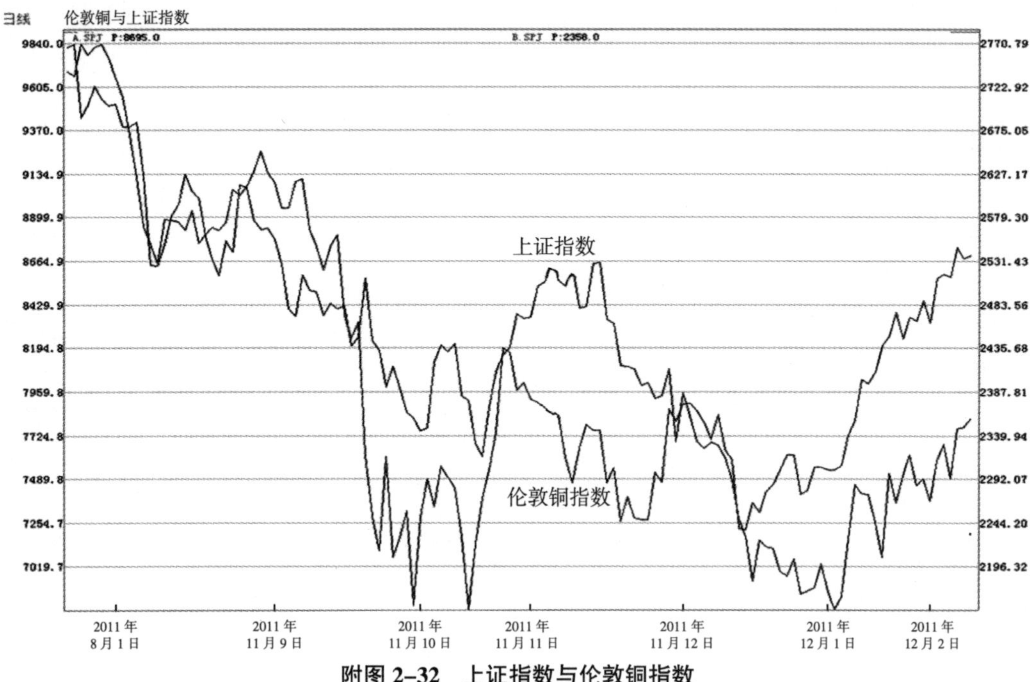

附图 2-32　上证指数与伦敦铜指数

某些时期油价的走势受到地缘政治的强烈影响，这时候就会出现与上证指数不一致的走势。简而言之，原油和铜之所以与上证指数正相关性较高，一是因为原油和铜，以及上证指数都与中国经济有关，二是因为原油、铜以美元标价，与美元指数相反，而上证指数也倾向于与美元指数反向运行，所以原油和铜与上证指数会正相关。

国内某些商品期货与美元指数也存在负相关性，而这些商品期货与上证指数往往是正相关的，比如螺纹钢期货与美元指数是负相关的（见附图 2-33），而螺纹钢期货与上证指数是正相关的（见附图 2-34）。由于铁矿石由美元标价，所以螺纹钢的价格与美元指数倾向于反向。由于中国固定资产投资较大，对螺纹钢的需求很大，所以反映中国经济的上证指数与螺纹钢走势基本一致。

PTA 是化工产品，上端连着原油，下端连着纺织行业。美元贬值，原油价格上涨，PTA 生产成本上涨，对于 PTA 价格起到了支持作用。同时，由于人民币盯住美元窄幅波动，因此美元贬值带动人民币兑其他主要货币贬值，促进了中国纺织产品的出口，这对于 PTA 价格也起到了支持作用。所以，美元指数下降，美元贬值，PTA 价格将上升；美元指数上升，美元升值，PTA 价格将下跌（见附图 2-35）。另外，PTA 价格与上证指数一样反映了中国经济增长和通货膨胀的情况，因此 PTA 期货价格走势与上证指数大致是正相关的（见附图 2-36），与美元指数大致是负相关的。

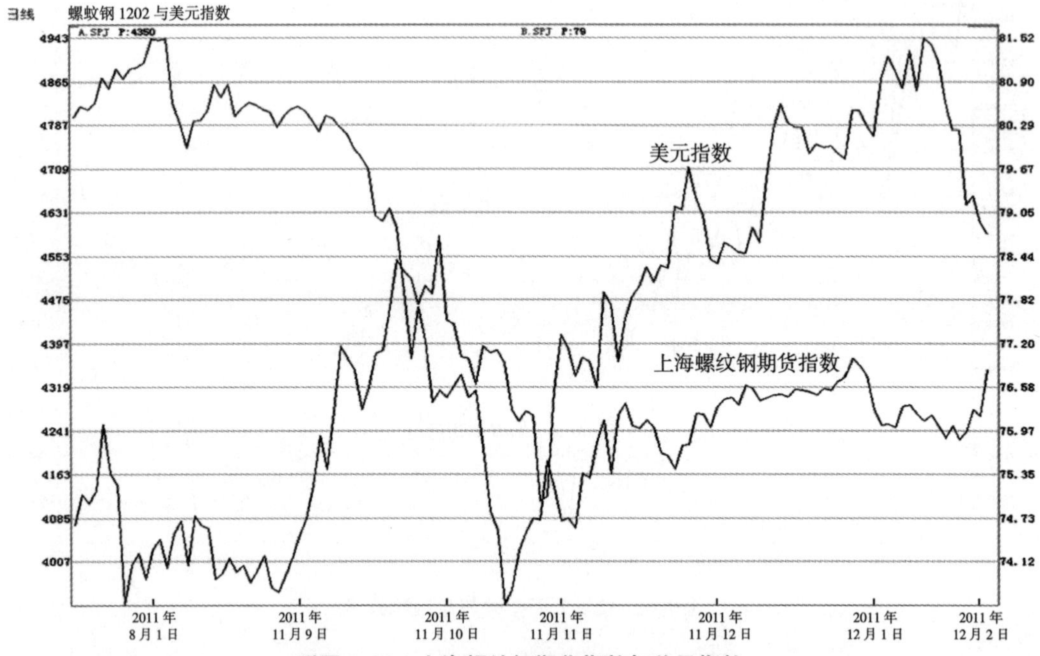

附图 2–33　上海螺纹钢期货指数与美元指数

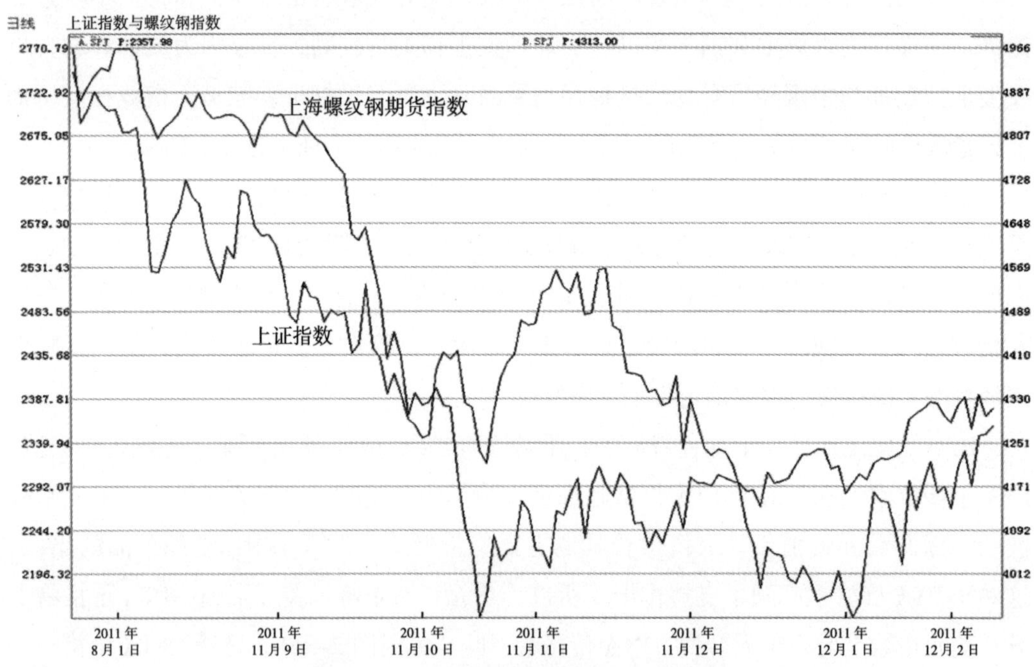

附图 2–34　上海螺纹钢期货指数与上证指数

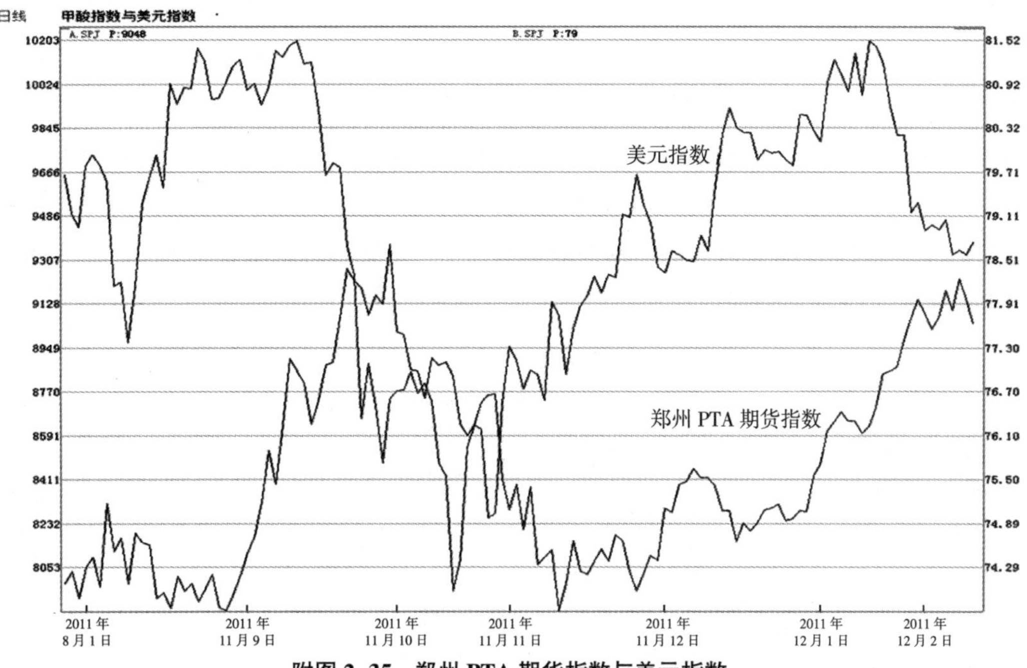

附图 2–35　郑州 PTA 期货指数与美元指数

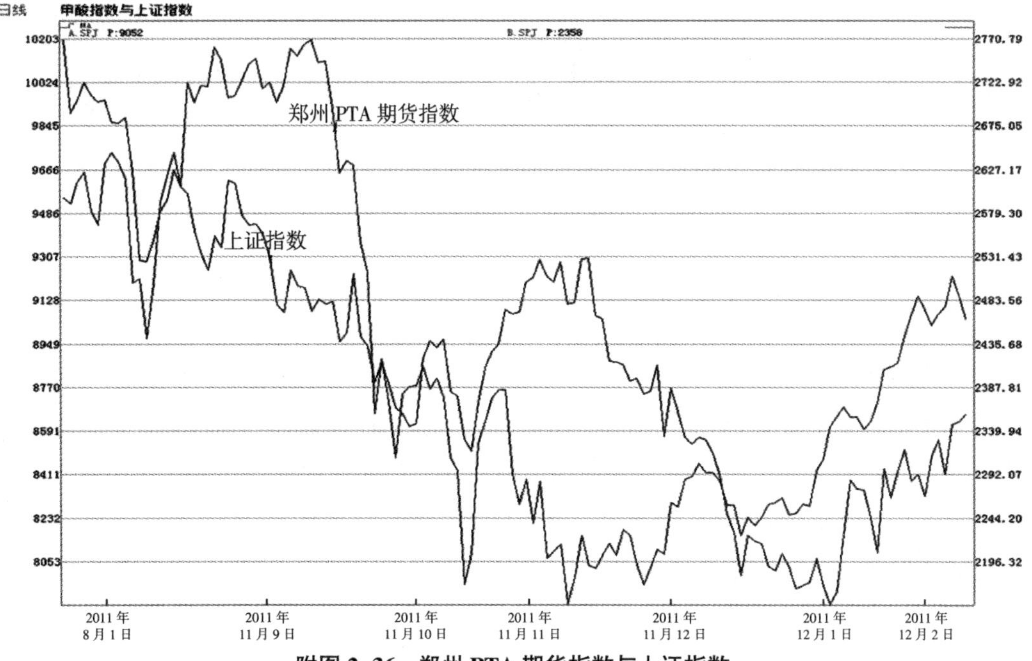

附图 2–36　郑州 PTA 期货指数与上证指数

CRB 指数代表了国际大宗商品的综合走势，由于国际大宗商品都是以美元报价，所以 CRB 指数其实反映了一篮子大宗商品的美元价格，因此 CRB 指数基本与美元指数相反。CRB 指数与上证指数是什么关系呢？由于中国经济基本上是固定投资和出口驱动的，所以对大宗商品需求很旺盛，因此 CRB 指数与上证指数走势基本是同向的（见附图 2-37），同时由于中国经济很大程度取决于出口和固定资产投资，而出口一般先于进口（干散货运价指数先于集装箱运价指数，第一课提到了这一点），大宗商品是进口主要对象，所以 CRB 指数部分时候可能稍微领先于上证指数，这点与第一课介绍的大类资产循环序列存在差别。

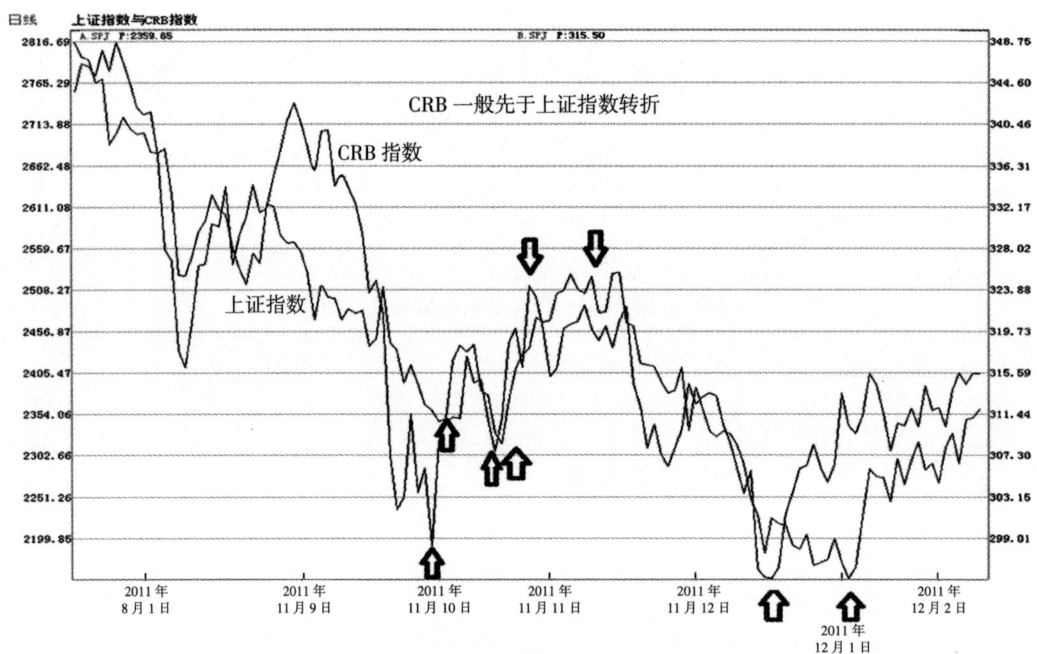

附图 2-37　上证指数与 CRB 指数

上证指数与人民币汇率有怎样的关系呢？由于人民币事实上盯住美元，因此人民币兑非美货币的汇率其实与美元兑非美货币的走势密切相关。上证指数与美元人民币汇率基本同向运动，也就是说美元兑人民币贬值与上证指数下跌是同步的（见附图 2-38）。为什么会这样呢？因为美元兑人民币贬值，意味着人民币兑美元升值，而这意味着中国出口到美国的产品更贵了，而这将导致中国以出口为主的经济出现减速，反映到 A 股市场上就是股市走低。

欧元兑人民币的汇率会极大地影响中国制造业对欧元区的出口，当欧元兑人民币贬值的时候，中国出口就会受到影响，这时候上证指数也就走低，两者基本上是同向

关系（见附图 2-39）。

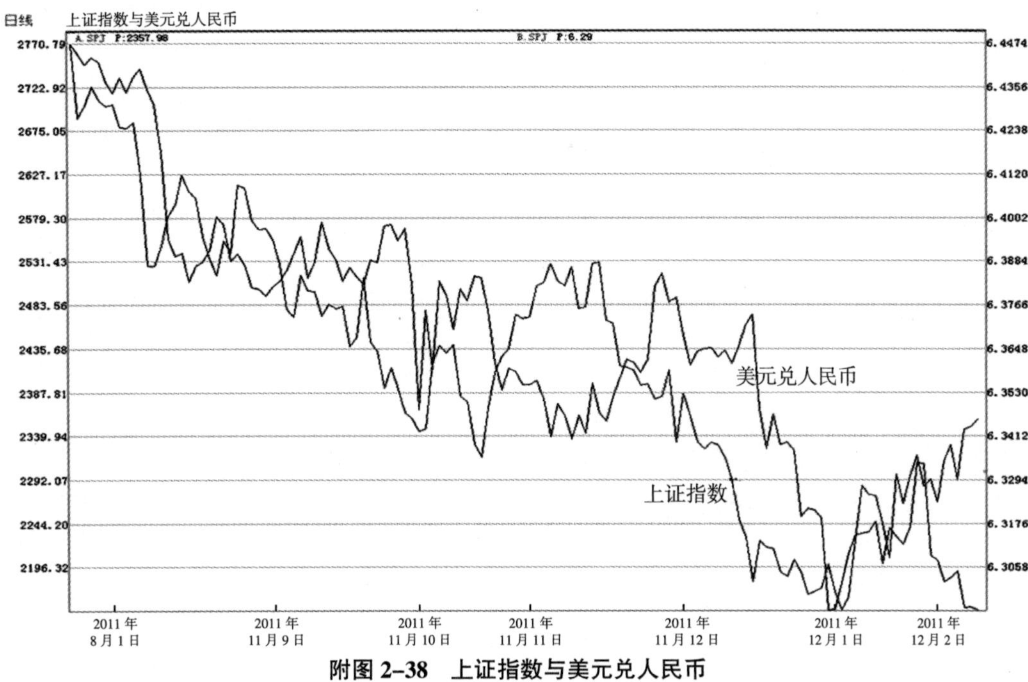

附图 2-38　上证指数与美元兑人民币

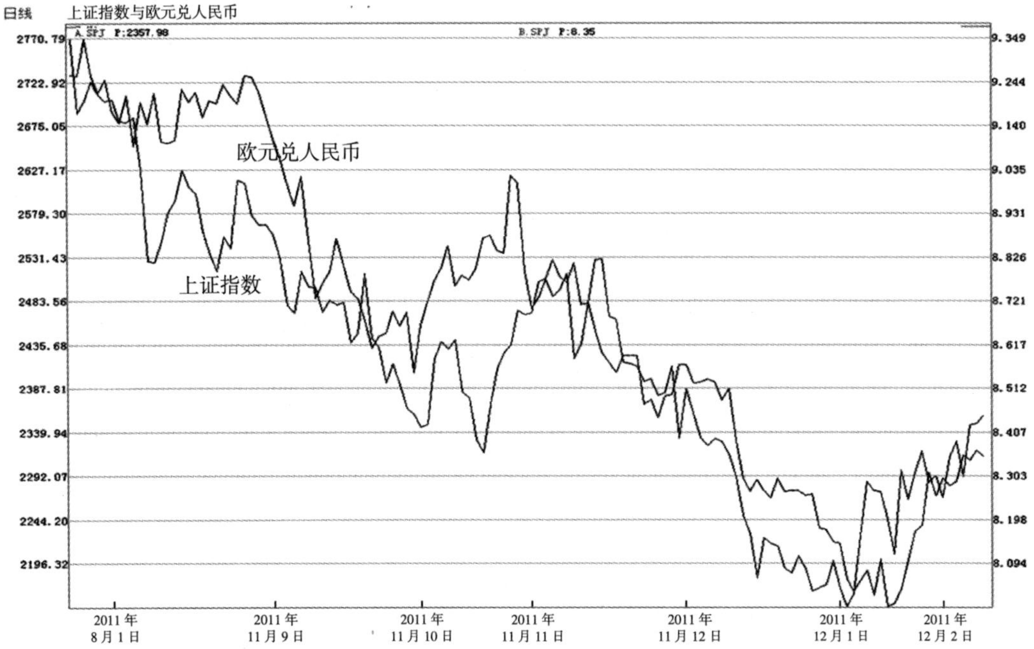

附图 2-39　上证指数与欧元兑人民币

日元兑人民币的汇率（习惯上是100日元能够换取的人民币数额）其实反映了中国同日本之间的贸易条件。日元兑人民币升值，则中国向日本的出口增加，日元兑人民币贬值，则中国向日本的出口减少。所以，日元兑人民币的走势基本上与上证指数同向运动，日元兑人民币升值（汇率上涨），则上证指数上涨，日元兑人民币贬值（汇率下跌），则上涨指数下跌（见附图2–40）。

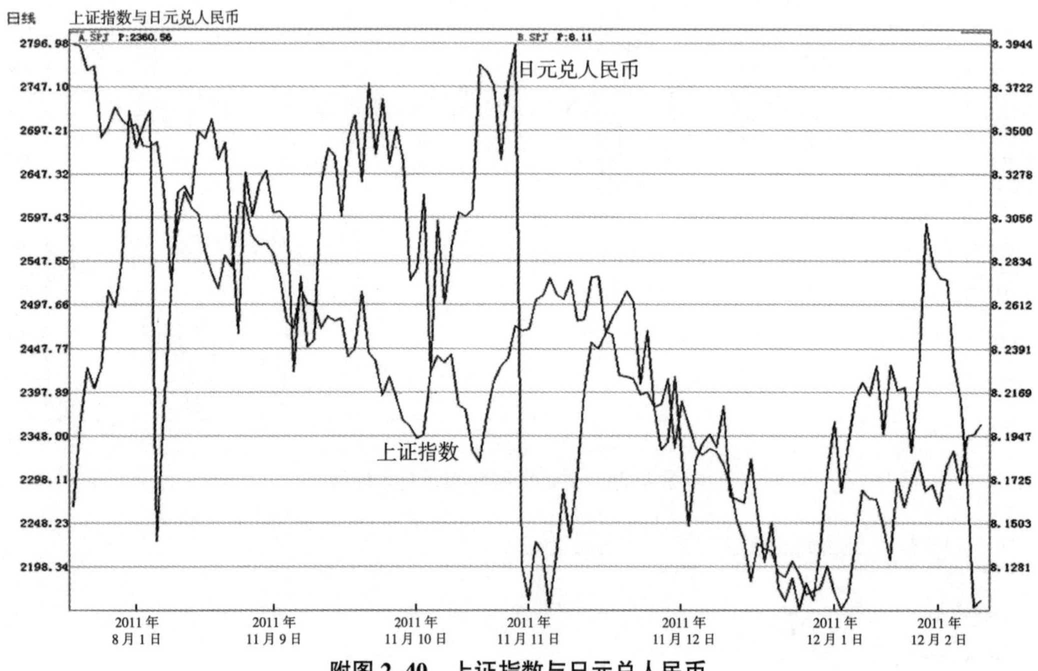

附图2–40 上证指数与日元兑人民币

港元比人民币更加严格地盯住美元，所以港元兑人民币的走势与美元兑人民币走势类似。港元兑人民币的走势一方面反映了中国香港和中国内地的贸易条件，同时也间接反映了美国同中国的贸易条件。港元兑人民币走低，意味着人民币兑港元和美元都在升值，这就意味着中国内地出口到中国香港和美国的东西在变贵，这会让中国出口下降，反映到上证指数上就是下跌（见附图2–41）。

主要非美货币兑人民币的走势其实都可以看作是非美货币兑美元的走势，因为人民币事实上是盯住美元的，因此如果美元兑这些货币走贬，则人民币兑这些货币也在贬值，这将刺激中国的出口，进而带动经济的发展，反映到A股走势上就是上涨。所以，欧元兑美元走低，意味着美元升值，自然人民币也跟随美元兑欧元升值了，所以中国出口受到负面影响。另外，非美货币除了日元和瑞郎之外大多被认作是高息风险资产，与新兴市场股市联动较强，所以欧元走跌意味着全球风险资产走跌。因此，总体而言上

证指数与欧元兑美元，澳元兑美元，英镑兑美元是同向变动（见附图 2-42~附图 2-44）。

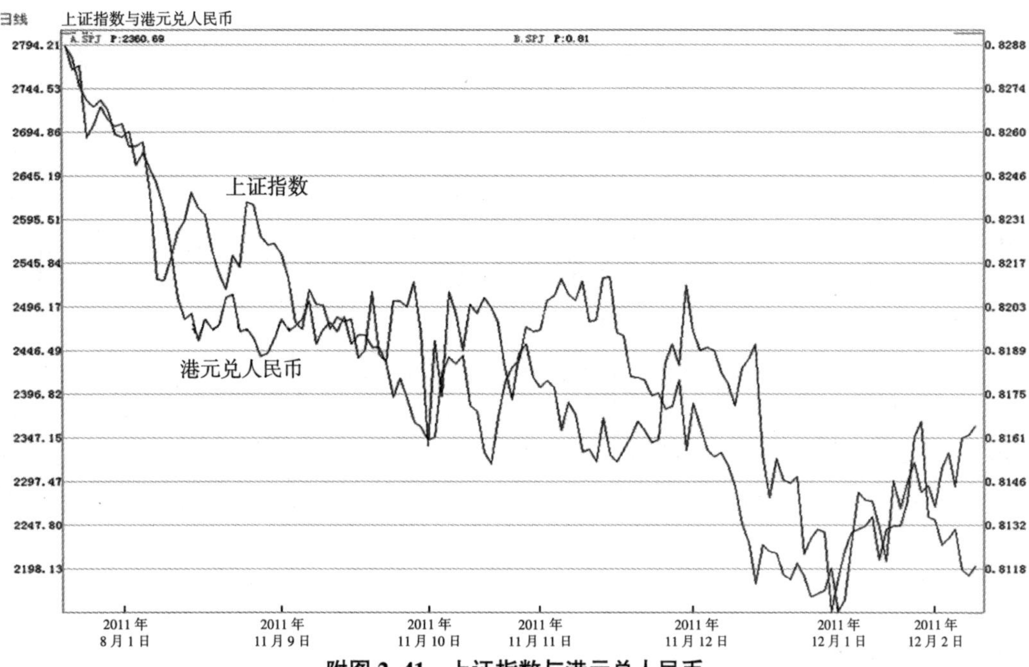

附图 2-41 上证指数与港元兑人民币

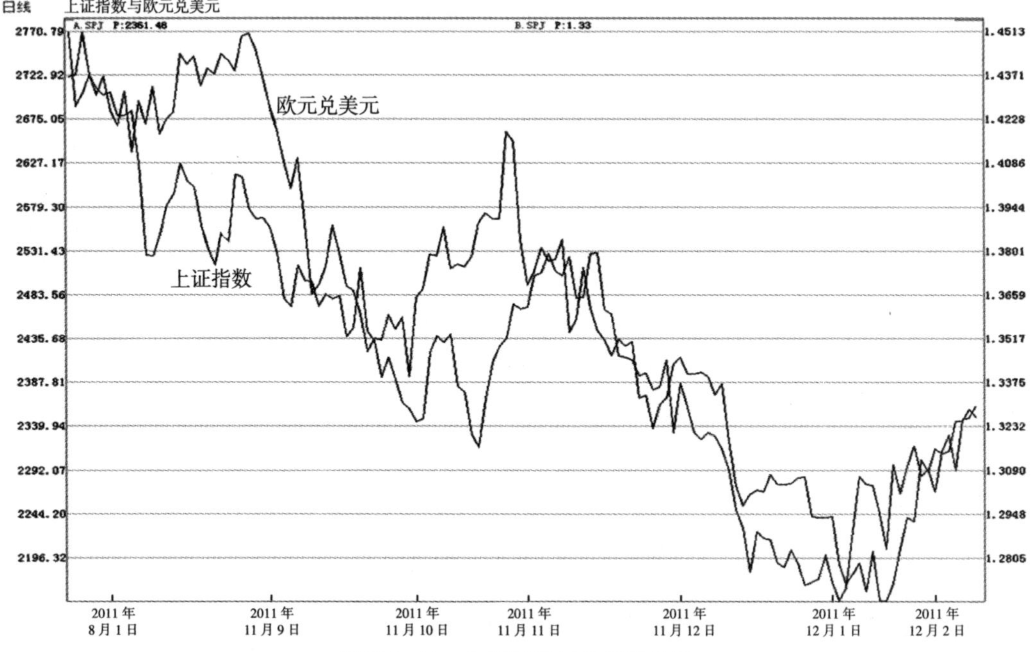

附图 2-42 上证指数与欧元兑美元

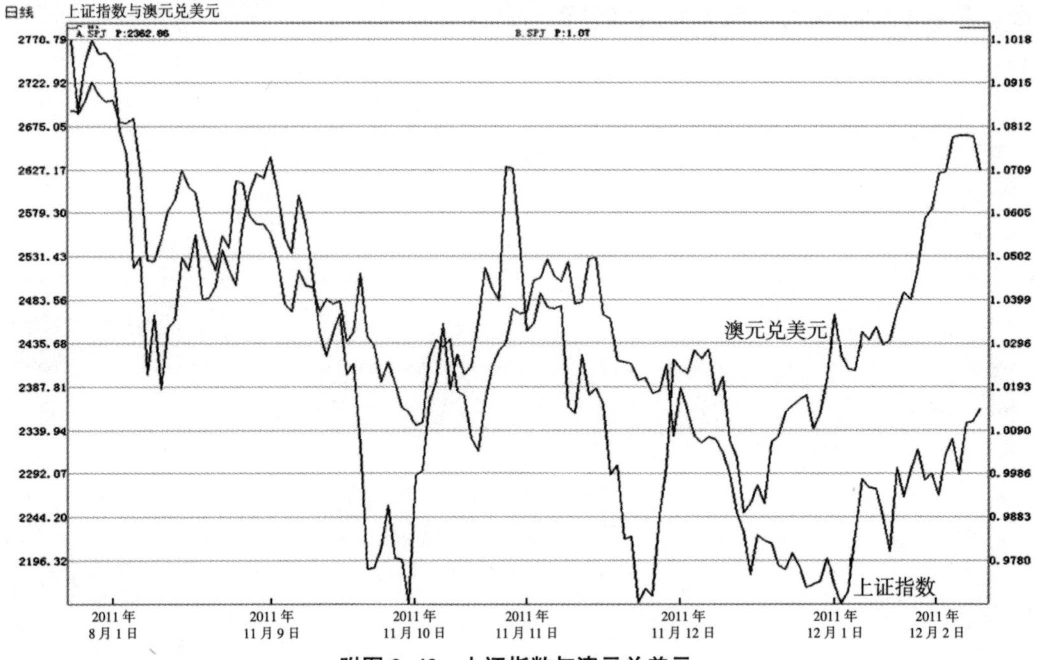

附图 2–43 上证指数与澳元兑美元

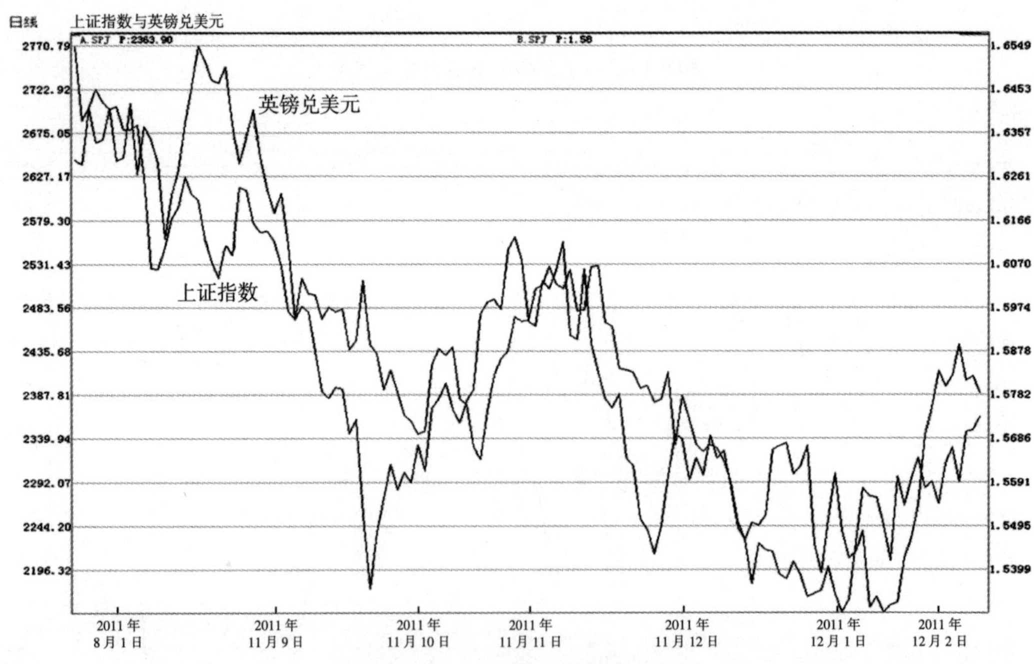

附图 2–44 上证指数与英镑兑美元

美元兑日元、瑞郎、加元的变化会带动人民币兑日元、瑞郎、加元同向变动，进而影响中国大陆对这些经济体贸易条件变化，美元兑这三种货币的汇率走势与上证指

数往往是反向的（见附图 2–45~附图 2–47）。

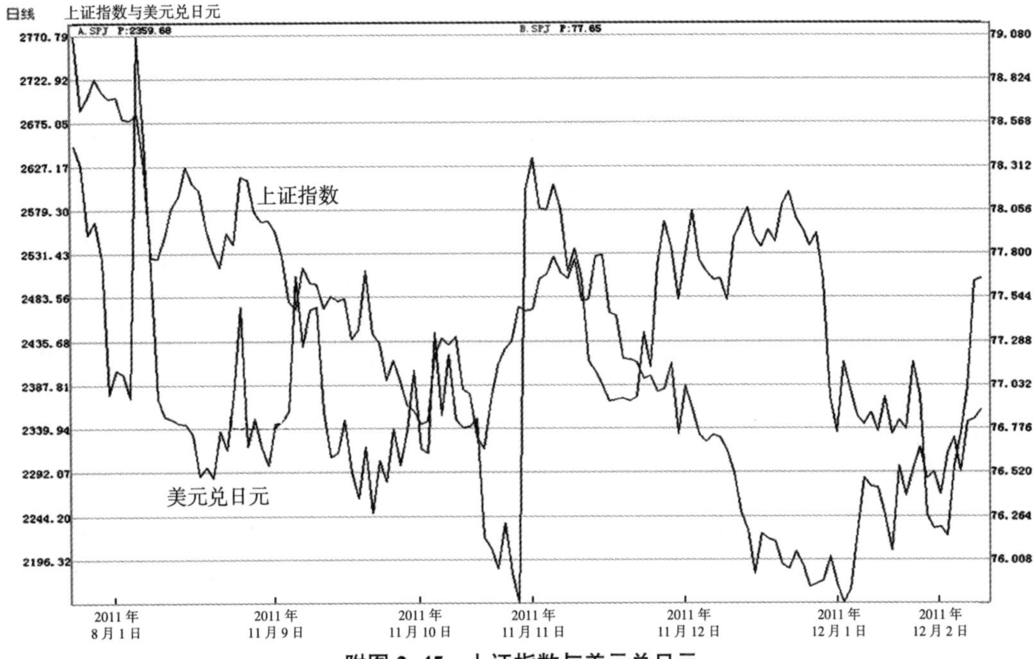

附图 2–45　上证指数与美元兑日元

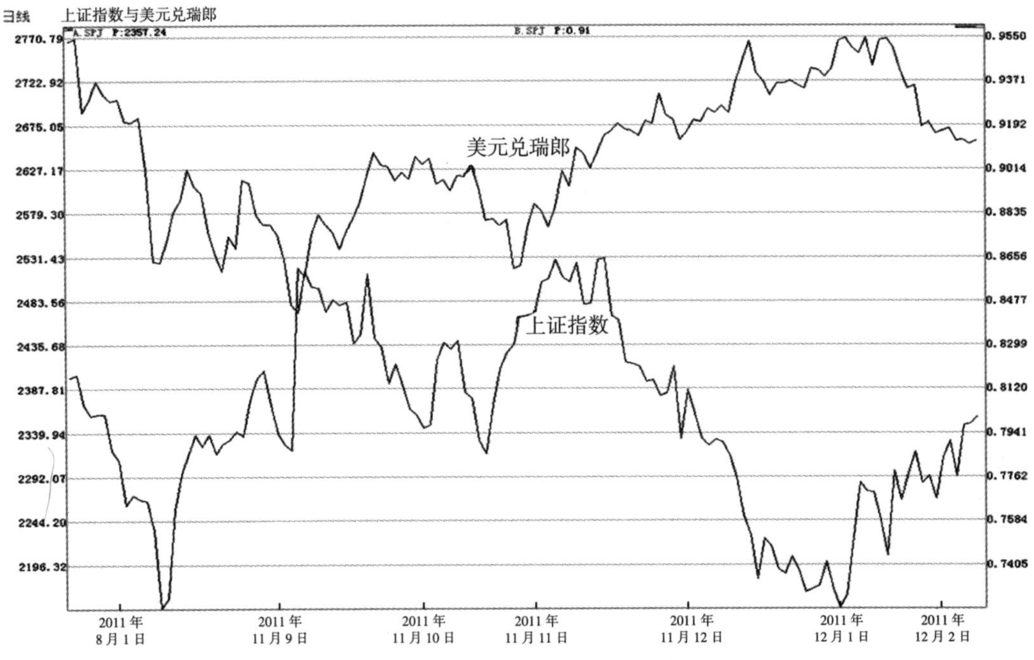

附图 2–46　上证指数与美元兑瑞郎

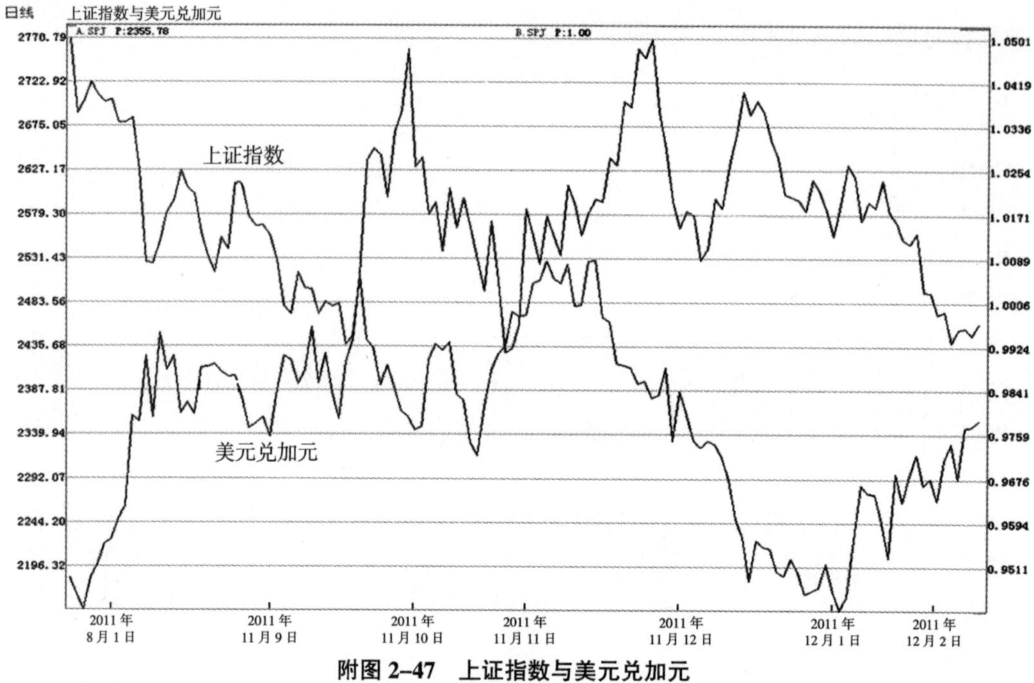

附图 2-47 上证指数与美元兑加元

上面讲的是大宗商品、汇率与美元指数和上证指数的关系，接下来我们看看全球股市与美元指数以及上证指数的关系。道琼斯指数与标普 500 指数是美国经济的风向标，这两个指数在这几年基本与美元反方向波动，但趋势却未必相反（见附图 2-48 和附图 2-49）。

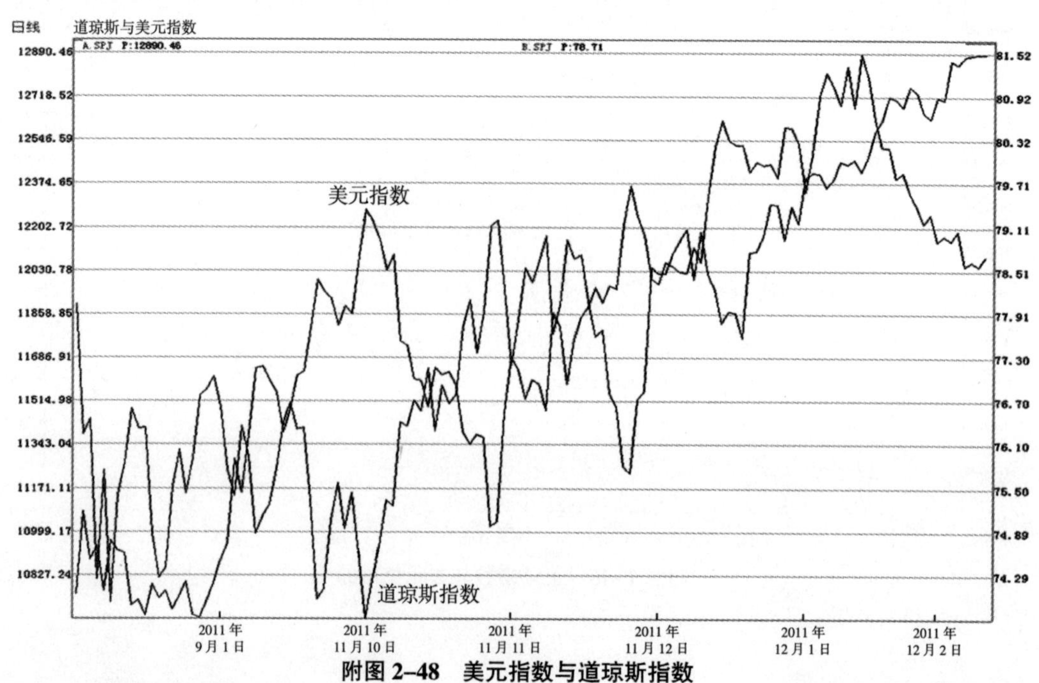

附图 2-48 美元指数与道琼斯指数

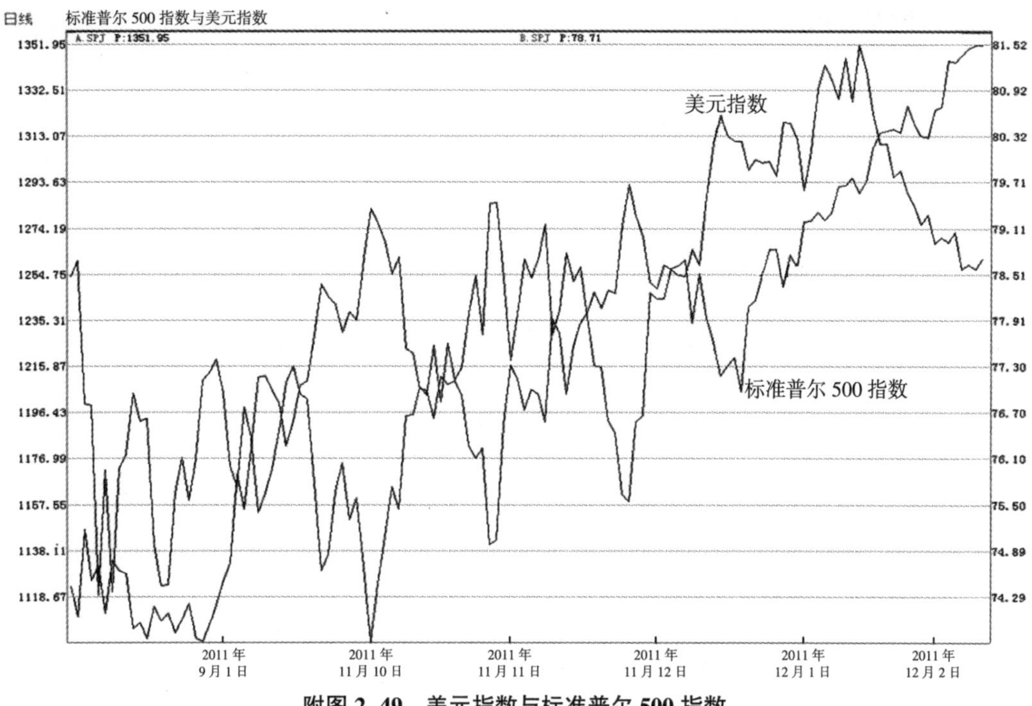

附图 2-49　美元指数与标准普尔 500 指数

标普 500 指数比道琼斯指数更加全面地反映了美国股市的整体动向，我们看看它与上证指数的关系。由于互联网泡沫破灭之后，国际资金撤出了美国股市，所以美元指数与标准普尔 500 指数不再是正相关的，国际资金往往在避险的时候选择美国国债，由此导致对美元兑换需求增加，这样美国国债而不是美国股市与美元指数正相关。从附图 2-50 中可以看出，标普 500 指数有先于上证指数运动的倾向。

纳斯达克指数更多地反映了高风险偏好资本的进出，而美元指数最近十年更多地反映了风险厌恶资本对美国国债的需求，所以两者基本是波动负相关的（见附图 2-51）。由于纳斯达克是高风险市场，而 A 股市场作为新兴市场股市也是高风险市场，加上中国重要的出口对象是美国，所以纳斯达克指数与上证指数走势基本一致（见附图 2-52）。

其他一些股市与美元指数基本都是反向运动的，而上证指数与这些股市基本都是同向运动的。比如澳大利亚股市的重要指数澳洲综指与美元指数也是反向运动的（见附图 2-53），而澳洲综指与上证指数基本是同向运动（见附图 2-54）；日经 225 指数较 A 股提前一些开盘，可以作为 A 股开盘走势的指引，从附图 2-55 和附图 2-56 可以看到日经 225 指数与美元指数基本反向运动，与上证指数基本同向运动；附图 2-57 表明

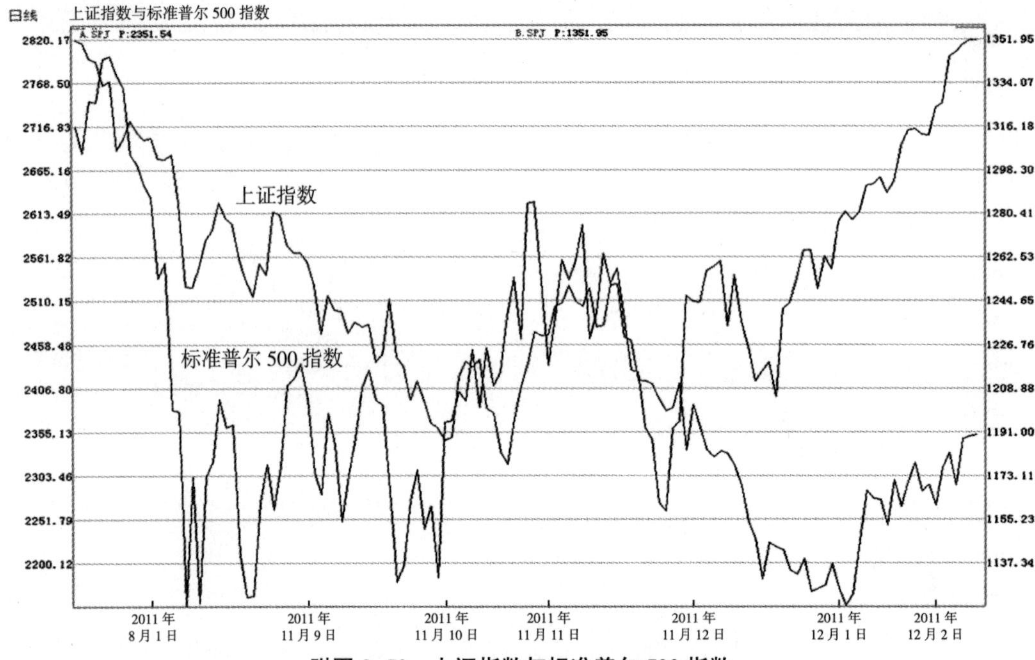

附图 2–50　上证指数与标准普尔 500 指数

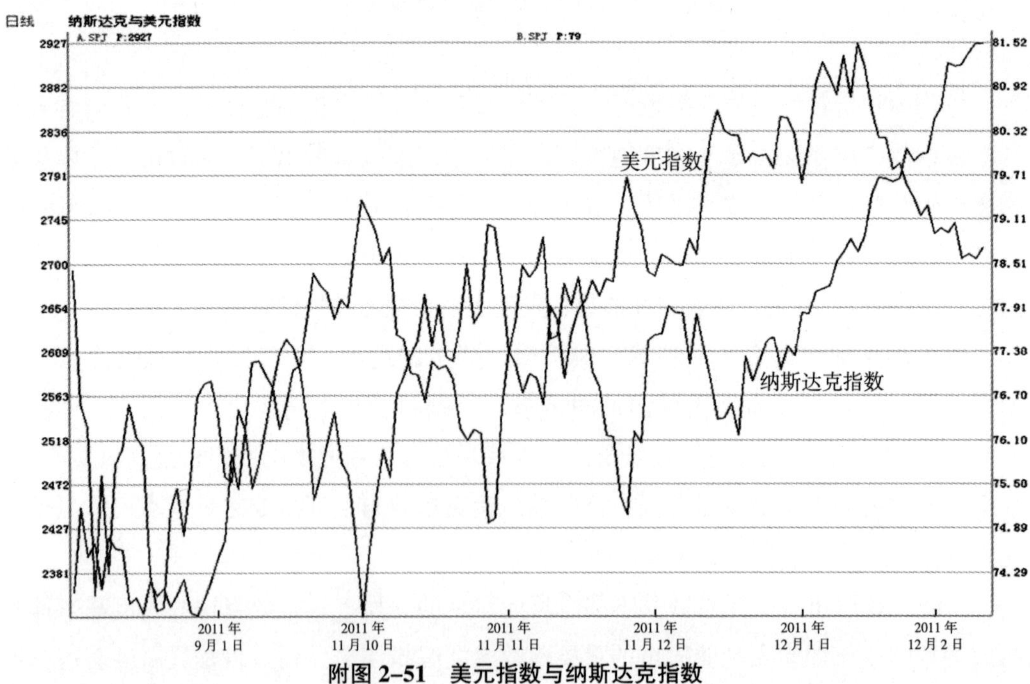

附图 2–51　美元指数与纳斯达克指数

美元指数与中国台湾加权指数负相关，而附图 2–58 表明上证指数与中国台湾加权指数正相关；附图 2–59 表明美元指数与恒生指数负相关，而附图 2–60 表明上证指数与恒

生指数正相关，所以判断 A 股大势的时候也要看恒生指数的走势，看看这个指数与美元的走势关系；附图 2-61 显示了美元指数与恒生国企指数呈现负相关，而附图 2-62

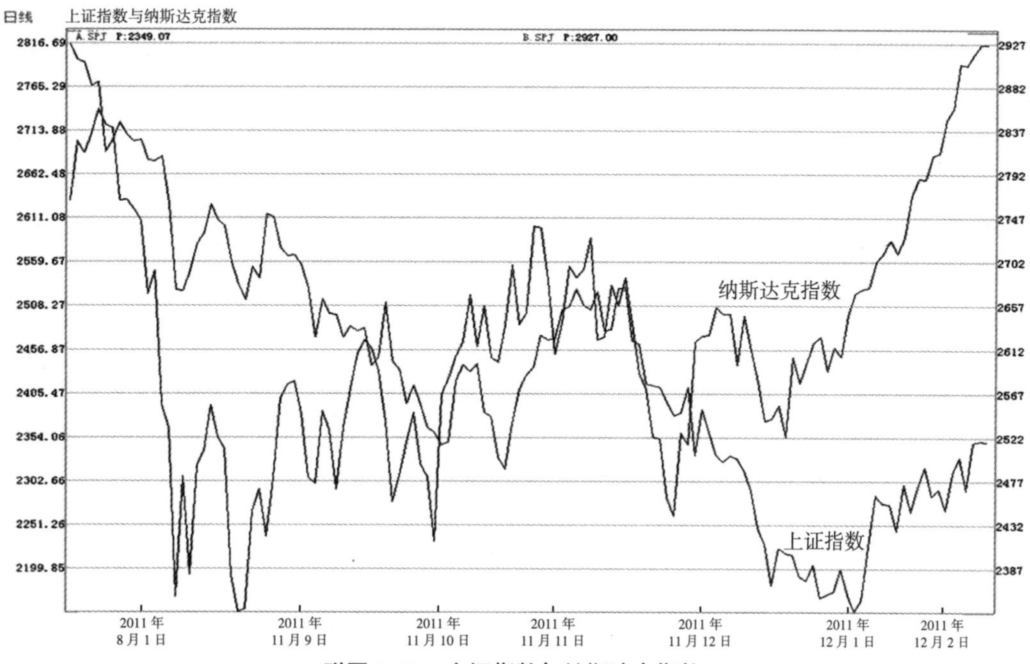

附图 2-52 上证指数与纳斯达克指数

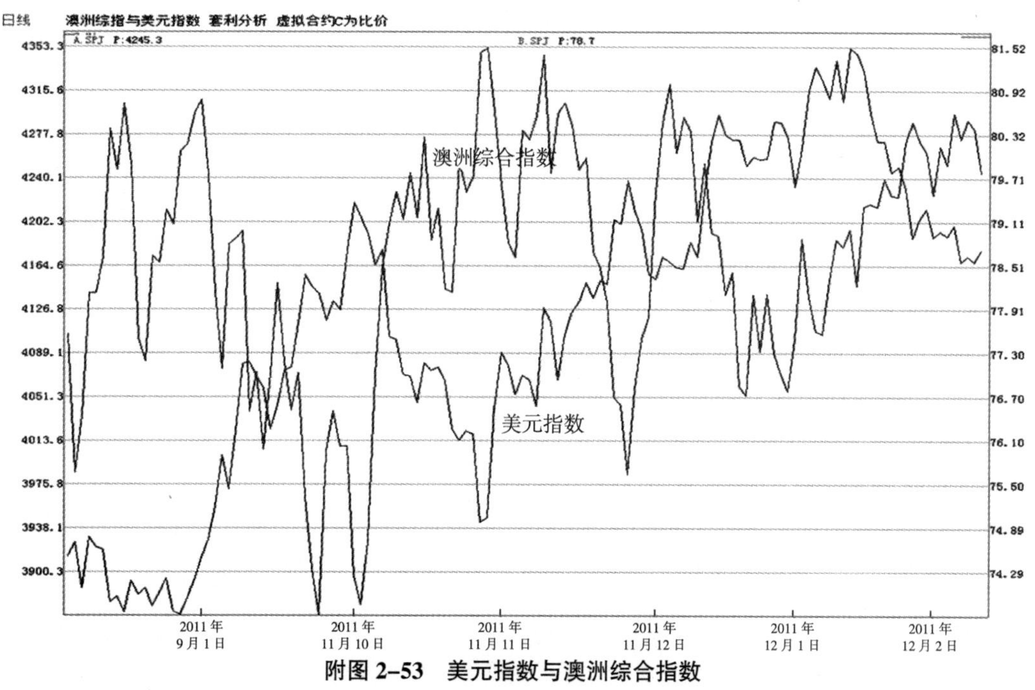

附图 2-53 美元指数与澳洲综合指数

显示的上证指数与恒生国企指数大家应该很容易明白是怎么回事，恒生国企指数在很多时候领先于上证指数；CAC40 指数是法国股市的风向标，附图 2-63 显示美元指数与

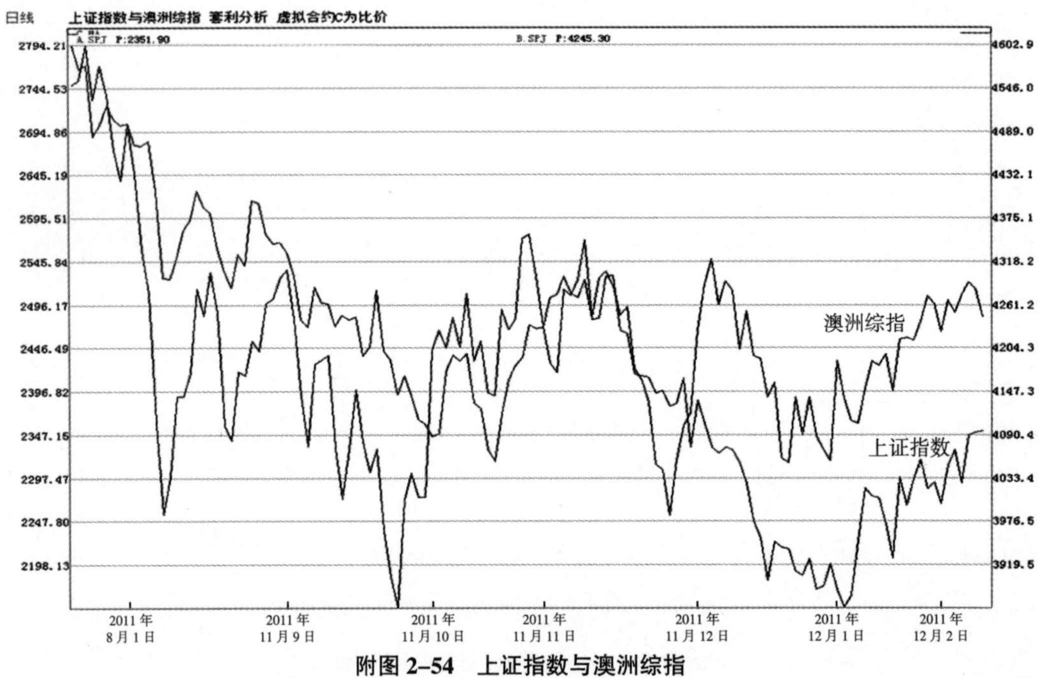

附图 2-54 上证指数与澳洲综指

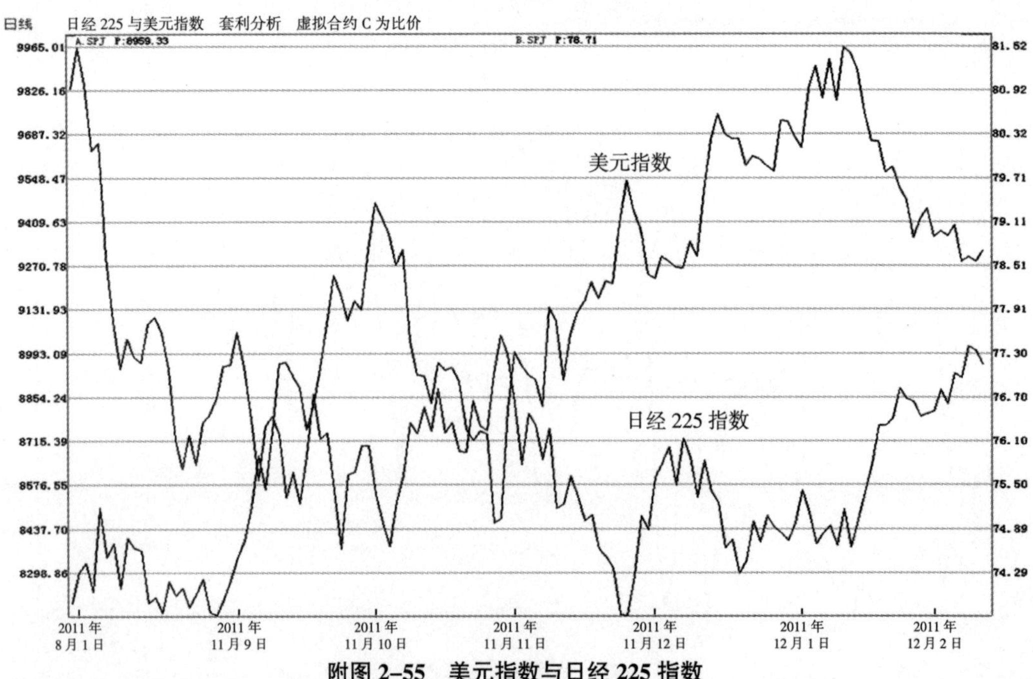

附图 2-55 美元指数与日经 225 指数

CAC40 指数负相关，而附图 2-64 则表明上证指数与 CAC40 指数呈正相关；金融时报指数是英国股市的风向标，附图 2-65 显示美元指数与英国金融时报指数基本呈现负相

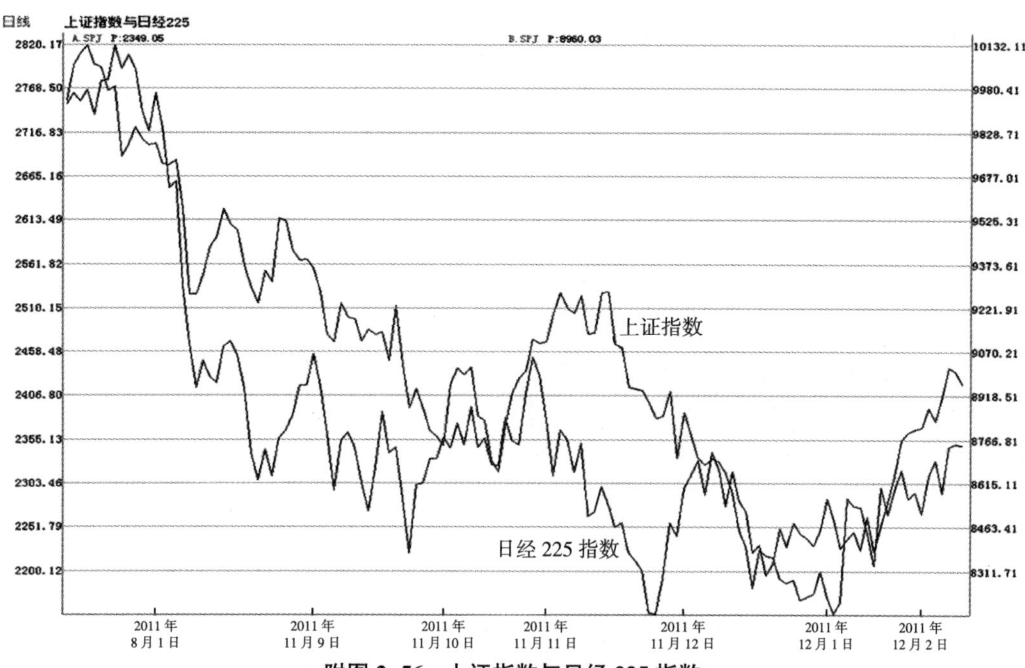

附图 2-56　上证指数与日经 225 指数

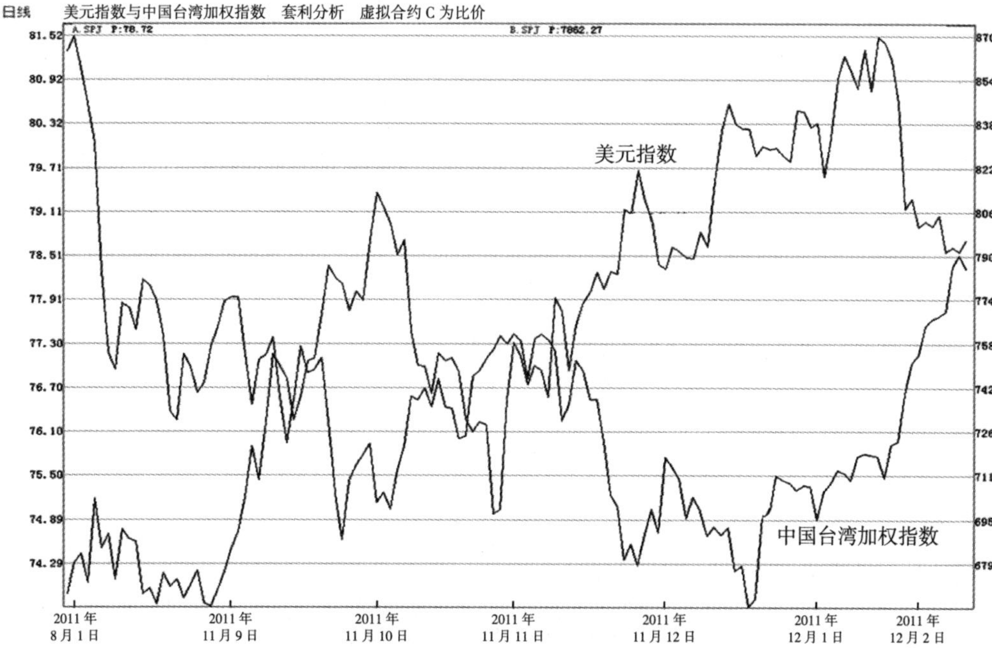

附图 2-57　美元指数与中国台湾加权指数

关，而附图 2-66 表明上证指数与英国金融时报指数基本呈现正相关；法兰克福指数是德国股市的风向标，附图 2-67 表明美元指数与法兰克福指数呈负相关，而附图 2-68

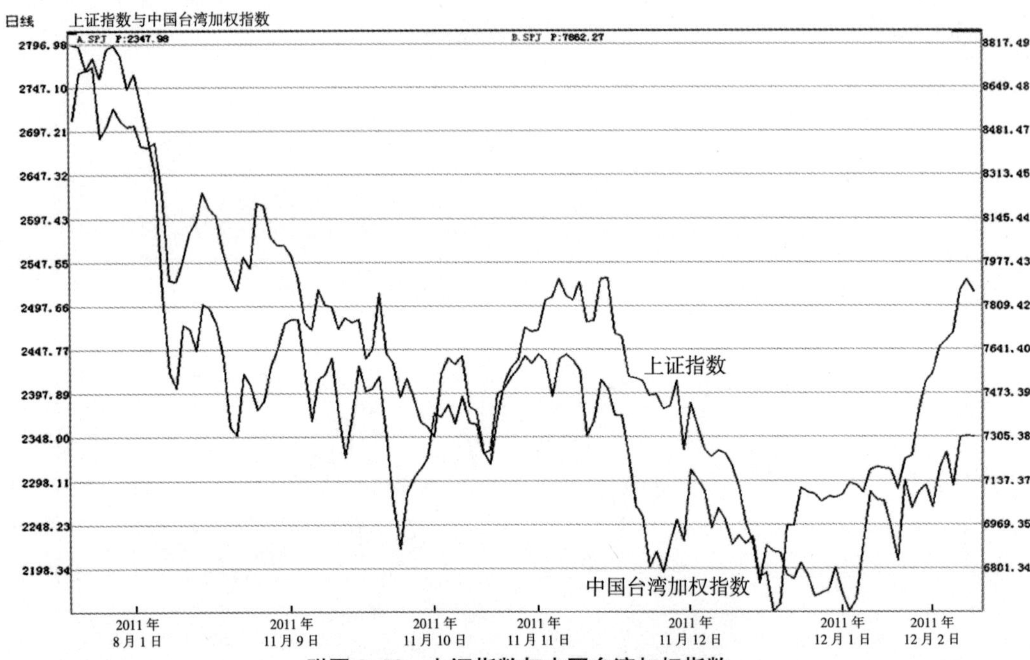

附图 2-58　上证指数与中国台湾加权指数

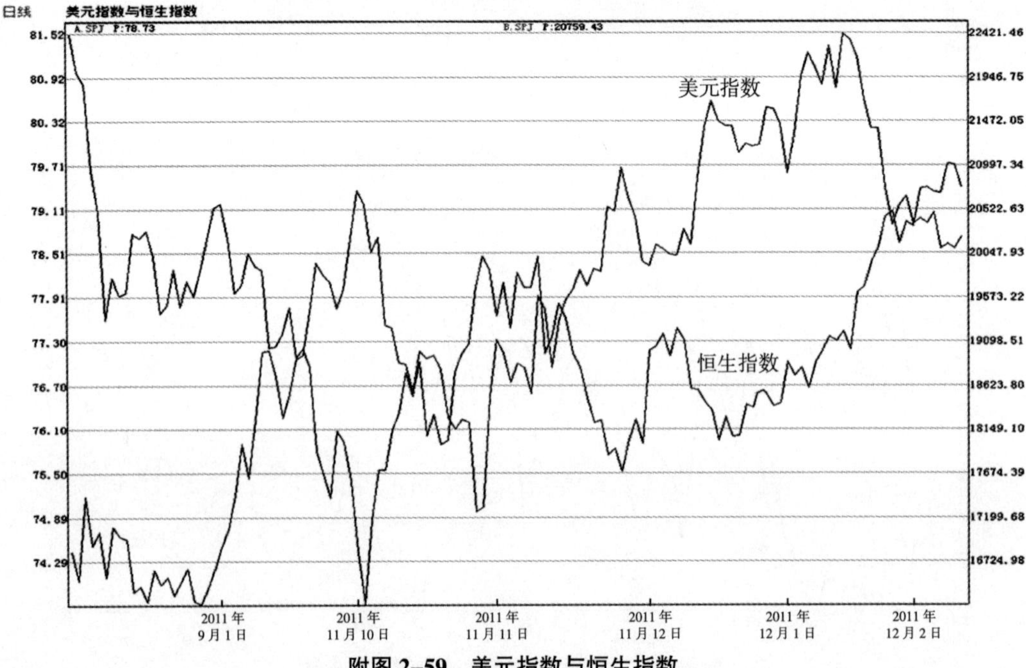

附图 2-59　美元指数与恒生指数

则表明上证指数与法兰克福指数呈正相关。A 股创业板指数与美国纳斯达克指数类似，代表了高风险资产，这个指数与美元指数明显呈负相关（见附图 2-69）。

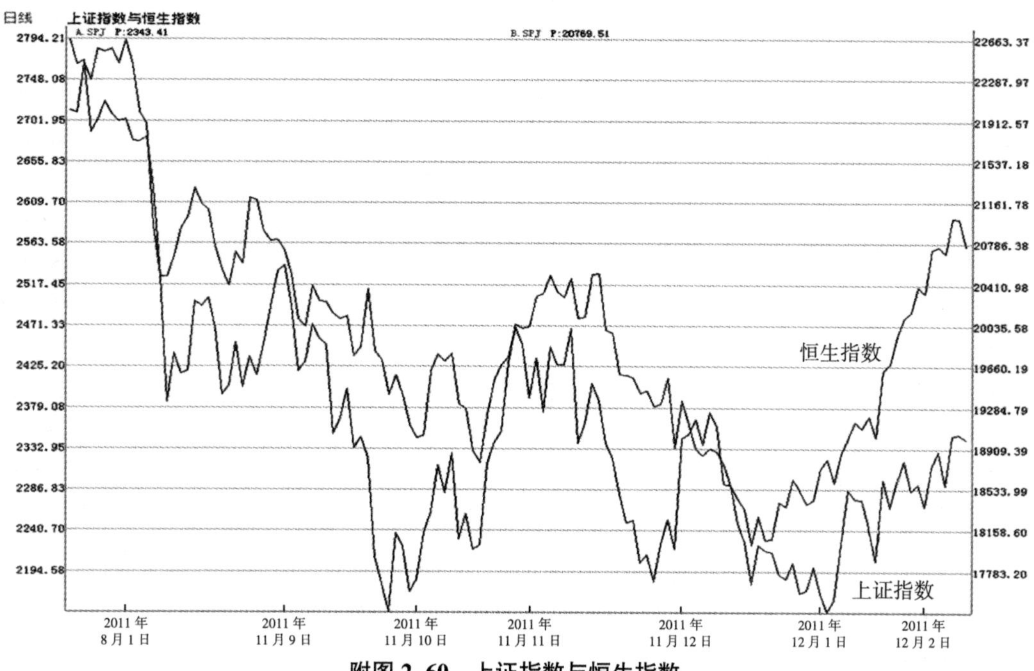

附图 2-60 上证指数与恒生指数

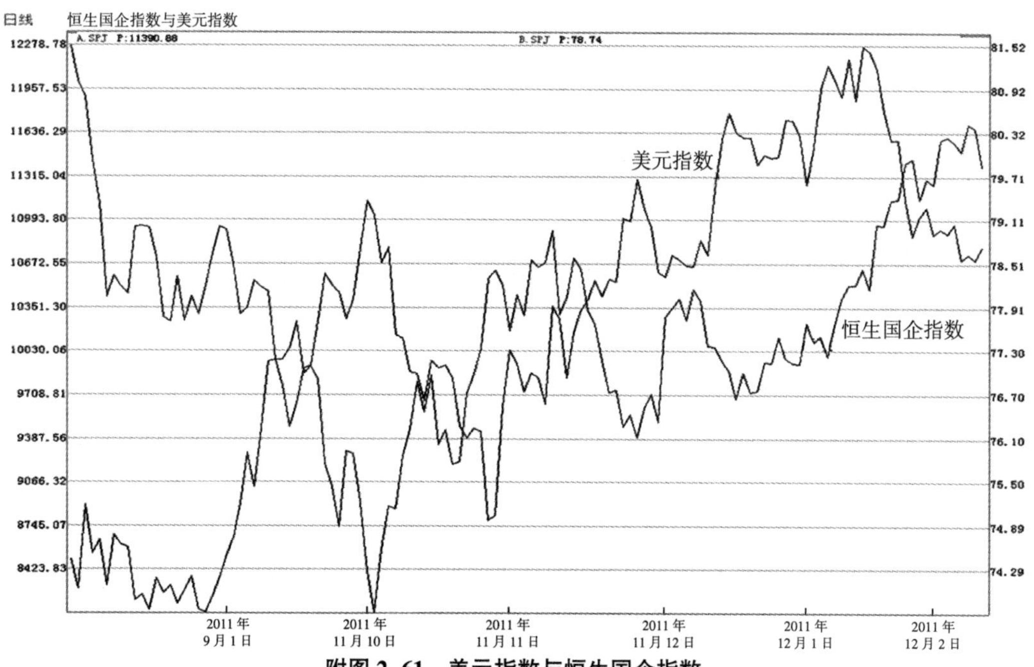

附图 2-61 美元指数与恒生国企指数

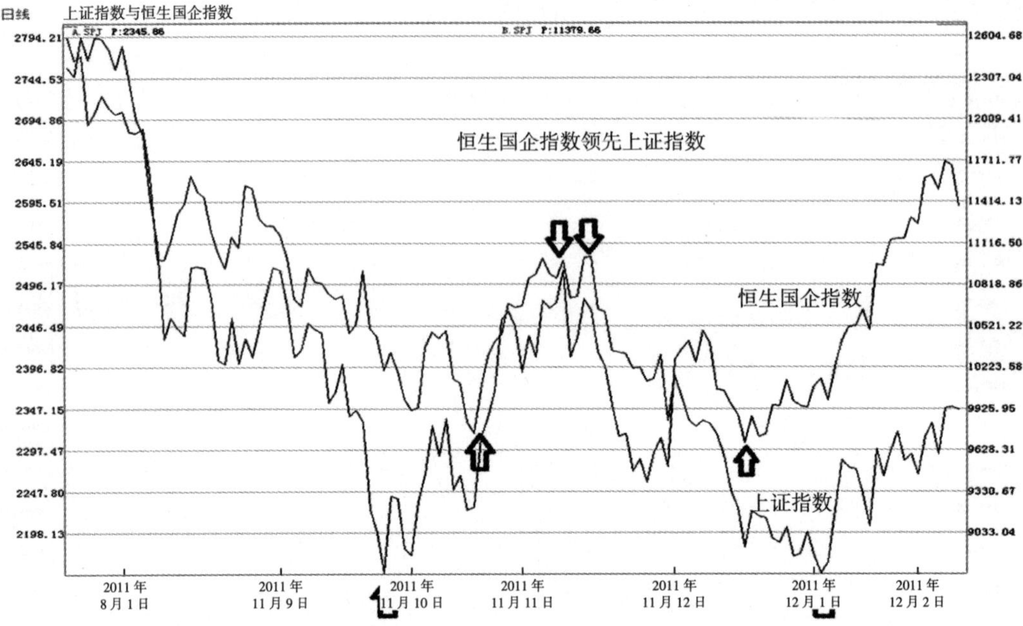

附图 2-62 上证指数与恒生国企指数

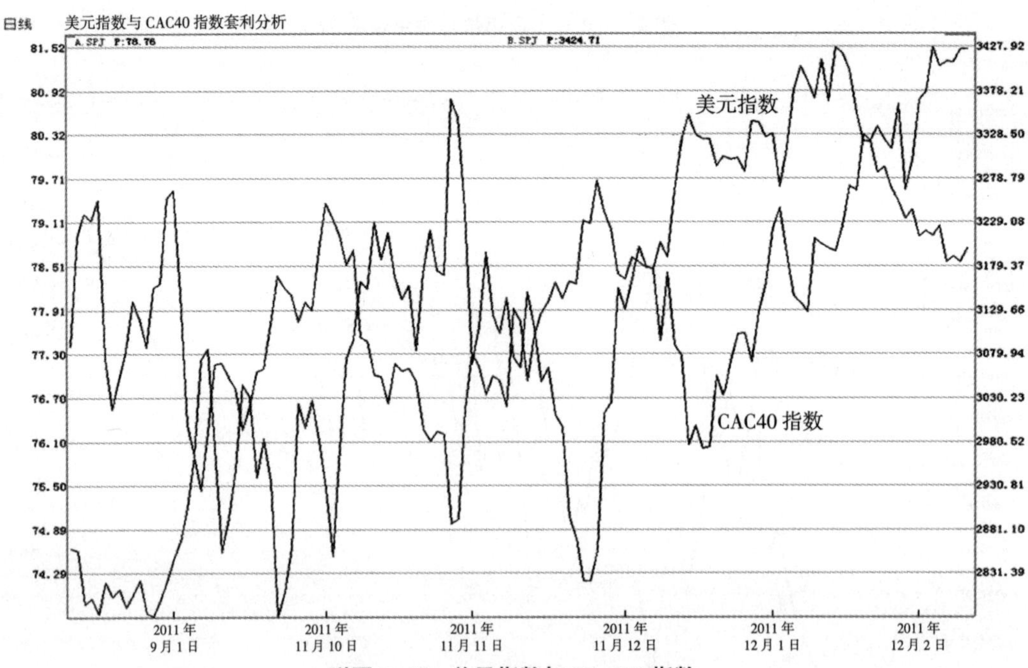

附图 2-63 美元指数与 CAC40 指数

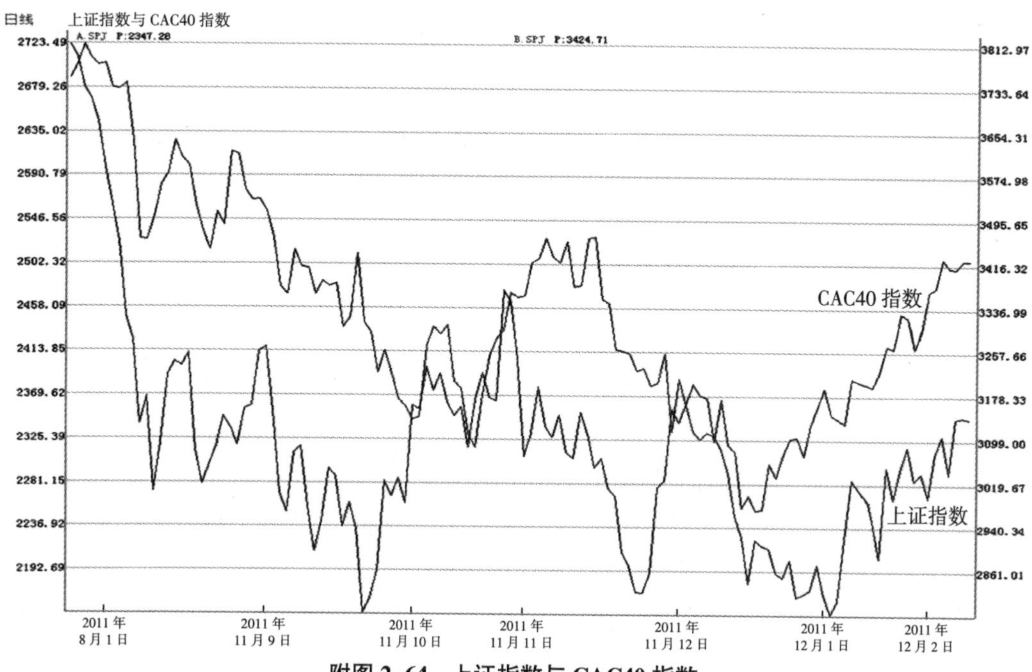

附图 2-64　上证指数与 CAC40 指数

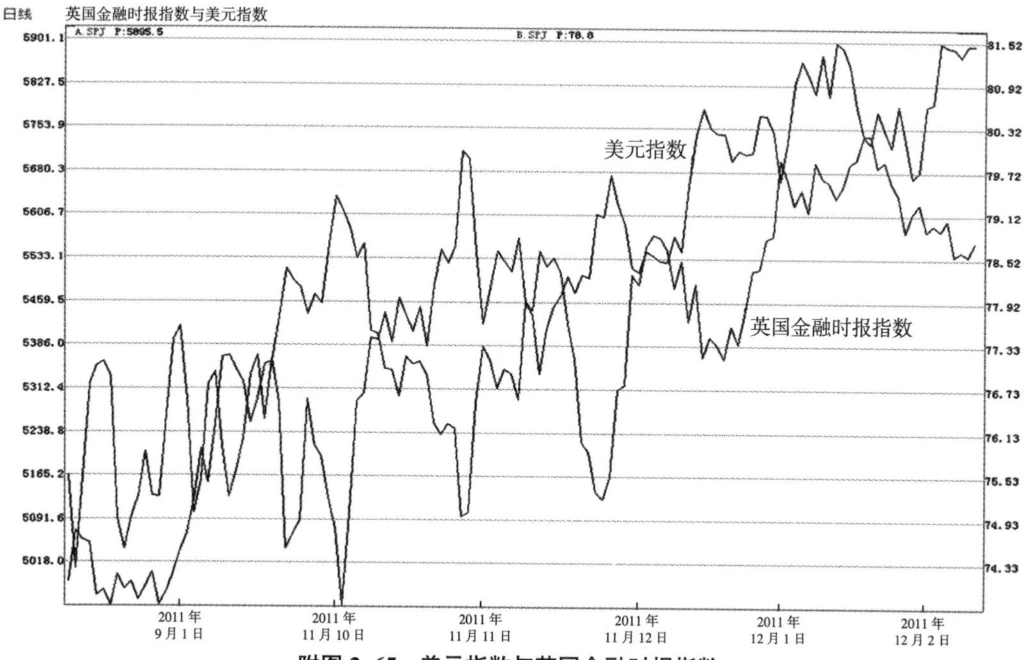

附图 2-65　美元指数与英国金融时报指数

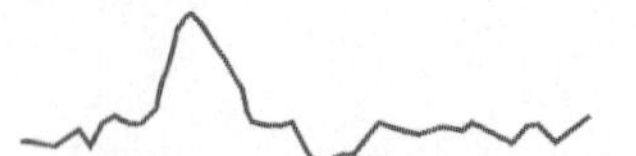

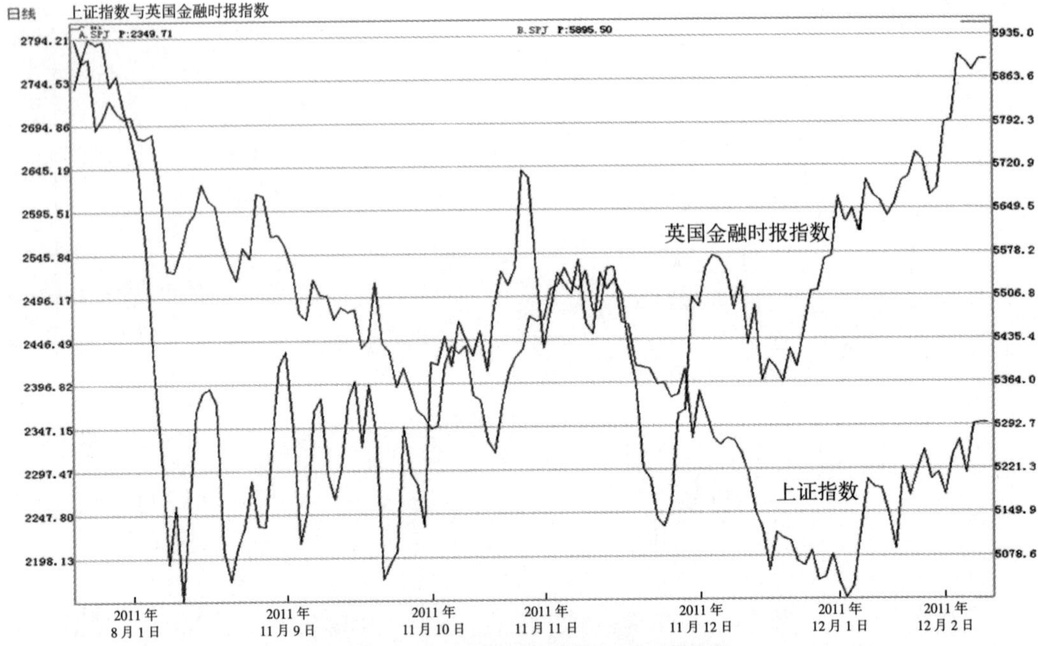

附图 2-66 上证指数与英国金融时报指数

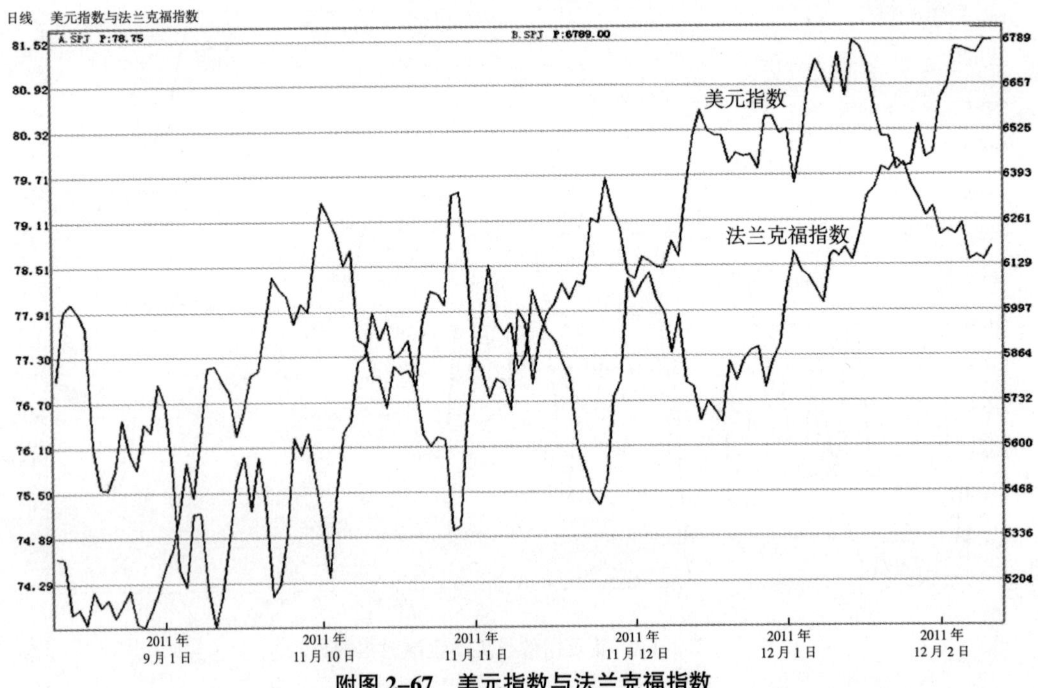

附图 2-67 美元指数与法兰克福指数

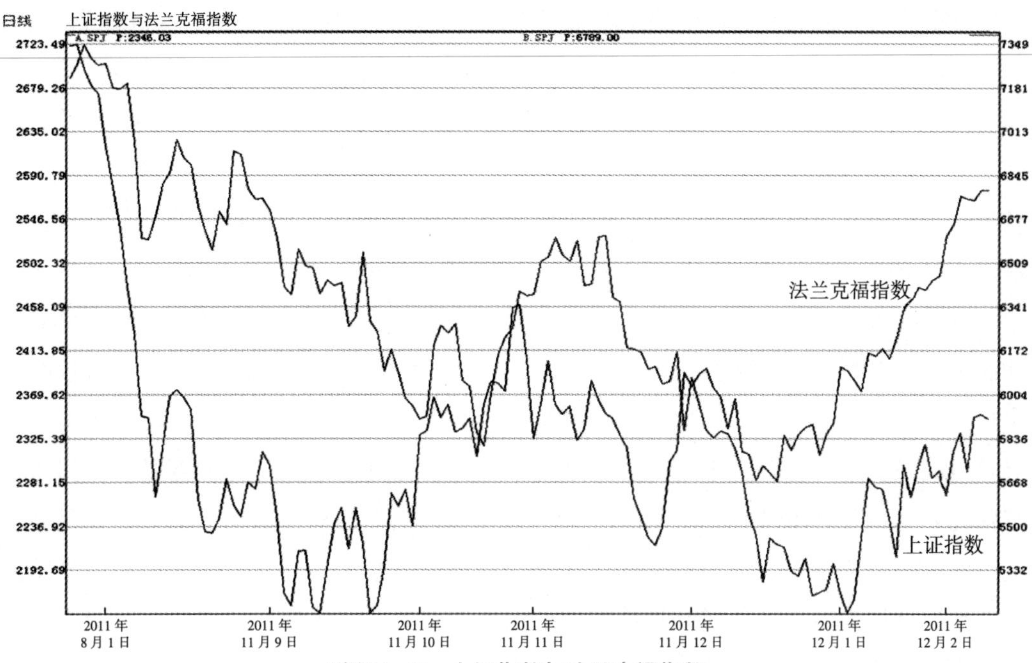

附图 2-68　上证指数与法兰克福指数

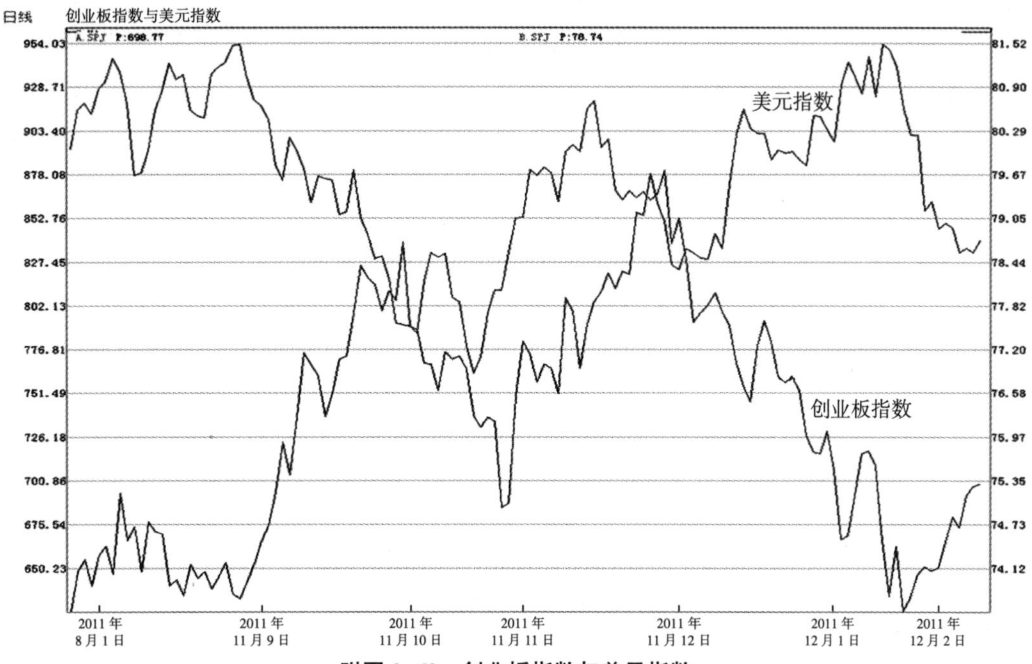

附图 2-69　创业板指数与美元指数

我们已经浏览了大宗商品市场，外汇市场，股票市场，可以发现这些市场与美元指数基本呈负相关，与上证指数基本呈正相关。美元供给增加的时候，美元指数走跌，大宗商品市场，非美货币，包括A股在内的股票市场倾向于上涨；美元供给下降的时候，美元指数上涨，大宗商品市场，非美货币，包括A股在内的股票市场倾向于下跌。其实，除了德国国债、美国国债等优质债券之外，美元指数基本上与大多数主要资产呈现反向运动，包括新兴市场国家的房地产等，所以我们做A股就不能不关心美元指数，不得不关心美联储的货币政策这个流动性的远端供给。

中美的央行货币政策、货币市场利率以及人民币汇率等都是比较宏观而抽象的流动性指标，大家可能对此感到不好把握，那么我们就可以从银行的角度来跟踪流动性。银行是中国社会资金的集散地，银行资金流向与股市大势密切相关。股市和房地产市场是中国最为重要的资产市场，中间则是银行，银行资金的流向影响着股价和房价的涨跌趋势。1995年到1997年股市上涨6倍，2005年到2007年股市上涨6倍都是银行资金流向股市的结果，没有银行储蓄的支持就不可能有大牛市。**社会情绪和政策支持资金从银行流向股市的规模和持续时间决定了股市大盘的趋势。如果缺乏后续流入资金，那么先前的获利盘就会成为抛压盘，因为缺乏充足的新进场资金来充当对手盘。**由此看来搞清楚银行储蓄的变化可以很好地把握股市大盘的走势，如何查看银行储蓄的变化呢？这个可以参看中国人民银行的定期报告。总之，你可以从中国人民银行和美联储的货币政策了解A股市场所处流动性环境，进而对A股大势进行判断。

姊妹著作《股票大作手操盘术：原著新解和实践指南》

上　篇　J.L.的原著和注释

金融市场有些本质是不变的，有些特点是持续变化的，因此与时俱进是每个伟大交易者的特点，J.L.如此，巴菲特如此，所有人都如此。也许某些较真的读者一定要将巴菲特排除在交易者之外，其实他也是在与非理性的交易者进行筹码和观点的交易。

在上涨行情中，大多数人之所以容易错失机会，直接原因在于正常的调整引发了他们的卖出和观望。在下跌行情中，大多数人之所以很容易被套，直接原因在于反弹给他们带来虚幻的信心和危险的诱惑。价格波动呈现N字结构是市场让绝大多数人亏损的大杀器。

建立股票池，跟踪板块排行榜，关注新闻联播，这些你应该着手去做了。J.L.时代的股市与今天的股市本质上没有太大的区别，题材改变了板块和个股之间的相对吸引力和风险溢价。题材比价值更能驱动人们去争夺筹码。

由于金融市场处于不断的波动中，因此不确定性要远高于实体行业。另外，金融市场是朝着大多数亏损的方向运动的，如果它是一个智能体，那么它必然时刻都在想着如何让参与者亏钱，因此如果你不及时拿走牌桌上的部分筹码，那么就会成为它窥伺的目标。

如何定义市场会影响你如何思考和分析市场。J.L.用上升趋势和下降趋势代替了牛市和熊市的定义，进而获得了更客观和理性分析市场的优势。推而广之，如何定义失败也决定了你的人生，用反馈代替失败，可以让你从中更好地学习和成长，而不受负面情绪的影响。

顺势加仓隐含了分仓进场的做法。J.L.的实际操作都是分批建仓和分批离仓，这样做顺应了市场的动态，也很好地建立起了心理优势，更便于分散风险。因为倘若头寸开立于同一位置或者止损放置在同一位置，又或是利润兑现点在同一位置，则面临价格噪声波动的干扰，导致错失头寸。

进出场的要点是什么？我们在自己的专著中反复强调过“势、位、态”三要素，其中的“位”与J.L.的关键点位属于类似范畴，而“态”就是价格在关键点位附近的表现，至于“势”，J.L.谈得很少，但是却用得最多。J.L.一直强调顺势而为，然而他强调的“为”更多一些，对于“势”本身却基本是从价格的主要运动和次级折返的波幅区别来定义的。但是，他选择做多小麦难道仅是看价格就看得出行情要持续几个月？如果你信了，那就太幼稚了。

J.L.在明面上强调价格是唯一的观察对象，但是在实际分析和操作中他经常利用基本面和心理面的信息和技巧。基本面某些时候落后于技术面的走势，这是事实，但是并不意味着基本面永远没有前瞻性，也并不意味着技术面可以提供一切判断所需要的信息。

J.L.确定“3、6、12”美元作为一个基准来区分，这是一个经验法则，具有历史局限性。同样的股票市场，这一参数在A股市场就需要重新确定。不过，J.L.的思路值得我们学习，也就是利用特定的幅度区分趋势运动和自然回撤，进而过滤掉市场的噪声，确认市场的真正趋势方向。

下篇　理论解读与实战指南

格局决定了成败，你以为J.L.这种身经百战、笑傲群雄的金融巨子会不知道这点？他只是故意不讲深了而已。你个股技术再好，离开了大盘这个风口，那也是吃力不讨好的。J.L.在小册子当中该讲的基本都点到了，至于重点他心里明白得很，道传有缘人。

J.L.在操作上落实于个股，分析上以大盘为前提，而要综合考虑两个层次，则中间必然要求一个衔接。如你对大盘的分析是如何作用到个股上的呢？往往是通过中间的板块来完成的。又如个股的走向是如何作用于大盘的呢？个股所在的板块对大盘走势产生了影响。我们分析大盘其实是分析大盘对某个板块的影响，我们操作个股其实是操作这只个股所在的板块。

“技术走势包含一切”这种说法跟市场完全效率的学院派主张一致，这种主张纯粹是书斋里研究出来的。技术走势如果能够包含一切，那么市场基本没有盈利机会。既然买卖双方能够完全理性地考虑到所有信息，那么根本不存在获利机会。赚钱的机会源自对手盘的非理性，如果对手盘完全理性，你根本没有赚钱的机会。J.L.偶尔也讲只看价格，免得被小道消息骗了。不过，J.L.经常有意无意地透露出一些基本分析心理的踪迹，而且他只是反对道听途说，并未反对严密的逻辑分析。

交易日志是最好的老师，股市上唯一的进步途径是从自己的过去中学习，而书籍只是为了帮助你完成这个过程而已。任何交易类书籍都是教辅，而真正的教材是你的交易日志和总结。如果说多年的交易生涯当中有什么经验最宝贵，那就是系统地从自己过去的成败得失中学习。

异常背后必有重大真相待你考察。我们经常讲市场在对你讲话，但是问题是我们的时间和精力有限，哪些话应该重点听？搞清楚这个问题，才便于现实地分配精力。市场最重要的发言在于异常值，这点大家要搞清楚。例如，市场暴跌，但是媒体和分析师却找不到什么重大、靠谱的理由，那么继续下跌的可能性很大，因为下跌的理由还未被市场预期到，这应该是非常重大的潜在驱动因素。

如果一个纯粹的 MACD 和均线能够打败市场，那么发明这些指标的人早就把整个金融市场的利润都拿走了。交易是博弈，战争是博弈，你能用某个简单的指标或公式来赢得战争吗？想要利用公式来战胜对手盘与想要利用公式来战胜敌对方有何区别？都是一样的幼稚！话难听，理却明。

共识预期只有体现到了筹码上才是有效的。手中没有货币也没有筹码的旁观者，只能算作旁观者，而不是参与者。只有拥有"投票权"的参与者才有影响力，媒体和分析师的影响力是通过影响货币和筹码持有者的决策实现的。

J.L.的进场时机有三种：第一种是与 N 字结构相关的突破而作，我们定义为破位交易。第二种是与共识预期极点相关的反转交易，这个往往出现在空头陷阱和多头陷阱附近，也就是假突破，我们定义为败位交易。第三种与上涨的回调或者下跌中的反弹有关，J.L.利用这种趋势中的回撤进场，我们定义为见位交易。三种进场时机都涉及关键点位，所以 J.L.的关键点位并不是一个单一突破而作策略的基础 。

正常值表明市场处于"静止或匀速运动状态"，这个时候外力，主要是驱动因素和心理因素并未发生太大改变，只有当市场出现异常值的时候，也就是加速度变化出现的时候，才表明外力发生了变化，而这个时候要么趋势变化了，要么时机出现了。基本面发生很大改变，或者将要发生很大变化，会使得股价运行趋势发生变化。

股性具有延续性，但是也有阶段性，不能刻舟求剑。股性的存在离不开特定的背景，背景具有延续性，但是也有阶段性，股性莫不如此。J.L.对于股性的重视反映了他作为一线投机客的身份现实，理论家是不那么需要重视股性的，因为个性化的东西不具备理论价值，但实践价值却极高。

寻找和预判热门板块的龙头股是第一步，通过波幅和关键点位观察其走势是第二步，通过关键点位的进场和加码建立仓位是第三步，观察股价关键点位发出的危险信号并及时离场是第四步。顺势加码四个字体现在这四个步骤之中。

J.L.问题的关键在于他非常想要降低投机结果的不确定性，但是他选择的手段是现金或者银行存款与投机资产的组合。在这个选择中不确定性极大地降低了，而收益也极大地降低了，所以根本没有现实意义，因为这一方案几乎抹杀了J.L.的投机才华，所以根本没有约束力，J.L.肯定会反复违背这一规则。

事件驱动策略的本质是什么？事件驱动策略的利润其实就是来自后知后觉的热点追逐者，就是“快鱼吃慢鱼”。这就是一个击鼓传花的游戏，一旦价格已经因为某个事件大幅波动，那就说明价格已经吸收了这则信息，这个时候就是所谓的消息兑现的阶段，那么这个时候的介入者就必定是“接盘侠”了。事件驱动主要改变的是风险偏好，也就是说降低了贴现公式中的分母项，进而提高了估值水平。

交易员失眠现象比较普遍，特别是夜以继日地在分析和看盘两者之间轮动，这使得交感神经过度活跃，而副交感神经被抑制，结果就是所谓的神经衰弱，也就是脑袋的思绪停不下来，该睡觉时不能入睡，该工作时又萎靡不振。时不时地进行深呼吸，特别是缓慢的腹式呼吸可以活跃副交感神经，同时抑制交感神经，具体而言要拉长呼气，将注意力放在呼气上。

并不是价格的任何一次波动都值得关注，交易者只需要对关键点位附近的价格表现进行重点关注即可。这样的思维有点以逸待劳的感觉，因为要等待价格在既定点位的表现，而不是对价格的任何变化都要尝试去跟踪和分析，这样就使得交易者避免了被价格波动牵着鼻子走。价值投资者是通过在大多数时候忽略价格波动来避免这类影响的，所以他们可以关掉行情软件，看看收盘价即可。对于投机者而言，价格必然是关注的对象，但是一直盯着价格看又会导致被市场催眠。

将对立的信息结合起来看，能不能用某种逻辑将两者调和，也就是说将看似矛盾的信息用一个逻辑来统一。这个习惯很重要，我们接收信息的时候，最好同时将其和对立的信息放在一起，这样可以做到兼听则明，可以过滤掉很多误导性的信息，并且提升自己去粗存精的能力。

主力是怎么观察散户的？还是要通过盘口来观察的。论坛上的舆情，主力会看，不过那是间接的。盘口是实实在在的对手盘活动体现，这么重要的一个窗口都不利用好，怎么从散户身上“吃肉”呢？想法是漂浮的，资金是实在的，观察资金流向，才能把握对手盘的真正想法。

我们的许多习惯都是在漫长的进化过程中养成的，而这个漫长的过程往往面临最基本的生存和繁衍威胁。我们现在所处的环境只是一百多年来形成的，因此漫长时间进化出来的本能与当前快速变化的环境并不匹配，这就导致了极少数聪明变异者利用这种不匹配来获取对手非理性制造的机会。

最容易误导我们的恰好是价格走势本身。人类天生存在“均值回归幻觉”，就金融市场而言，涨高了，我们认为会跌，跌凶了，我们认为会涨。也就是说价格越往上走，我们越倾向于认为下跌的可能性和空间越大；价格越往下走，我们越倾向于认为上涨的可能性和空间越来越大。如果趋势并未终结，这种幻觉就会使得我们不断逆势操作，如果不加止损的话，则深度套牢和爆仓是必然的。“高低点锚定效应”与此幻觉也有密切关系，我们会将此前的高点作为涨幅是否合理的参照系，会将此前的低点作为跌幅是否合理的参照系，最终的结果就是逆势加仓。主力往往获益于大众的这种非理性思维，因为在趋势持续的过程中不断有逆势仓位建立起来，这其实就增加了主力获利的潜能。缺乏充足的对手盘，那么主力也无法获利，一个游戏当中站在错误一方的人和筹码越多，那么正确一方的收益也就越高。

市场是最顶尖的黑客，它不断地寻找并且找到人类心智操作系统的漏洞，并加以利用。这个世界上最伟大的黑客是金融市场，从来没有人能够持续打败市场，你要做的就是顺应系统的力量。除非你能保持与市场一致的步伐，并且在错误的时候及时认错，否则市场会最终击溃你。市场是一个修行的道场，因为它不断寻找我们需要完善的地方。

那些看上去像是障碍的东西，长期来看其实是有价值的，亲自接触一次，哪怕只有几秒钟，也远远比旁观几百次有效。我们总认为记忆系统就像一台录音机，但这种理解是错误的。我们的大脑是一个活体结构，一个几乎永远装不满的箱子。我们面对困难且克服困难的机会越多，脚手架就会变得越多。脚手架越多，我们学习新东西的

速度就越快。

我们从三个维度明确地给出了如何确定阻力最小路径，第一维度的确定原则是“重大驱动因素”，第二维度的确定原则是“极端共识预期的对立面”，第三维度的确定原则是“价格在关键点位的表现”。我们已经把纸窗户捅破了，大家应该非常清楚怎么去确定阻力最小路径了。面对那些似是而非、逻辑循环论证式的答案，大家皆可一笑置之。

什么时候有大行情？业绩预期显著向好、持续向好，货币政策显著宽松、持续宽松，风险情绪显著高涨、持续高涨，题材热点空间很大，这些背景就能产生大行情。DDM 公式甄别潜在大行情，J.L.关键点位理论把握大行情，这就是一种完美的搭配了，新时代的 J.L.理论理当如此。

我们再理顺一下整个体系，第一步是行情分析，从三个层次和三个维度展开。第二步是仓位管理，基于菱形框架，然后根据三类进出场点具体操作。此外，还有一些具体的细节，以及自己的体验，这个比什么理论都重要。任何成功都必然是从自己的体验当中延伸出来的，谁的理论也无法替代你的理论，这就是任何人都必须去完成的功课，人生也好、交易也好，何尝不是如此。

“1 万小时天才理论”与交易技能

重复法和刻意训练是传统的高水平交易员的训练方法，其遵循“1 万小时原则”。德国柏林音乐学院一项最新研究结果显示，要想成为顶尖运动员、音乐家、棋手等，至少要苦练 1 万小时。美国发明家托马斯·爱迪生有句名言：“天才是百分之一的灵感加上百分之九十九的汗水”。柏林音乐学院这项研究则向人们揭示，成就天才的“汗水”就是大约 1 万小时的训练。英国《每日邮报》23 日报道，柏林音乐学院以一组小提琴练习者为研究对象。这些小提琴练习者 5 岁开始学习拉小提琴，每周练习 2~3 小时，练习时间随年龄增长而增加。到 20 岁时，这批学生中的佼佼者人均练习时间达 1 万小时左右；那些表现略为逊色的学生练习时间为 8000 小时。研究人员做出结论说，**灵感和天分固然重要，但练习时间是区分天才和庸才的决定性因素。**

神经科学家丹尼尔·利维廷告诉英国广播公司旗下的科学杂志《焦点》月刊记者：**“大脑可能需要 1 万小时消化吸收，从而真正掌握一种技能。”**《焦点》月刊曾刊登美国作家马尔科姆·格拉德韦尔所著《出类拔萃之辈》中的一个成功故事，讲述英国甲壳虫乐队的成功源自刻苦练习。乐队 4 名成员在早期职业生涯中每周演出 7 天，每天 8 小时。到甲壳虫乐队成名时，他们已公开表演 1200 次，表演时长将近 1 万小时，超过同期多数其他乐队整个职业生涯的演出时间。

在 2008 年北京奥运会上，美国游泳天才菲尔普斯夺得 8 枚金牌，超越无数巨星成为奥林匹克运动的第一人。面对菲尔普斯的巨大成功，有人说他是外星人，有人说他是超人，还有人感叹他来自未来，媒体和人们习惯用“碧波神童”、“泳池天才”、“飞鱼”等来称呼他。那么，菲尔普斯的成功真的只是因为天赋异禀吗？虽然他的确拥有过人的水上天赋和身体条件，但是，通过研究菲尔普斯的成长经历，人们不难发现，一个游泳神童的练成，更重要的是后天的努力。菲尔普斯本人也认为他的成功很大程度要

归功于训练。23 岁的菲尔普斯从 7 岁开始游泳，11 岁时起就以夺取奥运会金牌为目标开始极其艰苦的训练，正常孩子的娱乐活动他从此远离。他每天都会在早晨 5 点 30 分起床去训练，即使圣诞节也不例外；训练严格时，他每周要在水里游 100 公里。从 12 岁起，菲尔普斯每周都要比对手多训练 1 天，所以实际训练的天数往往是 6~7 天，每天 2~5 个小时。因为鲍曼告诉他，只有这样，他的身体才能比对手优异 1/7。从高中毕业后，菲尔普斯大多数时间都是从早晨 7 点开始长达 2 个半小时的训练，午餐后稍稍打个盹，然后接着游，从下午 3 点 30 分一直到 6 点。总之，他每天游的距离多达 19.2 公里，他说："我知道没有人比我训练更刻苦。"即便已经成为了世界冠军，菲尔普斯也毫不懈怠。北京奥运会之前，他每天早晨从 4 点开始训练，每日有 3 次池中训练以及 1 个小时的陆上运动。

华裔小提琴家陈美用流行音乐的表达方式演绎古典音乐，震撼了古典音乐界，迅速蜚声国际，进入《泰晤士报》富豪榜，现有身家近 4000 万英镑。陈美 3 岁开始学习钢琴，5 岁学习小提琴，在正规的课堂受教育之余，她每天还要花半天时间集中练习小提琴。过人的天赋加上刻苦的训练令她在 10 岁那年就获得与伦敦爱乐乐团同台演出的机会。11 岁时，陈美入读英国皇家音乐学院，年龄比同学小 7 岁。13 岁时她就能独奏贝多芬和柴可夫斯基的作品，成为独奏两位大师作品的最年轻的小提琴手。1990 年，陈美推出首张唱片，全球大卖 1000 万张。在正确的交易哲学、理念、方法、技术指导下，你的交易训练有 1 万个小时吗？如果采取传统的单纯"重复"方法来"说服"潜意识，则一个顶尖的外汇交易员需要完成 1 万个小时的交易训练，见附表 4-1，你可以推算出成为一个交易天才所需要的总时间。

附表 4-1　1 万小时原则

每天训练的时间（小时）	成为天才所需天数	成为天才所需年数
24	416.67	1.16
12	833.33	2.31
6	1666.67	4.63
3	3333.33	9.26
2	5000.00	13.89
1	10000.00	27.78
0.5	20000.00	55.56

注：本文摘录自《外汇短线交易的 24 堂精品课：面向高级交易者》第四课"外汇交易的心理控制术：潜意识沟通策略"。